国外语言学译丛
经典教材

THE SYNTAX
·
OF
·
CHINESE

汉语句法学

〔美〕黄正德 李艳惠 李亚非 著

张和友 译

顾 阳 校订

Cheng-Teh James Huang
Yen-Hui Audrey Li
Yafei Li
THE SYNTAX OF CHINESE
Copyright C 2009 Cambridge University Press

All Rights Reserved
本书简体中文版根据 Cambridge University Press 2009 年英文版译出

国外语言学译丛编委会

主　编：
沈家煊（中国社会科学院语言研究所）

编　委：
包智明（新加坡国立大学）
胡建华（中国社会科学院语言研究所）
李　兵（南开大学）
李行德（香港中文大学）
李亚非（美国威斯康星大学）
刘丹青（中国社会科学院语言研究所）
潘海华（香港中文大学）
陶红印（美国加州大学）
王洪君（北京大学）
吴福祥（北京语言大学）
袁毓林（北京大学）
张洪明（美国威斯康星大学）
张　敏（香港科技大学）
朱晓农（香港科技大学）

总　序

商务印书馆要出版一个"国外语言学译丛",把当代主要在西方出版的一些好的语言学论著翻译引介到国内来,这是一件十分有意义的事情。

有人问,我国的语言研究有悠久的历史,有自己并不逊色的传统,为什么还要引介西方的著作呢?其实,世界范围内各种学术传统的碰撞、交流和交融是永恒的,大体而言东方语言学和西方语言学有差别这固然是事实,但是东方西方的语言学都是语言学,都属于人类探求语言本质和语言规律的共同努力,这更是事实。西方的语言学也是在吸收东方语言学家智慧的基础上发展起来的,比如现在新兴的、在国内也备受关注的"认知语言学",其中有很多思想和理念就跟东方的学术传统有千丝万缕的联系。

又有人问,一百余年来,我们从西方借鉴理论和方法一直没有停息,往往是西方流行的一种理论还没有很好掌握,还没来得及运用,人家已经换用新的理论、新的方法了,我们老是在赶潮流,老是跟不上,应该怎样来对待这种处境呢?毋庸讳言,近一二百年来西方语言学确实有大量成果代表了人类语言研究的最高水准,是人类共同的财富。我们需要的是历史发展的眼光、科学进步的观念，加上宽广平和的心态。一时的落后不等于永久的落后，要超过别人，就要先把人家的（其实也是属于全人类的）好的东西学到手，至少学到一个合格的程度。

还有人问，如何才能在借鉴之后有我们自己的创新呢？借鉴毕竟是手段，创新才是目的。近一二百年来西方语言学的视野的确比我们开阔，他们关心的语言数量和种类比我们多得多，但是也不可否认，他们的理论还多多少少带有一些"印欧语中心"的偏向。这虽然是不可完全避免的，但是我们在借鉴的时候必须要有清醒的认识，批判的眼光是不可缺少的。理论总要受事实的检验，我们所熟悉的语言（汉语和少数民族语言）在语言类型上有跟印欧语很不一样的特点。总之，学习人家的理论和方法，既要学进去，还要跳得出，这样才会有自己的创新。

希望广大读者能从这套译丛中得到收益。

沈家煊

2012 年 6 月

序　一

　　由北京师范大学语言研究所张和友博士所翻译的《汉语句法学》，原著名为 The Syntax of Chinese。该书是由美国哈佛大学黄正德（C.-T. James Huang）教授、南加州大学李艳惠（Y.-H. Audrey Li）教授和威斯康星大学李亚非（Yafei Li）教授合写的一部研究汉语句法的著作。由剑桥大学出版社于2009年12月出版。

　　该书的三位作者是当今国际上娴熟运用乔姆斯基（N. Chomsky）的生成语法理论来研究汉语句法问题用力最勤、成果最丰硕的学者。该书就是他们运用生成句法理论具体研究汉语中一些句法问题的一部力作。全书除《引言》外，共有九章，分别是：

　　第一章　语类
　　第二章　论元结构
　　第三章　动词短语
　　第四章　被动句
　　第五章　"把"字结构
　　第六章　话题结构与关系结构
　　第七章　疑问句

第八章　名词性短语

第九章　照应语

书后附有参考文献和术语索引。每一章都有一些新鲜的、独到的见解。在这里我不想逐章评介该书内容，读者可以自己去看，自己去评论。我只想说一个意思，我国汉语学界需要这部译著。

众所周知，在上个世纪中叶之前，美国结构主义语言学（也称描写语言学）理论一统天下。乔姆斯基于1957年出版 Syntactic Structures（《句法结构》）一书，这在整个语言学界兴起了所谓"乔姆斯基革命"。如何评价"乔姆斯基革命"，学界会有各种不同的看法。就我自己的认识而言，我认为"乔姆斯基革命"可以说改变了语言研究的航向，即开始改变单纯将语言作为工具来进行描写的研究思路。这具体体现在乔姆斯基先后所提出的三大假设，以及乔姆斯基为了证实他的假设所作的不间断的探索。那三大假设是：（一）对于语言首先要看到它是人脑心智的重要组成部分，人生来就有个语言装置。（二）人类数千种语言千差万别，但遵循共同的组合原则，差异只是参数（parameter）的不同。正是在这一假设的基础上，形成了"原则和参数"理论。（三）人类语言共同遵循的组合原则应该是极为简明的。同时，乔姆斯基革命也开创了敞开言路、自由争论的民主学风。于是，在整个语言研究领域出现了形式语言学、功能语言学、认知语言学三足鼎立、百家争鸣、百花齐放的新局面，出现了重考察、重描写、重解释，进行多层面、多视角、多方位研究的新的研究思路。"乔姆斯基革命"和随之兴起的认知语言学，使人们对语言有了新的重要的认识。人们现

序 一

在认识到，首先应该将语言看作人脑心智的重要组成部分；语言乃是人因遗传而生来具有的信息表达、接收系统，其重要性类似于人的呼吸系统、消化系统。根据上面的认识，语言应该分为"内在语言"（internal language）和"外在语言"（external language）。"内在语言"指存在于人脑心智的信息表达、接收系统；"外在语言"指声音和意义相结合的符号系统。这一新认识极大地推动了语言研究。现在，语言研究普遍呈现这样一种状况：一方面进一步加强了理论思考；另一方面对各种语言现象都要追究：为什么，该怎么看，该怎么解释？这无疑使语言研究，特别是语法研究大大深化了。

乔姆斯基的学说不是用来描写某个具体语言（如汉语）的，而是用来探索人类语言的机制，用来探寻人类语言的普遍组合原则和各自的特点的，以证实"原则与参数"的理论假设，同时用来合理解释人类语言的习得，包括儿童语言习得和成人二语或外语的习得，而这种探寻与解释又不是空洞说理的，都是建立在对具体语言的分析研究之上的。《汉语句法学》一书正是贯彻了这样一种研究精神。因此该书正如作者自己在《序言》里所说的，不是一本"介绍生成句法一般知识的入门教材"，也不是一本"汉语学习者的参考语法书"，而是一本汉语句法形式语言学分析的专著。在该书中，作者并不奢望对汉语句法作全面分析与研究，也不可能触及汉语句法的所有重要问题，而只是有选择地分析研究一定数量的有关汉语句法的论题，并尽可能提供相当详细的分析与论证过程。该书的作者期望该书能起到双重效用：一方面，给那些不太熟悉（或者不太钟情于）

形式语言学和汉语形式句法研究现状的读者提供丰富的有关生成语言学（或者说形式句法学）的信息；另一方面，为那些对精确分析汉语语言事实感兴趣的学者与学生带来更深入的思考与新的研究思路，使他们对构建人类语言能力及其可能变异的优选理论产生更大的兴趣。

在我们国内，谈及并讨论乔姆斯基生成语法学理论的学者分别属于两个不同的领域。一是英语学界的学者，他们对生成语法学理论及其发展了解比较及时，但以介绍为主，所引用、解释的例子主要是英语，而且这些例子大多是从国外学者的文献中转引来的，分析、解释汉语的实例极少。二是汉语学界的学者，包括原先是英语科班出身后转向汉语研究的学者，真能跟上、真能理解乔姆斯基学说的人很少，能运用乔氏理论来深入分析汉语的人更少，全国只有数得出的几位；而好多，说得不好听一点，只是贴标签而已，有的甚至严重误解。因此，将这三位学者合作撰写的《汉语句法学》在我国翻译出版，无疑将极大地有助于我国语言学界，特别是汉语学界对乔姆斯基学说的理解与运用，使汉语学界有更多的学者把握生成语法学理论的要旨，并学会运用生成语法学理论来分析、思考、解决汉语的一些实际问题；有助于推进汉语的本体研究和应用研究。

我推崇这部著作，向广大读者推荐这部著作，那是因为我阅读之后确有该书"既有助于汇总某些重要的研究成果，也有助于为进一步的研究提供新的起点"的感觉。值得提出的是，该书重在"授人以渔"，希望有更多的读者了解并学会怎么运用生成语言学理论来深入进行汉语研究，特别是汉语句法研究。

序 一

因此在语言上，从英文看，作者都比较注意尽可能写得深入浅出，通俗易懂；而翻译稿基本能保持原书的语言风格。

我推崇这部著作，向广大读者推荐这部著作，绝不含有该书所谈及的语法现象内的种种问题都解决了的意思。正如该书作者所交代的，本书不是一本"汉语学习者的参考语法书"。情况也确实如此。譬如，该书有一章是专门讨论现代汉语里的"把"字句的。读者看完这一章内容，可以对"把"字句有更深刻的新的了解与认识。但是，从汉语作为第二语言／外语教学的角度看，未能解决"把"字句教学中的难题。"把"字句，无论对汉语教员来说或是对外国学生来说，都有很大的挫败感。问题主要不是出在学生不知道"把"字句所表示的语法意义，也不是出在学生不知道"把"字句内在的结构规则，而是出在学生不知道到底什么时候该用"把"字句，什么时候不该用"把"字句，也就是说他们没掌握使用"把"字句的语义背景。而这也不能怪汉语教员，因为汉语学界压根儿就没有很好研究过这个问题，当然就没法解决这个问题。要解决这个问题，恐怕不能孤立地思考"把"字句本身的生成问题和内在构造规则问题，而需要将它跟"主—动—宾"句、受事主语句、"被"字句、主谓谓语句、动词拷贝句等进行比较分析，而且还需要从信息传递的特点这一视角来加以考察分析。举例来说：

（1）张三敲坏了大门的门铃。
（2）张三把大门的门铃敲坏了。
（3）大门的门铃敲坏了。

（4）大门的门铃被张三敲坏了。
（5）大门的门铃张三敲坏了。
（6）张三敲门敲坏了大门的门铃。

这里，必须研究思考这些相关而又不同的句式各自在交际上、在信息传递上的特点，即必须考虑：a）各自以什么为话题？b）各自所要传递的新信息是什么？即句子的信息焦点是什么？c）各自传递信息的特点是什么？d）各自需要什么样的信息环境？等等。而这些问题，不是单靠形式语言学派的理论方法所能解决的。

我推崇这部著作，向广大读者推荐这部著作，也不含有要大家只关注生成语言学派理论方法的学习这样一层意思。我曾经说过，科学研究是以已知求未知，科学研究贵在探索与创新，科学研究类似传说中的盲人摸象。各自所得结论事实上都只能说是一种假设性的结论，谁也不敢说自己的科研成果、自己研究所得的结论就是定论。不同学派的研究成果实际是存在着互补性。当今语言学科形式派、功能派、认知派看似三足鼎立，研究目的、研究手段、研究的期望值都不尽相同，但彼此是一种互补关系。在科学领域里，任何一种有价值的理论方法，都有它的可取之处，都有它"建功立业"之处，但也都各自有一定的局限性，即各自都只能解决一定范围里的问题，解释一定范围里的现象，都不能包打天下。因此在科学研究上必须提倡多元论，必须坚持多元论，应善于吸取各家各派、各种理论方法中之合理成分，为我所用。语言研究也不例外。只有这样才

序　一

能不断创新，才能将语言学科、将我们的汉语研究，不断推向前进。

读者看完这部专著，赞赏之余也会有些遗憾。那就是由于三位作者都长期居住在美国，对我们国内的研究状况不是十分了解与掌握。如果他们能很好了解与掌握国内这半个多世纪来的语法研究成果，我想会论述得比现在更好。

翻译，是一项很艰难的工作，也是一种再创造。译者张和友博士是将翻译此书作为一种使命来进行的，而且心里既有原作者，更有读者，能时时在心头想着："自己的译笔能让作者和广大读者满意吗？"加之译稿主审者顾阳教授的细心点校和对译稿的近乎挑剔的苛求，最后又经该书原作者细细审阅，这就确保了该译著的质量，使这一中译本不仅在内容上尽可能符合原意，在体例上和语言风格上也尽可能保持原著的风貌；而在需要特别说明的地方，张和友博士又以"译者按"形式随文加注。因此可以说，这是一部信得过的译著。

我国汉语学界需要 The Syntax of Chinese 的中译本《汉语句法学》。

北京大学　陆俭明
2011 年 12 月 16 日于北京

序 二

剑桥大学出版社2009年出版了Cheng-Teh James Huang，Yen-hui Audrey Li 和 Yafei Li 的 The Syntax of Chinese。这部专著用平实通畅且严肃专业的英语讲述了当代汉语句法研究的现状，文献背景呈现清晰充实，所用汉语句子生动有趣，介绍和讨论的问题触及汉语句法研究中谁也回避不了的关键问题。更重要的是，通篇闪烁着浓重的理论语言学色彩。读起来，让人感到汉语和其他人类语言一样，在变化多端的语言事实后面隐藏着奇妙的规则，使人在理论上得到了满足，领悟出理论语言学解释的魅力。初学者不怯，行家不厌。

可是，看英语有些不大顺畅的人，可能会得不到这种享受。张和友博士的这个汉语译本《汉语句法学》便给我们一个在汉语语境中享受用理论语言学研究汉语乐趣的机会。即使读英语原著没问题的人，读读这个汉语译本，也可能得到在英语原著中得不到的灵感和感悟。用汉语说研究汉语的事和用英语说研究汉语的事可能会别有一番滋味。

张和友博士的这个汉译本和英语原著一样，行文流畅，语体风格平实。许多技术处理很是体贴汉语行文习惯，在表述当代语言学研究中令人恐惧的语言学术语时，颇费了一些功夫。

把这个译本和原著都摆在书架上，都列入语言学课程书目中，读英文原著时，翻翻汉语译本；读汉语译本时，翻翻英文原著，想必是一件语言研究的快事。

天津师范大学　宁春岩

2011 年 6 月

序 三

前阵子和友兄嘱托我为《汉语句法学》的商务版写个序文，也给我一个很好的机会重新认识这本集大成之作。就我近年来的观察，无论原著还是译著，在汉语语法圈子中都发挥了极大的影响力，让对生成语法有兴趣的同学们都有了一个典范可作为理论分析的标杆。更重要的是，在三位声誉卓著的学者通力合作之下，这本书已为汉语的结构和性质勾勒出清晰的轮廓。由于作者英文名字的缩写为 Huang, Li & Li，师友们常戏称这本书为"黄莉莉"所著；我想名称上的统合也正反映了生成语法学家在治学精神上共享的一个发轫点，那便是普遍语法（Universal Grammar，UG）的理念——这是人类百万年演化的结晶，也是人之所为人的核心属性。因此普遍语法不但是语言习得的起点，更是人类生而平等的理据，让我们能摆脱掉种族的偏见，全心贯彻科学实证的精神。

然而另一方面，我们所感知的外在世界却是如此地丰富多样，生机盎然：往往翻过一座山，说的就是不同的方言；社会上阳春白雪的雅言也总是跟下里巴人的土腔相互争斗，更别说有些语言还有男女之分、尊卑之别；而语言认同也常成为战祸的根源。梅广先生在为钱新祖教授《中国思想史讲义》所写的序中有言：

> 西方人看中国，看到一个类似西方的人文传统，却找不到一个类似西方基督教那样的宗教传统，因而认为中国文化有所欠缺：没有宗教对峙的人间文化必也缺乏精神深度。……要正确了解我们自己的人文传统，必须跳出西方强势文化为我们设定的观念架构。然而没有西方的观念架构亦显不出中国文化的特色。对照之下，西方眼中中国文化传统的 absence 正是我们自己眼中的 presence。因此对话是必须进行的。

文化如此，语言又何尝不是如此：语言学的形式与功能之争需要对话，从《马氏文通》以来的中西之争需要会通，雅言（官话）和方言（白话）的内部矛盾就更要用智慧、用同理心来化解。近年来生成语法学界也开始正面回应这些议题，不只语言类型的研究跟参数设定（parameter-setting）的机制挂钩，语义、语用的因子也透过句法制图（Syntactic Cartography）理念依次编码至句子的左缘结构，由实而虚，层次分明。而音韵部门如何执行外显（externalization）和线性化（linearization）同样获得了大家热切的关注。在时间纵轴和空间横轴上，则有诸多学者致力于历史演化及语言接触的理论研究，从崭新的角度去发掘内涵、外延两个部门的界面原理与映像机制。这些近期突破都促进了实验音韵学、心理语言学、生物语言学和神经语言学的长足发展，甚至成为学界的新兴主流。

更具体一点来说，经由黄正德先生的梳理，在汉语中缺席的疑问词移位（wh-movement）反而成了"逻辑形式（Logical Form, LF）"存在的明证。同样的道理，汉语中缺席的"扩充投射原则（Extended Projection Principle, EPP，亦即每个句子都要有主语）"亦可重新理解为话题突显（topic prominence）的联动效应；换句话说，代词悬缺（pro-drop）是因为有强势的话题性做靠山才得以实现，在形式语法中则体现为空话题（null topic）的概念。另一方面，通过李艳惠教授缜密的论证，我们也领悟到缺乏构词格位（morphological case）的汉语竟是研究隐性格位（abstract case，亦称结构格位）的绝佳园地，这在汉语相对严谨的语序上获得充分的印证。而李亚非学长则开拓了词法—句法界面的对话机制，指出汉语动词组内论元看似活泼的排列其实有其严谨的内部逻辑和运作原则，这个课题的重要性可由汉语词与词组的界定争议上见其一斑。

家父蔡仁厚教授曾在《儒学的常与变》一书中提到"守常"和"达变"一样重要：仁，是人人本有的，也是成就人性的关键。我们可以把普遍语法理解为这种与生俱来的本能，是语法发芽成长的根苗，其基因中已有了大树的蓝图：大树会开枝散叶，形状姿态虽各有不同，但一望皆知其为树。这就是"变"的道理：不是乱变，而是权变，也就是万变不离其宗。"权"的本义为秤锤，而语法就像一杆秤，遵循着大自然的法则，通过不同的参数刻度来体现个别语言体系的差异。譬如，汉语没有施用词缀（applicative affix）来引介非核心论元，就用分析性强的轻动词系统来平衡；汉语没有构词格位，就用相对严格的语序来补强，展现孤立语优势的一面。

"权变"的另一层意义就是要坦然面对新世纪带来的冲击：大数据和人工智能研究的洪峰已至，脑科学（brain science）和神经语言学（neurolinguistics）的仪器与技术也突飞猛进，甚至在开颅手术中也能进行语法和语音实验，直接测试语法界面的构想和理论。换句话说，我们需要"因革损益以得时中"，希望生成语法也能与时俱进，落实"理论-实验（田调）-应用"三位一体的精神与方向，为新生代开发学术市场和就业出路。

东汉经学家郑玄学成归乡，他的老师马融喟然叹曰："郑生今去，吾道东矣。"张和友教授的译本文字精准而流畅，定能让"黄莉莉"放心说声"吾道东矣"，引导更多青年学子认识生成语法的理念和方法，应用到更多汉语方言和少数民族语言的分析之上。因此这只是个开端，不是结束；正所谓"有为者亦若是"，让我们以此自勉。

蔡维天

2022 年 6 月 30 日

译者前言

当译稿行将付梓，颇有大功告成之感时，难免心生忧虑：自己的译笔能让作者和广大读者满意吗？不过，想起自己殚精竭虑，字斟句酌，加上主审者顾阳教授的细心点校和近乎挑剔的苛求，我对译稿的质量还是有信心的。

翻译界一般推崇严复先生提出的"信"（faithfulness）、"达"（expressiveness）、"雅"（elegance）三大准则。当然，跟所有翻译作品一样，"信"与"达"对于学术著作来讲是不二法门，"雅"在不同的语境下则被赋予不同的内涵。顾阳老师在来信中告诫我，"The devil is in the details"（魔鬼在细节处），要做好一切细节，包括措辞、例句编排、版式等等，这也是一种"雅"。

是啊，当我以挑剔的眼光阅读别人的译作时，不曾想到自己也将作为译者面对广大读者。此前，我曾有过将"Three models for the description of language"（Chomsky 1956）和"Remarks on nominalization"（Chomsky 1970）翻译发表的实践，而乔氏的文章一般认为是很难读的，但对这项翻译工作我仍是慎之又慎。在四川大学求学期间，我曾尝试将原著和译著对照着阅读，并用这种方式强迫自己读完了 L. Bloomfield 的 *Language* 和 R. H. Robins 的 *A short History of Linguistics*，那个时候就感觉翻译的确是一件不容易的事。现在当自己第一次翻译这样的大部头著作时，这种感觉又油然而生，并由此促发了一种使命感。正是这种使命感，使这本译著历时将近四年，终于面世。

首先需要说明的是，译著在体例上基本保持原著风格，需要特别说明的地方，以"译者按"形式随文加注，不增加脚注数量。术语尽量采用学界达成共识的译法，个别地方采用译者认为合理的翻译，比如将 PRO 译为大代语，将 pro 译为小代语，而将 Pro 译为代语，以示区别。

正如该书引言所指出的那样，这是以当今生成句法学理论来研究汉语经典问题的一部著作，希望能像赵元任先生的 *A Grammar of Spoken Chinese* 那样襄助学界。译者同样希望，译著的问世，能为汉语语法学界，尤其是句法学界带来"耳目一新"的感觉。

翻译这样一部大著自然得益于很多学术同仁的帮助。三位原作者黄正德教授、李艳惠教授、李亚非教授的鼓励是一股很大的动力，尤其是黄正德老师，或当面，或来邮件，给我不少的振奋。更需要交代的是，译稿付梓之前，又交由三位原著者各自审校，进一步完善。当然，李亚非老师因故未审阅第三章，如有舛误，与他无关。顾阳老师审订全稿，前面已经提及，其功劳岂一个"谢"字了得！邓思颖老师是我在香港做博士后的合作导师，也在翻译上给过我不少指点。香港中文大学的郭洁、黄楹校阅过初稿，也是要感谢的。苏州大学的袁影博士也曾就译稿的某些问题同我讨论过，谨此送去谢意。

译者前言

也借此机会对陆俭明教授和宁春岩教授表示诚挚感谢。陆老师对这项翻译工作给予肯定并一直关注，译稿完成之际请他作序，他欣然应允。宁老师与我谋面不多，但当我请他为中译本作序时，他也很爽快地接受了。还要感谢王洪君教授，王老师是我的博士导师，非常支持我做这项工作，并希望做好。最后，对于那些以不同方式鼓励和支持我翻译好这部书的其他师长，如沈阳教授、徐杰教授、胡建华教授，以及我的同事荣晶老师，道一声：谢谢。

当然，"成也萧何，败也萧何"，作为译者，我要秉承"文责自负"的常规，译著中的任何疏漏理应归咎于我。唯愿我的努力能换来广大读者的理解和认同，若有赞誉，那自然是最好不过的。

张和友

2012 年 11 月于北京师范大学语言研究所

目　　录

缩略表 ·· i
引言 ··· v

第一章　语类 ·· 1
　1.1　词汇语类 ··· 2
　　1.1.1　动词和名词——基本区分 ····································· 2
　　1.1.2　方位词 ··· 6
　　1.1.3　形容词 ·· 18
　　1.1.4　前置介词 ··· 24
　1.2　功能语类 ·· 32
　　1.2.1　[Fn]，$n \geq 0$ ·· 32
　　1.2.2　[F]特征以及修饰引导语"的" ······························ 37

第二章　论元结构 ·· 41
　2.1　论元与论旨角色 ·· 41
　　2.1.1　论旨角色的基本属性 ··· 42
　　2.1.2　汉语表结果的复合词：个案研究 ························· 44
　　2.1.3　复合词与短语 ·· 49

XXI

- 2.2 关于论旨角色的本质 ······ 53
  - 2.2.1 句法产生的论旨角色 ······ 53
  - 2.2.2 动词之中何所有？ ······ 65
  - 2.2.3 削词汇之足适功能之履 ······ 70
- 2.3 初步拟定一个供选择的论旨角色理论 ······ 74
  - 2.3.1 词项如何贡献于论元结构 ······ 75
  - 2.3.2 我们的理论 ······ 77
  - 2.3.3 所解释的事实 ······ 83
- 2.4 且当作结论 ······ 96

第三章 动词短语 ······ 98
- 3.1 附接语与补足语 ······ 98
- 3.2 动词后成分 ······ 105
  - 3.2.1 双宾语与 VP 的结构 ······ 105
  - 3.2.2 动词-得 ······ 108
  - 3.2.3 频率／持续短语（FP/DrP） ······ 117
- 3.3 动词前成分 ······ 129
  - 3.3.1 体短语 ······ 130
  - 3.3.2 情态词 ······ 137
- 3.4 总结 ······ 143

第四章 被动句 ······ 144
- 4.1 汉语的长被动句 ······ 145
  - 4.1.1 传统上两种对立的观点 ······ 145

4.1.2　本书的分析：非论元移位与述谓 ……………… 153
　　　4.1.3　空算子分析的进一步证据 …………………… 159
　4.2　汉语的短被动句 ……………………………………… 165
　　　4.2.1　反对施事删除的分析 ………………………… 165
　　　4.2.2　对短被动句的分析 …………………………… 170
　4.3　间接被动句的分析 …………………………………… 177
　　　4.3.1　直接与间接被动句 …………………………… 177
　　　4.3.2　包括式间接被动句 …………………………… 179
　　　4.3.3　不如意被动句 ………………………………… 188
　4.4　总结 …………………………………………………… 194

第五章　"把"字结构 ………………………………………… 196
　5.1　"把"字结构和"被"字结构 ………………………… 198
　5.2　何谓"把"？ ………………………………………… 206
　　　5.2.1　"把"的语类地位 …………………………… 207
　　　5.2.2　对"把"的分析 ……………………………… 209
　5.3　"把"不是论旨角色指派者 ………………………… 213
　　　5.3.1　"把"和主语 ………………………………… 213
　　　5.3.2　"把"和"把"后 NP ………………………… 218
　5.4　结构 …………………………………………………… 221
　　　5.4.1　初步的分析 …………………………………… 221
　　　5.4.2　修正 …………………………………………… 224
　5.5　"受影响的" ………………………………………… 236
　5.6　其他分析方法 ………………………………………… 241

5.7 总结 ·· 247

第六章 话题结构和关系结构 ························ 250
  6.1 话题结构 ···································· 254
      6.1.1 移位还是不移位? ···················· 257
      6.1.2 孤岛条件 ···························· 264
  6.2 关系结构 ···································· 269
      6.2.1 分布和释义 ·························· 272
      6.2.2 移位 ································ 277
      6.2.3 基础生成 ···························· 280
      6.2.4 关系算子 ···························· 281
      6.2.5 NP 附接 ····························· 289
  6.3 无空位结构 ·································· 297

第七章 疑问句 ···································· 300
  7.1 是非问句 ···································· 302
  7.2 选择问句 ···································· 306
  7.3 A-不-A 问句 ································· 309
      7.3.1 三种类型的 A-不-A 问句 ·············· 310
      7.3.2 A-不-A 问句: 模组分析法 ············ 316
      7.3.3 解释差异 ···························· 320
      7.3.4 VP-neg 问句 ························· 325
      7.3.5 总结 ································ 328
  7.4 wh-问句 ····································· 329

目 录

    7.4.1 对于 wh-在位的移位分析法 ·················· 330
    7.4.2 逻辑式移位：一些问题及供选择的分析方法 ···· 337
    7.4.3 逻辑式邻接性与并移 ························ 341
    7.4.4 非移位和无择约束 ·························· 349
  7.5 结语 ·· 361

第八章 名词性短语 ·· 362
8.1 问题 ·· 363
8.2 投射 DP-指称与数量短语 ·························· 368
    8.2.1 数目短语用作无定表达和数量表达 ············ 368
    8.2.2 数量与无定性 ······························ 371
    8.2.3 数目短语与限定词短语 ······················ 373
    8.2.4 跟无定的 wh-成分比较 ······················ 374
    8.2.5 跟"有"字短语比较 ························ 375
    8.2.6 禁止无定的主语/话题 ······················ 375
    8.2.7 小结 ······································ 377
8.3 DP 内部的排序与成分组构 ························ 377
    8.3.1 指示词 ···································· 378
    8.3.2 代名词 ···································· 379
    8.3.3 专有名词 ·································· 381
    8.3.4 普通名词 ·································· 383
    8.3.5 并非同位成分或副词成分 ···················· 385
    8.3.6 小结 ······································ 388
8.4 扩展与修正：复数 ································ 389

    8.4.1　有关"-们"的一些疑惑 ⋯⋯⋯⋯⋯⋯⋯⋯⋯⋯⋯⋯ 389
    8.4.2　复数特征作为数目短语的中心语 ⋯⋯⋯⋯⋯⋯⋯⋯ 395
    8.4.3　专有名词+代名词+指示词 ⋯⋯⋯⋯⋯⋯⋯⋯⋯⋯ 400
  8.5　总结及经验上的复杂性 ⋯⋯⋯⋯⋯⋯⋯⋯⋯⋯⋯⋯⋯⋯⋯ 403
    8.5.1　主语位置上非数量的无定名词 ⋯⋯⋯⋯⋯⋯⋯⋯⋯ 404
    8.5.2　非根句、类指的名词短语 ⋯⋯⋯⋯⋯⋯⋯⋯⋯⋯⋯ 411

第九章　照应语 ⋯⋯⋯⋯⋯⋯⋯⋯⋯⋯⋯⋯⋯⋯⋯⋯⋯⋯⋯⋯⋯⋯ 416
  9.1　汉语中的约束理论 ⋯⋯⋯⋯⋯⋯⋯⋯⋯⋯⋯⋯⋯⋯⋯⋯⋯⋯ 418
    9.1.1　反身代词与原则 A ⋯⋯⋯⋯⋯⋯⋯⋯⋯⋯⋯⋯⋯⋯ 418
    9.1.2　代名词和原则 B ⋯⋯⋯⋯⋯⋯⋯⋯⋯⋯⋯⋯⋯⋯⋯ 421
    9.1.3　原则 C 和 D ⋯⋯⋯⋯⋯⋯⋯⋯⋯⋯⋯⋯⋯⋯⋯⋯⋯ 422
  9.2　光杆反身代词"自己" ⋯⋯⋯⋯⋯⋯⋯⋯⋯⋯⋯⋯⋯⋯⋯⋯ 426
    9.2.1　长距离"自己"的两种解决方案 ⋯⋯⋯⋯⋯⋯⋯⋯⋯ 427
    9.2.2　语内传递性与照应性 ⋯⋯⋯⋯⋯⋯⋯⋯⋯⋯⋯⋯⋯ 438
    9.2.3　语内传递性：句法与语义 ⋯⋯⋯⋯⋯⋯⋯⋯⋯⋯⋯ 446
  9.3　受约束照应语与驴子照应语 ⋯⋯⋯⋯⋯⋯⋯⋯⋯⋯⋯⋯⋯ 451
    9.3.1　同指的或作为受约束变项的代名词 ⋯⋯⋯⋯⋯⋯⋯ 451
    9.3.2　变项约束：辖域、可及性与异指性 ⋯⋯⋯⋯⋯⋯⋯ 453
    9.3.3　无定成分和驴子照应语 ⋯⋯⋯⋯⋯⋯⋯⋯⋯⋯⋯⋯ 463
  9.4　总结与结语 ⋯⋯⋯⋯⋯⋯⋯⋯⋯⋯⋯⋯⋯⋯⋯⋯⋯⋯⋯⋯⋯ 475

参考文献 ⋯⋯⋯⋯⋯⋯⋯⋯⋯⋯⋯⋯⋯⋯⋯⋯⋯⋯⋯⋯⋯⋯⋯⋯ 477
索引 ⋯⋯⋯⋯⋯⋯⋯⋯⋯⋯⋯⋯⋯⋯⋯⋯⋯⋯⋯⋯⋯⋯⋯⋯⋯⋯ 509
再版后记 ⋯⋯⋯⋯⋯⋯⋯⋯⋯⋯⋯⋯⋯⋯⋯⋯⋯⋯⋯⋯⋯⋯⋯⋯ 516

缩 略 表

A, AP	adjective, adjectival phrase（形容词，形容词短语）
AC	Adjunct Condition（附接条件）
ACC	accusative case（宾格）
ACD	Antecedent Contained Deletion（包含先行语的删除）
ADV	Adverb（副词）
AE	Anaphoric Ellipsis（照应删略）
ART	Article（冠词）
Asp, AspP	aspect, aspectual phrase（体，体短语）
BPA	Binding Principle A（原则 A）
C, CP	complementizer, complementizer phrase（标句词，标句词短语）
CED	Condition on Extraction Domain（提取域条件）
CFC	complete functional complex（完整的功能复合体）
CL	classifier（量词）
CNPC	Complex NP Constraint（复杂名词短语限制）
CR	Conjunction Reduction（连接减缩）
D, DP	determiner, determiner phrase（限定词，限定词短语）
DAT	dative case（与格）

i

DC	Directionality Constraint（方向性约束）
DECL	declarative（陈述句）
DEM	demonstrative（指示词）
DrP	Duration Phrase（持续短语）
DRT	Discourse Representation Theory（话语表征理论）
ECP	Empty Category Principle（空语类原则）
Fn	functional element of degree n（成分的功能性程度）
FEC	free empty category（自由的空语类）
FI	Full Interpretation（充分解释）
FP	Frequency Phrase（频率短语）
GB	Government and Binding（管辖与约束）
GC	Governing Category（管辖域）
GCR	Generalized Control Rule（广义控制规则）
H	head（中心语）
HMC	Head Movement Constraint（中心语移位限制）
IHRC	internally headed relative clause（中心语居内的关系从句）
I, IP	inflection, inflectional phrase（屈折，屈折短语）
L, LP	localizer, localizer phrase（方位词，方位词短语）
LBC	Left Branch Condition（左分枝条件）
LD	long-distance（长距离）
LDR	long-distance reflexive（长距离反身代词）
LF	Logical Form（逻辑形式）
LRS	lexical relational structure（词汇关系结构）

缩略表

LSS	lexico-semantic structure（词汇语义结构）
Lv	light verb（轻动词）
MDP	Minimal Distance Principle（最短距离原则）
Mod	Modifier（修饰词）
MP	Minimalist Program（最简方案）
N, NP	noun, noun phrase（名词、名词短语）
NOM	nominative case（主格）
NOP	null operator（空算子）
Num, NumP	numeral, number phrase（数目、数目短语）
OP	operator（算子）
P, PP	preposition/ postposition（前置词/后置词）
	prep/postpositional phrase（前置/后置词短语）
PASS	passive morpheme（被动语素）
PAST	past tense（过去时）
P&P	Principles and Parameters（原则与参数）
PF	Phonetic Form（语音形式）
PL	plural（复数）
PLA	Principle of Lexical Association（词汇关联性原则）
PLI	Principle of Lexical Integrity（词汇完整性原则）
POV	Point-of-View Phrase（视点短语）
PRES	present tense（现在时）
PRO/pro	empty pronominal element（空代词成分）
PROG	progressive（进行体）
QNP	quantificational NP（表数量的名词短语）

Q	question particle（疑问助词）
QR	Quantifier Raising（量词提升）
Qu	question operator（疑问算子）
QVE	quantificational variability effect（量化可变效应）
RNR	right-node raising（右节点提升）
SC	Subject Condition, also for Superiority Condition（主语条件，也表示优先条件）
SFP	sentence-final particle（句末助词）
SourceP	Source Phrase（来源短语）
Spec	specifier（指示语）
t	trace of moved element（移位成分的语迹）
T, TP	tense, tense phrase（时，时短语）
TOP	topic（话题）
UG	Universal Grammar（普遍语法）
UTAH	Uniformity of Theta Assignment Hypothesis（论旨指派一致性假说）
V, VP	verb, verb phrase（动词，动词短语）
X^{o}	syntactic head of type X（X的句法中心语）
XP	full syntactic phrase of type X（X的完整句法短语）
X′	intermediate syntactic phrase of type X（X的中间句法短语）

引 言

在过去的二十五年中，汉语句法研究掀起了热潮。浏览一下自 1985 年以来举办的汉语语言学会议的日程细目，我们便可以看到每个会议每天至少有一个完整的时段是用来讨论汉语句法的。这些会议的组织者还记得的常态是，在会议收阅的所有摘要中，有百分之五六十都是关于句法的。也正是在这二十五年中，大量关于汉语句法的理论研究开始出现在西方出版的主要学术期刊上。一些有别于先前一般语法描写或者参考语法的关于汉语句法理论研究的专著也随之出现。在理论语言学界，比以往更多的著作重点引用并参考了汉语句法研究的成果。很显然，以现代语言学理论为指导的汉语句法研究的成果是很丰富的。同时，汉语句法的研究在语言学家构建现代"主流"句法理论的过程中也发挥着日益重要的作用。

大多数这类"现代句法理论"，或多或少都是在生成语法的形式范式下形成的。以形式化为手段，很多研究得以在原则与参数的理论框架下进行。原则与参数理论是乔姆斯基和他的同事与学生在 1980 年或之前之后两三年间提出来的，并有不同的模式，包括所谓的管约（GB）框架、语障（Barrier）框架，以及近年来旨在达到理论经济性方面最理想之尝试的最简方案（MP）。原则与参数理论标志着有别于生成语法前二十五年（始自1957）的一个时代的开始。这一理论框架的提出，一方面可以构建一个普遍的语法理论模式，以反映人类语言的共有属性；另一方面，它又使理论的构建具有足够的灵活性，以解释不同语言之间的差异。原则与参数理论给二十五年前乔姆斯基提出的天赋论假说（亦即"生物语言学理论"）提供了合理的解释。天赋论假说反映了乔姆斯基语言观的特点，它将任何语言的内化语法视为先天天赋（nature）与后天滋养（nurture）的综合产物。原则与参数理论也为不同类型语言的丰富描写提供了可能，最重要的是，它使得对各种语言的研究成果能够直接贡献于构建一个普遍语言学理论，而我们当今所了解的管约理论的构建，在一定程度上就取材于对汉语句法的分析。

与以往情况不同的是，在原则与参数理论时期出现的研究成果的数量，远远超出人们能够轻易回忆或列举出的对某个专题研究的成果之数量。各种不同的语法构式得到多种不同的处理，一些看来跟早期生成语法无关的语法构式如今又得到热烈的讨论和分析，而以往对某些形式分析提出的异议现在也失去了理据。然而，我们仍然听到来自于不熟悉这一理论的学者的异议与质疑。这些学者，有些可能接受的是前管约论的教育，但那时的很多观点已不为当今的生成语法研究者所沿用，而有些则可能对生成语法理论的形式手段不甚了解。我们认为，这种情况部分是由误解或信息缺乏造成的。真实情况是，几乎每一个关于汉语句法的题目，目前都有相当数量的、以原则与参数理论为框架所作的生成语法研究的文献。对于那些由于种

引 言

种原因未能跟上近期理论发展的人来说，问题主要在于大多数研究成果只是以单篇文章出现在期刊、编著或会议报告中，而且迄今为止，尚未见到有著作尝试对已出版的主要成果作出评定，并且能在一部著作中对这些成果进行较有深度的描写。这样的一本著作或许可以起到双重效用：一方面，它可以给那些不太熟悉（或者不太致力于）形式语言学和（在我们看来的）形式汉语句法研究现状的读者提供信息；另一方面，它也能为那些对汉语语言事实进行严密准确分析这一事业感兴趣的学者与学生带来更为深入的研究课题，使这些研究能参与构建一个关于人类语言能力及其可能差异的最优理论，即"心智之镜"（mirror of the mind）理论的一部分。

我们撰写这本书的一个主要动机，就是期望在填补上述不足方面迈出第一步。我们希望，这部包含我们选定的不同专题的著作，能以一个较完整的面貌将整个汉语句法系统呈现给读者；我们也希望，对每个专题的各种分析的讨论，既有助于汇总某些重要的研究成果，也有助于为进一步的研究提供新的起点。我们还想用这本著作说明，对于所讨论的每一个专题，生成语言学形式化的分析如何能帮助我们理解某些观察到的汉语的属性，而这种理解方式或许优于其他能设想到的方法。我们还想说明，这样的分析如何可被视为对语言学理论的贡献。

在详细介绍本书内容之前，我们有必要说明这本书所不涵盖的范围及用途。首先，它不是汉语学习者的参考语法书，尽管这本书可以看作一部用形式语言学分析汉语句法的参考书（或许有些偏见）。虽然我们尽己所能试图在书中囊括尽可能多的参考文献，但我们相信还会因不慎而遗漏了一些。即便对所引用的参考文献，除了那些跟我们自己的分析紧密相关的部分，我们并没有对所有值得考虑的分析都作详细讨论，我们也没有包括那些明显不是形式语言学研究的参考文献。其次，这本书也不是关于汉语句法的全面研究。事实上，即使运用形式语言学的方法，也不可能涵盖汉语句法的所有重要问题。我们不是简单地总结关于所有专题研究的成果，而是选择一定数量的专题，相应地提供相当详细的分析与论证。因篇幅所限，我们排除了一些专题，另外也排除了一些我们提不出新的分析的专题。对于每一个专题，我们的讨论旨在先提供一两个具体的分析，再以普遍语法理论来解释其背后的原理。通常认为，赵元任（Chao 1968）的《中国话的文法》(*A Grammar of Spoken Chinese*) 是一部全面的单卷杰作，是美国描写和结构主义传统的最佳代表。在过去的几十年中，对汉语的形式语法研究在规模上还没有出现可与该书相比的单卷本著作。赵元任在该书中对语料丰富的观察和深刻的洞察至今未被超越，而我们则没有试图用生成语法的理论对汉语句法进行全面分析。我们的目标既不同，又有限：本书提出的语法分析覆盖了过去二十五年中用理论语言学对大部分汉语构式所作的分析，而且大多数情况下着眼于我们自己的分析。我们希望本书能说明对汉语事实的理解如何得益于生成语言学的分析方法，同时这些分析又如何帮助解决重要的问题从而指导语言学理论方面更深远的研究。本书的目的乃是对于汉语句法学这门具有特色的汉学研究学科，以及生成语法学这个窥探人类语言能力的研究领域，作出一定的贡献。

除引言之外，全书分为四部分共计九章：

第一部分（第一、二、三章）调查研究句子的构造模块（building block）和"常规"结构，包括词在语法上相关的属性以及短语形成的组合规则。第一章提出词类理论，书中称为语类（category）。由于缺少足够的屈折与派生变化，要识别汉语的语类就比较困难。凭借对其他语言的观察，我们主要依靠词的句法表现来确定它们的语类。我们的讨论还显示，最好将语类视为一束正负值特征，这样不仅可以从句法上区分相关的语类，而且能解释为什么其中的某些语类表现出相同的属性。方位词（localizer）长期以来一直是汉语中未能妥善定论的一个语类，书中对这一语类的分析运用了计算成本的概念，从而为理解语类变化如何发生和一种新的语类如何出现提供了新的思路。

第二章着重讨论论元结构的本质。汉语中动词及其主语和宾语之间的语义关系受到的限制远不及英语，利用这一久为人知而使人迷惑的事实以及其他人的近期研究，我们提出动词的词汇-语义（lexicon-semantic）分解理论，这一理论使规约的机制和其组成成分的数量减到最少，因而使理论的解释力达到最大。我们特别论证，一个含有事件类成分的小集合与词根相互作用，可以产出类似英语动词较"严格的"论元结构。在缺少事件类成分时，可以运用光杆词根作为动词，再加上有关的世界知识，构成论元结构。这种论元结构的形成方式解释了汉语动词语义上的自由度。

第三章涉及一个宽泛的专题，是关于句子的"常规"结构的，特别是关于动词及其补足语的结构。本章系统考察附接语（adjunct）与补足语之间的差异，为五种不同的动词后成分（分别为双宾语、两种"动词-得"、频率短语与持续短语）寻找最适当的结构表达式，并讨论像体（aspect）和情态（modality）这样的语义概念在汉语句法中是如何处理的。我们主张，表结果的"动词-得"与表方式的"动词-得"之间的不一致表现可归因于这样一个表面上无关的事实：汉语有结果复合词，但没有动词后带方式修饰语的复合词。这一章对句法-语义看起来错配的结构也给予了关注。能将这大量的、各具特色的专题统一起来的是单一的短语结构模式，而其对可能的句法分析的限制则显示了该模式在语言理论中的重要特征，即：用最少量的、具有独立动因的手段去解释最大量的语料。

第二部分（第四、五章）更进一步考察论元结构以及它与词汇语义之间的关系，以及它对句法结构的影响。讨论的重点在于被动句和"把"字句，这两种结构自现代汉语句法学领域开创以来便一直是争论的中心。第四章讨论被动句，依据施事短语的出现与否，被动句采取两种形式（分别为长、短被动句）。在列举了基于移位的分析法和基于补足语的分析法的优劣之后，我们证明，汉语的被动句既涉及移位，也涉及补足语。长被动句经由补语从句推导而来，其中内嵌的宾语移到补语从句的边缘（即一个"算子移位"的过程），并成为主句主语的谓语。短被动句则涉及动词补语，宾语移到动词短语的边缘（即一个"论元移位"的过程），并在那里同主语一起得到释义。

在被动结构研究的基础上，第五章将被动句和与其紧密相关的"把"字句加以比较。"被"字结构与"把"字结构在论元结构上相似，但是，它们在接受度上却不相同，这可归因于"把"与"被"不同的子语类化要求在相关的句法结构上的反映。不过，现存的文献并没像关注"把"字结构的特殊意义以及如何解释该结构那样去关注它的句法属性。已有研究提到，"把"字结构表达"处置"（disposal）和"受影响性"（affectedness）的意义。我们指出，"把"字结构的这一特殊的意义不能归因于"把"的任何论旨指派能力。每个"把"字句都有对应的非"把"字句，这说明"把"跟论元结构无关。在最典型的"把"字句中，"把"似乎跟有界性概念相关，或者要求表达一个结果。但是，"把"字结构的复杂性要求我们探究另外的可能性与机制来对"受影响性"这一释义作出解释。

被动结构和"把"字结构表明词汇结构的变更如何影响论元（如主语和宾语）之间的句法关系，而其他结构则显示了独立于词汇语义的句法属性。这些结构涉及句子或超出句子之外的操作，并且通常涉及句子边缘的成分与完整的句子之间的逻辑关系。第三部分讲到两类逻辑结构：一类（通常）是含有显性的先行词–空位（antecedent-gap）关系的结构，另一类正如我们将要论证的那样，是含有隐性依存关系的结构。第六章讨论第一类逻辑结构，最适当的例子是话题和关系小句结构，其中，从句用来修饰名词短语中心语。有人主张，关系从句是从话题句推导出来的；然而，我们将证明两种结构相似，但不相同。在限制这些结构是否合式（well-formedness）的一整套局域条件（local conditions）方面，两者是相同的，这套局域条件具体体现在对移位的限制条件和规范空语类分布的规则中。至于关系从句和话题句之间的区别，确切地说，在于哪个成分经历了移位、移位的着陆点在哪里。实证研究得出的一系列概括表明，上述因素的差异也体现在关系结构中，而这一系列概括都源自对关系算子存在与否的研究。

第七章讨论疑问句的句法，尤其是特殊疑问句和一类特殊的反意（disjunctive）疑问句，也就是所谓"A-不-A问句"。在澄清了这类疑问句与一般的是非疑问句的差别之后，我们就"A-不-A问句"提出并论证了一种模组语法。本章讨论了解决特殊疑问句句法语义的一些方法，我们证实，这种疑问句呈现出受隐性的长距离依存关系制约的特点，而关于移位、约束和句法-语义界面理论能够很好地解释形成这些制约的原理。

毋庸置疑，缺少了对名词性短语的句法及其语义的深度讨论，我们对汉语句法的论证将是不完整的。本书的第四部分便是针对名词性短语的。第八章探讨名词性短语——名词和以名词为中心的短语的句法结构。我们注意到，表面看来，汉语的名词短语跟英语或其他语言中的对应成分相比，兼具更复杂和更简明的特性（比如，对数-量词（numeral-classifier）的要求、缺少真正的限定词（determiner）、"光杆"单数可数名词的出现）。我们认为，尽管存在一些表面现象，汉语名词短语（像很多其他语言一样）的结构却比我们看到的要复杂。我们提出一个完整的限定词短语，这个短语可以包含其他更小的以数词表达语、量词和名词为中心的短语，并指出这一做法考虑到对

（无）有定性（in-)definiteness）、殊指性（specificity）和组合语义的一些事实的推导与解释。

名词短语语义的另外一个重要方面是它们的参照点和彼此呈现的指称依存。这是本书最后一章讨论的问题。我们的讨论涉及同指（coreference）和变项约束的句法和语义。我们指出名词性短语的指称属性跟它们的固有属性（是否需要先行语）、先行语的句法位置（如果需要先行语）以及先行语自身的性质（指称性还是量化性）相关联。关于有定名词短语照应语，我们用大量篇幅讨论汉语的反身代词"自己"，指出"自己"既是经典约束理论意义上的照应语，又是"涉己态度"（attitudes de se）语境中描述言语、心理状态或一个适当主人公角度的语内传递语（logophor）。关于变项约束，我们认为其关键是在一个恰当的逻辑表达式中要有 C-统制（c-command）。第九章结尾讨论介乎有定同指与变项约束之间的所谓驴子句中的照应语（donkey anaphor）。我们给出两类"驴子句"，它们分别有一组区别性属性。同时我们指出，对驴子句的恰当分析有助于解决两种不能并存的理论之间的重大争议，这两种理论突出地表现在如何处理无定名词短语及其指称属性。

显然还有其他一些有趣的汉语句法专题值得在这部书里讨论，但我们不得不略去。其他几个跟词汇结构和句法投射有关的构式，每个都值得用一章的篇幅来全面讨论。例如，结果构式（复合词及短语形式），虽然我们仅在第三章简要提及该构式，事实上，它们的事件结构及其在句法投射方面具有更为有趣的特点。副词的句法和体标记的句法是另外两个近年来再度引起相当大兴趣的论题。还有其他可归入论元结构和句法结构的专题,包括非宾格动词的句法、两类双宾语结构的句法,以及如何恰当处理各种连词的句法。关于逻辑结构和句法-语义界面,我们略去了不少对量化和带焦点与预设的结构的研究。至于对名词短语照应语的讨论,我们也没有谈到零形代词的分布与指称,这是一个参数理论很感兴趣的专题,它涉及句法-话语的界面研究。本书在选择专题时,使用了三个原则:一是按我们的思路,在有限的篇幅内,相对优先讨论一些专题,以平衡讨论的广度与深度;二是文献的可及性:在可及性高的专著或期刊中被广泛讨论的专题没有包括在内;三是跟我们自己的研究领域有关:我们略去了自己没作过充分研究并且没有新贡献的那些专题。

简单说一下本书的预期读者:本书最初是为我们开设的关于汉语语言结构的大学课程而写的,所以最直接的预期读者是那些具备了某些关于语言结构的基本知识的研究生和高年级的本科生。这类学生,或者任何受其他理论训练的专业语言学者,即使事先不具备汉语语言知识,都会发现本书的内容完全可以理解。汉语语言专业的学生也会发现这本书很好懂,只需偶尔从句法教科书或者语言学专业词典那里查阅一下语言学术语。在撰写本书时,我们脑子里也记着那些渴求学习汉语语法和生成句法的非专业人士,并尽量简要解释首次引介的技术概念。这样,我们希望本书将有助于在汉语相关领域,诸如语言教学、自然语言处理、机器翻译、语言习得、语言哲学,以及其他认知科学领域里的教师和研究人员。

照例,完成这样一本书要感谢很多人的帮助。虽然在这儿

引　言

我们不可能全部列出我们获知良多的学者，但我们要提到一些曾跟我们就某个专题合作，并将合作成果纳入本书的同行。尤其是，关于驴子句照应语和长距离反身代词的材料分别源于早先与郑礼姗和刘辰生一起作的研究。对论元结构和词汇关系的讨论也得益于我们先前跟郑礼姗和汤志真的合作。关于关系结构和特殊疑问句的一些章节整合了与 Joseph Aoun 的合作研究。对"动词–得"构式的分析采用了我们与丁仁的合作成果。对不同类副词之间相互作用的讨论则直接运用了我们跟 Vivian Lin 和 Rebecca Shields 一起研究英语和俄语中副词的干预效应时的发现。我们始终珍视与这些学者曾经合作的机会。本书稿早先版本的部分内容在哈佛大学、南加州大学、威斯康星大学（麦迪逊校区）以及台湾师范大学、斯坦福大学和威尼斯大学的课堂上试讲过，也有一些学生和教员阅读过。我们对那些曾对我们的研究给予关注和支持、在不少场合提供评论和建议的教师和参与者表示感激。我们特别感谢如下人士：艾瑞喜、冯胜利、Francesca del Gobbo、谢妙龄、So-One Hwang、Soo-Yeon Jeong、蒋鲤、廖秀真、荣晶、Peter Sells、沈阳、沈园、司富珍、丁仁和伍雅清。在最后将此书付梓的努力中，我们要特别感谢 Bridget Samuels，她的帮助使本书比原来更具可读性。最后，但并非最不重要的，我们将深深的感谢送给 Emily, Qing 和 Yu-Chin，他们提供了生活中所有最美好的东西——那些我们一直以来，甚或过多地，视为理所当然的东西。

黄正德、李艳惠、李亚非

第一章 语类

以下论点是我们讨论的出发点,即:汉语的句子是由词构成的,而词在句中具有不同的表现。例如,"大雁飞"是个可接受的句子,而*"飞大雁"则不可接受。造成这一差别最明显的原因是:"大雁"是名词,一般作句子的主语;"飞"是动词,其典型功能是出现在主语后作谓语。这就意味着,为了理解汉语的句法,或者说为理解任何语言的句法,我们至少需要理解一种语言中的词如何分类,以及这些不同种类的词又是如何组织在一起构成句子的。本书沿用生成句法的术语惯例,将词类称为词汇语类(lexical category),或简称语类。

在汉语句法的现代论著中,尽管学者们普遍认同名词和动词的基本区分,但在其他语类的区分上却有异议,有时分歧还很大(可参见 Chao(1968)、Li & Thompson(1981)、朱德熙(1982)以及邢公畹、马庆株(1992)了解一些(分歧)实例)。这些不同观点一部分是由于不同理论背景的语言学者可能采用不同的标准来划分词类,一部分则是由于我们对某些词及其属性还缺乏足够的认识。不管怎样,对于任何研究汉语语类的人来说,其根本任务毫无疑问都是要以某种方式确定语类,而按照这种方式确定的语类既可以精确描写该语言的句法表现,又可以对词类划分的本质提供洞见。

本着这一目标，这一章将介绍汉语普通话的词汇语类化理论。这个理论包括相互关联的两大部分：一是确立并检验根据汉语词和语素的句法表现而划分的一套语类；二是论证以这些语类间固有关系为特点的分解理论。但是，首先有必要指出，我们既不打算面面俱到地就所有跟语类相关的问题展开平分秋色的讨论，也不打算提供一个详尽的汉语语类清单。相反，我们主要关注在近期研究中我们认为新颖的观点，这也是全书所采用的方法。

1.1　词汇语类

这一节集中讨论动词（V）、名词（N）、介词（P）和形容词（A）。

1.1.1　动词和名词——基本区分

名词和动词是两个基本语类，这是现代语言学的共识。在汉语里，这两个语类可以根据能否受否定语素"不"修饰而得以明确区分。（1）—（2）提供了基本语言事实：

（1）动词
  a. 不睡
  b. 不通知
  c. 不赛球

(2）名词

　　a.＊不树

　　b.＊不消息

　　c.＊不球赛

据我们所知，所有的动词都能被"不"否定，而名词则不能。必须指出的是，"不"也可以否定"大"、"累"这类形容词，在下面几节中我们会看到，动词和形容词的这个相似点并没对动词和名词的区分造成困难。

现代汉语中有些实例似乎表明名词也可以受"不"的修饰，譬如"不人不鬼"。但是，我们有理由说明：这种例子不会对采用"不-测试"来进行"N-V"区分造成困难。首先，这类"不-N"形式并不是能产的，改变其中的名词一般会造成不可接受的形式。

（3）a.＊不书不报

　　　b.＊不饭不茶

其次，这些例子中的名词一定是单音节的，即便是它们存在多音节的对应词，如（4），进一步证明现代汉语中"不"并非真的能够修饰名词。

（4）a.＊不活人不死鬼

　　　b.＊不人类不鬼类

最后，即便是能够被"不"修饰的名词，也不允许出现单独的

"不-N"搭配,这与(1)中的动词形成鲜明对比。

(5) a. *不人
　　 b. *不鬼

因此,我们并不认为这少数例外就削弱了"不-测试"的可靠性,而是将其看作习语,不受我们采用的通则的制约。

名词和动词在其他很多方面也存在差异,这在各类语法书都有介绍(例如属于动词子集的词允许带体后缀,而名词则不行)。对本章而言,下列事实尤为引人关注:

(6) 动词
　　 a. 媒体报道了那次事故。
　　 b. 张三翻译了一部小说。
　　 c. 老师批评了这几个研究生。
(7) 名词
　　 a. 媒体*(对)那次事故的报道①
　　 b. 张三*(对)一部小说的翻译
　　 c. 老师*(对)这几个研究生的批评

尽管(6)和(7)这两组例句都用到了"报道"、"翻译"、"批评",但还是存在三点不同。以(6a)、(7a)为例。第一,语义

---

① 圆括号是一种惯用符号,表示括号内的成分是可选的。例如,A(B)C表示 AC 和 ABC 都是可接受的。如果星号"*"直接出现在括号内成分之前,如 A(*B)C,则表示:AC 是可接受的,而 ABC 是不可接受的。如果星号"*"直接出现在左括号前边,如 A*(B)C,则表示:ABC 可接受,而 AC 不可接受。(7)中的所有的例子都是这种情况。

上的宾语在（6a）中出现在"报道"的右边，在（7a）却出现在"报道"左边；第二，只有（7a）需要用介词"对"来引介宾语；第三，（7a）中"报道"前需要有语素"的"。这些事实的本质在下面的进一步论述中将会更加清晰，目前只需注意名词依靠"对"这类介词来保证其宾语的合语法性（grammaticality），而动词则不需要。这是将名词与动词区分开来的一个非常可靠的检验法，不过这个方法只限于 N/V 有语义主语的情况。①

动词和名词的基本区分可能是原型语类（proto-category）的一种反映。②"原型语类"这个概念源自对人类认知的心理学研究。有可能人的大脑将世界区分为两种基本类型的实体：存在的事物和发生的情景。原型名词（proto-N）是事物这种实体在语言中的表现，原型动词（proto-V）是情景这种实体在语言中的表现。所有的具体词汇语类都是从这两个原型语类派生出来的。我们将这两个原型语类表示为[N]和[V]两个特征。由于一个词要么具有原型名词特征，要么不具有原型名词特征，所以该特征就有两个值：[±N]；同理，原型动词也具有两个值：[±V]。这两种偶值特性会得到四种可能的组合：[+N, -V]、[+N, +V]、[-N, -V]以及[-N, +V]。如果这些特征组合确实对应于语言的词汇语类，那么，很显然，名词具有[+N, -V]特征，动词则具有[-N, +V]特性。就是说，名词语类与原型名词一致，而不与原型动词一致；动词语类则与原型动词

---

① 这一分析摘自 Y. Li（1997a），对这一现象的不同分析请参见 Fu（1994）。

② 参见 Givón（1984）以及书中引用的参考文献。

特征相符，而不与原型名词相符。这一假设可以用如下这个特征矩阵表来概括。

(8) 基于特征的基本词汇语类概括（初步的）

特征	语类			
	N	?	?	V
[N]	+	+	−	−
[V]	−	+	−	+

为避免混淆，这里先说明一下术语标识：[N] 和 [V] 是用以表示原型语类的语类特征，N 和 V 则是那些能够分解为语类特征组合的实际词汇语类的简称，参见 Chomsky (1970) 对这一特征理论的创见。按照传统（参见 Freidin 1991），名词语类的特性（也就是 [+N]）是不能带名词性宾语，至少在缺乏其他语言手段的情况下如此；而动词语类的特性 [+V] 则被界定为：能够充当独立句子的谓语。

那么，(8) 自然会引出这样一个问题：表中用 "?" 标注的由语类特征 [+N, +V] 和 [−N, −V] 表示的词汇语类是什么？答案将在这一节中给出，但是在此前我们先检验一个独特的名词性小类。

1.1.2　方位词[①]

下面例子显示的一组词，其语类身份一直以来都有争议：

(9) a. 屋子里 / 里面

---

① 方位词的讨论部分基于 Y. Li (1983, 2003) 的分析。

6

b. 床下／底下

c. 大树旁／旁边

（9）中各例都含有一个名词，其后跟有一个 Chao（1968）称之为方位词（localizer）的成分。方位词在句法上与名词相似，这一点已得到广泛认同（参见 A. Li 1990，Y. Li 2003 及其中提到的参考文献）。首先，（9）中各例在某种程度上都可视为短语，我们先称之为方位短语（LP），它们在句中可以充当主语或宾语。例如：

（10）a. 他们的城市／城外很美丽。

b. 我去过他们的城市／城外。

其次，正如 N 是名词短语（NP）的最后一个词，L 也跟在 LP 中所有其他成分之后，例如（10）中"他们的城市／城外"所示。句法上将这种词序称为"中心语居后"（head-final），N 和 L 分别是 NP 和 LP 的"中心语"。

LP 和 NP 的另一点相似性如例（11）所示（译者按，为了下面的比较，这里附上原英译文）：

（11）a. 他*（在）那个城市举办过一个展览会。

'He held an exhibition *(in) that city.'

b. 他*（在）城外／里举办过一个展览会。

'He held an exhibition outside/inside the city.'

在后面一章的讨论中我们会明白，句子中不作主语或宾语的 NP 为什么通常要求在句中有一个前置词或后置词（pre/postposition

(P))。如（11a）及其英译文所示，这显然是一个跨语言事实。在这方面，(11b)里 LP 的表现与 NP 完全相同，即依赖方位前置介词（preposition，译者按："preposition"传统一般译作介词。为了跟"postposition"相区分，这里译作前置介词。一般情况下，就称作介词）才能成立。这个事实也表明 L 不应被视为后置介词（postposition）(参见 Tai 1973，Peyraube 1980，Ernst 1988）。如果 L 确实是后置介词的话，它就没有理由不表现得像一个后置介词，因为它出现在（11b）里本应该足以引介名词"城"，恰如英译文中 outside 的表现那样。

不过，L 是有一个特性与 N 不同而与后置介词类似，这就是 L 和"的"的相互作用，下面就来讨论这个问题。为使讨论更为便捷，我们将单音节方位词和双音节方位词分开讨论。

1.1.2.1 方位词、"的"及量词

首先讨论单音节 L。先来看"的"的使用与汉语中称为"量词"（classifier，以下简写为 CL）的一组词之间的相互作用。汉语中在出现数词和指示代词时，名词通常需要一个量词来标定其"单位"（unit），并以此来测量由该名词所指涉的实体。关键是，不同的名词要求不同的量词（为确保名词和方位词之间呈最小对比对之间的差别，本节所有相关例子都采用单音节语素），例如（12）。

（12）一张床　　四条腿　　这棵树　　那片皮

当两个名词相连，带"的"或不带"的"，名词及其量词的依存关系便呈现出有趣的模式：

（13）a. 四条床腿　　　对比　　＊四张床腿
　　　b. 这片树皮　　　对比　　＊这棵树皮
（14）a.（？）四条床的腿　　对比　　四张床的腿
　　　b.（？）这片树的皮　　对比　　这棵树的皮

简言之，独立地看，两个名词间"的"是可选的；但是，当"的"不出现时，CL 必须与右边的 N（也就是中心语 N）匹配，而当"的"出现时，量词可以选择与其中任一个 N 匹配。

对（13）—（14）模式的解释既简明又直接。假定中间不带"的"的 N-N 组合都是复合词，而中间带"的"的 N-N 组合为 NP，其中左边的名词修饰右边的名词。换句话说，两个名词连用时，"的"是标识短语结构的充要手段。此外，汉语 N-N 复合词是"中心语居后"，因为是右边的名词决定整个词的基本语义。比如说"床腿"是一种"腿"，而不是一种"床"。因此，对于不含"的"的（13a）来说，只允许用量词"条"，它只适用于"腿"而不适用于"床"。当出现"的"时，如（14a），两个名词就不是单一复合词的组成成分，而是句法上各自独立的两个词。这就产生了（15）中的结构，其中以句法中广泛运用的双括号标识名词短语的边界。

（15）[$_{NP1}$ …… [$_{NP2}$ …… 床] 的腿]

每个 NP 中的省略号处是量词加数词/指示词可以出现的地方。既然有两个独立的名词，那么，每一个名词在句法上都可以和各自的量词结合。换句话说，位于这一组词串前的量词既可以被看作 NP$_1$ 的组成部分（即与"腿"相连），也可以被看作 NP$_2$ 的组成部分（与"床"相连）。在线性序列上，量词处在同一个位置。这两种选择源自句法，句法使词与词在不同层次关联。有了这个解释，我们就能理解为什么（14）中每组的第一个例子听起来有点儿别扭。在这些例子里，我们期望相邻的 CL-N 序列是匹配的，但它们并不匹配；因为 CL 实际上是与第二个名词相配，从而造成理解上的困难。我们还注意到，(15) 没有量词也可以接受（例如："床的腿"）。因此我们假定：NP 可以由一个光杆名词构成。

接下来我们讨论由单音节方位词作中心语的 LP。我们注意到两个事实：一是 L 与前面的 N 之间不允许出现"的"，二是 N 前的 CL 与 N 匹配没有障碍。

(16) 床（*的）下　门（*的）后　屋（*的）里
(17) 一张床下　　这扇门后　　那间屋里

(16) 说明方位词有别于名词，这也是有人把 L 当作后置介词的原因。(17) 与 (13) 不含"的"的 N-N 复合词形成鲜明对比。(13) 和 (17) 都只用单音节词，都没有出现"的"字。但当最右边的语素是 N 时，如 (13)，量词不与左边的 N 相配；而如果最右边的语素是 L，如 (17)，选择同样的量词则完全可以接受。假如我们对上述 (13)—(14) 名词性例子的解释正确的话，那么可以推断 LP 具有如下结构：

(18) [$_{LP}$ [$_{NP}$ ... N] L]

重要的是，L 前的名词性成分不与 L 构成复合词；相反，它有自己的短语，其中允许有量词。换句话说，尽管 L 和前面的 N 之间没有"的"，使得这个词串在形式上像一个 N-N 复合词，但目前的证据表明这个词串的确是一个短语的结构。

1.1.2.2　方位词作为名词次类

上一节对 L 和 N 之间对立表现的结构分析仅在强调一个老问题：什么是 L 最合适的语类划分从而可以解释其句法的特性？从逻辑上讲，有三种可能性：一是把 L 作为 N 的次类，二是把 L 作为后置介词，三是把 L 看作一个独立的语类。本书提出一种理论，按照这一理论，L 的属性可按第一种可能性来理解。

正如我们前面所看到的那样，L 表现出 N 的三个特性：LP 是中心词居后；L 在句中可充当主语和宾语；如果 L 用作方位性修饰语，它需要一个前置介词。因为 L 不需要"的"就能够与其前面的 NP 结合，所以它又像是后置介词。由于汉语缺乏形态标记来帮助辨别 NP 的语法功能，所以，方位词前的 NP 是否也像前置介词带 NP 宾语那样作 L 的宾语，尚不清楚。至少理论上，这个 NP 同样可能在 LP 中起领有者的作用。总之，如果在 N 和 P 两者中为 L 选择语类的话，N 似乎更合适。

问题是，如果把 L 看作 N 的一个类，那么，如何解释"的"的缺失。很显然，为了把 L 归入 N，但又有别于 N，我们不可避免地要作某种规约。为此，我们假设：语言允许某个特定语类 X 的一个（自然）次类的词在表现上与 X 有所偏离。① 同时，我们认为这种偏离不是任意的，而是由某种可预测的本质所导致的结果。

首先，我们来考虑英语的"do-插入"现象：

(19) a. Did Sam leave. (山姆离开了吗？)
　　 b. Sam did not leave. (山姆没有离开。)
　　 c. Sam left. (山姆离开了。)
　　 d. *Sam did leave. (表达的意思同 c)

语义为空的情态词（modal）do 在（19a）用来构成疑问句，在（19b）用于构成否定句。但是如果 do-插入在英语语法中是合语法的操作，那么，为什么不能发生在陈述句（19d）中？请注意，如果（19d）中的 did 表强调（加上相应的重音），则句子是好的。表强调的 did 与（19a，b）中的 did 并非同一个语素，因此与这里的讨论无关。

Chomsky（1995）对这个问题的解答是用最简方案的技术术语来表述的，但在我们看来，其本质是符合直觉的。他提出，像 do-插入这种高度关乎具体语言的操作在语言运算中代价更高，因为它们必须被记忆。相比之下，跨语言观察到的总体上被称为普遍语法（Universal Grammar，UG）的机制，也许是大脑中固有而无须学习的。假设语言的推导过程只要有可能，都

---

① 在更基础的层面上，一个语类的偏离可能无法跟新的语类相区分。更为重要的问题是：语言是否可能允许任何新的语类，或者即使是新的语类是否也必须与核心语类受制于同样的原则。第二种选择明显地更为受限，因此这里采取第二种选择。另一种观点将 L 视为介于 N 和 P 之间的一种新语类，参见 Y. Li（2003），本节的基本论证对该观点也适用。

会以某种方式力避更高代价的操作，那么（19）中的语言事实就容易解释。选择（19c）而不选择（19d），是因为前者的推导过程"更经济"，无须采用 do-插入这个仅存于具体语言的高代价操作。疑问句和否定句中要求情态成分插入是有独立原因的，即没有情态成分则势必导致句子不合语法。因此，只有在没有其他语法手段来形成疑问句和否定句时，do-插入才是合语法的。

有趣的是，"的"的使用也属于为具体语言所特有。假设方位词的句法特征可以根据（20）来决定，而且（20）本身也可能和（19）中的 do-插入现象一样，都是某个更为普遍的原则的特殊表现。

（20）在决定一个偏离语类的特性时，优先舍弃原语类中任何属于具体语言的东西。

在上面提到的汉语名词诸项特征中，由名词作中心语所构成的 NP 直接充当主语或宾语，而在其他环境中需要借助于介词，这是所有语言名词都具备的一个属性。NP 内部中心语居后，也是见于世界半数语言的类型学现象（Greenberg 1963, Hawkins 1983）。相比之下，"的"的使用属于具体语言的个别现象，因而是代价更高的操作；假如名词的这组特征发生任何变更，那么应该被剔除的就是这个高代价操作。结果是，L 保留了除"的"之外 N 的所有句法属性。

以上的分析是建立在一个前提假设之上的。为了使分析更完整，我们把这个前提假设明确表述如下：

(21) 一个语类产生偏离的 X，其句法属性的选择必须保证 X 跟所有现存的语类有别。

（21）的正确性不言而喻。如果 X 保留了原来语类的所有特性，那么就不会有 X；如果句法表现上的变化使得 X 在行为上等同于另外一个（已存的）语类，那么这是语类的转换而不是语类的偏离。总之，(21) 规定行为的变化范围，而（20）则规定变化的确切内容。为便于讨论，本节余下部分继续用方位词这个术语来指称这组词，名词指称那些标准的名词。应该指出，本章提供的理论并不迫使一种语言具有偏离常规的方位词，即便是当名词具有具体语言的属性。它只在所涉及的语言选择偏离常规时才适用。

1.1.2.3 双音节方位词

下面是双音节方位词的例子。

(22) a. 床（的）下面
　　 b. 门（的）后头
　　 c. 屋子（的）里边

上一小节的分析基于如下事实：单音节 L 不用"的"时与对应的 N 不同。相比之下，双音节方位词用不用"的"是可选的，这使得双音节方位词与双音节名词一样。

(23) a. 门（的）把手
　　 b. 屋子（的）后门

如果像我们主张的那样，"的"的出现标明"名词身份"的话，那么（22）中前面冠以"的"的方位词就像（23）中的"把手"、"后门"一样，都是名词。

这似乎说明不带"的"的方位词也是名词。不过，量词测试却证明二者不同。

（24）a. 那扇大门后头　　一间屋子里边，……
　　　b. *那扇大门把手　*一间屋子后门，……

正如我们在单音节方位词和名词那里所见到的一样，与其后的名词匹配的量词在不带"的"的方位词短语中是合语法的，但在典型的 N-N 复合词中不合语法。因此，结论必然是：双音节方位词在没有"的"的情况下实际上也是以前面的 NP 作补足语（参见（18）中的结构），而不跟其前的 N 组成 N-N 复合词。由于在该 NP 和方位词之间没有"的"，那么，后者一定是 L，是名词的偏离语类。

这一结论意味着，单音节方位词专属于语类 L，而与之相应的双音节方位词则属于 L 和 N 之间的两可语类，这实际上容易理解。毕竟，语素"面"、"头"、"边"在单独运用时是名词，分别表达"脸"、"末端"和"旁边"的意思。因此，有理由将"里边"看成是由 L-N 构成的。既然名词性复合词是中心语居后（见（14）后面的讨论），那么 L-N 复合词从其中心语 N 那里承继语类才是合乎常理的。换句话说，它们是简单的方位名词。此外，"面"、"头"、"边"作为双音节方位词的第二个成分时已经失去它们（原来的）声调和具体的语义内容。我们认为，它们同样也面临失掉其语类身份的可能。正如我们看到的那样，如果"面"、"头"、"边"等仍被看作名词，那么双音节方位词就是名词。如果认为"面"、"头"、"边"的语类内涵跟声调和语义内容一起失去了的话，那么，复合词中仍能决定这个语类的唯一语素就是单音节方位词，因此整个复合词被当作 L。关于复合词从其中心语获得词汇属性的假设，请参见 Di Sciullo & Williams（1987）。

1.1.2.4 关于方位词作为附着语素

我们对 L 的分析，其关键依据是 L 与"的"的相互作用，把不出现"的"归因于方位词从名词偏离，以及使用"的"在句法运算中成本更高。当然也有其他方法来解释这种语境下"的"的分布。例如，Liu（1998）把单音节的 L 处理为带 [+loc] 特征的附着语素（clitic）。照此，与方位词 L 相结合的 NP 本质上就表现得像"学校"那样的指涉处所的 NP 一样，其中 L 作为"短语词缀"，与宿主（host）NP 形成一个语音单位（Klavans 1980, Zwicky 1985, Anderson 1992）。鉴于韵律在现代汉语句法和词法中扮演积极角色这个事实，Liu 的解释既简明又直观。[①] 我们看不出反对将 L 称为附着语素的理由，因为它确实有不能独用的倾向；但我们并不认为这样做就能解决有关 L 语类性质的问题，或者能为 L 的表现提供充分的解释。

首先，生成句法学和形态学领域广为接受的是，词缀属于某种语类。近期大量研究建立在连时（tense）和体（aspect）词缀都指派了不同句法语类的基础上。Andersons（1992）的理

[①] 参见冯胜利（2000）关于汉语句法-韵律交互作用的理论。

论认为，附着语素不同于词缀之处，仅在于它贴附在短语之上而非语素之上。既然 Liu 采纳这一理论，那么附着语素也分成不同的语类便在意料之中。

其次，将 L 看作 NP 的附着语素似乎可以解释为什么"的"不出现，因为"的"也是一个附着语素，不能充当 L 的宿主。但是，这样做实际上会引起各种新的问题。比如说，尽管 L 一般与 NP 结合，但也有 NP 不出现的情况。

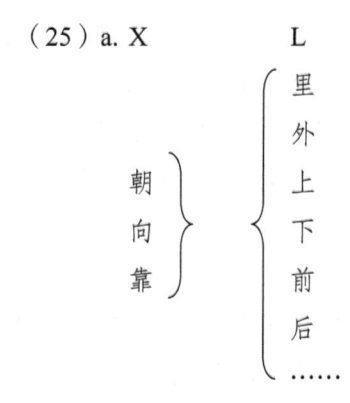

（25）a. X　　　　L

$$\left.\begin{matrix}朝\\向\\靠\end{matrix}\right\}\quad\left\{\begin{matrix}里\\外\\上\\下\\前\\后\\\cdots\cdots\end{matrix}\right.$$

b. 他靠后坐着。

X 那一栏的词是动词还是前置介词，这或许会有争议，但它们肯定不是名词。如（25a, b）所示，它们每个词的后面都可以直接跟任何单音节的方位词（也可以跟双音节方位词和 NP-L 组合），并且是能产的。如果 L 仅仅是个方位附着语素，那么它附着在什么短语之上？请注意，由于"靠"本身的含义足以表示处所，所以认为以"靠"为中心语的短语仍旧需要方位词 L 才能获得 [+loc] 特征，这是难以说通的。

（26）他靠墙坐着。

另一方面，在将单音节方位词看成 N 的变体，也就是我们称之为 L 的理论中，(25)中的例句具有如下结构：

（27）朝/向/靠 [$_{LP}$ …… L]

"……"处是语音上为空的代名词，下一章我们会看到，这在汉语中大量使用。技术上的细节需要处理，不过（27）可以很容易解释如下直觉：当某个人靠后坐着，如（25b），那么，从这个语境看他明显坐在"某物"的后面。正如我们所知，这种指称是代名词特有的。相比之下，主张附着语素以语音为空的代名词为宿主，似乎恰与附着化（cliticization）的概念相悖。

1.1.3　形容词

尽管汉语形容词无须借助系词就可以作句子的谓语，但仍有理由将其与动词区分开来。本节首先检验形容词语类（A）的证据，然后描写其特性。

1.1.3.1　与动词的比较

有些形容词可以有及物性（transitivity）的用法，也就是，它们描述的情境涉及两个参与者而不是一个参与者。如果一个句子包含这样的形容词，那么，其中一个参与者可由主语表示，另一个参与者则需要由"对"来引介（例中的形容词标以粗体）。

（28）a. 他对这个结局很**不满**。

b. ?? 他很**不满**这个结局。①

（29）a. 我对他的去世非常**伤心**。

　　　b. * 我 非常**伤心**他的去世。

（30）a. 这个工作对你很**合适**。

　　　b. * 这个工作很合适你。

据我们所知，"对"后面的 NP 是形容词的语义宾语。这两个成分之间的此种关系不仅与这些句子的语义一致，而且也得到（30）和（31）之间对比的支持。

　　（31）这个工作很**适合**你。

"适"和"合"两个黏着语素在（30）和（31）中只在线性序列上有别，"合适"和"适合"在语义上相近，特别是当它们都带有两个 NP 的时候。既然把 NP"你"看作"适合"的宾语没有问题，那么在（30）中只有将它看作"合适"的宾语才是合理的。

　　假如（30）中包含一个形容词而（31）中含有一个动词，那么，两句中宾语的不同表现就能得到解释。汉语动词直接带宾语，在无标记的语境中宾语居于动词之后，这已成共识；因此（31）的语序表明"适合"是动。从这个事实可以推论出：（30）里的"合适"不是动词。事实上，就使用"对"而言，

---

　　① 这类例子有的在某些说话者看来可以接受，这可能是因为方言差异。本书认为是形容词的，对这些说话者而言可能成了动词。这种语类的改变在汉语里比在英语里更容易发生，原因有二：其一，汉语没有印欧语那样的语类形态标记；其二，汉语形容词不需要系词就能作谓语，这使得形容词很像动词。关于第二个特性，参见下文的 1.1.3.2 节。

"合适"与名词相仿（参见 1.1.1）。有趣的是，这种现象在英语中也可找到对应表达。

(32) a. She loves butterflies.
"她喜爱蝴蝶。"
b. her love *(of) butterflies
"她*（对）蝴蝶的喜爱"
c. She is fond *(of) butterflies.
（想要表达的意思同 a）

英语中宾语始终出现在所有语类的右边，但是，当带宾语的词为名词或形容词时，NP 宾语必须靠语义为空的介词 *of* 来引介。抛开词序不管，这完全跟汉语一样。对于汉语名词和形容词来说，其 NP 宾语必须要由"对"来引介，"对"在汉语中不仅出现在动词前典型的介词位置上，而且语义为空，这得到如下事实的证明：有"对"的（30a）并不比没有"对"的（31）多表达什么意义。总之，(28)—(30) 里的"合适"、"伤心"和"不满"有别于动词，显示出典型的形容词特性。

用"对"作为将形容词跟动词区分开来的测试手段，跟长期以来我们所熟悉的有关汉语双音谓词的重叠模式这一事实完全吻合。（参见朱德熙 1982，吕叔湘 1984，等等）。[①]

[①] 这种重叠通常需要特定的话语环境，在我们所给出的例句里也尽力考虑这一点。双音节词能否重叠受制于多种条件（基本的要求是词素之间具有并列关系），但我们相信这些条件并不影响此处分析的有效性。有关 AABB 的更多讨论，也见于 1.1.3.3 节。

(33) a. AB → ABAB

检查 →检查检查　　计划→计划计划

b. AB → AABB

干净→干干净净　　简单→简简单单

（33a）里的词已经确定为动词，只能有 ABAB 的（重叠）模式。而另一方面，(33b) 中的词具有 AABB 的（重叠）模式，被许多语法学家视为形容词。有趣的是，这两种（重叠）模式与"对"的使用与否相关联。最有启示性的证据来自"明白"这样的双音节及物词，它允许两种重叠模式。

(34) a. 他明白这个道理。

b. 他对这个道理很明白。

对"明白"这个词使用不同的重叠模式会产生如下鲜明的对比：

(35) a. 他应该明白明白这个道理！

b. *他（应该）明明白白这个道理。

(36) a. 他对这个道理明明白白。

b. *他（应该）对这个道理明白明白。

换句话说，AABB 模式与引介前置宾语的"对"相关联，ABAB 模式则拒绝用"对"，而保留了原来动词与宾语相关的特性。下文将提供一个理论框架，来解释为什么"对"与形容词连用，而不与动词连用。这里重要的是如下事实：重叠模式印证了由"对"所证明的动-形区分。

文献里也常常主张副词"很"可以用来界定形容词。尽管典型形容词的确可以很好地与"很"连用，不过，下面的语料显示这个测试并非只适于形容词：

（37）a. 你很爱他。
　　　b. 他很感谢大家的帮助。
　　　c. 我很同情你的遭遇。

所有这些例句，宾语的出现都没有使用"对"或借助任何其他语法手段，这是典型的动词宾语。如果是单独为汉语构建一种语法理论，将"爱"、"感谢"和"同情"看作形容词似乎说得通，因为"很"测试法和无"对"宾语测试法并不产生相同的结果，并且没有特别的理由厚此薄彼。但是，我们的目标是既要解释汉语中的这种模式，同时又不忘记汉语也是一种人类语言这一重要事实。若考虑其他语言中形容词的表现，那么，很显然应该支持"对"测试法，而（37）中有争议的词是动词而非形容词。笼统说来，语言学上的论争可能源于在研究局限于单一语言时，论争双方都缺乏决定性的证据；但是，如果充分考虑语言的共性，那么，争论就会得到解决，有时甚至可能就不会产生。

1.1.3.2　与名词的对比

假定根据"对"测试法，A 与 N 相仿这一事实是正确的，那么将［+N］指派给 A 似乎是合适的。但同样清楚的是，A 和 N 具有不同的句法表现。与这里的讨论最为密切的是系词"是"的用法。NP 作句子的谓语，一般都需要"是"，只在口语性很

强的话语中才会选择省却"是"。而形容词短语作谓语,则完全排斥"是"。请看下列对比:

(38) a. 他是英雄。
　　　b. ? 他英雄。
(39) a. 他很英勇。
　　　b. * 他是很英勇。①
　　　(想要表达的意思同(39a))

事实上,正是不用系词就能作谓语使得很多研究者把汉语的形容词看作动词的一个次类。于是,根据语类特征,形容词是[+V]的一个成员。总之,我们看到了A应该填补(8)②中[+N, +V]空白处的证据。

1.1.3.3 更多关于AABB的讨论

尽管ABAB和AABB这两种重叠模式表现出跟动词与形容词引介其NP宾语的不同方式对应,但将它们直接与动-形区分匹配起来,则过于简单化,因为某些双音节动词也存在着

---

① 我们需要将系词"是"与表强调的"是"区分开来,这个例子的"是"表强调是允许的。这两种"是"最明显的差别是,表强调的"是"在该语境里必须重读,而系词"是"则一般不重读。而且表强调的"是",如其名称所示,仅仅用于强调跟在它后面的某个成分,或是反映说话者肯定的态度,或是造成一个对比性解释。(38a)句中的系词"是"完全没有这个语义属性。关于"是"的强调用法及其句法表达,本书将在后面详细论证。

② 这个结论完全符合Chomsky(1970)提出的语类特征理论,但对英语形容词的性质也提出了问题,因为关键在于英语形容词没有系词时不能作独立句子的谓语。虽然有各种可能性,但我们暂置不论。本质上讲,我们认为,汉语的形容词是典型的[+N, +V],而英语的形容词一定有别的特性。

AABB 的重叠模式：①

（40）a. 吵嚷→吵吵嚷嚷
　　　b. 缝补→缝缝补补
　　　c. 来往→来来往往

这些动词采用 AABB 形式，并未因此而变成形容词，尽管可以说在这里它们的确失去了其后带宾语的能力。

（41）a. 他把那件衣裳缝缝补补，穿了很多年。
　　　b. *他缝缝补补那件衣裳，穿了很多年。
　　　　（想要表达的意思同（41a））

（41a）用"把"将 NP"那件衣裳"提到动词之前，表明"缝缝补补"仍旧是个动词（参看第五章），但（41b）则显示，动词后位置不再是 NP 宾语的合语法位置。

假设（41）中的动词和 1.1.3.1 的形容词所表现的 AABB 模式产生于同一词法过程，我们目前可以得出结论：这一过程本身并不改变语类，尽管它必然与动词后缺失宾语有关联。

1.1.4 前置介词

前置介词是汉语中最缺乏界定的语类之一，这是因为汉语里所谓的前置介词历史上都来源于动词，而且汉语没有屈折形态来标识动词。本节考察文献中标注为介词的四组词。我们既不打

---

① 感谢李亚非"汉语句法学"课的听课者，使我们注意到这一事实。更多实例可参见吕叔湘（1984）。

算穷尽所有介词类（preposition-like）的词，甚至也不想穷尽这组词中任何具体词的所有用法。相反，我们希望从这类词中选出几个加以深入的分析，以揭示人类语言某些内在的运作机制。

1.1.4.1 表现说明

以下是一些被文献归于 P 的例子（译者按，为了显示汉语介词特性，这里附上英译文）：①

(42) a. 至于 'as for' 关于 'about' …
　　　b. 从 'from'
　　　c. 给 'to/for' 在 'at' 向 'toward'
　　　d. 把，被

(42) 中的词无须借助任何其他语素都能够在其右边引介一个 NP。这个特性为 P 和 V 所共享，即 P 和 V 都能直接带名词性宾语，而 N 和 A 则不行，它们不能直接带任何名词性宾语。请读者用汉语和其他语言测试这一主张。假定以上对 [N] 的定义正确的话，那么，介词和动词的特性都应该是 [−N]。尽管这个逻辑表明 (42) 中的所有词都具有 [−N] 特征，可是，当我们逐一检查时，发现它们之间存在很多有趣的差别。为便于讨论，在这些词的真正语类得到确认之前，我们暂时先把它们都称为介词。

尽管 (42) 中所有介词的典型用法都是后面跟一个 NP，但只有 (a) 中的介词必须与 NP 一起出现在主语前的位置上。

---

① 英语注释只是近似的翻译，事实上，并不是每个这里所列的词都能够直接翻译。

（43）a. 关于这件事，他们已经讨论过了。
　　　　b. 他从那里带回来很多纪念品。
　　　　c. 他给班里的人做过不少事情。
　　　　d. 他把贵重的首饰藏在瓦罐里。

从（b）到（d），介词的默认位置都在句子主语和主要动词之间。这种词序对（43a）来说不是可选的。这个事实表明：（42a）中的介词出现在句子的结构之外或是句子边缘的句法位置上，这与（42b—d）中显然处于句子自身结构之内的介词形成对比。

此外，（42b，c）中的介词只要携带其名词性宾语，就可以把主语前的位置当作一个选择。这种词序变化被看作从主语后面的基本位置移位而来。同样的变化不能发生在（42d）中。

（44）a. 从那里，他带回来很多纪念品。　（比较（43b））
　　　　b. 给班里的人，他做过不少事情。　（比较（43c））
　　　　c. *把贵重的首饰，他藏在瓦罐里。　（比较（43d））

如果介词与它后面的 NP 组成一个短语 PP，那么，（44a，b）的合语法性便在意料之中，因为逻辑上只有构成一个成分的词才能一起进行移位。

如果（44a，b）句首含有 PP，那么（43a）的结构可以作类似的分析，即介词"关于"与后面的 NP 形成一个 PP。所不同的是，（43a）里的 PP 并非通过移位而占据句首位置：它所在的位置是默认的。这就是（43a）里的 PP 不能出现在主语和动词之间的原因。① 换句话说,（43a）中的 PP 总是修饰整个句子的，而（43b, c）和（44a, b）的 PP 一般只修饰句子的某个部分，即包含动词的短语谓语（对各类状语修饰语位置的全面讨论，参见 Ernst（2002））。应该指出，由"关于"构成的 PP 如理论所预期的那样，也可以移位。这一点可以从更大的句法环境中看出：

（45）关于这件事，我听说他们已经讨论过了。

就"我听说他们已经讨论了这件事"这个意义来说，PP 一定源于宾语从句之内，这样，它在主句中的实际位置就源自短语移位。

假如这个推理正确的话，那么，如果"把"与其后面的 NP 不能组成一个短语，即不能作为一个成分的话，"把"和该 NP 就不能一起移位到句首位置，这样，就得出（44c）是不合语法的。同样的观察对"被"也适用。第四章和第五章将会详细论证这一结论。

在现代汉语里是否能独立作动词，常常被当作给（42）里的词分类的一个要素。四组词中，只有（42c）中的词可以独立用作动词。在下列例句中，要讨论的词都标以粗体。

（46）a. *我们的会议关于那次事故。　　（比较（42a））
　　　　（想要表达的意思：我们的会议是关于那次事故的。）

---

① 逻辑上讲，可以设想（44a）中的 PP 原来是在句首位置，但可选择移位到主语后位置上。如果这个选择是可行的，就无法解释（43）的模式。下面我们将会看到，移位并不能在各个方向进行。汉语中右向移位是为句法原则所禁止的，这条原则管控所有的人类语言。参见 Fiengo（1977）、Lasnik & Saito（1993）。

b. *他从南方。　　　　　　（比较（42b））

（想要表达的意思：他来自南方。）

c. 他**给**了我一把剑。　　　　（比较（42c））

d. *她**把**贵重的首饰。　　　　（比较（42d））

（不可能有解释）

从历史上看，(46b)中的"从"，意思是"跟随",(46d)的"把"是"握"的意思，都用作动词。但这些动词的用法除了保留在某些固定表达中，在现代汉语中已经不用了。相比之下，考虑到（46c）中"给"不仅描述明确的行为，而且承载体标记，它明显用作动词。

（42）中的（c）类词也可以有效充当复杂动词谓语的第二个动词，不论是采取短语形式还是复合形式。以下要讨论的词仍标以粗体。

（47）a. 他把那张照片寄**给**了我。

b. 他寄了一张照片**给**我。

（48）a. 他把信放**在**书里。

b. ?他放了一封信**在**书里。

（49）孩子们高兴地冲**向**山顶。

就我们所知，现代汉语里的其他介词没有这一特性。这一相关性的意义将在下一小节探讨。

1.1.4.2 语类上的双重身份

综上所述，(42a,b)的两组词具有前置介词的典型特性。

第一章 语类

它们与 NP 宾语构成一个短语，且不可能用作动词，这是在所有语言中可见到的典型的前置介词与后置介词的特性。1.1.1 节已经提到，不借助于其他语素就能够直接带 NP 宾语，按照语类特征理论应该属于 [–N]。既然（42a，b）中的词不能按典型谓语的方式用作动词，那么，自然的结论是：它们也不是动词，即它们具有 [–V] 特征。因此，根据语类特征，介词具有 [–N, –V] 特征。这一结论不仅基于介词的句法属性，也填补了（8）中特征矩阵的一个空格。换句话说，语类特征理论预测了 [–N, –V] 语类的存在，这一预测又得到经验上的证实。汉语的这两组介词唯一的结构差异在于：（42a）处于句子核心结构之外，而（42b）则在句子核心结构之内。我们在后面会讨论这些短语（在句法上）的准确位置。

如果介词具有 [–N, –V] 特性，那么，（42c）这一组词就不能简单地看成介词，因为它们还可以用作动词，根据定义具有 [+V] 特性。我们认为这组词具有多重身份。（42c）中的词作为动词，具有 [–N, +V] 特性；作为介词，具有 [–N, –V] 特性。（46）已经给出它们作为动词身份的证据，下面来看它们作介词的证据。

（50）a. 他给我做了很多事。

　　　b. 给我，他做了很多事。

　　　c. * 他做给我很多事。

　　　　（想要表达的意思同（a））

　　　d. * 他做了很多事给我。

（想要表达的意思同（a））

（50b）表明"给"和其后的 NP 组成一个短语。句子选择"做"为主要动词，加强了这个短语的受益义解读。因为（50c，d）不可接受，所以有如下的结论：虽然"给"在其他情况下可以用作复杂谓语的一部分（参见（47）），但是这种用法和"给"的受益解读是不相容的（参见（47））。见 A. Li（1985，1990）。

"给"表面上的混乱表现实际上有个简单的解释。正如我们早先看到的,（42c）这组词既可以单独作动词，也可以出现在复杂谓语中。而且，事实是当"给"用作动词时，它不能有受益的语义解释。这在（46c）中显而易见，并且得到（47）中"给"的接受义解读的证实。这里，假定复杂谓语的第二个成分必须是动词，那么，马上就可以得出:（50c，d）中的"给"不可能理解为受益。相比之下,（50a，b）中动词前的"给"，正如（42b）这一组词一样是介词。"给"获得受益义可归因于某种语义转变和/或语义淡化（bleaching）。① 换句话说,（50c，d）不能接受受益的释义，这缘于现代汉语的独立要求，即句子内介词从来不出现在动词后。由于不存在反例，我们将这一结论推展至（42c）中的其他词，如"在"和"向"。

必须指出，将（50）中的"给"看作 P 的这一论据并非必

---

① 在 Bantu 和 Iroquoian 诸语言中，附在动词词根之后的语缀称为应用式语素，通常依据上下文而定，这类语素具有引介目标或受益者 NP 的功能。尽管目前对应用式语素的分析是将这些语缀看作动词（Baker 1996, Y. Li 2005），但值得注意的是，意义淡化的"给"同样获得类似的语义功能，这可能并非偶然。

然排斥介词"给"具有接受义的解释。事实上，下面的句子可能有歧义：

（51）她给我寄了一张照片。
　　a. 她寄了一张照片给我。
　　b. 她给（＝替、为）我寄了一张照片。

我们看不出有什么理由将（51a）中表接受义的"给"看作动词，而将（51b）表示受益义的"给"看作介词。诚然，如果我们忽略语义上的细微差别，（51a）是与（47）同义的，此时（47）中的"给"被认为是动词。但是，就复杂谓语如何进行语义运算而论，这并不是问题。这个论题将在第二章讨论。

有了对介词的这种讨论，我们还可以对[N]的性质有更准确的认识。回想一下：N 和 A 都具有[＋N]特性，因为它们都需要介词来帮助引介宾语 NP，英语用 of，汉语用"对"，并且这类介词语义上都为空。这些事实只说明一点：这些语境中的 of 和"对"纯粹是语法上的要求。在本书采用的框架内，这个要求是基于以下的为名词性短语提供格，通常被称为格过滤（Case Filter）假设：

（52）每个名词短语必须有一个格。

句法上，格是 NP 充当句子宾语或主语的"资格证书"。俄语和韩语这类语言通过主格、宾格这样的形态格来反映格。不过，每种语言根据理论设定都要使用这套"资格证书"系统，不管它是否对其论元进行形态标识。按照这一理论，A 和 N 不能直接带 NP 宾语这一事实归因于它们不具备给 NP 宾语提供格的能力，这在形式上可以界定为［+N］。这就得出：V 和 P 具有［−N］特性，因为它们能给其宾语提供格。而当 A 和 N 要带 NP 宾语的时候，则需要"征用"一个没有语义内容的 P，既提供所需的格又不改变语义。of 和"对"的特性因此得到解释（参见 A. Li 1985，1990）。

1.2 功能语类

（8）中基于特征的语类理论的优点在于：它能够抓住某些语类共有的句法特性，例如，N 和 A 都需要介词引介其 NP 宾语。如果语言中的每个语类都被当作不可分解的实体，那么，N 和 A 的这种相似表现就可能会被错过。该理论的不足之处在于：根据上一节的讨论，两个语类特征最多只能得出四个语类：V、N、A、P，这在数量上显然是不够的。如 1.1.2 节对方位词的讨论，关键依靠了量词（CL）和"的"，而这两个词显然都不能为（8）所容纳。这一节来检验如何修改（8）以便能容纳更多的语类，而同时需要保持足够的限制，以便在实证上不沦为对事实的琐碎记录。

1.2.1 ［Fn］，$n \geq 0$

在汉语语言学传统中，"实词"和"虚词"的区分被广泛接受。N、V 和 A 通常归为实词，P 通常归为虚词。本书所采纳的理论框架也把所有语类一分为二，即词汇类和功能类。虚实

第一章 语类

之分对应于词汇、功能之分，唯一的例外是 P 被归入词汇类。然而，不管 P 属于二元分类的哪一类，很显然，人类语言普遍地在句法中使用功能词[①]，汉语也不例外。事实上，过去 30 年来一个重要的理论主张就是，功能语类多于词汇语类。

首先来看在 1.1.2 中所介绍的量词（CL）。CL 被公认为来自名词，下面的例子突出体现了 CL 和 N 之间的这种关系。

（53）杆

  a. 作为名词：枪杆

  b. 作为量词：一杆枪

量词的语义内容同样明显"淡化"了。例如（53）中量词"杆"不再指枪的任何具体部位，而只是指具有长杆的一般形状和质地的那类物体。在本书理论框架之外，从 N 到 CL 的这种转变有时被称为语法化（grammaticalization）。但是，无论采用什么术语，事实仍然是：量词充当的不是词汇性名词而是"功能性"名词，其句法角色缺乏具体的语义内容。

除了 CL 之外，其他两类词也可以出现在名词性短语内。

（54）那一杆枪

  字面义：那一枪

数词（Num）"一"一般与 CL 一起出现。也有证据表明，指示代词"那"属于限定词（determiner，D）语类。尽管 D 与 N 在

[①] Jackendoff（2002）认为，在语言演化过程中，对于从某种原始交际系统到现代语言的关键性转变来说，功能词的出现是一个重要标志。

语法著作中通常被放在同一个语类中,但两者是不同的。Num 和 D 将在第八章详细分析。这里,我们指出:对于 N 这个词汇语类来说,至少有三个类似名词的语类——CL、Num 和 D 与之相关。

正是基于类似的考虑,Grimshaw(1991,2000)建议在已有特征组[N]和[V]的基础上再增加特征[Fn],其中 F 表示功能性,n 的值等于或大于零。[F0]表示词汇(即非功能性的)语类,[F1]是特定短语中结构上与[F0]最接近的功能语类,[F2]离[F0]的距离比[F1]要远,以此类推。在这个加以丰富的语类特征理论中,上面讨论过的四个名词性语类描述为(55):

(55) N　 =［F0, +N, –V］
　　　CL　=［F1, +N, –V］
　　　Num =［F2, +N, –V］
　　　D　 =［F3, +N, –V］

我们在第八章会详细讨论这些语类间的准确结构关系。

动词也存在同样的情形。一方面,"了"、"着"、"过"这样的体语素在历史上曾是动词,在现代汉语中,"过"仍然能够独立作动词,义为"通过";另一方面,它们显然不是词汇动词,这不仅因为它们只表示各种体态(aspectuality)(即事件的发展状态)而并不改变其所附动词的基本语义,还因为在这种用法上它们不能独立作为句子的谓语。这样,似乎最好将它们描写为类似动词但却是功能性的。按照标记习惯,这一语类缩写为

Asp，这里定义为［F1, –N, +V］，即与动词［F0, –N, +V］最近的功能词。

以下英语例句显示的是另一种功能语类，Grimshaw 将其置于动词系统之下。

(56) a. Pat thinks **that** the moon is made of Wisconsin cheese.
"Pat 认为，月亮是由威斯康星奶酪构成的。"
b. Pat asks **if** the moon is made of Wisconsin cheese.
"Pat 问月亮是不是由威斯康星奶酪构成的。"

黑体词是标句词（complementizer，C），它有两个功能，其一是在更大的语境中引导一个内嵌句，其二是标识句子的类型。(56) 中的 that 和 if 引导内嵌的宾语从句，不过前者表示句子是陈述句，后者表示句子是疑问句。然而，考虑到东亚诸语言时，这个观点显得过于简单了。下列韩语例句引自 Y. Li (2005)：

(57) a. John-nun   Mary-ka   kocen   umak-lul
约翰-话题 玛丽-主格 古典的 音乐-宾格
cohaha-n-ta-ko   mit-nun-ta.
喜欢-现在时-陈述句-标句词 相信-现在时-陈述句
"约翰相信玛丽喜欢古典音乐。"
b. John-nun   Mary-ka   tungsan-lul cohaha-nya-ko
约翰-话题 玛丽-主格 爬山-宾格 喜欢-疑问词-标句词
mwul-ess-ta.

问-过去时-陈述句

"约翰问玛丽是否喜欢爬山。"

在每个例句中，内嵌句的动词后面都附有两个语素：ko 引导内嵌句，另一个是给句子分类，ta 表示陈述，nya 表示疑问。另外，只有句子分类语素 ta 可以与主句动词一起出现。这是非常合理的，毕竟，主句本身是一个最大的句法结构；由于不是内嵌的，也就不需要 ko。总之，在接受 Grimshaw 的观点的同时，即：存在与动词相关的功能语类，正如（55）中也有与名词相关的功能语类，我们有必要区分出另外两个语类：一是引导内嵌句的，仍叫作标句词；一是标明句子类型的，我们称之为句类词（clause-typer，CT）。在（57）中，标句词直接位于句子分类词的右侧，因而离动词更远一些。所以，如果 CT=[Fi]，对于任何 i 的值大于 1 来说（Asp=[F1]），则 C=[$Fi+1$]。就英语而言，that 和 if 必定是 CT 与 C 合并为一个语素的结果。这个现象对于印欧语来说并不奇怪，在印欧语中两个概念上独立的信息成分，如一致（agreement）和时制（tense），就很典型地是由一个单独的语素代表的。

回到汉语上来，请看下列例子：

（58）a. 你们走吧。

b. 他去过吗？

c. 谁写这一章呢？

"吧"、"吗"、"呢"三个语素，每个都标识一个特殊的句子类型："吧"用于祈使句，"吗"用于是非问句，"呢"则用于含有疑问词语"谁"、"什么时候"等的疑问句中。而且，这些语素都出现在句子的边界位置，正如韩语中主句里的 CT 一样。因此，我们建议将"吗"、"吧"、"呢"这样的句末语素看作 CT。尚不清楚的是：为什么在汉语里 CT 从不出现于内嵌句？"吗"、"吧"、"呢"可能具有尚未辨认的话语功能，这些功能只与主句相关（参见 Cinque（1999）列举的典型句子结构中的功能语类清单）。为了本书的目的，这些语素大体上可以看作由 [Fn, +V, –N] 组成的 CT，其中 n 在数目上足以使它自己可与那些跟词汇动词关系更密切的功能语类的值区分开来。

综上所述，N 和 V 都有一组相关的功能语类，这些语类通过增加 [F] 值加以区分。这一分析也表明了历时演变的路径。文献上，从 V 到 Asp，以及从 N 到 CL 的演变，有时被称为语法化或虚化，意思是词汇语素获得更抽象的意义并开始具有语法功能。于是，语法化的一种办法就是从 [F0] 转变为 [Fi]，i>0，而所有其他语类值保持不变。

1.2.2 [F] 特征以及修饰引导语"的"

"的"由于没有实在语义内容，属于功能语类，这一点是普通常识，我们也接受。问题在于：在 [±N, ±V] 系统中，"的"处于什么位置。从描写上看，"的"出现的句法环境为 [X 的 Y]。如果 Y=N，X 可以是 NP、AP、PP，或者一个完整的句子，如（59）所示：

（59）a. 这位学者的观点
　　　b. 十分诱人的条件
　　　c. 关于战争的传言①
　　　d. 我去国外的理由

相比之下，当 Y = V 时，X 在很大程度上限于 AP，甚至连"的"也是可选的。

鉴于目前对"的"的了解尚不完善，我们暂且探究两个似乎比较合理的归类可能性。首先，"的"可以是 [Fi, +N, +V]，其中 $i > 0$。在这一解释下，"的"是一个形容词性的功能词，它把一个处于更大 NP 内部的短语变为一个修饰语。能够改变短语语类的功能性语素也见于其他语言中。请看以下英语的例子。

（60）Beth is proud of Christine's winning the prize twice.
　　　"Beth 对门徒的两次获奖感到自豪。"

一方面，winning 由于能够给 NP 宾语 the prize 赋格，所以用作动词；另一方面它又表现出两个名词性的特征：为语义主语 Christine 提供属格，需要 of 以充当形容词 proud 的合语法宾语。正如我们在 1.1.3.1 中所看到的那样，只有在宾语是名词性成分，因而需要满足（52）中的格过滤原则的语境下才需要用 of。如果（60）里的 -ing 是 [Fj, +N, –V]（$j>0$）而且它所名物化的对

---

① 注意，(59c) 以及 (7) 中能接受的例子，决定了"的"不可能是格的形态标记；理由很简单，PP ("关于战争") 不需要任何格 (参见 (52))。同样道理也适用于日语的 *no*，*no* 有时被处理为属格 (Genitive) 标记，但实际上 *no* 或附加于 NP 之上，或附加于 PP 之上。

第一章 语类

象不是动词 win，而是整个 VP，那么，就可以解释例句中动词性和名词性兼有的现象。既然 win 在 VP 之内仍是 V，那么，它为宾语赋格的能力保持不变；然而整个 VP 被 -ing 名物化，所以正如其他名词性短语一样，也需要一个格。基于同样的原因，名词短语中的语义主语获得属格。①

有人可能会问：为什么连（59b）里的 AP 也需要一个"的"？这可能与 A 的另一特性相关。与英语不同，汉语的形容词可以不带系词而直接充当谓语（参见 1.1.3.2）。在这个用法上，AP 的表现正像 VP。于是我们得出结论：AP 修饰语事实上也许是一个关系从句，这个关系从句又进一步被"的"形容词化。鉴于汉语的介词源自动词这一众所周知的事实，这一分析也同样适用于 PP 修饰语。不过，没有证据表明在现代汉语中"关于"有任何动词属性，所以在采用以上的分析时仍旧需要谨慎。另一个要关注的问题是："的"为什么没有同样广泛地用于 V 修饰语？

"的"也可以分析为 [Fx, N, V]，也就是一个语类特征 [N]、[V] 以及 [F] 特征没有任何值的词。根据一般的假设（参见 Di Sciullo & Williams 1987），由这种未赋值的"的"与"的"前的 X 短语构成的成分（即 [XP 的]），承继 X 的特征作为其语类；就是说，X 为 [F]、[V] 和 [N] 赋值。这样，名词实际上允许受 NP、AP、PP 以及句子的修饰，这在很多其他语言中也是一样，而"的"仅仅充当一个形态联结项

---

① 对动名词结构的相关论述，也可参见 J. Huang（1994b）。

（linker）。基于实用的目的，这一分析将"的"看作传统意义上的从属连词，联接修饰语与被修饰语（这一思路的主张参见Aoun & Li 2003）。当然，仍有复杂的问题需要解决，其中之一是究竟为什么需要"的"。我们猜想对现代汉语"的"的最终解释部分依赖于对"的"在汉语各个历史阶段的前身的理解。[①]不过，我们已经看到，[F, N, V]系统可以容纳"的"。同样重要的是，"的"的两种分析本质上显然都是源自具体语言的，因此，在语类偏离的情况下，是不可取的（参见1.1.2.2）。

[①] "的"来自两个不同的语素"底"和"地"，二者在早期阶段通过声调加以区分（吕叔湘 1984：130—131）。这两个语素中，一个用于为 N 引介描述性短语，另一个从吕叔湘的论著所给的例句看则限于引介表"性质"的 AP 修饰语（126 页）。吕叔湘将 NP 内部的修饰语分为描述的和性质的，可能与个体性（individual-level）谓语和状态性（stage-level）谓语的区分相当（Carlson 1977）。

第二章　论元结构

每个语类对句子合语法性的影响并不相同。就动词而言，其最显著的特性是及物性，本章将对这一问题进行讨论。按照句法理论的传统，动词的主语和宾语称为"论元"（argument），动词与论元间的语义关系称为"论旨"关系（thematic relation）。本章内容如下：2.1 节介绍论旨关系的基本特性，并用事实说明论旨关系如何有助于解释某些语言现象；2.2 节针对近年来在认识论旨关系本质这一问题上所作的努力提出一些批判性的见解；2.3 节提出一个供选择的理论。

2.1　论元与论旨角色

很明显，对任何有语言学头脑的观察者来说，在一个典型[①]的围绕及物动作动词所建立的主动句当中，譬如"她唱民歌"或者"你写诗"，主语论元总是动作的启动者和执行者，宾语论元总是动作的承受者。这一简单事实表明，在论元与动词之间的论旨关系中，并非每个细节在句法运算中都重要。譬

---

① "典型"一词是为了给及物动词的某些用法留有余地，如不需要施事或者受事／客体论元的用法，请参见 2.2 节和 2.3 节。

如,"她"和"你"是主语,只是因为它们代表动作的"执行者"(doer)。至于动作是"唱"还是"写",并不影响一个 NP 是否有资格成为主语论元。

基于这一事实,可对论旨关系进行分类。施事(Agent)是论元为"执行者/发起者"(doer/initiator)的论旨关系,受事(Patient)标明论元为动作的"承受者"(do-ee),客体(Theme)则是经历变化的论元。其他论旨如受益者(Beneficiary)、目标(Goal)和来源(Source)各自代表一种明显的关系。本书所遵从的指导性原则是,论旨关系的确定是因为其与句法有关。在谈论论旨关系时通常用到一个比喻:施事、受事等被称为论旨角色(θ-role);[①]一个词汇词 W——通常为动词——拥有一定数量的论旨角色要指派给论元,W 所拥有的论旨角色的集合被称为 W 的论元结构。

2.1.1 论旨角色的基本属性

上文提到,典型主动句中,施事总是指派给主语,受事总是指派给宾语。对于这种关联的一种看法是:论旨角色在本质上是分等级的,施事居于最高级,受事较低,如此等等。在句法结构中主语比宾语更突出,这一点已经得到了很好的证实。我们稍后会看清这种结构突显性的确切本质。现在只需要假定:人类语言机制中有一种联结操作,它能将论旨角色间的论旨层级跟句法论元间的结构层级紧密联系起来。

[①] 有关这一概念的最初著作,请参阅 Gruber(1965)和 Jackendoff(1972)。

第二章 论元结构

论旨角色的另一属性如（1）所示（译者按，为了便于比较，这里附上英译文）：

（1）a. 他们给了经理*（一份报告）。
　　'They gave the manager *(a report).'
　　b. 他走了（*我们）。
　　'He walked (*us).'

离开上下文，（1a）如果不带第二个宾语"一份报告"就不可接受。① 凭直觉我们知道为什么会这样：动词"给"有三个论旨角色要指派，即施事、目标、客体。在不合语法的句子"他们给了经理"中，接受论旨角色的论元只有两个：作为施事的"他们"和作为目标的"经理"，没有其他论元来接受客体角色的指派。换句话说，（1a）及其英语的直接对译证明了（2）这种跨语言概括的合理性：

（2）a. 每一个论旨角色必须指派给一个论元。

（1b）则证明反过来说（2a）也是正确的。动词后的 NP"我们"使得句子不合语法，因为从语义上讲"我们"无法跟句子的其他部分结合。这也容易解释：就意义而言，"走"只有一个论旨即施事要指派，可是句中有两个 NP。因此，可以得到（2b）：

---

① 跟相应的英语句子不同，如果话语中起先提及过"一份报告"，（1a）可能是允许的。这对我们的分析并不构成难题，因为有独立的证据表明，与英语不同，汉语在出现话语话题的情况下，使用语音上为空的成分表示"缺失的"宾语，相关的讨论请参阅第六章。也可参阅 2.2 节和 2.3 节了解汉语动词的另一属性，即动词与其论元之间的论旨关系不像许多其他语言那样严格。

(2) b. 每一个论元必须接受一个论旨角色。

(2a, b) 共同构成了论旨准则 (theta-criterion)。

2.1.2　汉语表结果的复合词：个案研究

论旨角色的作用不仅仅是对论元进行语义分类，这一点可以从汉语表结果的复合词那里得到很好的证明。下面是两组例子（复合词以粗体标出）：①

(3) a. 他们**砸碎**了一块玻璃。
　　b. 我**追累**了他了。
　　　 i. 我追他，他累。
　　　 ii. 我追他，我累。

在上述两例中，每个复合词中的两个动词性语素②都处于一种致使关系中，两个动词性语素一前（记为 V_1）一后（记为 V_2），V_1 表致使事件，V_2 表结果事件。这类复合词最常见的形式如（3a）所示，其中 V_1 是及物动词，V_2 是不及物动词，宾语 NP "一块玻璃" 先被 "砸"，而后 "碎"。这部分语义可以很容易地通过下列方法得到表述：当动词性语素 V_1、V_2 合并（merge）为一个复合词时，它们各自的论旨角色也合并为一个复合论旨角色。（4）中给出了 V_1、V_2 以及整个复合词的

---

① 这一节的大部分内容建基于 Y. Li（1990）。
② 为方便讨论，这里对 A、V 不作区分，而是假定这两个语类在句子中都能直接充当谓语（参见第一章，1.1.3），并且表结果的复合词本质上就是将两个具有 [F0, +V] 特征的词合并为一个更大的 [F0, +V] 特征词。

第二章 论元结构

论元结构,据此可以看出 Higginbotham（1985）称为 θ-同用（θ-identification）的论旨整合过程:

（4）砸: <施事<受事>>①
　　碎: <客体>
　　砸碎: <施事<受事-客体>>

我们用短横来表示 V_1 的受事以及 V_2 的客体的 θ-同用。θ-同用一经确定,受事与客体这两个角色就会一同被指派给宾语 NP,产生（3a）中的解读。

从语言运算的角度考虑,θ-同用是一个随机过程。在某些条件下（包括语用条件）,表结果的复合词会有歧义,如（3b）。这样,在论旨整合方面,V_2 的单一论旨角色可选择随 V_1 的施事或受事来同用:

（5）追: <施事<受事>>
　　累: <历事（Experiencer）>
　　追累: <施事<受事-历事>>或者<施事-历事<受事>>

正是由于上述论旨同用的可选性,（3b）中的"因追而累者"既可以理解为复合词的主语,也可以理解为复合词的宾语。其实,就连 θ-同用本身在构成动补复合结构的情况下也是可选的,请看（6）,其相应的论元结构如（7）所示。假定这里的分析具

---

① 尖括号表示论旨层级,外围的尖括号越少,表明这一论旨角色在论元结构中所处的层级越高。这种表示法取自 Y. Li（1995）。Grimshaw（1990）用圆括号标识表达同样的意思。

有普遍性,那么,不妨用θ_1、θ_2等代替特定的标记来表示θ角色。

(6) a. 他笑疯了。

b. 你哭走了很多客人。

(7) V_1: <θ_1>

V_2: <θ_2>

V_1-V_2: <θ_1-θ_2>　((6a))或

<θ_1 <θ_2>>　((6b))

读者可以自行证实,(7)中复合词V_1-V_2的论元结构跟(6)中的语义的确是一致的。

  对于上述讨论,读者自然想知道,由V_1和V_2的论元结构整合为复合词的论元结构这一过程是否受到限制。回答是肯定的。首先,尽管θ-同用本身是可选的,但在其实际运用过程中,一部分也受到格过滤的驱动(参见第一章介绍)。仍以(5)为例。两个动词性语素共有三个论旨角色,按照(2a,b)中的论旨准则,每个论旨必须指派给一个论元,那么需要有三个NP论元。然而,格过滤要求每个NP都应该得到一个格。在包含一个动词(本例中的复合词)而没有其他格指派手段的典型句子中,最多有两个格:一个给主语,一个给宾语。可用格在数目上的这一限制有效地将三个论旨角色中的两个合并成一个,指派给单一的NP。假如这一合并能够满足格过滤要求,那么,说话人可以自行决定如何准确地施行θ-同用。这就是(3b)和(5)的歧义的根源。

  对这一分析的支持来自它所作出的正确预测,即:如果可

利用的格的总数跟 V_1 和 V_2 的论旨角色的数量恰好相当，则无须进行 θ-同用。(6b) 已经提供了一个可能的方案：V_1 和 V_2 总共拥有两个论旨角色时，复合词可将它们独立地指派给主语和宾语，而使典型句子的主宾语各得到一个格。需要注意的是，θ-同用还是可以发生，这样复合词就有一个复合的论旨角色，如（6a）所示。就论旨角色和格指派而论，具有这种论元结构的复合词跟单音节不及物动词并无不同。汉语句子同样有办法提供额外的格，办法之一就是使用语素"把"。"把"的某些句法语义细节将在第五章探究。现在只要认识到"把"在句子中能够允准（license）第三个 NP 就行了：

（8）他把那些土豆去了皮。

作为典型的及物动词，"去"只将格赋给主语"他"和其后的宾语"皮"。这样，"把"就必须给"那些土豆"赋格。记住这一点，来看下面的例子：

（9）a.（?）他把我唱忘了一天的烦恼。
　　b. 唱：＜施事＞
　　　忘：＜历事＜受事＞＞
　　　唱忘：＜施事＜历事＜受事＞＞＞

（9）中源自 V_1、V_2 的三个论旨角色分别被指派给三个 NP 论元，其中一个 NP 从"把"那里得到格，无须进行 θ-同用。

其次，(6b) 中的两个论旨角色没有发生同用，还有助于我们理解对形成复合论元结构的第二条限制。(6b) 所讨论的事件是一方的"哭"导致了另一方的"离开",那么,(6b)的意思为什么不是"许多客人的哭使你离开"呢?若要作这样的解释,复合词"哭走"需具有(10)这样的论元结构,而这是不可能的。

(10) 哭:<θ_1>
　　　走:<θ_2>
　　　哭走:*<θ_2 <θ_1>>

Y. Li(1990,1993a)提出,在复合词的两个动词性语素中,V_1 是词法结构上的中心语(head)。① 现在学界普遍认为,中心语(H)的某些基本属性一直保留于其所在的词中(参见 Lieber 1983, Di Sciullo & Williams 1987)。譬如,在"小孩"这个复合词中,"小"在语类上是 A,"孩"是 N,整个复合词也是 N,这是从复合词的中心语"孩"那里继承来的语类。Y. Li(1990)将论旨信息的可继承属性加以扩展,提出:中心语 V_1 的论旨角色的层级关系在表结果的复合词中必定不会改变。具体说,既然 θ_1 在 V_1 的论元结构中是最突显的论旨角色,那么,它在复合词的合成论元结构中也必须是最突显的。这就解释了为什么(10)不合语法:θ_1 在层级上低于非中心语 V_2 的角色 θ_2。同时,V_2 不会受到跟 V_1 类似的限制,所以,θ_2 在复合词的论元结构中要么不突显,要么像(6a)那样跟 θ_1 合并。

---

① 比较一下汉语跟日语中表结果的复合词,可以为这一主张提供最直接的证据,因为日语是公认的中心语居后的语言。Y. Li(1993a)指出,中心语的不同位置导致两种语言不仅在复合词的语义表现,而且在复合词构成成分的及物性选择方面都有所差异。具体讨论可参阅原文。

2.1.3 复合词与短语

先简要介绍一下短语结构的基本理论。毋庸置疑，语言运用某种组合的演算系统，用词构成理论上无限的短语和句子。句法的一个主要任务就是搞清这个演算系统是什么。目前最广为接受的假说是 X′-中阶理论（读作 X-bar），这一理论首先由 Chomsky（1970）提出，经过众多后续研究者的修订，发展成为如下这样的形式：

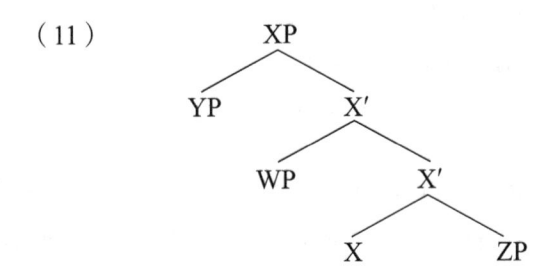

（11）
```
         XP
        /  \
       YP   X′
           /  \
          WP   X′
              /  \
             X    ZP
```

X 是一个词或语素，并且是其所在短语 XP 的中心语，ZP 是 X 的补足语。当 X 是一个词汇类别如动词（参见第一章 1.2 节），按照传统术语，ZP 也可称为 X 的宾语。如树形图上的联结分枝所示，中心语及其补足语合并，构成 XP 内的"次一级短语"，标为 X′。WP 是附接语（adjunct），具有典型的修饰语的功能。将 WP 跟 X′ 合并，又产生一个 X′。中阶理论本身对任何特定短语内部有多少附接语并没有固有规定，也即：XP 可以包含任何数目的 X′ 节点。YP 是指示语（Specifier，Spec），如果 X 是动词，则指示语跟主语对应；如果 X 是名词，则指示语跟所有者对应。指示语还可以对应其他成分。

（11）中，X、Y、W、Z是变项，可以是所有词汇语类和功能语类。换言之，这一理论认为，短语的构成模式是跨语类的。(11)中成分间的层级关系，对不同语言也是有效的。对句法而言，最重要的层级关系是C-统制（译者按，原文为c-command，这一术语也有人译作"成分统制"，本书译作"C-统制"，并用斜体大写的C以示区别），定义如下：

（12）假定A、B、C是树形图中的任意三个符号，那么，
　　　A C-统制 B 当且仅当：
　　　a. A 和 B 互不包含，并且
　　　b. 每一个包含 A 的 C 也包含 B。

以（11）为例。指示语 YP C-统制补足语 ZP，因为二者互不为对方的组成成分（满足12a），YP 是 XP 的组成部分，同时 XP 包含 ZP（满足12b）。同样的理由不允许 ZP 对 YP 进行 C-统制，读者可自行验证。同一短语的指示语与补足语间的这种不对称 C-统制关系被认为适用于所有语言的一切短语，不过成分间的线性关系因语言而异，有时也会因语类而异。若中心语居于补足语之前，如汉语的 VP，则短语结构是中心语居前；若中心语居于补足语之后，如日语与韩语，则短语结构是中心语居后。来看下面的例子：

（13）a. 他生吃过很多蔬菜。
　　　b. ?/* 他生着吃过很多蔬菜。
　　　　（想要表达的意思同（13a））

c. 很多蔬菜，他生着吃过。
　　（想要表达的意思同（13a））

母语者在初次听到（13b）时，对它的判断会因人而异：要么勉强能接受，要么根本不接受。不过，大家普遍都认为，（13b）要比其他两个句子糟糕。（13a）是好的句子，并不奇怪。两个语素"生"、"吃"的论元结构分别是 $<\theta_1>$、$<\theta_a<\theta_b>>$（θ后面的数字和字母用来区分两个动词的论旨角色）。（13a）中，两个语素构成一个复合词，其论元结构是：$<\theta_a<\theta_b-\theta_1>>$。这些论旨角色在句法上被指派给复合词的主语和宾语，意思是：动词"吃"的宾语所指也就是生的东西。正如上一节所看到的那样，如果"吃"是复合词的中心语，这是合理的。

　　跟（13a）相比，（13b, c）中，"生"和"吃"分处不同的短语，后缀体标记"着"的出现可显示这一点。略去很多无关的细节（传统用三角形表示），（13b）的 VP 结构如（14）所示：

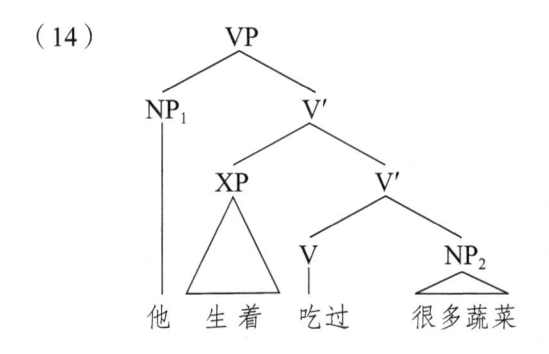

（14）

```
              VP
             /  \
          NP₁    V'
                /  \
              XP    V'
              △   /  \
                  V   NP₂
                      △
           他  生着  吃过  很多蔬菜
```

不论含有"生"和体标记"着"的短语是什么语类，"生"的单一论旨角色都需要遵照论旨准则被指派。因为后面的章节将花更大篇幅予以论证，这里暂且假定这个单一的论旨角色被指派给一个语音为空、称为代语（Pro）的代词，这个代语就在（14）中 XP 的指示语位置。从跨语言的角度看，代语的一个基本属性是，如果它有先行语，则这个先行语一定 C-统制它（Chomsky 1981，Y. Li 1985，J. Huang 1989）。（14）中，NP_2 并不 C-统制 XP 里的代语，因此不是代语的合适先行语，所以（13b）的可接受性差。

这一分析可从其预测能力那里得到支持。首先，这一分析预言，若将 NP_2 放在句首，就可以提高句子的可接受度。如（14）所示，一般来讲，话语中先出现的成分 C-统制后出现的成分（参见 Kayne 1994）。由此得出，如果将宾语"很多蔬菜"放在句首，它就 C-统制所有其他成分，包括 XP 里的代语，于是它就成为代语合语法的先行语，（13c）证明了这一点。其次，如果代语以主语为先行语，也可得到一个合语法的句子，原因很简单：主语 NP C-统制包括代语在内的其他成分。下面的例子证实了这一预测：

（15）a. 他哭诉了侵略者的暴行。

　　　b. 他哭着诉说了侵略者的暴行。

　　　（想表达的意思同（15a））

（15a）含有复合词"哭诉"。"哭"的论元结构为 $<\theta_1>$，"诉"的论元结构为 $<\theta_a<\theta_b>>$，则复合词"哭诉"的论元结构为 $<\theta_1\text{-}\theta_a<\theta_b>>$。在（15b）中，"哭"是独立短语的中心语，带有体标

记后缀"着"。(15b)中VP的结构与(14)相同,不过,整个句子的主语"他"在语义上作为XP中代语的先行语是合适的。既然主语同时也C-统制代语,(15b)完全可以接受。

2.2 关于论旨角色的本质

假定如上一节所说,论旨角色和论旨操作真正参与了语言运算,现在必须回答:为什么论旨角色具有这些特定的属性?这一节考察三个试图回答这一问题的文献:Hale & Keyser(1993)、T.-H. Lin(2001)、Borer(2005)。

2.2.1 句法产生的论旨角色

Hale & Keyser(1993)(下文记为H&K)率先试图提出有关论旨角色来源的明确理论。具体来讲,他们希望解释为什么论旨角色如此之少,为什么语言用这种特殊的方式将论旨角色跟句法论元联系起来(参见2.1.1)。[1] 在他们看来,论旨角色

---

[1] 实际上,H&K的第二个问题是关于论旨角色指派的一致性假说(Uniformity of Theta Assignment Hypothesis, UTAH)。Baker(1988)对这一假说的界定如下:

(i) 相同论旨关系由相同句法关系表示。

比起仅仅将论旨层级跟论元的句法层级联系起来的做法(参见2.1的介绍),UTAH是关于论旨角色指派更强的条件。鉴于本书的内容并不决定于UTAH,这里将不予引介。UTAH在人类语言机制中的地位,Y. Li(2005)作了批判性评价。

还值得注意的是,H&K理论在很多方面跟Hale & Keyser(2002)不同。不过,其理论精髓在后者中并没改变,本节的讨论也相应采纳了H&K的主张。

这两方面的属性源自词库（lexicon）中的一个特别的句法形式。

2.2.1.1 H&K 的理论

H&K 的基本假设如（16）所示：

(16) 在词汇层面，动词可以表示为词汇关系结构（lexical relational structure，LRS），词汇关系结构仅由四个词汇语类构成，即 V、N、A、P，它们分别跟四个基本概念类型关联，即事件（event）、实体（entity）、状态（state）、相互关系（interrelation）。

假如去掉（11）X′模块中不相关的附接语，（16）会产生动词的四个可能的词汇关系结构，其中动词及其补足语之间的关系在语义上对应于"蕴涵"（implication）。基于 A 与 P 的词汇关系结构如下：

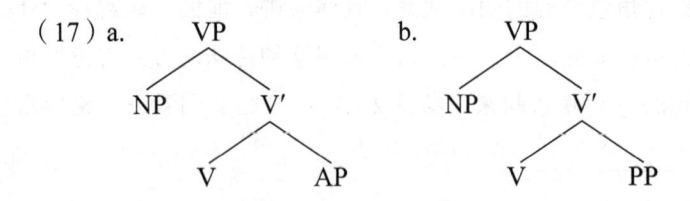

(17) a.　　VP　　　　　　b.　　VP
　　　　 / \　　　　　　　　　/ \
　　　 NP   V′　　　　　　　 NP   V′
　　　　　 / \　　　　　　　　　　/ \
　　　　 V   AP　　　　　　　　 V   PP

（17a）是"The sky cleared"（天空变晴了）中 clear 这样的不及物动词的词汇关系结构，以形容词的词根 √clear 为 AP 的中心语（用 √ 标示词根，借自 Pesetsky（1995））。从语义上讲，（17a）代表了暗含某种状态的事件，H&K 将其解释为一个"导致某种状态的变化"（73 页）。AP 的主语（即树形图中的 NP），因其指称经历状态变化的实体，被理解为整个动的客体。换言之，客体角色不过是 NP 在这一特定的词汇关系结构中作为 VP 指示语的语义解释。与（17b）相关的语义是暗含相互关系的事件，或者更直白地说，（17b）表达的是一种境况，其中 NP 所指的实体与 PP 所表达的相互关系有关（71页）。这种词汇关系结构又表达变化的意义，于是 NP 也可理解为客体。

动词也可由名词性语类或动词性语类形成。不过，H&K 不是直接用 NP 和 VP 代替（17）中的 AP 和 PP，而是对词汇关系结构提出了另外两个条件：

（18）a. 只有受到述谓（predication）的强制作用时，作为词汇动词，其词汇关系结构表征式中 VP 的指示语位置才填入成分（76 页）。

b. NP 和 VP 在词汇关系结构中不是谓语（76、80 页）。

（18）的直接后果表现为下面这样的词汇关系结构：

（19）a.　　VP　　　　　b.　　VP
　　　　／＼　　　　　　　　／＼
　　　 V　　NP　　　　　　V　　VP$_1$

根据（18b），（19a）中的 NP 和（19b）中的 VP$_1$ 都不是谓语；也就是说，二者都不支持外部主语。这样，由于没有外部主语，根据（18a），上一级的 VP 的指示语位置便没有成分填入。（19）是一种没有指示语的（Specless）的词汇关系结构。相比之下，（17）中，由于 AP 和 PP 是谓语，各有其主语，这就迫使 VP

的指示语位置有成分填入。

（19a）是"The colt sneezed."（小马驹打喷嚏）中 sneeze（打喷嚏）这种名源动词的词汇关系结构。这一词汇关系结构明确揭示出动词 sneeze 跟对应的名词，如 the colt had a sneeze 中的 sneeze 之间的关系，后者转变成一个暗含实体的事件（如 a sneeze）。H&K 将（19a）重述为"暗含的事件凭借相关实体的'创造'、'生产'或'实现'得以完成或完善"（74页）。（19b）描绘的是暗含另一事件的事件，是一个典型的致使关系。这一词汇关系结构也为递归性提供了基础。由于 VP 是 V 的可能补足语，所以（17）和（19）中任何基本的词汇关系结构都可以作补足语，结果产生了新的更复杂的词汇关系结构，因此也产生了更多的动词类型。比方说，put 的词汇关系结构可作如下分析：用（17b）替代（19b）中的 VP_1，大致解释为某人"使 X 跟介词 P 的宾语处于一种相互关系之中，不论介词的宾语是什么"。H&K 还采纳了（20）这样的观点（参见78、82页），原因我们很快会清楚地看到。（20）建基于 Marantz（1984）对俗语所作的句法研究（又见 Kratzer 1996）：

> （20）（19）中这类动词的主语处在词汇关系结构之外，并且只出现在句子环境之中。这一主语和 VP 间的关系被解释为施事。

综上所述，H&K 提出，施事和客体这两种最基本的论旨角色只不过是 NP 跟相应的词汇关系结构中其他部分之间的关系，这些部分由某种类指（generic）动词 V 和其他词汇语类构成。文献上通常将这种类指动词称为轻动词（light verb）[①]，在一定上下文中被赋予更具体的语义内容。在这一传统下，轻动词按照惯例用大写字母的动词表示，如（19b）中是 CAUSE,（19a）中是 DO 或 HAVE,（17a，b）中是 BE 或 BECOME。本章依循这个未必准确的传统，只是为了方便讨论。

为了支持动词词汇关系结构的句法表征，H&K 提出了一些理由，大部分理由基于英语中的名源动词。限于篇幅，这里只谈一下其中的两个理由。一个是关于英语的名源动词，模式如下：

（21）a. A cow calved.

"母牛产子了。"

b. *It cowed a calf.

假如（21a，b）都对应 a cow had a calf（意思同（21a）），那么作出的概括是：只有当名词根被理解为轻动词 HAVE 的宾语而非主语时，才会形成名源动词。这一点可以直接从（19a）得出，具体细节重述如下：

[①] "轻动词"这一术语最初用来指像 take a walk（散步）、give him a kick（踢他）这类表达中 take 和 give 这样的动词，这些动词语义上是"轻的"，因为动作实际上是由名词宾语描绘的。现行的句法文献中，轻动词一般是词汇动词的结构或语义成分，因此通常没有自己独立的语音形式。我们所说的正是这一意义上的轻动词。

（22）

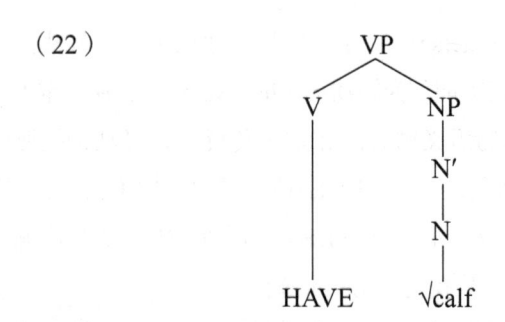

```
        VP
       /  \
      V    NP
      |    |
      |    N'
      |    |
      |    N
      |    |
    HAVE  √calf
```

根据假设，名词根 √calf 必须跟轻动词合并，以便呈现为一个动词。按照现行理论，两种词汇语类的合并是通过移位来进行的。这一做法首先在 20 世纪 60 年代末、70 年代初被生成语义学家系统运用，后为 Baker（1988）所普及。严格地说，√calf 作为宾语 NP 的中心语能够移到 HAVE 的位置，因为我们知道，移位遵循合适的约束条件（参见 Fiengo 1977，Lasnik & Saito 1993）。

（23）移位必须以有 C-统制能力的位置为目标。

（22）中，V C-统制 N，所以名词根可以如愿地移至轻动词处。另一方面，（22）中整个 VP 的主语（等于（21b）中的 √cow）因（20）的限制，甚至不是词汇关系结构的组成部分。据此可以说，主语 NP 的中心语根本不可能受 V 的 C-统制。这就足以阻止 √cow 跟 HAVE 合并，于是，（21）中的对立得以解释。

（18）和（20）中的条件也曾被 H&K 用以解释（24）这样的例子为什么不合语法：

（24）a. *The clown laughed the child.

"# 小丑笑孩子。"

比较: The clown made the child laugh.

"小丑使孩子笑。"

b. *The alfalfa sneezed the colt.

"*苜蓿打喷嚏小马驹。"

比较: The alfalfa made the colt sneeze.

"苜蓿使小马驹打喷嚏。"

既然 sneeze 这样的不及物名源动词具有（19a）那样的词汇关系结构，那么，用这样的词汇关系结构来替换（19b）中的 VP 补足语，就生成（25）这样的结构，将 √sneeze 移至 V_2，再移至 V_1，就产生（24b）中 sneeze 假定的致使结构。

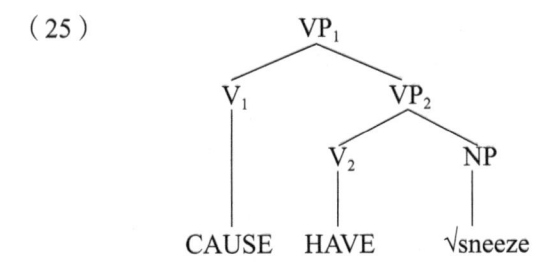

(25)

```
              VP₁
             /    \
           V₁     VP₂
                 /    \
                V₂    NP
                |      |
CAUSE         HAVE  √sneeze
```

不过，这一词汇关系结构决定,（24b）中的 the alfalfa 是 CAUSE 的施事主语，the colt 是 HAVE 的施事主语；同时，二者都必须居于词汇关系结构之外，并且只凭借句子加以表示。sneeze 的这个变体是一个"双主语"（double-subject）动词。假如每个句子都只能允准一个主语，那么，句法就没有合理的办法同时让 the alfalfa 与 the colt 获准,（24）不可能成立便是意料之中的事。

saddle（给……装鞍）和 blindfold（蒙住……眼睛）这样

的名源安置动词（locatum verb）与非动词如church（教堂）之间的对比为 H&K 的理论提供了另一证据。

（26）a. She saddled the horse.

"她给马配了鞍。"

b. *She churched her money.

（想要表达的意思：她把她的钱给了教堂。）

假定（26）中的动词具有与（27）相同的词汇关系结构，[①]那么要问的是：为什么名词 √saddle 能成为动词，而 √church 则不行？

（27）

```
         VP₁
        /   \
       V₁    VP₂
            /   \
          NP₁    V'
           |    /  \
           N₁  V₂   PP
           |        /  \
           |       P    NP₂
           |             |
           |             N₂
           |             |
       horse/√church  √saddle/money
```

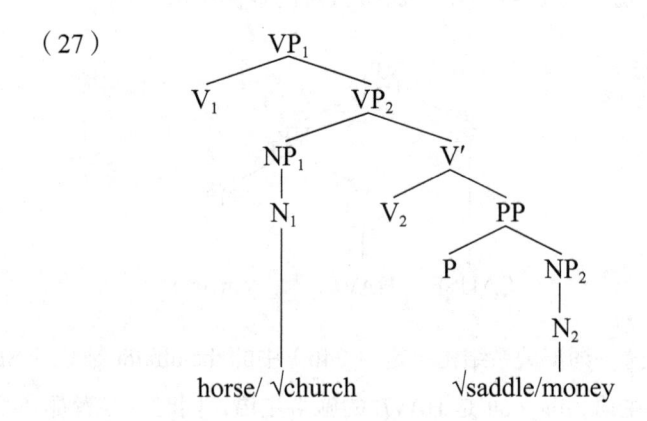

---

① H&K 用两种不同的办法来重述 church her money：give a church her money（将她的钱给教堂），provide a church with her money（为教堂提供钱）。不过，只把 saddle the horse 重述为 provide the horse with a saddle（为马提供鞍）。同时，他们为这两个动词提供的词汇关系结构都遵循 provide...with 模式，这暴露了语义分解的固有缺陷：何以确知动词的词汇关系结构采取某种形式而非其他形式？这一问题暂且不论。

对这一问题的回答取决于普遍语法的另一原则：

（28）非补足语短语中的成分不可以移出。

这就是说，非补足语（附接语和主语）是所谓的"孤岛"（Ross 1967），对"孤岛"内的成分进行提取受到阻止，而补足语则不是"孤岛"。[①] 这一原则直接阻止 N_1 跟 V_1（或者 V_2）的合并，解释了（26b）为什么不可能。另一方面，N_2 可以移至 P，再到 V_2，最后移至 V_1，在移出补足语短语，移至最近的具有 C-统制能力位置的每一步过程中，都满足原则（28）和（23）的合适约束条件，这就解释了（26a）的合语法性。

2.2.1.2 对 H&K 理论的批评

H&K 有关论旨角色以及词汇动词在句法方面的词汇关系结构理论，在那些研究词汇和句法间的相互作用的学者中很有影响（为了跟传统意义上的句法相区分，他们把词汇关系结构称作为 l-句法，传统意义上的句法为 s-句法）。这一节将评价 H&K 理论中的某些技术观点，以期达到对这些问题的更完善的认识。

首先，我们注意到 H&K 的主张本质上与他们专门运用 l-句法的词汇关系结构无关。他们主张，词汇动词的语义角色（也即论旨角色）的一般类型跟动词的词汇关系分解中可资利

[①] 这在 J. Huang（1982b）那里归入提取域条件（CED）。H&K 实际上是采用 Chomsky（1981，1986b）的空语类原则（ECP）来解释这些现象。也请参看 Y. Li（1997c）了解空语类原则部分的最简推导。本书以及一般文献中所提到的一些原则，在它们讨论的语料范围内，部分内容是相同的。有关普遍语法冗余性的见解，参阅 Y. Li（1997d）。

用的少量词汇语类有关。假定动词果真能分解成各种"原子"（词根和轻动词），但是这些原子之间的关系不是句法的。这里"句法的"意为符合 X-中阶结构，并且在句子层面受到各种限制（参见（23）与（27））。有关构词的这种被称为词汇主义（lexicalist）的观点是由 Chomsky（1970）首次明确提出的，用以反对当时试图用句法工具将构词与造句统一起来的做法。根据典型的词汇主义理论，词的构成成分直接相连，并得到相应解释，不需要借助于类似句法的结构手段。这一派别的代表之一是 Di Sciullo & Williams（1987）。在这个框架内，论旨角色仍旧可以被看作轻动词与某一特定语类的词根合并所产生的语义关系，只是剔除了上一节所说的句法结构。记住这一点，那么，对 H&K 提出的 l-句法理论的评价就是要看它在解释各种跟论旨角色相关的事实时与词汇主义的方法有何差别。

假定我们同意 H&K 的观点，并接受（20），那么，用来为 H&K 的 l-句法提供证据的（21）还有另一种解释。具体来说，H&K 关于（21）中名源动词 calve 与 *cow 的分解可直接对应于（29）中两个词汇主义的表征式，我们称之为词汇-语义结构（LSS）（成分之间的线性顺序只是为了方便讨论）：

(29) a. [HAVE-√calf] → calve（参见（21a））
　　　b. [√cow-HAVE] → *cow（参见（21b））

(29a) 成立是容易理解的：在基本语义里，轻动词 HAVE 需要一个宾语，名词 √calf 填补了宾语位置，结果产生不及物动词 calve，意思是 to have a calf（生小牛）。而（29b）违反了充分解释的原则（Full Interpretation，FI；参见 Chomsky 1995：151），这一原则也为 H&K 所接受：

（30）只有得到完全解释的成分才能出现在表征式里。

按照（20），HAVE 直到在句法里构成一个 VP 才能支持主语。因为在词汇主义理论中，构词层面不存在 VP（或任何短语），所以（29b）中的 √cow 跟轻动词 HAVE 之间不可能有预期的语义关系，因此也得不到解释。根据（30）可以推断，cow 不可能照这种方式用作动词。请注意，词汇主义理论和 H&K 理论都允许 cow 有 to have cow 之义。至于要得到这一理解取决于什么因素，这里不予讨论。总之，有了（20）那样的假设,（21）中的对立既可以通过 H&K 的 l-句法的词汇关系结构用（23）中的合适约束条件加以解释，也可以在词汇主义理论那里得到自然的解释，尽管并不动用句法的词汇关系结构。换言之，对于 H&K 理论来说，这个论据的力度不足，因为上述语言现象可以用他们的理论解决，但不是必须按他们的理论解决。

再来看 H&K 基于（26）给出的证据。给定 saddle 这样安置动词的词汇关系结构，那么从（26）可以作出这样的概括：名词性补足语的中心语可以跟轻动词合并，形成名源动词；而指示语位置上 NP 的中心语则不可以经历这一变化，即使该 NP 被理解为整个名源动词的宾语。H&K 认为，这一事实可直接从一般的普遍语法原则（即（28））中推论出来。然而，这一理论也将 horse-saddling（配马鞍）和 book-shelving（图书上架）这种合格的复合词错误地剔除。这些动词的词汇关系结构由

(27) 改造如下：

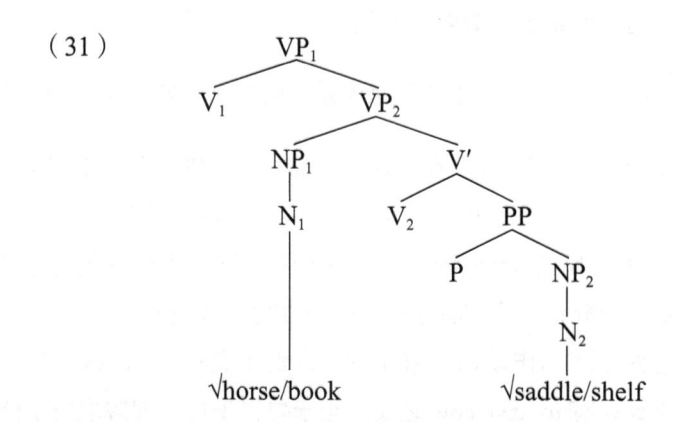

(31)
```
         VP₁
        /    \
       V₁    VP₂
            /    \
          NP₁    V'
           |    /  \
           N₁  V₂   PP
                   /  \
                  P    NP₂
                        |
                        N₂

     √horse/book      √saddle/shelf
```

N₂ 经由 P、V₂、V₁ 向上移动，形成动词 saddle 和 shelve；可是，N₁ 不允许跟这些中心语中的任何一个合并，因为它将违反提取域条件（Condition on Extraction Domain, CED），这跟 *church the money 不可能的原因相同（参见 (26b)）。不过，照此预测，horse-saddling 也是不好的，而这与事实相悖。值得注意的是，不论 horse-saddling 这样的复合词是在 l-句法里还是在 s-句法里形成，都不会改变这里的结论，因为在 H&K 看来，词汇动词 l-句法的词汇关系结构"是作为短语语类插入 s-句法结构中的，如果插入点允许一个动词短语，那么这种插入就是合语法的"(95页)。至少，这意味着 l-句法和 s-句法指涉同样的结构，就是（31）。

比较而言，构词的词汇主义理论并不运用 X-中阶结构和诸如提取域条件这样的句法原则，就能毫不费力地处理相关的语料。不妨假定 saddle 的词汇语义结构大致是：[CAUSE [BE

[P √saddle]]]。既然没有任何已知的理由阻止把这样的结构和客体论元联系在一起,那么,horse-saddling 自然也是允许的,下面一节将作更具体的说明。大体上讲,H&K 用以证明关于词内结构和论旨角色的 l-句法理论的材料,都可以直接用词汇主义理论来解释;不过,某些复合词用 H&K 的理论来解释有问题,但用词汇主义理论来解释没有问题,有关这方面的详细讨论见 Y. Li(撰写中)。

2.2.2 动词之中何所有?

如 T.-H. Lin(2001)所指出,汉语动词跟论元之间的论旨关系比英语繁杂。先来看主语的论旨解释(译者按,为了便于比较,这里附上英译文):[①]

(32) 他开过这艘[②]摩托艇。

  'He drove this motorboat before.'

(33) a. 这艘摩托艇已经开了许多年了。

  'This motorboat has already been driven for many years.'

  b. 这条河不能开摩托艇。

  'A motorboat can't be driven on this river.'

[①] 本节中的例子都是我们自己给出的,不过,要说明的是,这些例子都证明 T.-H. Lin 最初对汉语动词跟主宾语之间的论旨关系比英语更为自由的观察是对的。

[②] 根据《辞海》,这个量词也可以读作 sao。

（32）中"开"是及物动词，这跟其他语言一样。不过，与英语不同的是，汉语动词的主语不限于施事。（33a）的主语是客体，（33b）的主语是处所；并且在这两种情形下，动词的形式保持不变。而在英语中，若施事主语不出现，则要使用被动形式。对于这一观察，还可以提供如下事实：

（34）a. 这艘摩托艇已经被小心翼翼地开了许多年了。
　　　b. ?? 这艘摩托艇已经小心翼翼地开了许多年了。
　　　（想表达的意思同（34a））

副词"小心翼翼地"隐含着施事，这个副词在（34a）中跟被动词语素"被"连用，完全可以接受。有关被动词语素的问题，详见第四章的讨论。（34a）可以接受，这跟一般所说的被动隐含着施事相一致。[①] 相比之下，尽管说汉语人的语感因人而异，但一般都不大接受不带"被"的（34b）。为了句法的目的，假如"开"在（33a）和（34b）中是无施事的，那么，两者之间的差别就可以得到解释。（34b）并非完全不可接受，这可归因于前面提到的另外一个事实：汉语允许语音上为空的代语作主语。认为（34b）勉强可以接受，也许是尽量将这个句子视为好像有一个代语形式的施事主语；否则，句子就不合语法。

　　汉语区别于英语，也在于给予非客体宾语更大的自由度

[①] 有关将这一思想用于句法的主张，请看 Baker, Johnson & Roberts (1989)，冯胜利 (1995)，Ting (1995, 1998) 以及本书第四章。

(译者按，保留英译文是为了便于比较）：

(35) a. 他开过危险水域。

'He drove in dangerous waters.'

b. 他喜欢开上午。

'He likes to drive in the mornings.'

c. 他能开仪表。

'He can drive only by instruments.'

如英译文所示，(35a) 的宾语实际是处所，(35b) 是时间，(35c) 是工具。在讨论 T.-H. Lin（2001）的具体分析之前，应当指出，这种区分并非如其所呈现的那样界限分明。尽管汉语有"喝大杯"这样的说法——这可能是工具充当宾语的另一情形，不过，要让"喝瓷勺"同样取得工具宾语的理解，就很奇怪，至少离开上下文时是这样。再者，英语中实际上也有一般带客体宾语的动词却带上工具宾语的例子。drive stick 是驾车方面的惯用语，即用一个形似棍子的东西进行手工换挡控制。相比之下，slash someone with a sword（用剑砍击某人）或 slash a sword at someone（砍剑于某人之身）的惯用语特征少了一些。尽管如此，我们还是同意 T.-H. Lin（2001）的看法，认为汉语在对宾语的语义解释方面受到的限制比英语少。下面的例子可说明这一点（译者按，附上英译文以示比较）：

(36) a. 写毛笔

'write calligraphy brush = write with a calligraphy brush'

b. 砸大锤

'pound big mallet = pound with a big mallet'

c. 唱洋嗓子

'sing Western. style of singing = sing in Western style'

d. 刺红缨枪

'stab red tasseled spear = stab with a red tasseled spear'

e. ……

总之，可以明确地说，就论旨关系而论，汉语动词没有相应的英语动词那么严格，这一事实应该给予解释。

沿着H&K的l-句法关于词汇动词分解的思路，T.-H. Lin（2001）为需要讨论的语料提出了一种理论，该理论包括两个假设：

（37）a. 英语动词包含词根和轻动词，但汉语动词只有词根，不含轻动词。(109 页)[1]

b. 词根与轻动词的组合在 s-句法中是"非常自由的"。(106 页)

drive 在 l-句法里的词汇关系结构如下（T.-H. Lin 跟 H&K 在很多技术细节方面观点不同，其中之一是不考虑（20），而将包括主语在内的每一个论元放在以轻动词为中心语的 VP 的指示语位置上）：

---

[1] 这里只是 T.-H. Lin 理论的部分内容，其理论实际上是基于汉语、日语、英语三方面的比较，因本书性质决定，这里强调汉英比较。对于汉日英三者比较的批判性评介，也可参阅 Y. Li（撰写中）。

（38）

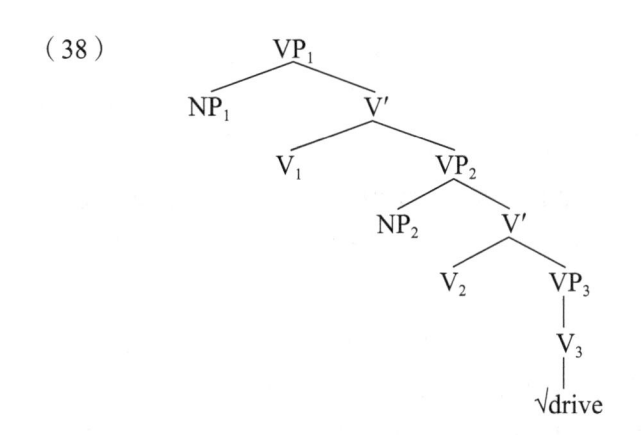

```
        VP₁
       /    \
     NP₁     V'
            /   \
           V₁    VP₂
                /   \
              NP₂    V'
                    /   \
                   V₂    VP₃
                          |
                          V₃
                          |
                         √drive
```

将 √drive 移到轻动词 V_2 和 V_1 那里，派生出动词 drive，以 NP_1 为施事主语，NP_2 为客体宾语。关键在于，drive 包含的词项（lexical entry）不多于也不少于（38），（38）反映的论旨关系不会变化。"开"跟 drive 的差别在于"开"仅有一个 VP_3 作为词项（参见（37a））。"开"可以像 drive 一样跟相同的轻动词合并，只是这种合并只在 s-句法中进行。结果"开"跟 drive 并无不同，如（32）所示。不过，假如（37b）是正确的，那么，s-句法里的其他轻动词同样可以"非常自由的"跟"√开"合并。有些"√开"允准工具关系，有些"√开"允准处所，这些都取决于轻动词的选择，于是就生成了（33）和（35）中的诸例。T.-H. Lin 解释论旨角色的方式跟 H&K 相同，即：论旨角色不过是轻动词 V 及以 V 为中心语的 VP 指示语位置上的论元间的一种关系。可是，假定如（37b）所言，汉英有别，那么，英语动词的论旨角色都是在 l-句法里决定，而汉语动词的论旨角色只在 s-句法中存在。

T.-H. Lin 的理论为解释汉英动词容许的论元结构之间的差异提供了一种方法，颇有见地。实际上，(37b)也说明，词库连同其生成词项的机制，多少有点儿独立于句法；尽管像 H&K 那样，为了解释某些重要的事实，想尽办法试图将词库融入句法，但词法操作跟句法操作还是不同的。这一点在上一节评价 H&K 为 l-句法的词汇关系结构提供的第三个证据时已提到，在(37b)里又得到重申。T.-H. Lin 的理论也提出了一些问题。首先，由于采纳 H&K 的 l-句法来表达动词的组合结构，并将所有论元都放在指示语的位置，所以，T.-H. Lin 也继承了 H&K 在处理 horse-paddling 这样的复合词时遇到的问题（参见 2.2.1.2）。其次，(37b)这样的假设必然使人发问：既然按照设定都是使用同样的 X-中阶结构，为什么轻动词与词根在词库中的组合不及在句法中那么自由？这个问题的分量实际上重于它的表面意义。如果汉语在 s-句法里使用所有那些轻动词来提供工具、处所以及另外几个论旨角色的论元（参见 T.-H. Lin 第三、四章），那么，这些轻动词是普遍语法的组成部分吗？如果是，为什么英语（或日语）不将它们用在 l-句法甚至 s-句法里？如果它们不是普遍语法的组成部分，那么，就需要额外的规则/原则来严格限制轻动词在跨语言中的使用。

2.2.3 削词汇之足适功能之履

H&K 和 T.-H. Lin 将论旨角色的来源归于论元跟一定句法结构中特定轻动词之间的关系，而 Borer（2005）进一步认为，论旨角色（如果仍旧将其称作一个角色的话）只是反映一个短语在句法中某一功能语类的指示语位置上获得的那种解释。考虑到 Borer 的理论内容广博，这里只提及跟本节直接相关的内容，为避免繁冗，我们只采纳 Borer 著作中的部分术语。

简言之，Borer 提出，从语言学上讲，一个句子描绘的事件的重要属性并不是主要由动词的词根 √ 决定（这跟直觉和普遍看法正好相反），而是由 √ 所放入的句法环境决定，句法环境就是以跟事件相关的功能语类为中心语的短语。比方说，"Anna read the book"（安娜读了这本书）这个句子的结构如下（略有简化，参见 85 页）：

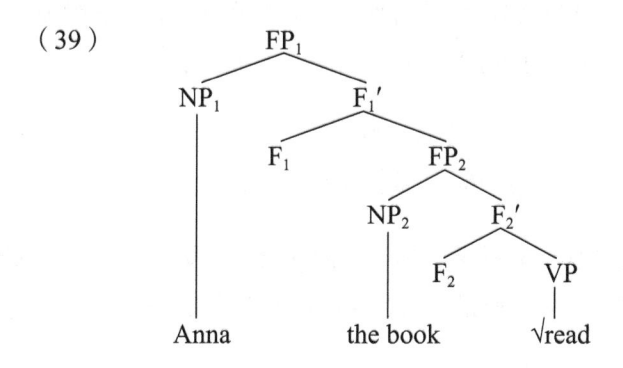

(39)

```
            FP₁
           /   \
         NP₁    F₁'
                / \
              F₁   FP₂
                   / \
                 NP₂  F₂'
                      / \
                    F₂   VP
         |          |         |
        Anna     the book   √read
```

F_1 和 F_2 是跟事件相关的功能中心语。这些功能中心语，跟它们所在短语指示语位置上的成分一起，界定了一个标作词根的特定事件。(39) 大体上可以解释为：存在一个事件 e，Anna 是 e 的发起者，the book 度量 e，[①] e 就是"读（定指某本）书"事件。按照这一理论，跟事件相关的少量功能语类就决定了对指示语

---

① 动词的宾语为度量事件提供了方法，这一看法为语言学领域普遍接受，详细建议请参 Dowty（1991），第三章还会论及这一问题。

位置上的短语只能存在为数不多的解释（比如发起者，……）。词根 √ 根本没有参与语义角色指派（参见 227 页）；它在句子中只是充当由 FP_1 和 FP_2 界定的事件类型的修饰语（30 页）。它并不改变由 FP_1、FP_2 界定的事件类型，相反却受事件类型的影响。

提出这一理论的动因之一是"表现可变"（variable-behavior）类动词，也就是其单一论元因语境不同而解读作施事或客体的不及物动词。Borer 的语料来自荷兰语、意大利语和希伯来语，本书以汉语为材料，证明同样的论点。汉语跟其他语言一样，有些副词因其特性要求它所在句子的主语为施事，（34）就是这样的例子。（40）再给出一些例子：[1]

(40) a. 他（故意）喊 / 唱 / 跳。
　　　b. 一块玻璃（*故意）碎 / 掉了。

假如上述事实正确的话，那么下面的例子表明，动补复合词的第二个动词（V_2）所指向的名词一定不能是施事：

(41) a. 他们砸碎 / 碰掉了一块玻璃。
　　　b. *他们气喊 / 打跳 / 逗唱了那个陌生人

请将（41b）跟（42）中另外一种被称为"动词-得"的动补形式比较一下：

(42) a. 他们气得那个陌生人大声喊。

---

[1] 对于"故意"要求主语必为施事，请参 Cheng & Huang（1994）。

b. 他们打得那个陌生人乱跳。

c. 他们逗得那个陌生人唱了起来。

第三章还将继续讨论"动词-得"结构的某些属性。就目前而论，(42)表明：(41b)在语义上和语用上没问题，因为两组用同样的 V_1 和 V_2 组配，应该有相同的解释。

假如（40a，b）的对立是事实，那么，有意思的是，某些施事动词仍然允许在结果义复合词中充当第二个动词 V_2：

（43）a. 他故意笑／哭／跑／走了。

b. 他把孩子逗笑／哭了。

c. 你把坏蛋打跑／走了。

于是，从（40）、（41）、（43）一定可以得出这样的结论：某些动词的表现是可变的。文献中将带施事论元的不及物动词称为非作格动词（unergative verb），将带客体论元的不及物动词称为非宾格动词（unaccusative verb）。表现可变类动词变换于这两类不及物动词之间。

在 Borer 看来，表现可变类动词的存在表明词根并不决定论元结构，决定论元结构的因素是词根所出现的环境。但是，如果不考虑词根，则引介论元的任务势必由功能语类来完成，因此便有（39）那样的理论。包括 T.-H. Lin（2001）在内的各种理论，主张在句法中非常自由地运用有词汇意义的轻动词（比如 CAUSE，USE，AT）来引介论旨论元，比较起来，Borer 的理论则更为严格：不论词根是什么，句子中的论元数目和语义内容已经由那两个跟事件相关的功能短语决定。假如这种功能短语结构是普遍语法的组成部分，那么自然得出结论：不同语言一般只有少数的论旨角色，这些论旨角色在不同语言中的表现是相同的。Borer 的理论对词根没有作充分阐释，这正是 T.-H. Lin（2001）对汉语研究的重要性所在。

从（33）—（35）可以看出，汉语允许跟句子的主宾语关联的论旨关系更加多样。稍后，我们将查验汉语中甚至连基本的论旨层级似乎也违犯了的另一事实。问题在于这种"违犯常规"该如何解释。Chomsky（1995）提出一个建议，认为句法包括一套简单的结构构建（structure-building）和结构改变（structure-altering）的操作，这套操作在所有语言中作用相同，语言变异只归因于语言之间在词汇层面的参数差异。从这一观点看，汉英差异的缘由只能到词库里探求；于是，T.-H. Lin（2001）的理论指出了一个可行的解决办法：跟英语相比，汉语动词在论旨关系方面说明不充分，这就在选择什么样的论元用以表达方面给了句法更大的自由。

2.3 初步拟定一个供选择的论旨角色理论

上一节评论的理论，以及所有关于论旨角色与论元的理论，都试图回答这么一个中心问题：词汇动词中含有多少跟句法运算有关的信息？在 H&K 看来，每一个词汇动词都含有充分发展的句法结构（l-句法），l-句法中的很多信息也可为构造句子（他们所说的 s-句法）所用。Borer 探究了如下可能性：

参与句法运算的成分是纯句法的，词根仅仅充当携带语义细节的修饰成分，它可以丰富却不能从根本上决定论元表达式，从而否定了词根直接参与任何跟论元相关的句法运算。T.-H. Lin （2001）采纳了H&K的观点，不过，他主张，词汇动词里有多少信息参与句法运算，因语言而异。本节阐述一种综合上述学者重要思想的理论。为了便于操作，这里只关注描述动态事件的动词。

2.3.1　词项如何贡献于论元结构

首先需要注明，Borer之所以能够讨论表现可变类的动词，恰恰表明一些动词具有不同的句法表现。譬如，虽然"笑"和"哭"或者带施事论元，或者带非施事论元（参见（43）），可是仍然存在很多动词，它们要么本来就拒绝施事论元，如（40b），要么即使出现在（41b）那样可以转变"笑"和"哭"的语境中，也不可能获得非施事的解释。至少从表象上看，这样的不可变性表明，不论出现在什么结构中，词项对论元表达式的影响都十分重要。Borer的理论试图解决这一问题，她指出：词项对功能结构的决定程度只限于"某些表示一定语法环境中的'怪异'概念的词项，所谓'怪异'，就是一定语法环境下得出的解释跟生活知识相抵牾"（1页）。在逻辑上，这是一个说得通的解决方案。至于语言运作的方法是否的确如此，只能通过实验方法来决定。

汉语中像（44）那样表结果的复合词结构和（45）那样的"动词-得"结构，由于其表现异常的论旨结构，一直以来都受到关注：

(44) a. 那瓶酒喝醉了全桌的人。

b. 这匹马骑累了我了。

(45) a. 那瓶酒喝得他醉了三天。

b. 早晨的新闻听得大家非常振奋。

这些例子有三个共同特点：①第一个动词（V_1）是典型的及物动词；②全句的主语是 V_1 的客体论元；③ V_1 之后的 NP 是 V_1 的施事。换言之，根据 V_1 的论元结构，句子的论旨层级似乎以相反的顺序跟两个论元相联。

在本章所采纳的理论框架内，已经对上述现象提出过各种不同的分析（Cheng & Huang 1994, Y. Li 1995, 1997b, 1999, Sybesma 1992）。不过，即使不考虑用来解释这一现象的技术细节，其根本的因素也显然不可能是 Borer 意义上的句法结构在起作用。英语也有表示结果的结构，但是不允许论旨颠倒。

(46) a. Bill drank himself into a stupor.

"比尔醉得不省人事。"

b. *This bottle of whisky drank Bill into a stupor.

要表达的意思：这瓶威士忌醉得比尔不省人事。

假如谓语的论元结构完全由句子中跟事件相关的功能结构决定，并且词汇动词的效力只在有关生活知识自然性的层面上看到，那么，汉语的"喝"能用于（44a）这一事实应该足以证明，以这种特定方式运用 Borer 的普遍功能结构（参见（39））跟生活知识并无冲突。由此推断,(46b)的不合语法只能在 Borer 的系统之外寻求解释。一个明显的可能是将汉英对立归因于词汇固有的差异。事实上,非常简单的做法是将(44)和(45)中明显的论旨变异跟 T.-H. Lin 理论背后的如下事实联系起来:汉语中像"喝"、"骑"、"开"这样的及物动词可能很容易失掉其施事论元(参见2.2.2)。

2.3.2 我们的理论

这一理论的本质很简单:词根 √ 将一组事件 e 概念化并包含关于事件 e 的所有参与者的信息;一个动词 V 由词根 √ 和为数不多的显示事件 e 类型的轻动词(Lv)构成;只有与事件类型的性质直接有关的那些参与者的信息,才能通过轻动词的筛选,达及句法,这就是常说的固有的论旨角色的起源;汉语跟英语的不同之处在于:汉语允许动词里不含有任何轻动词,包含在词根 √ 中的所有参与者的信息都达及句法,从而产生论旨自由之效。这一理论可以更明确地界定如下:

(47) V ∈ {(√), [Lv$_1$ √], [Lv$_2$ √], [Lv$_2$ [Lv$_1$ √]]},其中 V=√ 的选择只适用于汉语。

(48) 令 E 代表动态事件,S 代表状态,R 代表关系,那么:
    a. Lv$_1$ 显示的事件类型不是靠外因促成的,大致可以描述为"进入 S"或者"进入 R"。进入状态或关系的参与者被理解为客体。
    b. Lv$_2$ 显示的事件类型是由外因引起的,大致可以描述为"引起 E"或"引起 R"。[①] 被解释为施事的外因（也许更确切的解释是发起者，参见 van Voorst 1988 与 Borer 2005）暗含在 Lv_2 中，但不是 V 的论元，因为作为外部因素，施事并没有被概念化为 V 所描述事件的组成部分。

    c. E、S 和 R 的其他固有参与者要么表现为可选论旨角色，要么为必有论旨角色，由词根√决定。

    d. Lv 的选择不可跟词根√中已经定好的事件类型相抵牾。

（49）由（48）所产生的参与者的信息必须满足论旨准则。

如果暂且不论 V=√ 这个特定语言所拥有的选项,(47) 就是 H&K 的 l-句法的词汇关系结构理论的词汇主义的改版。跟这些著作的看法一致，我们假定：原本一定有原因来解释为什么当轻动词 Lv_1 和 Lv_2 都在动词 V 中时，Lv_1 首先跟词根√结合；从某种角度讲，Lv_2 跟外因相联这一事实就决定了它处在外围位置，不过，我们不打算在这一点上作进一步的推测。H&K 的另一个见解（也见于 Hale & Keyser 2002）可以从（48a, b）看出来，也就是说，客体和施事 / 发起者这两种论旨角色是 Lv_1 与 Lv_2 跟词根√结合的结果。我们跟 H&K，实际上也是跟其他所有从事轻动词研究的学者的不同之处在于：我们认为，轻动词 Lv 并不给词根√增加意义；更确切地说，它只是拼出（spell out）已经跟其他信息"搅在一起"、都被包含在词根语义中的

[①] 限于篇幅，关于 Lv_2 是否有"引起 S"的解释，暂不讨论。

事件类型。同样地，客体这样的角色不是由 Lv_1 提供的。词根里含有关于参与者以及事件的其他相关因素的信息；客体只是由 Lv_1 "选择"的角色，因为它是 Lv_1 显示的事件的参与者。

（48c）可以用一个例子来说明。考虑一下 V = [Lv_2 √] 的情况，其中 Lv_2 标示"引起 R"。一种关系的固有属性是要涉及双方的。这样，根据（48c），关系双方可以通过动词的论旨角色来显示；也就是说，这种特殊类型的事件最多可以有三个论旨角色：其中两个归因于 R 的性质，第三个是被隐指的施事/发起者。某一特定的动词是否有两个跟 R 相关的论旨角色，由概念化于词根 √ 里的事件决定。√give 描述的是交易中实体与目标之间的"引起"关系（参见 Bowers 1993 与 H&K），关系的双方被视为事件的必要参与者，这就导致 give 带有两个宾语论旨角色，如 give X to Y。不考虑论旨层面无关的语义细节，√donate 概念化的事件类型跟 √give 一样，不同之处在于：它不像 √give 那样将交易的目标作为必要参与者，所以，可以有 donate X (to Y) 这样的结构。

（48d）已经指出，某一特定动词可以或者必须有的论旨角色从根本上说是由已经编进词根意义中的事件类型决定的，这跟 Borer 的看法正好相反。词根里已经携带这一信息，轻动词只是拼出这种信息的语言手段，而不是完全独立于词根语义。正因如此，英语的 √sneeze 与汉语的 √喊只跟暗含外部施事角色的轻动词 Lv_2 相容，而像 melt 和"化"这种动词的不及物用法必须包含词根和轻动词 Lv_1，因此必然带上客体角色。大概在人类的概念化过程中，"打喷嚏"和"喊叫"这样的事件必然有一个发起者，而"雪的融化"则被视为自身发生的事件，"雪"就是"融化"的固有部分。"雪融"事件也可以看成由外力致使，这样动词内部就含有两个轻动词 Lv_1 和 Lv_2。从这一观点看，表现可变类动词的存在恰恰是因为某些事件在感知上兼有这两种类型。在这方面，一种语言对表现可变类集合的界定可以跟其他语言有所不同。英语将 laughing 与 crying 简单地等同于 sneezing，汉语则将这类事件视为要么有一个发起者，要么是在适当语境下情感的不由自主迸发。① 下面是这些汉语动词的词汇语义结构：

（50）a. 喊：[Lv_2 √喊]
　　　b. 化：[Lv_1 √化] 或者 [Lv_2 [Lv_1 √化]]
　　　c. 哭：[Lv_2 √哭] 或者 [Lv_1 √哭]]

（50a）代表非作格动词（unergative），（50b）是可在非宾格（unaccusative）与致使格（causative）之间转换的动词，也称为作格（ergative）动词。（50c）描绘的是 Borer 所说的表现可变类动词的特征。

如前所说，（48d）也涉及 calve（产牛仔）这样的名源动词。就其本身而言，名词根 √calf 不描述任何事件。这样，将 √calf 与轻动词 Lv_2 合并便得不到解释，除非 calf 是某种假定事件的固有参与者，这种假定事件在类型上跟轻动词 Lv_2 是相容的。就 calve 而言，假定的事件就是生幼仔。换言之，词根

---

① 类似的看法 Gu（1992）也独立表达过。

√calf 的功能在于提供线索，帮助"填补"缺失的关于产仔事件确切本质的信息。类似的例子可以在北方方言的某些次方言中找到，例如：

（51）a. 他草鸡了。
　　　b. * 他正在草鸡。
　　　c. * 他故意草鸡了。
　　　（想表达的意思：他故意胆小如草鸡。）

（51b,c）不可接受，表明"草鸡"在这一用法上也许并非动作动词，没有施事主语。如果这种看法正确的话，那么，"草鸡"就应该分解为 [Lv$_1$ √草鸡]，大致解释为"进入草鸡那样的状态"，也就是"胆小如草鸡"。跟 calve 的情形一样，√草鸡本身不描述任何事件，只是帮助提供轻动词 Lv$_1$ 标定的事件所缺失的信息。

有两点值得重视：第一，无论是汉语还是英语，这种从名词根到动词的强行转换都不是充分能产的。例如，不能说"* 他老虎了"来表达"他猛烈或无畏如老虎"，"This hen just laid an egg."（这只母鸡刚刚下了鸡蛋）也不可以换成"This hen just egged."（* 这只母鸡刚刚鸡蛋了）。这一事实在我们的理论中可以得到自然的解释。轻动词的功能在于拼出词根的事件类型，一旦（47）和（48）中的普遍语法机制就位，一种语言就有可能允许非描述事件性的词根与轻动词合并，条件是：关键的信息在生活知识的基础上能够从词根中复原。但这样做是轻动词系统的延伸，而不是常规运用。第二，跟第一点紧密相关的是：

当词根并非描述事件时，对词根与轻动词之间关系的解释本质上超出了拥有严格推导关系的普遍语法的控制，而受语用、惯用法和具体语言选择的影响。[①] 这样，尽管英语允许 a cow to calve（母牛生牛犊）和 a mare to foal（母马产马驹），汉语却没有这类名源动词，也不应期望英语将这种去名词化形式应用于所有标示后代的名词。

　　T.-H. Lin 关于汉英差异的建议包含在（47）中。我们直接采纳 T.-H. Lin 的如下见解：不论其事件类型是什么，汉语动词可以由光杆词根构成，因此跟英语中对应的含有轻动词的动词不同。不过，有别于 T.-H. Lin 在（37）中的理论，我们的理论不再将这些轻动词分配给句法。从概念上讲，（47）摈弃了（37）中的两个设定，仅仅保留了其中的最合理部分。首先，一个轻动词如果没有出现在词项中，那么，我们就看不到它一定出现在别处的逻辑必然性。在没有进一步指令的情况下，一个动词如果在词库中缺失轻动词，则在语言的所有其他部门以同样的方式存在，并且在后来的语言运算中呈现出因缺少轻动词造成的任何表现。作为对轻动词采取这一最简方法的直接后果，（47）避免了 T.-H. Lin 的理论中另一个可以说是更有争议的规定，即轻动词在句法中"自由"运用。正如 2.2.2 所提及的那样，这种自由性是一种强有力的机制，其理论与经验后果尚不清楚。

　　最后，从轻动词 Lv_1 和 Lv_2 产生所谓论旨角色的意义上讲，

[①] 这种思想跟 Borer 相同（参见 2.2.3 节），只是运用于词汇动词内部。

不言而喻，在普遍语法的框架内，这种论旨角色遵守论旨准则，如（49）所述。特别值得说明的是施事角色。根据（48b），一个事件的外因"隐含于"Lv_2 中，但是并不被当作含有 Lv_2 的词汇动词所描述的事件的组成部分。这个意思可以通过一个类比加以说明，比方说一所大学里，教员组成一个委员会，职责是为校长提供咨询。委员会有自己的构成（主席和一组成员），委员会的存在必然意味着校长的存在，而校长却不是委员会的组成部分。类似地，当 Lv_2 隐含施事，那么，施事虽然不被看成包含 Lv_2 的词汇动词所描述的事件的组成部分，但它也必须满足论旨准则。下面我们继续用实例说明（47）—（49）所阐述的理论是如何解释英语和汉语的语料的。我们假定句法的一个功能是通过格过滤等允准 NP，以便 NP 和动词满足（30）所界定的充分解释原则。

2.3.3　所解释的事实

如（21）所示名源动词的形成，基本的主宾不对称问题可以直接从我们的理论推得。calve 的意思是 give birth to a calf（生牛犊），上一节刚刚解释过了。而用 cow 是不可能得到 a cow give birth to（母牛生产）的，这是（48b）的结果。既然 Lv_2 隐含施事角色但却不"接受"它，那么，在词汇层面将 √cow 与 Lv_2 合并就会使词根在语义上跟 Lv_2 无关，直接违犯了充分解释原则，这跟 2.2.1.2 节在评价 H&K 的成果时给出的分析相同。（24b）中"The alfalfa sneezed the colt."不合语法也完全可以得到解释。采纳 H&K 关于（25）中及物的 sneeze 词汇关系结构的核心要素，便产生（52）：

(52) sneeze: [Lv$_2$ [Lv$_2$ √ sneeze]]

根据（47），这一词汇语义结构是不合语法的。这一语义结构进一步以如下假定为基础：在人类概念化中，单一事件的外因可以不超过一个（参见 Borer 2005 通过句法分析取得的同样结果）。

用同样道理也可以解释为什么动补复合词的第二个动词性语素必须是非施事性的（参见（41））。表结果的复合词表现上像普通动词（参见 Y. Li 1997b, 2005），从这种意义上说，表结果复合词所表达的必须被视为单一事件（尽管内部复杂），(53) 是复合词所具有的最大构成（√$_1$和√$_2$代表两个词根[①]）：

(53) [Lv$_2$ [Lv$_1$ √$_1$-√$_2$]]

假定事实是√$_1$是词根组合的中心语并且决定整个词的根本属性（Y. Li 1990, 1993a, Cheng & Huang 1994; 也参见53页注①），那么词根组合共同描述的事件是否有一个外因就取决于√$_1$。换言之，如果复合动词里面包含Lv$_2$，那么这个轻动词必须拼出中心语√$_1$的事件类型。因为每个动词含有的Lv$_2$不超过一个，这便有效阻止了√$_2$具有自己的Lv$_2$，也就有了（41）中的语料。比较而言，(42) 中表结果的"V-得"结构由两个独立的动词组成，各自是其句子的中心（J. Huang 1989, Y. Li 1999），因

[①] 可参看 Borer（2005）对于表结果的复合词的分析，与这里的分析相比，二者部分看法相同。

而描述独立的事件。每个事件只能期望有其自己的外因。

现在来看（26）中的安置动词。通过对 H&K 的（27）进行词汇主义的转换，假定名源动词 saddle 的词汇语义结构如下：

（54）saddle：[Lv$_2$ [Lv$_1$ √saddle]]

跟 calve 的情形一样，（54）中的词根也不描述任何事件，这就有必要提供关于所讨论事件的缺失信息，而 √saddle 是唯一的显性线索。如果 H&K 正确的话（参见（27）），那么，[Lv$_1$ √saddle] 就被解释为进入一种"涉及（马）鞍的关系 R"。关系 R 的确切性质又是由（47）—（49）理论以外的因素决定的。① 下面考虑 church 为什么不可能用在 *church the money（参见（26b））中。假定 H&K 在（27）中对 church 的分解是对的，其中名词根 √church 被解释为客体，那么，这个虚拟的动词（hypothetical verb）显然违犯了（30）中的充分解释原则。上面说过，在我们的理论（也包括 H&K 的理论，但不包括 T.-H. Lin 的理论）中，Lv$_1$ 自身不能产生客体这样的论旨角色；更确切地说，客体是这样一种事件参与者：由词根描绘，进入一种特定的状态或关系，因而被 Lv$_1$ "选出"。既然没有单独源自 Lv$_1$ 的客体，那么将 √church 跟光杆的 Lv$_1$ 合并，想要作客体解读，就只能使词根在意义上跟轻动词脱节，结果使 church 不可

---

① 这里，Borer 的生活知识因素再次起作用，让 √saddle 限制关系 R 的合理性质。也有建议指出，空间关系是人类对世界进行概念化中最基本的概念之一。对于这一相当古老的观点的新近研究，可参看 Svorou（1994）和 Haspelmath（1997）。按照这一观点，如果 √ 不能提供相关的信息，则 R 自然就被理解为空间关系。

能有（26b）中那样的虚拟用法。这一理论也解释了为什么尽管 church the money 与 horse the saddle 不好，但 horse-saddling 却是可以接受的；这也是 H&K 的 l-句法有关名源动词形成理论固有的难题（参见 2.2.1.2）。既然 saddle 在（54）中有一个合理的派生，其中 Lv_1 跟 √saddle 恰当地合并，那么，结果形成的名源动词的确有一个客体角色，horse-saddling 中的 horse 便获得这一角色，以满足充分解释原则。

值得注意的是，处所和安置名源动词也需要用生活知识和/或语言内部选择来填补有关事件的缺失信息。这就解释了为什么这种动词尽管在现代英语（如 can the beans（将豆子装进罐子里），cradle the child（将孩子放进摇篮里），……）和古代汉语中（如"绳之以法"，"衣之"，……）很常见，但是在现代汉语中却很难看到。

现在来看汉英之间的差异。一个重要的事实是汉语的及物动词与其 NP 论元之间的论旨关系一般较英语更为灵活（参见（33）、（35）、（36））。从（47）可以产生两种可能：假如编进词根的固有的事件类型用 Lv 拼出，那么汉语的结果动词在论旨上跟其相应的英语相同。很显然，这是跨语言的标准；另一种可能是，汉语动词可以选择只包含词根。这种动词不妨称为词根动词（V_{root}），当它出现在句法中时，有两种因素开始起作用：

（55）a. 词根动词在（48）界定的意义上没有论旨角色，因此，根据（49），不论词根编进的事件及其参与者之间的语义关系是什么，都不受论旨准则的约束；

b. 通过 X-中阶结构（参见（11））和格过滤（参见第一章中（52））这样的机制，句法为可望其独立满足充分解释原则的 NP 提供允准方式。

从（55a，b）可推断，假如 NP 具有某种适合于词根动词的参与者关系，那么它就可以合语法地充当其主语或者宾语。我们认为，这就是汉语 NP 作主宾语时存在"丰富论旨关系"的缘由。

看一个具体的例子。当"开"选择不带轻动词，句子主宾语位置上的 NP 只要被理解为比方说开车（船）事件发生的处所和参与该事件的工具，那么它们仍然可以满足充分解释原则，因此有（56）：

（56）这条河不能开你的那艘破摩托艇。

实际上，至少就我们的理论目前的阐述方法来说，并没有对这些语义关系在句法中如何表示提出限制。因此，如果没有其他独立的原则加以阻止，按照我们的理论，这些为方便讨论仍被称为处所和客体的语义关系也可以倒过来加以表述：[1]

---

[1] 这也是为什么甚至在英语中，时间（temporal）和处所附接语没有显示固有的层级，而其他种类的副词则分层级排列，如：

(i) Sam chased the coyote noisily deliberately.（山姆故意地嚷嚷着追赶土狼。）
(ii) * Sam chased the coyote deliberately noisily. (only good if *deliberately* modifies *noisily*)
(* 山姆嚷嚷着故意追赶土狼。)(只有在 deliberately 修饰 noisily 的情况下，句子才是好的。)
(iii) Sam chased the coyote yesterday in the woods.（山姆昨天在森林里追赶土狼。）
(iv) Sam chased the coyote in the woods yesterday.（山姆昨天在森林里追赶土狼。）

（57）你的那艘破摩托艇不能开这条河。

（想要表达的意思同（56））

下面是一些用这种前后对换次序的表达方式的其他论旨关系的实例：

（58）a. 小杯喝绿茶。(主语＝工具，宾语＝客体)
　　　 b. 绿茶喝小杯。(主语＝客体，宾语＝工具)

（59）a. 你的客人睡那张床吧。(主语＝历事？宾语＝处所)
　　　 b. 那张床睡你的客人吧。(主语＝处所，宾语＝历事？)

（60）a. 节日礼物都给了朋友们了。(主语＝客体，宾语＝目标)
　　　 b. 朋友们都给了节日礼物了。(主语＝目标，[①] 宾语＝客体)

必须指出，我们并不主张上述"论旨自由性"(thematic liberality)在汉语里是充分能产的。事实上，汉语中很容易找到不允许主宾对换的行为动词。当然，单凭这一点并不能证明

（接上页）假如方式和主语取向的（subject-oriented）副词是相应的功能短语的组成部分（Cinque1999），那么它们的线性次序决定于句子中功能短语借以排序的固有层级。另一方面，如果时间和处所是已经编进词根中作为事件组成部分的两种关系，那么它们就不为轻动词 Lv_1 与 Lv_2 所"选中"，这使得它们不受论旨准则限制。这样，汉语中任何允许（57）—（58）中次序对换的原因也允许这些附接语在英语中有同样的表现。

① 这个句子的主语 NP 也可理解为施事，跟这里的讨论无关。

我们的理论是不正确的，因为可能有其他原则/因素在起作用。我们提出这个理论想要解决的问题是：为什么上述诸例以及2.2.2节中的例子在英语中甚至其他很多语言中都找不到，可是在汉语中却能如此容易找到。再者，即便完全不考虑论旨的对调关系，T.-H. Lin 最初的观察仍然是令人信服的：汉语中，即使是非被动句语境中的动作动词，其主语和宾语也不限于施事和客体。就在不久前的一次聚餐会上，一位汉语语言学的大学教授递给本书的一位作者一双筷子说：

（61）你吃这双筷子吧。

这样的句子在正式文本中也许不可接受，但却非常自由地出现在母语者日常交谈中。这就是汉语跟很多其他语言的根本差异，在 T.-H. Lin 最初主张的基础上，我们的理论就是要解决这一问题。

另一个值得一提的问题是对施事的解释。若出现 Lv_2，则动词必定隐含着施事/发起者。假如（49）是正确的，那么，这个施事/发起者角色在句法上必须由一个论元支持。我们赞同很多学者的看法，即句法提供特定的方式来显示句子中的这个施事论元（Marantz 1984，Hale & Keyser 1993，Kratzer 1996，Borer 2005，等等），第三章将详细讨论这一点。现在的问题是，假如 Lv_2 不出现，情况如何？最简单的回答是：如果没有 Lv_2，则不隐含施事角色，论旨准则不适用；因此，英语中需要强制性带施事主语的动词，其对应的汉语动词可以不带施事主语,这就解释了(33)中的事实。[①] 有趣的是,尽管汉语的这些语料反驳了Borer不加区分地认为施事/发起者与客体(在她看来是数量主语)角色纯粹源于句法的说法(参见2.2.3),但我们对汉语词根动词的处理在观念上却跟她的理论极为接近,即:自身不含任何Lv的动词没有论旨角色,对句法中在结构上得到允准的NP的论旨解释建基于它们跟词根的语义关系上;并且正如我们从上述各例所看到的那样,五花八门的"论旨"解读一定程度上都带有依赖于灵活多变的上下文语境的特征。但同时,我们并不同意Borer的观点,因为我们认识到如果汉英之间有差异,那么尽管汉语动词最好如此分析,而英语动词,至少是典型动词一定不能这样分析。解决的办法是保持句法普遍的同一性,凭借词汇层面上的差异来解释汉语里的论旨异常现象。在这方面,我们回应了Chomsky(1995)(也见于Chomsky 1970)的观点:语言差别应该归于词库。

最后一个要讨论的现象是汉语结果复合结构中表面上颠倒的论旨指派,如(44)—(45)所示。下面先粗略展示复合形式,并给出简要说明:

(62)酒喝醉了我。

既然汉语选择动词中不含Lv,那么,整个复合词作为一个动词

[①] 另一个问题是:在Lv_2不出现时,解释为外因的NP(方便起见,不妨称之为施事)是否也受(56)—(60)这种前后对换的限制?这一理论给出的回答是否定的,因为外因不是事件的组成部分,因此依赖于VP之外的句法结构。关于VP,后面将予以介绍。这似乎跟下面这一事实是一致的:典型的行为动词不允许将宾语理解为施事。

可仅由两个词根组成：√喝与√醉。① 具体地说，在没有 Lv_2 的情况下，按照论旨准则，不要求有施事解读。当这个词根复合词置于句法中时，NP"酒"跟√喝相关，被解释为"喝酒"的被动参与者，NP"我"被解释为跟√醉相关。两个 NP 在语义上都满足充分解释原则，在句法上都得到允准，分别得到主格与宾格。"我"同时被理解为喝酒者这一事实可以归因于生活知识，在"我"与√喝之间没有建立任何结构上的关系（参见 Hoekstra 1988）；在正常生活中，如果"喝酒"使"我"变醉，那么"我"必定做了喝酒这件事。简言之，有疑难的论旨颠倒现象只是表面上的，原因在于（47）中所述的汉语的独特属性。② "动词-得"结构可以作同样的解释：

（63）酒喝得我醉了。

与动补复合词唯一的差别在于：就两个独立的动词而言，要生成（63），只需要第一个动词是词根动词。按照这种分析，正是因为施事主语对这些语言的相应动词来说是强制性的，所以，英语（或者我们知道的其他任何语言）没有这种同类现象，而这又归因于（47）。

对这一分析的直接支持来自下面这样的例子：

（64）a. 那首歌唱哭了我了。

---

① 跟英语不同，汉语的这两个词根没有派生关系。
② 这个从不同角度得到的解释在精神上跟 Her（2007）的分析相似。Her（2007）通过抑制 V_1 的主语论旨角色的做法对 Y. Li（1995）的语料作出解释，Her 理论是用词汇功能语法（LFG）构建的。

b. 那首歌唱得我落了泪。

跟目前讨论相关的是，上述句子中的唱歌者可以是"我"，也可以是某个身份不明的人。至少就第二个理解而言，"唱"必须作无施事动词来用，必须将"我"排除在充当第一个动词性语素"唱"的论旨主语之外。进一步证实词根动词分析的是（65）中的例子：

（65）a. ? 那只大碗喝醉了我了。

b. 新开的那家饭馆吃得他们长了好几磅。

（65a）中的主语被理解为"吃"的工具，（65b）中主句的主语是"吃"的处所。类似的例子很容易造出，这表明不要求将主语理解为客体。假如将动补复合词或者"动词-得"结构中的主句动词看作词根动词，那么，这种论旨的灵活性便在意料之中。①

（66）以下是另一组相关的例子：

（66）a. 刚才的比赛跑得他们满身大汗。

---

① 丁仁在跟我的私下交流时指出如下对比：
(i) 我喝醉了酒。
(ii) *我喝醉了大碗。
（想表达的意思：用大碗喝酒使我醉了。）
在这些材料的基础上还可以加上(iii)：
(iii) *我喝醉了香槟／那瓶酒／很多酒。
显然，当"喝"用于动补复合词之中时，就连其受事／客体宾语 NP 都要受到限制，这表明有些因素独立于论旨灵活性而起作用。

b.*刚来的教练跑得他们满身大汗。

（想表达的意思：刚来的教练使他们跑得满身大汗。）

（66a）没问题，因为"跑"可以独立地带"比赛"作为宾语（"跑一场比赛"）。只要动词采取词根动词形式，施事论元就会"失掉"，而将"他们"理解为奔跑者只是基于生活知识。也就是说，作为典型的"论旨不规则"现象，这个句子跟前面的句子可作同样的分析。（66b）不可接受，因为按照想表达的意思，不管"跑"是词根动词还是其中含有相应的 Lv，主语"新来的教练"与之都没有合理的语义关系。①

相比之下，下面的（67）看上去虽与（66）相似，但却存在微小的差别：

（67）a.(?)那场电影哭得我心都碎了。

b.?(?)那个电影哭得我心都碎了。

根据我们对母语者的调查，他们对（67b）的接受度不同，但

---

① 当然，这个 NP "新来的教练"可以充当动词的施事，得到一个完全不同的解读。如果是这样，这个问题就缺乏现实的合理性：教练的奔跑为什么会使他们流汗？如果使用一个不同的谓语，句子就可以接受：

（i）新来的教练跑得他们都不好意思了。

这个句子说的情况可能是教练跑得很快或者训练很刻苦，使运动员们感到尴尬，因为他们应该但没有做得比教练更好。

值得强调的是，（66b）不可接受表明，不论是凭借由 Lv 赋予的论旨角色，还是通过 NP 与动词词根之间更为自由的参与者解释，论旨解释都不是意外产生的。从逻辑上讲，可以想象教练仅仅充当"致使者"（causer），使运动员奔跑而流汗。可是√跑并没有编进这种致使参与者（√满身大汗也是如此）。这样，现实世界中逻辑上可能的句子，但在（66b）这样的语言结构中却不允许。

有一点是相同的，即（67b）不如（67a）好。特别有意思的是，这两个句子的差别仅仅在于主语 NP 内部量词的选择不同。我们的解释是，量词"场"在特定场合可以用其最初的名词义"场地"，这样就允许主语 NP 既可以表示电影，也可以表示电影放映的空间/时间。于是，对（67a）可以接受的解释是：主句动词"哭"可以用作词根动词，主语 NP 被理解为与事件"哭"有空间/时间关系。可是，（67b）中的量词"个"限制将主语 NP 解释为电影本身，电影跟动词"哭"没有自然的语义关系。[①]（67b）没有（66b）那样糟糕，是汉语中另一个独立事实的结果，即在有标记语境下，"哭"可以用作及物行为动词：

（68）a. 诸葛亮哭周瑜。
　　　　b. 你在哭什么？我在哭世道的不公平！

现代汉语中"哭"的这一用法不是充分能产的，不过它对救活（67b）还是有用的，也就是说，"那个电影"可以勉强被理解为"哭"的对象，这就使它比（66b）更具可解释性。

将（67）跟下面其他两组例子加以比较，就会支持上述分析。首先，将"哭"换成"看"就会将由量词不同造成的差别

[①]（67）中两个句子的对比可能跟下面这组对比相关：
（i）？他哭了整整一场电影。
（ii）*他哭了整整一个电影。

只有当 NP 以"场"作量词，标示电影的时间，出现在动词之后时，句子才可以接受。这样，（i）可以看作（67a）的基础。确切地说，（67a）中的主语 NP 并非只有空间/时间/过程的理解，也可以理解为"我心碎"的原因（cause）。不过，有证据表明这是独立语义因素作用的结果，参见 Y. Li（1995，1999）。

消除：

（69）a. 那场电影看得我非常不舒服。
　　　b. 那个电影看得我非常不舒服。
　　（想表达的意思同（69a）。）

之所以出现上述差异，原因在于正常情况下，"看"在语义上既允许"一场电影"也允许"一个电影"作它的宾语。结果是，（69）中的主语 NP 与词根动词"看"之间的关系一致，都是"看"的客体。这跟（68b）不同，（68b）中两个成分之间的语义关系只能通过延伸来建立。

其次，请比较（67）与（70）：

（70）a. 那场相声笑得我肚子都疼了。
　　　b. 那个相声笑得我肚子都疼了。

上面两个句子的主句动词都是"笑"，差别还是在于量词"场"与"个"的选择。值得注意的是，这两个句子都是好的，跟（67）形成对比。"哭"和"笑"在此方面的不同，乍一看似乎出人意料。不过，这种不同与另外两个相似动词间的差异有关：

（71）最笑人的事　　对比：*最哭人的事

独立地看，"笑"有致使用法，如（71）所示；但是"哭"没有。不论产生这种差别的原因是什么（前面 2.2.3 节指出，"哭"和"笑"在某些语境中可用作无施事动词，这就表明（71）中的对比在本质上是语言特例），（71）足以帮助我们理解（70）

与（67）之间的对立。也就是说，假如"笑"已经有致使用法，那么（70b）则不需要含有词根动词。"那个相声"已经是动词的论旨主语，"我"是宾语。每个 NP 都有一般的论旨解释，这根本不同于用以解释（67b）的延伸的语义。

2.4 且当作结论

下面以一个问题和一个意见来结束本章的讨论。问题是：首先，为什么汉语在（47）的那种方式下与英语不同？一个可能的观察角度是看词根动词的存在是否跟汉语的高度解析性有关。比方说，跟以单音节词为主的古汉语相比，现代汉语明显已变成双音节或多音节词型的语言。逻辑上讲，如果单音词被取消了词的身份，再用作新的双音词的构成成分，那么原来的词汇边界就可能会被移除，使（词的）内部外显。这一过程可能涉及轻动词与词根的区分。①

意见是与论旨角色的地位以及基于论旨角色的各种分析有关。假如汉语允许词根动词，而根据定义，词根动词没有论旨角色，它只是基于大致如 Borer（2005）意义上的生活知识为句法结构中的 NP 提供语义解释，那么，2.1 节中那些对汉语复合词所作的基于论旨角色的解释还有效吗？回答是肯定的，理由如下：

首先，没有证据表明汉语动词总是采取词根动词形式。至

---

① 请参阅 J. Huang（2005, 2006）、黄正德（2008）与 Y. Li（2022），以了解对这一可能性的延伸的探讨。

少当动词的确含有轻动词时，我们的观点仍然有效。

其次，不论一个复合词是否总包含两个光杆词根，事实都仍将是一定的 NP 仍可解释为由复合词的两个语素所描述的次一级事件的参与者。在描写的某一层面，多重语义关系仍然可以说汇聚于单一 NP 论元。换句话说，我们仍需要在 Higginbotham（1985）所说的意义上对语义关系进行同用，不论这种关系是论旨的还是非论旨的。

第三，不论这些语义关系的本质如何，一个句子中 NP 的数目总是受到格过滤之类的原则限制。汉语像 T.-H. Lin 所说的那样允许论旨自由，但是这并不意味着一个汉语动词可以带五个或者八个 NP 论元。

第四，即使在汉语复合词显示为词根动词的情况下，第一个词根（$\sqrt{}_1$）仍然决定复合词的基本属性。例如，找不到合适的复合词用于下列情况：其中句子的主语在语义上仅跟 $\sqrt{}_2$ 相关。总之，2.1 节所介绍的所有基本原则完好如初。正是由于这个原因，在以后各章中，除非有必要，我们仍将使用论旨角色来描述动词及其论元之间的各种语义关系。

第三章　动词短语

短语这一概念在第一章中多次出现。过去三十多年的一个重要发现是，短语绝不只是充当一个单位的一组词。短语有几个重要属性，其中之一是短语内部的词按照特定的模式组合，这种模式适用于各个语类；并且如果不考虑线性次序的话，也许对所有语言都适用。这一属性，上一章已经介绍过。本章将集中讨论动词短语（VP），考察与动词相连的各种成分。

3.1　附接语与补足语

请看一个典型的动词短语：

（1）他大声唱民歌。

VP 除了被称为中心语的动词"唱"之外，还包含动词的宾语"民歌"和描绘"唱"的方式的修饰语"大声"。VP 内部的非中心语成分分为宾语和修饰语，这一看法由来已久，其根据是直觉。宾语是动词所描述的事件的固有参与者，而修饰语提供关于事件的其他次要信息，如时间、处所和事件实施的方式。第二章介绍的 X-中阶理论抓住了宾语与修饰语的差别，如下所示（这里将主语处理为 VP 的指示语（Spec）；不过，请参见第二章定义（20）以及本章的 3.2 节）：

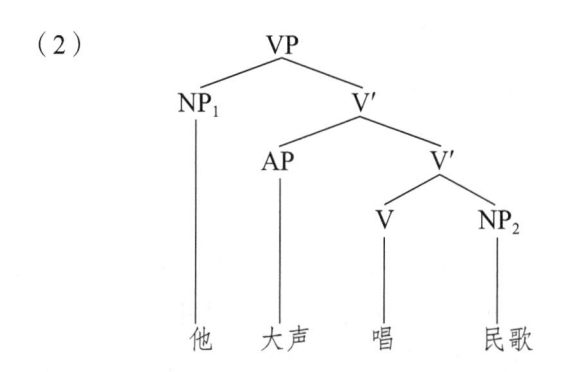

（2）
```
            VP
          /    \
        NP₁     V'
         |     /  \
         |   AP    V'
         |   |    /  \
         |   |   V   NP₂
         |   |   |    |
         他  大声  唱  民歌
```

上图中将修饰语处理为 AP，我们在第二章已经看到（2）中的 AP 在附接语位置，宾语 NP$_2$ 在补足语位置。我们首先看到，V 跟 NP$_2$ 合并，产生 V'，在标示上既不同于 V，也不同于 NP$_2$；相比之下，将 AP 与 V' 合并，产生另一个 V'。这一标示方法反映出两个重要的语言事实：其一，附接语对 VP 来说只是次要的，因为它的附加并没有改变原来的结构。也就是说，附接语加于 V' 之上，得到的仍是 V'，而不是一个性质不同的节点；其二，假如附接语 +V'=V'，则自然得出如下结论：修饰语附接本质上可以不限定次数，若有限制，也只是因为其他因素的影响。正是句法结构（不限于附接语）的这种递归性解释了语言为什么能够生成无限多的句子。还值得注意的是，(2) 中将 AP 附接到 V' 上产生正确的语序，此时 AP 一定被置于动词及其补足语之前。不过，区分补足语与附接语的手段实际上更为细致而有趣。

（3）和（4）是对（1）中基础句的补足语和附接语进行提问。

（3）a. 你唱什么民歌？
　　b. 你怎么唱民歌？
（4）a. 他说［你唱什么民歌］？
　　b. 他说［你怎么唱民歌］？

（3）中的两个句子都是简单句，而（4）中两个例子都含有两个句子，其中内嵌从句用方括号标出。不管哪种情况，这些句子不是对"唱"的宾语进行提问，就是对"唱"的修饰语进行提问。这样，疑问短语（如"什么民歌"和"怎么"）看起来可以自由地出现在简单句或者内嵌从句中。

不过，这个概括在几个方面不成立。来看一下间接问句的情况，这一点是 J. Huang（1982a）首先发现的（译者按，为方便比较，（5）—（9）附上英译文）：

（5）a. 他想知道［谁唱民歌］。
　　　'He wants to know who sings folk songs.'
　　b.（?）他想知道［谁唱什么民歌］？
　　　*'What song does he want to know who sings?'[①]
　　c. *他想知道［谁怎么唱民歌］？

[①] 为什么相应的英语不合法，请参阅 J. Huang（1982a）。(5b，c) 之间的差别对汉语母语者来说也许并不同样明显。重要的是，如果两者在可接受度上有差异，(5b) 总是好一些；这一概括尚未见到反例。

'How does he want to know who sings folk songs?'

（让 how 修饰 sing）

我们注意到，如果句子中的两个疑问词都是间接问句的组成部分，那么（5b）和（5c）同样都是可接受的。在这种解释下，（5b）和（5c）主句本身则不能理解为问句。（5b）可被译为"he wants to know who sings what folk songs"（他想知道谁唱什么民歌），（5c）可被译为"he wants to know who sings folk songs in what manner"（他想知道谁用什么方式唱民歌）。当"什么民歌"与"怎么"用来将整个主句转变成疑问句时，如（5b，c）的问号所示，就产生了差别。在这种情况下，间接问句中的主语仍然参与形成疑问句，而附接语似乎得不到这种解读。

当主句动词是否定形式时，我们会看到同样的差别。

(6) a. 他没告诉大家 [你这么唱那首民歌]。

'He didn't tell people that you sang that folk song this way.'

b.(?) 他没告诉大家 [你这么唱什么民歌]？

'What folk song(s) did he not tell people that you sing this way?'

c.* 他没告诉大家 [你怎么唱这首民歌]？

（想要表达的意思：*'How did he not tell people that you sing this folk song?'）

（让 how 修饰 sing）

对（6b）与（6c）之间的差别，不同的汉语母语者判断不同，有些人认为（6b）也有点怪。不过，大家普遍感觉（6c）更难以解读，尽管这个句子给人的感觉或许应该是"合语法的"，因为每个词似乎都出现在合适的位置上。(7)中的三个句子使用了不同的主句动词，证实了这种差别并非巧合：

(7) a. 他不相信［你这么唱过那首民歌］。
   'He doesn't believe that you sang that folk song this way.'
 b. 他不相信［你这么唱过什么民歌］？
   'What folk song does he not think that you sang this way?'
 c. ?? 他不相信［你怎么唱过那首民歌］？
   *'How does he not think that you sang that folk song?'
   （让 how 修饰 sing）

总之，当主句为否定形式时，VP 内的附接语比补足语更难于被提问。从英译文来看，补足语-附接语的这种不对称现象同样适用于英语。[1]

---

[1] 英语中的这一"内部孤岛"现象首先为 Ross（1983）注意到，为什么会产生这一现象，可参阅 Rizzi（1990）的理论。至少在汉语中，这种差别似乎仅对内嵌从句有效。汉语的内嵌从句在其他语言中要用时态句来表达，如果是非时态句，汉语的补足语-附接语提问的不对称现象则会消失：
(i) 他没听过你唱什么民歌？
   'What folk song has he not heard you sing?'
(ii) 他没听过你怎么唱民歌？
   *'How has he not heard you sing folk songs?'

第三章 动词短语

当某些副词用于主句中时,可以看到同样的对比模式:[①]

(8) a. ? 他小心翼翼地说 [你唱过什么民歌]?
    'What folk song did he cautiously say that you sang?'
  b. * 他小心翼翼地说 [你怎么唱过民歌]?
    *'How did he cautiously say that you sang folk songs?'
    (让 how 修饰 sing)

我们再次看到,尽管(8a)可能不是个很自然的提问,但就想要表达的意思来说,它比(8b)更容易理解,(8b)根本不可能得到释义。将方式副词"小心翼翼地"换成其他副词,如"大声(地)"或"心不在焉地",结果一样。

总之,尽管宾语和副词修饰语都在 VP 内部,但它们的句法表现始终不同。在本书目前采取的理论框架内,这种差别最终可归因于直觉知识,即:宾语跟动词之间有论旨关系,而附

[①] 据很多学者报告,当不同类型的副词连用,其中之一是疑问词时,便会表现出干扰效应。参见 Jackendoff(1972)、Schlyter(1974)、Koster(1978)、Travis(1988)、Alexiadou(1997)、Laenzlinger(1998)、Cinque(1999)、Rizzi(2001)、Ernst(2002),等等。这一概括适用于所有类型的副词,见于 Li, Lin & Shields(2005)的报道:

(i) 令 X 涉及不同类型的移位,并且 [+X] 表明一个给定的副词(或一个副词类)是否能经历 X 类移位,那么,副词 A_1 阻止 A_2 经历 X 类移位的条件是,当且仅当:
a. A_1 C-统制 A_2,且
b. A_1 = [+X]

严格说来,在这种情况下,使 A_1 成为阻止者的因素不是因为 A_1 也需要经历 X 类移位,而是 A_1 具有 X 类移位的可能,这跟文献中提出的看法不同。

103

接语则没有。有关论旨关系的理论请参阅第二章，本章集中讨论这一理论对于短语结构的重要性。

同时应该指出的是，到目前为止所讨论的语料尽管很规整，但并非没有明显的反例。比如，并不是主句中的每一类副词都能产生如（8）所见的那种补足语-附接语的不对称现象。下面用"刚才"与"到处"来说明这种反例。

（9）a. 他刚才／到处说［你唱过什么民歌］？
'What folk song(s) did he say just now/everywhere that you sang?'

b. 他刚才／到处说［你怎么唱过民歌］？
'How did he say just now/everywhere that you sang folk songs?'

（让 how 修饰 sing）

不过，这些句子并不能证明已为（8）所证实的不对称现象无效。一方面，尚无材料显示相反的对比模式，也就是说，不存在与（8）和（9）相对的例子，其中就内嵌从句中的宾语提问所形成的句子不好，而就副词修饰语提问所形成的句子没问题。这就排除了（8）中不对称现象是随意的这种可能性。再者，来自英语及其他语言的独立证据表明：一旦对副词进行更细致的分类，（8）与（9）之间的差别在很大程度上是可以预测的。有关副词的各种次类，可参阅 Cinque（1999）。关于不同副词如何相互影响的理论，可参阅 Ernst（2002）以及 Li, Lin & Shields（2005），也可参阅 103 页注①。

3.2　动词后成分

本节进一步考察三类动词后成分：双宾语、V-得（参见第二章 2.2.3）、频率（Frequency）/持续（Duration）短语，并考察它们对语言句法结构的影响。

3.2.1　双宾语与 VP 的结构

某些动词容许或者要求两个宾语。纵观近期的句法学史，双宾结构始终给成分分析提出难题（译者按，为便于比较，这里附上英译文）。

（10）a. 他递给哥哥一壶酒。
　　　'He passed his brother a jug of wine.'
　　b.？他递给哥哥一壶酒，姐姐一盘菜。
　　　'He passed his brother a jug of wine and his sister a dish.'
　　c. *他递给的是哥哥一壶酒。
　　　*'What he passed was his brother a jug of wine.'

（10b）离开上下文尽管有点奇怪，但在口语中完全可以接受。可是，无论在怎样的上下文中，（10c）都不好。英语中也可以看到同样的情况，不过对比更突出，如（10）中英译文所示。双宾语的难题是不同的成分测试法所造成的表面上的矛盾。一般认为,(10b)显示的并列结构要求每个连接项都是一个成分。因此,必定得出如下结论:复合词"递给"的两个NP宾语形成某种单一成分。同时,(10c)的伪分裂结构也是普遍接受的成分分析测试,其做法是:不论系词"是"后是什么,都把它看作一个短语。那么,为什么前一种测试法认为"哥哥一壶酒"是一个成分,而后一种测试法认为不是?对于双宾语问题,学者们提出了不同的解决办法,而大多数都建基于Larson(1988)的研究。① 本书中我们采纳Larson理论的不同版本,这在Chomsky(1995)中有明确表述,这一理论与本书其他各章对汉语的分析是相当吻合的。

第二章提到,施事角色是句法而非词汇动词本身的直接结果,因为它代表动词所描述的事件的外因。假定动词全部的并且仅有的论旨角色被指派给VP内部的论元这一普遍接受的看法正确的话,那么就可推论:存在一个独立于VP的成分来负责引介施事论元。在Chomsky(1995)的论述中,引介施事论元的任务由没有语音内容的动词中心语轻动词v来承担,而轻动词v较之动词V在一定程度上少了一些词汇内容(参阅第一章)。如果VP在结构上被当作v的补足语,那么,将中阶理论适用于v与V,就产生(11):

---

① Pesetsky(1995)在为任何给定句子所设定的双层结构的基础上,提出了一个不同的分析法,可以参考。

(11)

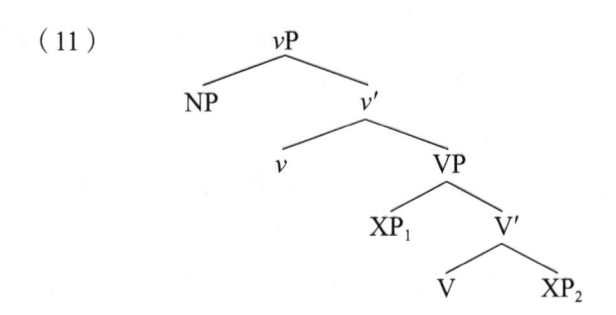

```
        vP
       /  \
      NP   v'
          /  \
         v    VP
             /  \
           XP₁   V'
                /  \
               V   XP₂
```

从语义-句法的角度看,(11)是最小的"完整的功能复合体"(CFC,参见 Chomsky 1986b),因为它是代表既定事件所有外部与内部参与者的最小结构。

接受(11)的直接效益就是为我们提供了解决(10)中难题的方法。假设 NP 是主语,XP₁ 和 XP₂ 是两个宾语,由于某种跨语言的原因——这里暂且不论,汉语和英语中词汇性的 V 显然必须移位到 v 位置,以产生"主语—动词—宾语₁—宾语₂"序列。就(10a)而言,V 移到 v 之后的结构如(12),一般性的 XP 宾语由 NP 代替:

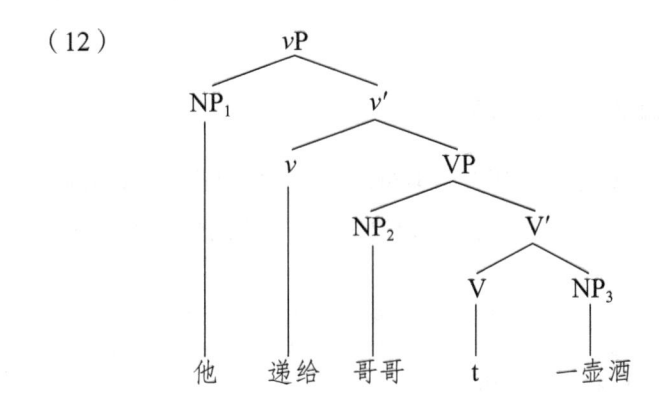

(12)

```
             vP
            /  \
          NP₁   v'
                /  \
               v    VP
                   /  \
                 NP₂   V'
                      /  \
                     V   NP₃
           他  递给 哥哥  t   一壶酒
```

树形图中 t 代表语迹,标识被移动成分原来的位置。虽然(10b)中的并列结构似乎是以 NP$_2$(也就是"哥哥")和 NP$_3$(也就是"一壶酒")为联结项,实则带的是整个 VP。既然 V 的位置是语音为空的语迹,那么可以听到的成分只是 NP$_2$ 与 NP$_3$。至于(10c),前面刚提到,完整的功能复合体不是 VP,而是 vP。这样,当伪分裂结构以含有论旨论元的短语为目标时,必定总是适用于整个功能复合体,而绝不是复合体中的某一部分。这就跟并列结构不同,并列结构在由什么来充当并列项方面有较大的灵活性(并列项以粗体标出,连接词"和"可用停顿代替):

(13)他的**亲戚**(和)**朋友**都来了。

假如并列结构可以连接两个小于(13)中完整 NP 的名词性成分,那么(10b)中完整功能复合体中的部分成分也可以充当联结项,这也就不足为奇了。同时请注意,在(11)和(12)中,其中一个宾语实际上处在 VP 指示语的位置。这一结构的某些后果很快将会清楚。

3.2.2 动词-得

除宾语之外,还有两类短语成分也能出现在动词之后,二者在特征上都是动词之后缀以语素"得"。先看表结果的成分:[1]

---

[1] 这一小节的分析是 Y. Li(1995)和 Ting & Li(1997)的延伸,也可参阅 J. Huang(1988)关于"得"后成分在结构上是句子补足语的论证,以及 Cheng & Huang(1994)的相关讨论。

(14) a. 他走得气喘吁吁。
　　　b. 他气得我不想写信了。

从描写上说，语义模糊的"得"引介一个句子，描述动词所指称事件的结果。(14a)是不及物动词的例子。考虑到论旨准则，我们将"气喘吁吁"的主语看成代语（Pro）(参见第二章 2.1.3)：

(15) 他走得 [$_S$ Pro 气喘吁吁]

当动词为及物动词如 (14b) 时，动词后的 NP（"我"）既可以解释为动词的宾语，也可以解释为结果从句的主语。但是在句法上，这个 NP 只能要么充当"气"的宾语，要么充当"不想写信"的主语，不能兼任。否则，这个 NP 得到两个来源不同的论旨角色，违犯了论旨准则。有证据表明，这个 NP 是"气"的宾语。

语气词"呀"可以插在动词和它的句子宾语之间，但绝不可以插在动词及其后面的 NP 宾语之间。下面诸例中，句子宾语放在方括号间，代语仍在显性主语不出现时使用。

(16) a. 他告诉朋友呀，[$_S$ Pro 去投奔亲戚]。
　　　b. *他告诉呀，朋友 [$_S$ Pro 去投奔亲戚]。
　　　c. 他说呀，[$_S$ 朋友去投奔亲戚了]。

(16b) 不可接受，是由于将"呀"插在 NP 宾语之前的结果。相比之下，(16c) 中"呀"后的显性 NP"朋友"是内嵌从句的主语,此时可以进行"呀-插入"。

将"呀-插入"运用于(14b)中的结果补足语,产生如下对比:

(17) a. 他气得我呀,不想写信了。
　　　b. #他气得呀,我不想写信了。
　　　　≠(17a)

(17a)可直接跟(16a)类同,"呀"居于动词后NP和被我们看作表达结果的内嵌从句之间。不过,当"呀"出现在动词"气"和NP"我"之间时,句子听起来仍然合乎语法,但语用诠释却很奇怪,用#标示,句子的意思是:他如此生气,以致我不想写信了。换言之,"呀"的插入迫使"我"被理解为内嵌从句的主语,因为有"呀"居其间,这个NP(我)不可能是"气"的宾语。结果是,"气"被迫用作不及物动词。至关重要的是,(17a)没有这种奇怪的解释,表明"气"是及物动词,"我"确实是"气"的宾语。既然不带"呀"的(14b)基本语义同于(17a)而不同于(17b),我们可断定:动词"气"也是及物动词,"我"是其宾语。(14b)的结构如(18)所示:

(18) 他气得我 [$_S$ Pro 不想写信]。

接下来的问题是:在(12)中"vP–VP"这样的结构框架下,结果从句S的确切位置在哪里?第二章定义(28)指出,补足语不会产生任何孤岛效应,而附接语则会。据此推断,S

第三章 动词短语

的准确位置可以这样来测试:假如对 S 中成分的移位是合语法的,则 S 处在补足语位置;否则,它必定处在某种附接语位置。下面给出测试的实例:(19a)涉及 S 中宾语 NP 的话题化,(19b)中同一 NP 参与了关系化过程,将汉语中的 NP 移至关系从句的边缘(详见第六章),在原来的位置留下语迹。

(19) a. 那封信,他气得我 [$_S$ 不想写 t 了]。
　　　b. [他气得我 [$_S$ 不想写 t]] 的那封信。

跟(14b)相比,(19)除了长一点儿外,并非不可接受。这就证实,结果从句 S 的确处在补足语的位置。暂且先不论某些细节——稍后将回到这些问题上来,下面的结构展示的是(14b)中的 vP:

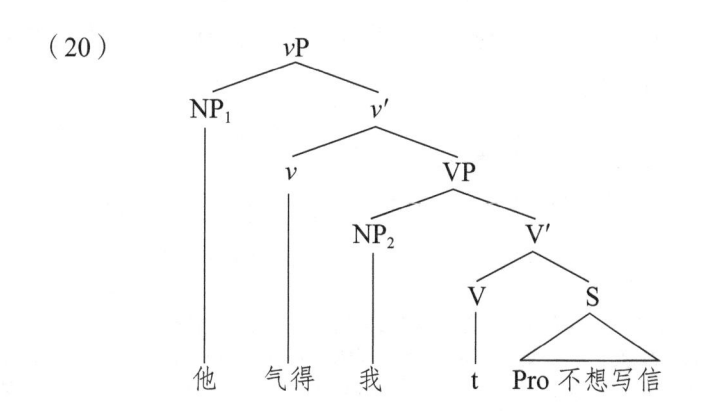

(20)
```
            vP
           /  \
        NP₁    v'
         |    /  \
         |   v    VP
         |   |   /  \
         |   | NP₂   V'
         |   |  |   /  \
         |   |  |  V    S
         他  气得 我  t  Pro 不想写信
```

同样的提取域条件(CED)测试也可以适用于表方式的"动词-得",(21)的句子显示的是这种结构,而(22)的句子则涉及从动词后方式短语中进行的移位。

111

(21) a. 你唱得 [z 特别好听]。

b. ？他跑得 [z 快到能追上兔子]。

(22) a. ？那只兔子，他跑得 [z 快到能追上 t]。

b. ？[他跑得 [z 快到能追上 t]] 的那只兔子。

(21) 和 (22) 方括号中由 Z 标示的短语具有相同的语义功能，即作为"动词-得"的方式或程度修饰语。(21b) 听起来勉强可以接受，因为 Z 本身含有内嵌从句"能追上兔子"。对 (21b) 进行话题化和关系化，就产生 (22)。除了冗长之外，我们看不出这些句子在接受度上会比 (21b) 糟糕。因此可推断：事实上连方式短语也处在补足语的位置上。①

尽管两个"动词-得"结构都含有补足语 ((19) 中补足语是 S，(21) 中是 Z)，但有区别：只有表结果的"动词-得"允许动词的 NP 宾语出现在动词之后。请将 (14b) / (18) 跟下面诸例进行比较：

(23) a. 他唱得特别好听。

b. *他唱 de 小曲特别好听。②（译者按，为方便这里的阐述，保留原句中"de"的书写形式）

---

① 有一个问题是：何种不是论旨宾语的成分可以或者必须出现在补足语的位置，为什么？J. Huang (1988, 1992) 根据 Larson (1988, 1991) 和 McConnell-Ginet (1982) 的精神，主张动词后方式短语是次要谓语（second predicate）(而动词前的方式短语是附接语)。次要谓语表示属性，它可以在论旨宾语合并到 VP 的指示语之前先跟主要动词结合，形成一个复杂谓语（V′）。

② 当此处 de 不是表示方式，而是标示关系从句时，这个句子有一个完全可以接受的释义；也就是说，(23b) 可以表示"他所唱的小曲很好听"，但这跟目前的讨论无关。

第三章 动词短语

（想要表达的意思：他唱小曲唱得特别好听。）
c. 小曲他唱得特别好听。
d. 他唱得特别好听的那首小曲

当"唱"用作及物动词时，宾语 NP "小曲"可以或者话题化，如（23c）；或者关系化，如（23d）。但是，当"小曲"留在原位时，如（23b），句子就不可接受。既然话题化和关系化都在宾语位置留下语迹（参见（19）、（22）），那么，表方式的"动词-得"与表结果的"动词-得"之间的差别可概括如下：

（24）有语音实现的 NP 宾语只有在表结果的"动词-得"结构中才允许出现在动词之后。

条件（24）可跟现代汉语中的另一事实联系起来，即汉语中不存在前一个语素（V_1）被后一个语素（V_2）修饰这样的复合动词。①

（25）飞快、静坐、生吃、重视、怒吼……

所有这些例子，都是 V_1 修饰 V_2。比如，"飞快"的意思只能是"飞一般快"，而绝不是"快飞"。汉语构词上的这一独立事实造成需求上的一个矛盾：一方面，表方式的"得"必须是后缀于动词，另一方面，因为"得"最终要引介一个方式短语，它跟动词之间唯一可能的关系是修饰关系，这一关系又阻止它出现在动

---

① 为避免无关的纠葛，这里不区分形容词与动词。形容词与动词的相似性与差异，可参阅第一章。

性语素的后面。解决这一矛盾的唯一办法就是将"得"与动词看作结构上独立的成分，但音系上却构成一个单位。也就是说，动词与"得"基于纯粹的线性邻接组成一个音系词。既然它们形成的不是词汇构词意义上的结构单位，(25) 中显示的复合词构词模式对这种表方式的"动词-得"来说便不相关了。

音系词可以不通过结构成分来形成，下面典型的 Kwakw'ala 语例子可提供最好的说明（引自 Anderson 1992：18）：

(26) nanaqə sil-ida i?gəl'wat-i   əliwinuxʷa-s-is   mestuwi
　　　引导-冠词　专家-指示词　猎手-工具-他的　鱼叉
　　　la-x̱a 　　　 migʷat-i.
　　　介词-冠词　海豹-指示词
　　　"一位专家猎手用他的鱼叉引导海豹。"

概括地说，后缀于每个词干的功能语素在结构上并不属于它们的宿主，而属于跟在它们后面的成分。比方说，表指示的后缀 -i 跟在名词 i?gəl'wat（专家）的后面，实际上是以 əliwinux̱ʷa（猎手）为中心语的名词短语的组成部分，这个名词短语后面又跟着工具后缀 -s 和所有格代词 -is（他的），此二者实际上是句法短语"用他的鱼叉"的组成部分。基于 (26)，我们可以说，表方式的"得"与后面的 AP（如 (23a) 中的"特别好听"）组成一个句法成分，但却是前面动词的后缀，二者组成一个音系词。这便可直接等同于 Kwakw'ala 语的情形。

基于前面所提出的方式短语处在补足语位置的结论，下图说明了 (23) 的句法结构：

（27）

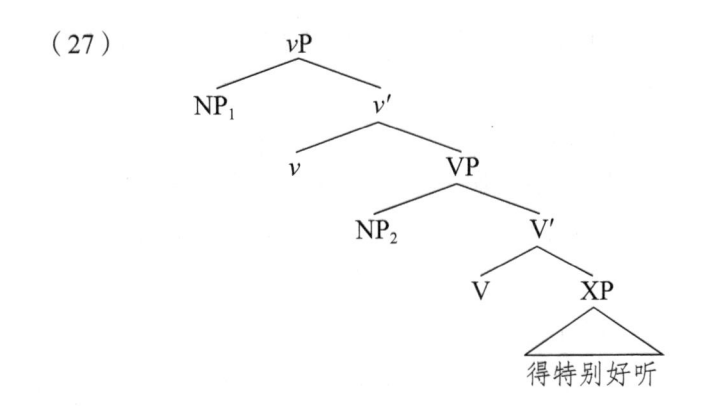

```
              vP
           /      \
         NP₁       v′
                /      \
               v        VP
                      /    \
                    NP₂     V′
                          /    \
                         V      XP
                               /  \
                            得特别好听
```

动词"唱"从 V 移到 v。如果"唱"用作不及物动词如（23a）所示，则 NP₂ 位置为空。v 位置上的动词在线性上跟"得"毗邻，这就可能形成一个音系词"唱-得"。如果"唱"是及物的，NP₂ 就是宾语"小曲"。一旦 V 移到 v 的位置，它跟"得"就被 NP₂ 隔开，不能形成音系词。悬空的"得"因缺了可以寄宿的动词而不可接受。当然，"得"可以在动词提升前与之形成一个音系词。但因为动词和"得"并不形成一个结构成分，它们不可能一起提升到 v，而"唱"可能必须提升到 v。结果是，没有好的办法形成一个音系词"唱-得"，却仍要满足所有相关要求，这就是（23b）不好的原因。① 至于（23c，d），二者都

---

① 下面的例子，说明的是主语之后的对比话题化（或焦点化），似乎跟本书提出的理论相关：

（i） 他小曲唱得很好听。

一方面，既然宾语 NP"小曲"先于动词，(i) 可以是（23c，d）模式的一部分，下面将给予解释；但另一方面，这个 NP 宾语跟在主语之后这一事实似乎表明，动词根本并不必须提升到 v。假定动词留在 V 的位置，跟"得"一起形成音系词。

含有移位的宾语，将 NP₂ 的位置留给语迹占据。由于语迹在语音上是空的，它们不会打破动词跟"得"之间的表层邻接，所以（23c，d）都成立。①

表方式的"得"跟表结果的"得"形成对比。按照同样的推理，如果动词跟引介结果的"得"之间有任何语义关系，则这种语义关系必定跟动补复合词如"唱累"中两个动词性语素之间的关系类似（参见第二章 2.1.2 节）。但是，动补复合词在汉语中是高度能产的。可以推断，"动词-得"可以按照跟动补复合词同样的词汇复合规则形成。依此类推，则（14b）中的"气得"可以作为单一的词进入句法。我们所需要作的假定便是

（接上页）于是，(i) 即刻可从（27）生成，将宾语置于主语与动词之间。不过，有证据表明，(i) 中动词之前的宾语实际上处在 VP 之外，而不是处在（27）中 NP₂ 的位置。

 (ii) 他小曲没有唱过。
 (iii) *他没有小曲唱过。

大家知道，像"有"（否定也一样）这样的体貌词处在 VP（确切地说是 vP）之外，下文将看到这一点。(ii) 与 (iii) 的对比表明，主语之后的话题/焦点已从 VP 中移到一个更高的位置。换言之，(i) 应该跟（23c，d）的模式一致，其中的宾语移走了。

① 下面的英语材料可用来表明语迹阻止音系词的形成：

 (i) I want to win.
 (ii) I wanna win.
 (iii) I want Bill to win the prize.
 (iv) *Who do you wanna win the prize?

在 (iv) 中，who 的语迹应处在 want 与 to 之间。因此，从语迹阻止两个本来毗邻的语素的缩合可以推断 wanna 不可能形成。不过，没有证据表明，语迹妨碍音系词的形成是跨语言的。这样，不能认为，(i)—(iv) 必然是针对汉语表方式"动词-得"所提出的分析的反例。

"得"本身带句子补足语，因此，将"气"的论元结构跟"得"的论元结构合并，就生成一个除了"气"的论元之外还带句子补足语的复杂动词。在合并中如何处理论元结构，可参阅第二章。既然从句法角度讲"动词-得"是单一动词，那么它始于动词 V 的位置，然后作为一个单位提升至 v 的位置，在这个过程中跨过了宾语 NP_2。

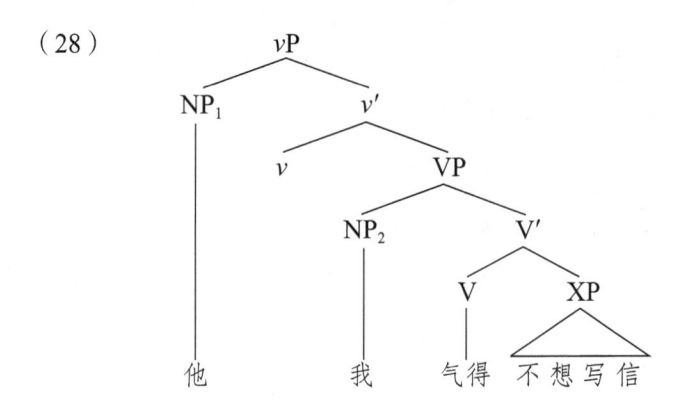

（28）

```
            vP
           /  \
         NP₁   v'
              /  \
             v    VP
                 /  \
               NP₂   V'
                    /  \
                   V    XP
         |    |    |    |
         他   我   气得  不想写信
```

3.2.3 频率 / 持续短语（FP/DrP）

另一类动词后短语描写的是事件的频率或持续。

（29）他唱了五次 / 两个钟头。

这一节试图确定频率与持续短语在 VP 中的位置，以及它们跟其他动词后成分之间的关系。

3.2.3.1 频率短语 / 持续短语作为动词中阶 V' 的附接语

（11）中 vP–VP 结构符合关于语言的一般认识：动词最多

带两个宾语，而不是三个或六个。在 VP 内部，只有两个论元位置：指示语与补足语。如果（11）准确描述了可供句法运算所用的动词结构的话，那么，它就限定了任一动词所带宾语的最大数目。将（11）的这一性质与 3.2.2 节中"动词-得"的动词后短语占据补足语位置的结论结合连在一起，便可作出如下预测："动词-得"不能跟两个宾语一起出现（Ting & Li 1997）。道理很简单：动词后短语作了补足语，VP 内部便只剩下一个位置——指示语。这个唯一剩余的位置不可能容纳一个以上的宾语，这一预测得到如下支持：

（30）a. 我给了他很多礼物。
　　　b. *我给得他礼物堆成了山。
　　　　（想要表达的意思：我给了他如此多的礼物，以至于礼物堆成了山。）
（31）a. 他告诉了人们这个消息。
　　　b. *他告诉得人们这个消息家喻户晓。
　　　　（想要表达的意思：他如此经常地告诉人们这个消息，以至于这个消息家喻户晓。）

上述（b）句语义上没什么问题，语用上也无不合理之处。尽管如此，两个宾语 NP 和一个结果从句都来竞争仅有的两个句法位置，（30）—（31）的 b 句不可接受便在意料之中。

现在来看下面的例子，两个句子都带有一个可选并且合语法的频率短语。

(32) a. 我赏过他（两次）金银珠宝。
　　　b. 他告诉过我（好几次）他们不该进城。

由于句子中都出现了两个宾语，我们断定，频率短语是附接语，因而不会跟宾语争夺句法位置，这跟"动词-得"结构中的结果从句不一样，用（33）来表示：

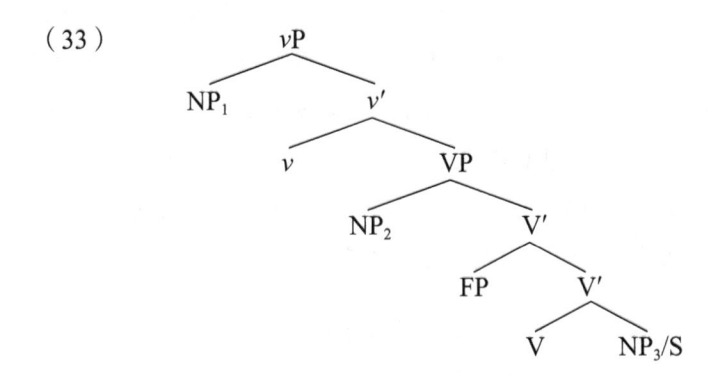

(33)

```
        vP
       /  \
     NP₁   v'
          /  \
         v    VP
             /  \
           NP₂   V'
                /  \
               FP   V'
                   /  \
                  V    NP₃/S
```

将 V 提升到 v，就产生如下语序：动词后带两个宾语，频率短语居于两个宾语之间。

有时，频率短语出现在第二个宾语之后，(33) 不能够生成这个语序。

(34) 我赏给他金银珠宝已经两次了。

不过，有证据表明，(34) 与 (32a) 的结构不同。请注意副词"已经"紧贴在频率短语之前。但当频率短语居于两个宾语之间时，不论是什么样的双宾动词，副词"已经"绝不可出现在频率短语的前面：

（35）a. *我赏过他已经两次金银珠宝。

（想要表达的意思同（34））

b. *我赏给他已经两次金银珠宝了。

（想要表达的意思同（34））

根据 A. Li（1987）的研究，一种可能是（34）中的频率短语实际上是句子的谓语，其主语是"已经"前面的整个句子，"已经"修饰的是作谓语的频率短语。不管怎样，对（34）所作的分析要跟（32a）不同，因此，没有明显的证据反对用（33）中的树形图来处理（32a）。

（33）也易于容纳仅带有一个宾语的及物动词。下面的例子显示的是宾语 NP 与频率短语之间的另一语序：[1]

（36）a. 我打过两次欺负孩子的坏蛋。

b. 他打过那些坏蛋两次。

（36a）可以直接用（33）减去 NP$_2$ 来表示。动词"打"从 V 提升到 v，就产生实际的语序。将宾语 NP 放在 VP 的指示语位置，再加上 V-v 移位，就形成（36b）。尚不清楚的是，这个 NP 是起初就在指示语位置，还是从补足语位置移到那里的。[2] 不论

---

[1] 很明显，在能否接受居于频率短语之后且带指示代词的 NP 方面，母语者看法不同。有关差异及其理论后果，请参阅 C.-C. Tang（1990）、Kung（1993）、J. Huang（1994c）、J. Lin（1994）和 Soh（1998）。

[2] Baker（1988）假设，论旨指派具有一致性（Uniformity of Theta Assignment Hypothesis, UTAH），这一假设将每个论旨角色跟固定的结构位置联系在一起。按照这种看法，如果 NP"坏蛋"在两个例子中跟"打"的论旨关系相同，那么，它们的初始位置也应该相同，可能是作为动词的补足语（参见 Soh 1998）。

第三章 动词短语

采取哪种方法，对（36）中语序变化作出的解释都不会变。①

将频率短语附接于动词中阶 V′ 之上的分析，可以直接运用到动词后的持续短语上。

（37）a. 他一连教了我十天河南话。
　　　b. 我卖过一年鱼。

如果将这些句子分别跟（32a）与（34）加以比较，就可相当直接地看出：将持续短语"十天"和"一年"附接到动词中阶 V′ 之上，就产生正确的语序。

除了解释频率短语／持续短语的线性位置外，（33）中的结构还提供了容纳下列事实的手段。

（接上页）如果它们起初在指示语的位置，那么要推导出（36a），就必然要作自上而下从指示语到补足语的移位。由于移位总是以具有 C-统制能力的位置为目标，所以不允许进行这一移位（参阅第二章）。另一方面，Y. Li（2005）讨论了 UTAH 的各种问题以及它在句法中的固定作用。也可参看 Borer（2005）反对 UTAH 所提的论据，以及下文我们将进行的关于频率短语／持续短语与宾语有定性之间相互作用的讨论。

① 应该注意到，撇开细节不论，（36b）也可以分析成跟（34）相同，让句尾的频率短语充当句子主语（clausal subject）的谓语。两者在结构上的差别缘于第二个宾语在（36b）中未出现，而第二个宾语必定出现在动词的补足语位置，充当决定频率短语性质的参照点。不过，仍有理由继续将（36b）这个具体例子中的频率短语当附接语而不是谓语。当光杆频率短语出现在双宾语句的末尾时，就取得对比义：

（i）我赏给他金银珠宝两次。

但并不要求（36b）具有这种对比义。既然（i）中的两个宾语迫使频率短语作谓语，那么，(i) 与（36b）一定有某种差别。(i) 中的频率短语用作谓语为什么跟对比义相关，尚不清楚；不过，假如这种差别存在的话，那么将（36b）句尾的频率短语看作附接在动词中阶 V′ 之上的状语至少可以为区分这两个句子提供结构基础。

(38) a. 他骂了三次人。

b. 这个老师教过十年学生。

(39) a. *他骂了人三次。

b. *这个老师教过学生十年。

(40) a. 他骂了那个人三次。

b. 这个老师教过那几个学生十年。

通常情况下,光杆的宾语 NP 必须出现在频率短语/持续短语附接语之后,而有定的 NP 则允许出现在频率短语/持续短语附接语之前。

(38) 和 (39) 中光杆 NP 的一个显著特性是,它们并不指称个体,这跟 (40) 中与它们对应的有定 NP 不同。[①] 考虑到第八章将对名词性短语的句法和语义展开全面讨论,我们暂时认为这些光杆 NP 是无指的,并提出 (41) 这一适于汉语,或许也适于其他语言的假设:

(41) 一个与中心语 H 有论旨关系的无指成分,应该跟 H 结合形成最小的可能成分。

在 VP 的结构中,最小的可能成分是(最小的)动词中阶 V′。这就解释了为什么无指的光杆 NP 必须跟在频率短语/持续短语之后(参见 (38)),而不是其前(参见 (39)):只有前一种语序反映了由动词 V 与光杆 NP 组成最小的动词中阶 V′,后一种

[①] 有关光杆 NP 见解的简要介绍,可参阅 Longobardi(2001)以及其中的文献。

语序将光杆 NP 置于指示语位置，直接在 VP 之下，这是一个比 V′ 大得多的成分。另一方面，有定 NP 是有指的，因此不受（41）的限制。这就解释了（40）的合语法性。

如其所述，（41）也允许下面的例子：

（42）a. 他给过人很多次贵重的礼物。
　　　b. 这个老师教过学生十年物理。

在这两个句子中，光杆 NP（"人"、"学生"）的确都出现在频率短语/持续短语之前；并且，基于（33）这样的结构，那么，这些光杆 NP 就出现在 VP 的指示语位置，而不是在动词中阶 V′ 内部。不过，假定论旨关系本质上是分层级的，接受者（recipient）在层级上比客体（theme）更高（参阅第二章和 Y. Li 2005），那么，跟论旨层级相符合的 VP 的结构一定是（43）：

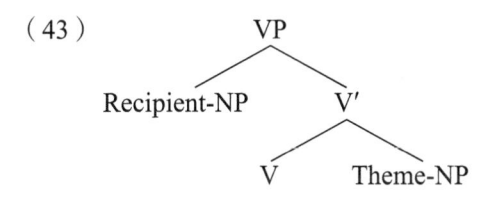

（43）

```
           VP
          /  \
  Recipient-NP   V′
                / \
               V   Theme-NP
```

假定（43）正确的话，那么，包含动词和接受者光杆 NP 的最小可能成分是 VP。这就跟早先所说的 V 是简单的及物动词的情况形成对比。由于补足语和指示语位置都可用，V′ 就成为满足（41）的唯一成分。

3.2.3.2　一个句法-语义的错配

对于频率短语与持续短语之间的所有相似性来说，一个有趣的差别是:"的"可以选择性地并且只能加在持续短语与其后的宾语 NP 之间,而不改变语义。本节就来检验对这种现象的两种可能的分析,先看基本的事实:

(44) a. 他一连教了我十天的河南话。
　　 b. 我卖过一年的鱼。

根据母语者的语感,"的"的特点是为其后的中心语引介一个修饰语(参见第一章 1.2.2 节),这样,带"的"的持续短语 DrP 和 NP 形成某种成分,但是 DrP 仍被解释为衡量由动词描述的事件的时间长度。如何解释这种句法-语义错配?

根据 J. Huang(1997,2005b)的建议,一种可能是假设存在语音为空的动词 DO,DO 又带有一个名词化的句子(比如动名词从句)。例如,(44b)事实上可以有如下的结构(不考虑无关的细节):

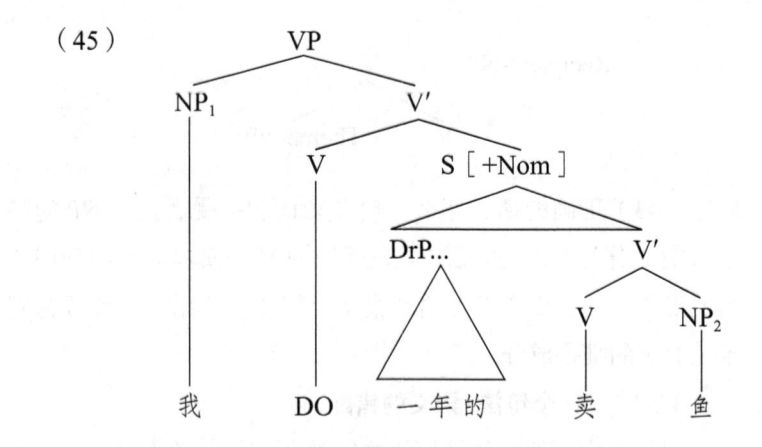

(45)

```
              VP
           /      \
        NP₁        V'
         |       /    \
         我     V      S [+Nom]
                |     /      \
                DO  DrP...    V'
                     /\      /  \
                    /  \    V   NP₂
                   一年的   卖    鱼
```

第三章 动词短语

将"卖"移位至主要动词 DO，这种移位我们已多次见到，由于"卖"的语迹没有语音内容，所以就产生了（44b）中的实际语序。有了（45），（44）中的句法-语义错配现象便不再是一个实质性的问题，因为 DrP 无论在语义上还是在结构上，的确修饰"卖"。由于动名词从句实际上包含 DrP 和 NP，加上提升动词"卖"的语迹，所以认为 DrP 和 NP 是同一成分的组成部分的看法也是正确的。

J. Huang 进一步指出，从名词化的 VP 中移位这一假设可加以扩展，用来解释下列错配现象（译者按，为便于下文阐释，这里附上英译文）：

（46）a. 他们革他们的新，我们复我们的古。

'They carried out their [project of] innovation, but we went on with our restoration of ancient ways.'

b. 他的老师当得好。

'He serves well as a teacher.'

在（46a）中，"革新"的第一个成分从跟在所有者"他们的"之后的短语中移出，"复古"的第一个成分从跟在"我们的"之后的初始位置移出。正如译文所示，所有格跟"革新"、"复古"指示的动作相关，而不是作为"新"和"古"的所有格。（46b）中，"他的老师"并不表示 his teacher，而应理解为 his service as a teacher，这是"他的当老师"（his serving-as teacher）中"当"移出后的结果。换句话说，这里的所有格是紧跟其后的名词的"假所有格"（fake possessive）。（更多的细节与论证，参见 J.

125

Huang 2005）

要理解（44）中句法-语义的错配现象，还有一种可能的分析方法，就是接受 Dowty（1991）增值客体（incremental theme）的理论。看下面的例子：

（47）a. 吃苹果
  b. 吃一个苹果
  c. 吃一筐苹果

Dowty（1991）注意到，在像（47b）这样的例子中，"苹果"实际上是度量"吃苹果"事件的进展——如果苹果的一半没了（被吃），那么，事件也就完成一半；当整个苹果消失的时候，事件就完成了。换言之，"一个苹果"就设定了事件的始末，因为苹果自身是有物理边界的；或者按照 Tenny（1994）的术语，这个宾语划定了事件的边界。相比之下，(47a) 就没有这种属性，因为"苹果"是（或者至少可以是）类指的，并且在意义上可以是复数，因此没有为"吃苹果"事件提供固有的始末。理论上，只要一个人有胃口，并且有足量的苹果，那么，"吃苹果"事件就可以无限定地持续。为了描述这种语义特性，Dowty 提出,（47b）的宾语 NP 具有增值客体的论旨关系。这一关系同样也适用于（47c）中的"一筐苹果"，(47c) 是通过筐子的满盈度来衡量"吃苹果"事件的进展。增值客体的要旨是：宾语所表示的物体的边界划定了动词所描述事件的界限。

很明显，增值客体跟施事、客体这样的论旨角色不一样，它不仅仅取决于动词。(47a—c)都含有相同的动词"吃",不同点只在于宾语 NP 的有定性。换言之,将增值客体称作一个论旨角色是一个错误。事实上,增值客体描述的是借某些句法成分的共同作用得以产生的一种语义现象。

谨记这一说明,再来看(44)。首先我们注意到,"卖鱼"跟(47a)一样,自身缺乏固有的事件边界。对"卖鱼"事件定界的一个直接方法是用持续短语"一年"修饰动词(参见(37b))。通过将持续短语附接于动词中阶 V′ 之上,并且在语义上将事件限制在由持续短语所限定的时间范围内,就可以在结构上达到这一点。宾语 NP "鱼"并不含有任何限定边界的成分,故无法成为增值客体。现在假定使用"的"来使持续短语强制进入宾语 NP。这样做不会引起结构问题,因为"一年的鱼"在句法上跟合语法的 NP "一年的调查过程"是相同的。"一年的鱼"在语义层面上怪诞,很可能无法单独解释。不过,正如 Dowty 观察的那样,宾语 NP 内的持续短语可以促发增值客体机制起作用,将由持续短语界定的边界转给整个"卖鱼"事件。这就解释了为什么(44b)语义上跟(37b)完全相同,尽管(37b)没有"的"。在两种结构中,持续短语限定的都是整个事件。没有"的",通过持续短语直接修饰动词 V 达到限定整个事件;有"的",通过增值客体间接达到对整个事件的限定。还可推断,"一年的鱼"这样的 NP 只能作宾语:由于独立的原因,只有客体论元才会显现"增值的"限定事件的特性(Tenny 1994)。

对(44)的这一解释并非自然地要求(46)应该被重新分

析成与（45）相异的结构。毕竟，尽管英语没有（44）这样的结构，却也会呈现出（46）那样能产的句法-语义错配现象，例如，"You teach your economics and I'll hunt my coyotes. Let's see who'll get rich faster."（你教你的经济学，我打我的土狼，看我们谁更快致富。）。这个句子的默认解释是：你做你的经济学教学，我做我的打土狼，而不是：经济学是你的，即将被打的土狼是我的。上述这两类错配现象未必共现，这就使得理论上可将它们作不同处理。

　　基于动名词的解释和利用增值客体的解释都存在未解决的问题，最明显的是为什么（44）中的现象未见于英语。在此只能指出一种可能的研究方向：这里讨论的汉英差别可能跟其他问题相关，亦即：汉语名词依靠量词来表示数量，而英语名词不是。如果使用量词意味着名词不含与数量度量单位有关的信息，并且假如通过增值客体这样合理的语言机制，每个成分最终都获得充分解释的话（参阅第二章），那么，就有可能更能容忍名词与数量成分（持续短语是数量成分之一）的结合。类似地，根据源自名词化范域的动词移位假设，汉语高度的解析性规定了句法动词移位路径，造成表面上的句法-语义错位。特别是，正如 Hale & Keyser（1993）所主张的那样，英语中很多非作格行为动词都是在词库中通过去名词化派生而来。同样的过程也可以出现在汉语中，只不过汉语是在句法中采取更为解析的方式罢了，这并非不合常理。

3.3 动词前成分

假定频率短语/持续短语用作状语时,附接于动词中阶 V′ 左边的主张正确的话,那么,其他类型的副词短语附接于轻动词中阶 v′ 左边也是合理的。这直接解释了动词之前的 PP 和副词修饰语:

(48) a. 他从西安回来了。
  b. 我小心翼翼地写了一封信。

副词附接到轻动词中阶 v′ 之上时,位于 v 之左,词汇动词移至 v 处,就产生"动词—宾语"这样的语序。唯一补充的细节是动词之前允许出现多重副词,而动词之后频率短语和持续短语则互相排斥:

(49) a. 他从西安小心翼翼地回来了。
  b. *我卖过两次一年鱼。
  (想要表达的意思:我有两次卖过一年的鱼。)

对(49)的解释大概存在两种可能:其一,如果(49b)用来表示每个 XP 可以拥有的加于中阶结构 X′ 之上的附接语不超过一个,其原因或是由于句法结构的本质(沿这个思路研究的理论参见 Kayne, 1994),或是由于语义,那么,动词前多重附接语应该等同于多重功能短语(参见第一章),这一点 Cinque (1999)就已经提出过。在这种理论中,(49a)的产生是将 PP

附接语和 AP 附接语各自附接到至少跟轻动词中阶 v' 一样"高"的不同的功能中阶结构 X′ 之上，而动词 V 只提升到轻动词 v 的位置。读者可以自己查证（49a）自动导出的语序。其二，情况可能是，在每个短语中词汇语类只允许一个附接语，而包括轻动词 v 在内的功能语类允许不定数目的附接语。①

还有几类成分出现在动词之前、主语之后，包括体助词"有"（表完成，如"没-有"）和"在"（进行体）以及情态词"能"、"应该"。传统的看法是这些成分都是谓语的组成部分，新近的研究证实了这一见解。不过，现在的研究将传统意义上的谓语跟结构上界定的 VP 区分开来。事实上，有理由相信这些成分有些是处在 VP 之外的。但是，在余下的章节里我们仍要考察这些成分的某些句法细节，因为从本质上讲，它们毕竟跟动词相关。

3.3.1 体短语

从跨越语言的角度讲，人类语言显然区分时（tense，T）和体（aspect，Asp）。简单地说，时标示所述事件的时间与作出描述的时间之间的关系，而体则标明说话人观察事件进程的视角（参见 Smith 1991）：完成体（典型地）聚焦于事件的最终状态，进行体则聚焦于事件开始与终结之间的某一间距。这一节考察汉语中的体语素。假定大多数语言都有标示时的语素，那么可

---

① 此见解的不同说法已有学者提出，先是 Fukui & Speas（1986）运用管约理论，后来是 Ura（1996）运用 Chomsky（1995）的最简方案框架，用以处理像日语这样的东亚语言中的多重主语现象。

第三章 动词短语

以假定汉语中也存在时范畴,尽管本书的内容没有哪一部分取决于这一假设。要了解汉语以句法手段标示时范畴的某些可能动因,可参阅 A. Li(1985,1990)和 Simpson & Wu(2002)。要了解其他观点,可参阅 J. Lin(2003,2006)及其所引文献。

汉语有两套表示体的系统:动词之前、动词后缀,分别如(50)和(51)所示,体语素以粗体字标出[①](译者按,为便于比较,这里附上英译文):

(50) a. 他**在**唱歌。
　　　'He was singing.'
　　b. 我**没有**回家。
　　　'I didn't go home.'
(51) a. 他唱**着**歌。
　　　'He was singing.'
　　b. 我回**了**家。
　　　'I went home.'
　　c. 这个人杀**过**老虎。
　　　'This person once killed a tiger.'

考虑到旋即介绍对两种系统的统一分析,这里对体暂取如下结构:

[①] 这些体语素中有些语素的语义属性将在下面讨论。这些例子的英译文只是接近,因为每个汉语句子中的体信息通常很难用某个单独的英语单词来准确表示。对几种语言(包括汉语和英语)中体语素间的详细讨论与比较,请参阅 Smith(1991)。

（52）

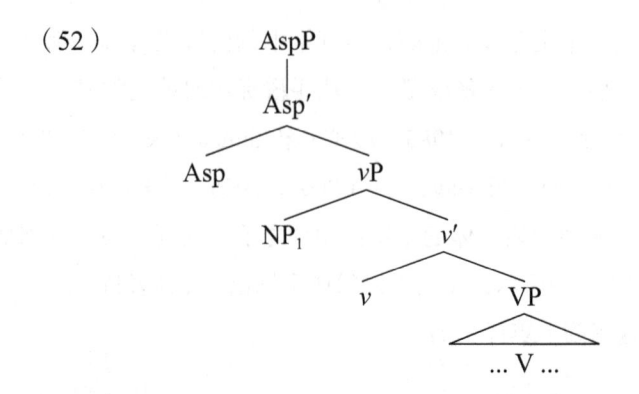

```
        AspP
         |
        Asp′
        / \
      Asp  vP
           / \
         NP₁  v′
              / \
             v   VP
                 |
               ... V ...
```

假定 NP₁ 最终移到句首的位置充当主语，则动词前面的"有"与"在"直接填入 Asp 位置。但是，后缀"-着"、"-了"、"-过"的位置却不那么简单。

从概念上讲，我们显然希望这些后缀跟体紧密相关。如果它们也生成于 Asp 之下，那么，它们贴附于动词可能只是因为这些语素经历了合并过程；在句法上，合并意味着将其中一个成分移到另一个那里。第二章指出，移位必须是源自补足语，并且以有 C-统制力的位置为目标。（52）中的结构满足这两个要求，前提是 V 经由 v 提升至 Asp 位置。不过，有证据表明：动词并没有离开 vP：①

（53）a. 他在大声唱歌。

b. * 他大声在唱歌。

（想要表达的意思同（53a））

---

① 下面的论证建基于 Cheng & Li（1991），而这一研究又利用了 Pollock（1989）的法英对比研究。

第三章 动词短语

(54) a. 我没有悄悄地回家。
　　　b. *我悄悄地没有回家。①
　　　（想要表达的意思同(54a)）

因为修饰语"大声"与"悄悄地"出现在动词之前、体成分 Asp 之后，所以它们必须附接到轻动词的中阶 v' 上（参见(52)）。

下面来看这些修饰语跟体词缀之间的线性关系：

(55) a. 他大声唱着歌。
　　　b. *他唱着大声歌。
　　　（想要表达的意思同(55a)）

(56) a. 我悄悄地回了家。
　　　b. *我回了悄悄的家。
　　　（想要表达的意思同(56a)）

(57) a. 那个家伙赤手空拳杀过老虎。
　　　b. *那个家伙杀过赤手空拳老虎。
　　　（想要表达的意思同(57a)）

来描写一下这组语料。"动词-后缀"组合必须出现在附接于轻动词中阶 v' 之上的修饰语之后（参见(a)句），而不是其前（参见(b)句）。但如果"-了"占据 Asp 位置，而同时动词 V 从轻动词短语 vP 中提升并跟"-了"合并，便无法这样预测了。

---

　　① 如果这个句子的意思是"我（对于旅行）是谨慎的，因此没有回家"，那么，句子是好的。这跟我们的问题无关。

解决上述问题的方法有赖于语言学上一个古老观念与现代句法学一个重要发现的结合。长期以来的传统是将动词加屈折词缀看作动词的一个形式，例如英语动词的 play-s。尽管 play-s 的正确使用明显依赖于句法环境，但是这个屈折动词自身可以用构词规则形成，而无须依赖于句法。同样道理，只要"回-了"出现的句法环境保证句子的体信息与后缀"-了"匹配，那么，"回"跟完成体后缀"-了"的连缀也不应该依赖于句法移位。特别是，假如 Asp 是代表体的句法节点（node），而"回-了"一开始就被作为一个动词形式置于 V 之下，那么，句法必须设法使动词上的完成体后缀与编码于 Asp 之下的任何体信息相匹配。假如近年来句法知识的进展正确的话，那么，这一点很容易实现。

现行句法理论的一个著名假设是：句法推导中存在一个抽象层面，即逻辑形式（LF），这将是后面几章讨论的中心。就目前而论，可对逻辑形式作如下描述：当各种成分经历句法移位时，有些移位"先于"说话的那一刻发生。所有这些在说话之前的移位都得到显性反映，因为在说话的那一刻，这些移动的成分都已处在着陆位置。但是，有些成分是在说话那一刻之后，也就是抽象的逻辑层面上移动的。这种情况下的移位是听不到的，原因很简单：到说话的时候，移位尚未发生。考虑到稍后我们将为逻辑形式给出独立证据，在此我们提出:(56a) 中"回-了"从动词 V 向轻动词 v 的移位是显性的，但继续从 v 移到 Asp 是隐性的，是在逻辑式层面进行的。既然第二步移位是隐性的，则我们听到的"回-了"是在附接语短语"悄悄地"

之后的轻动词 v 位置。但因为"回-了"最终着陆于 Asp 位置（尽管是隐性的），所以完成体"-了"最终的确居于 Asp 位置，从而使其本身跟负载体信息的句法节点相匹配。应该指出，逻辑式的隐性移位也要受到所有移位限制的支配。假如（52）正确的话，那么，着陆位置 Asp 就 C-统制轻动词 v 位置，"回-了"自 v 位置移走；而移位源自 vP，vP 是 Asp 的补足语。[1]

体的这一句法表征式也有助于我们理解下列对比：

（58）a. * 他没有回了家。

（想要表达的意思：他没有回家。）

b. 他没有回过家。

（58a）中动词前的完成体"有"与完成体后缀"-了"不能共存。如果两个语素反映 Asp 之下的同一体信息，那么，"有"与"了"不能共存是必然的。这样，同一句法节点下的相同信息不

---

[1] 从历史上看，有一种根本不同于本书的分析方法，将汉语中的 V-Asp 看作以语音形式（PF）进行词缀搭附（Affix Hopping）的结果，这个词缀是有发音但对句子的意义无直接后果的语法成分。也就是说，我们假设"-了"是一个词缀，它是体短语的中心语。不是动词提升至 Asp，而是词缀"-了"降级到动词那里。这就产生所期望的正确语序，并且因为这种"降级"不是句法的而是音系的，所以不受句法移位的限制。这跟近来一些对英语主要动词形态的处理，以及对英语、法语主要动词位置差异的处理（Emonds 1978, Pollock 1989, Lasnik 1999）是一致的。在这方面，汉语表现得跟英语相同而与法语相反。不过，跟英语（确实将 be 和助动词 have 提升至时态 T 那里）做法不同的是，汉语里没有发生助动词提升跨过副词或否定的现象（参见 J. Huang 1994b）。这种观点的一个说法认为，不仅对于像"-了"这样的功能语素，而且对于词汇动词来说，它们处在各自的位置，凭借线性邻近在语音形式层面合并为一个形态复合体。某些类型学上的事实可以按这种方式加以解释（Baker 2002, Y. Li 2005），这就意味着在 X-中阶结构中附接语与其他成分间有更为根本的差别。

能显示两次，这是正常的。基于同样的理由，因为完成体"有"和经历体后缀"-过"并不负载相同信息，所以，这两个语素的共现是可能的（参见 Smith 1991）。不消说，每个体标记都有自己的体标记短语（AspP），当"有"和"-过"都出现的时候，逻辑式移位之前的相关结构如（59）所示：

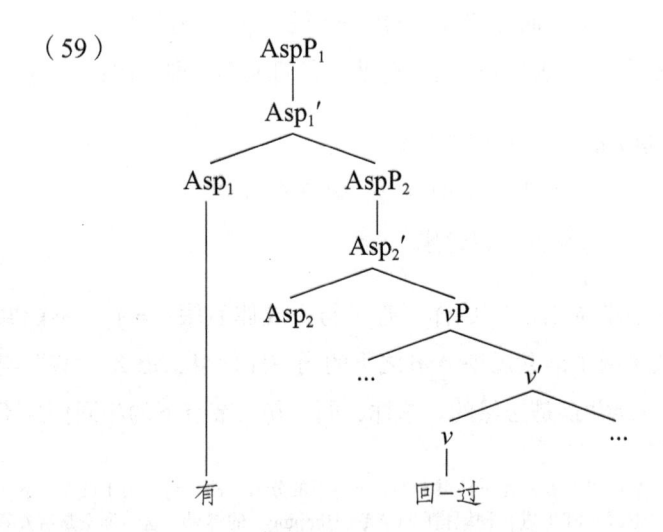

(59)
```
           AspP₁
            |
           Asp₁'
          /    \
       Asp₁   AspP₂
        |      |
        |     Asp₂'
        |    /    \
        |  Asp₂   vP
        |   |    /  \
        |  ... v'
        |     /  \
        |    v   ...
        |    |
        有  回-过
```

按照常规，有多少个可识别的体标记，句子中就含有多少个体短语。没有任何体标记出现时，结构中就不出现体短语。尚待解决的问题是：为什么完成体的否定形式必须选择"有"而不是"-了"。①

---

① 对于这一问题，有很多可能的原因。这可能是历史偶然因素所致：汉语的官话方言沿着不同的语言演变路径，获得两个不同的完成体标记，并选用它们区分肯定句与否定句；或者考虑到汉语的完成体与英语的时至少在表层有相似性，二者都用功能语类表示。这种差别可能有更深层的原因。

3.3.2 情态词

汉语的情态词如（60）所示（引自朱德熙 1982）：

（60）a. 可能、会、可以、应该、该……
　　　b. 敢、肯、愿意、要、能、能够、可以、会……

下面将讨论为什么将情态词分为两组，为什么有些情态词在两组中都出现了。本节的讨论主要建立在 Lin & Tang（1995）的基础上。①

在英语这样的语言中，传统上将情态词置于屈折形式（I）之下，即功能中心语位置。尽管最近的研究（比如 Cinque 1999）明确主张这种处理可能过于简单，但是仍一致认为英语的情态词属于功能语类。（61）表示英语以情态词为中心语的短语的简化结构，用 I 只是为了方便标记（体短语未予标示）：

（接上页）

　　（i）他得了奖。→ 他没有得奖。
　　（ii）He received an award. → He did not receive an award.

在这两种情况下，肯定形式中后缀用于词汇动词之上，而在否定形式中，则是在动词之前运用完全不同的语素。还有一种可能是：否定（Neg）是一种黏着形式，其形态宿主一定还有某些尚不清楚的特性。就完成体而言，其宿主必是体 Asp（因为"没有看见他"表示对完成的否定），这一点很容易用"有"来实现。但是，由于只有在逻辑形式中将"动词-了"提升至 Asp 位置，而这对支持否定 Neg 来说，为时太晚，所以，"-了"距离太远，"不"无法贴于其上。

① Lin & Tang（1995）的文章又是黄正德（1988a）的进一步发展。要了解更早先的讨论，请参阅 T. Tang（1979）。

（61）　　　　IP
　　　　　　　｜
　　　　　　　I′
　　　　　　／　＼
　　　　　I　　　vP

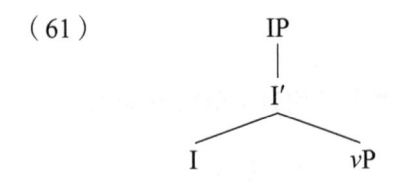

但是，对情态词的这种分析方法不可能为汉语所直接采纳。至少（60a）中的那些情态词具有特殊的词汇动词的表现。① 下面，我们来检验这一主张的证据。

首先，尽管像人们所希望的那样，（60）中的所有情态词都可以出现在主语与谓语 VP 之间，但（60a）中的许多情态词还可以出现在一个完整的句子之后，尤其是在汉语口语中：

（62）a. 你辞职可以，他接班不行！
　　　　b. 他们这样想不应该。
　　　　c. 这个人受罚该不该？
　　　　d. 让我跟你作对可能吗？

一方面，（62）中的情态词假如在屈折成分 I 之下，那么，就不要指望它们居于句尾，因为 vP 跟在 I 之后，而不是居于其前；另一方面，如果这些情态词事实上是能够以句子为主语的词汇动词，那么（62）中的语序恰如所料。以（62a）的前半句为例（V 提升至 v）：

---

① 朱德熙（1982）也在动词的大范畴下列举了情态词。

（63）

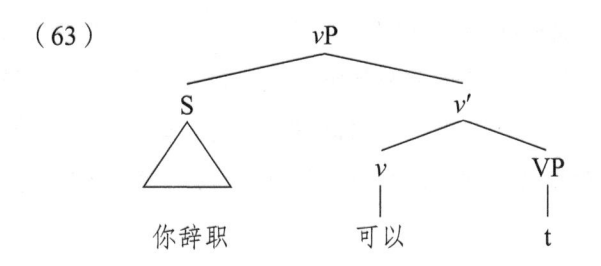

```
            vP
           /  \
          S    v′
         /\   / \
        /  \ v   VP
       你辞职 |    |
            可以   t
```

　　（62a）的前后两部分结构平行，汉语中这种模式在两个并列成分句法结构相同的条件下被广泛使用，这就进一步证实了（63）这样的结构。既然（62a）的第二部分"行"明显是以句子（"他接班"）为主语的主句动词，那么，前一部分的情态词"可以"必须作同样的结构分析。这一结论同样可得到下列事实的证实，即：这些情态词能以代词"这"作主语，指称前面的句子，大致如（64）所示：

　　（64）a. 你打算辞职？这怎么可以？
　　　　　b. 你投降了？这不可能。

（60a）的情态词出现在句首也是常见的：

　　（65）a. 可以你去，也可以他去。
　　　　　b.（应）该咱们这些人得奖。
　　　　　c. 可能他们要参加比赛。
　　　　　d. 会不会[①]他想出国？

一方面，英语的功能类情态词在陈述句中不允许这种语序。

---

① 不知什么原因，"会"出现在主语之前时必须采取 A-不-A 的形式。

这种语序在是非问句中固然需要，不过，所谓的"主语-助动词"倒置适用于情态词和其他类似的助动词，这显然不适于汉语。另一方面，如果汉语的情态词是词汇动词，其后的句子只是被看作情态动词的宾语，就可以直接产生（65）那样的句子。

原则上，(62) 和 (65) 中的语料，以及情态词居于主语与谓语之间的"默认"用法都可以归入单一的结构（忽略无关的细节）：

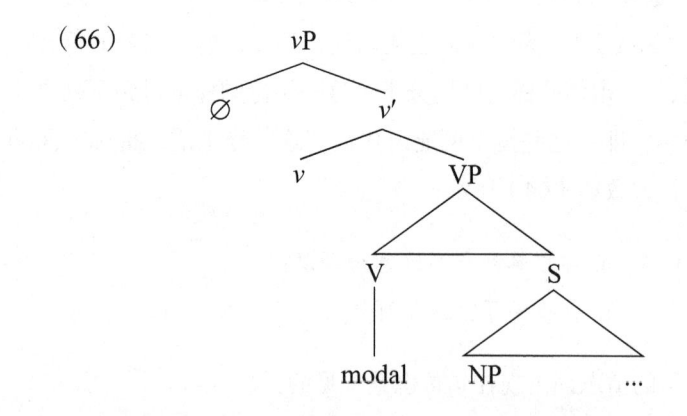

（66）

```
          vP
         /  \
        ∅    v'
            /  \
           v    VP
               /  \
              V    S
              |   / \
           modal NP  ...
```

情态词是词汇动词，带句子 S 作补足语。如果不发生移位，情态词就是左起的第一个成分，产生（65）那样的句子；如果整个句子 S 提升至主句主语（标示为 ∅）的位置，情态词成为最后一个成分，就产生（62）；另一方面，如果只是句子 S 的主语 NP 提升至更高的主语 ∅ 的位置，则情态词出现在被提升的 NP 与 S 的剩余部分即谓语 vP–VP 之间。补足语句子提升至主语位置的原因从未得到充分认识。不考虑技术细节，我们注意到有关（60a）中情态词的三种可选语序绝不是特定语言的怪现象。请看英语中含形容词 likely 的这些例子：

（67）a. It is likely [for Shawn to go abroad].
"可能 Shawn 出国。"
b. [For Shawn to go abroad] is likely.
"Shawn 出国是可能的。"
c. Shawn is likely [to go abroad].
"Shawn 可能出国。"

方括号里的成分是非限定从句（参见 Chomsky 1981 及其所引文献），在（67a）中它处在 likely 的补足语位置，在（67b）中提升到整个句子的主语位置。（67c）中只是非限定从句的主语提升，句子自身留在原位。除了（67a）中有一个语义为空的所谓虚位代词（expletive）it 来填补主语位置外，（67）跟目前为止所查验的汉语例子模式相同。

比较而言,（60b）中的情态词只能出现在主语跟 vP 之间。尽管这一事实可以将这类情态词归在跟英语的 can 与 should 这类功能词一类，不过我们仍想强调的是:（60b）中的情态词似乎给其前的主语 NP 指派论旨角色。在本书的框架下，这一事实有着非同小可的意义。为方便讨论，我们将（60a）中的词汇情态词称作"提升情态词"，而将（60b）中的情态词称作"控制情态词"，原因详下。

首先，控制情态词对主语 NP 的语义施加选择限制，而提升情态词则没有这种限制，它接受任何跟其后动词相容的主语

141

NP。由于控制情态词的具体限制各不相同，所以下面的例子只是举例性的，而非穷尽性的：

（68）提升情态词
  a. 我应该 / 可能 / 可以 / 会唱一首小曲。
  b. 这首小曲儿应该 / 可能 / 可以 / 会长一点。
（69）控制情态词
  a. 我敢 / 肯 / 能 / 会唱一首小曲。
  b. *这首小曲敢 / 肯 / 能 / 会长一点。

尤其值得注意的是，只有当"会"作可能性解读时，(68b)才可以接受；如果"会"像(69b)那样作能力解读，句子就不可接受。

  直觉上讲，这两组情态词间的对比很容易理解：控制情态词的固有语义要求主语有某种品质，如知觉能力和自由意愿。现代句法学中，对论元的这种限制一向被归因于论旨关系，亦即：情态词指派给主语一个论旨角色。这样，根据论旨准则，(69a)中情态词之前的主语 NP 必定不是动词"唱"的实际主语，原因很简单：不然，"我"就同时从情态词与"唱"那里获得两个论旨角色。换用一种表达就是，"我"不可能一开始在"唱"的主语位置，然后提升至情态词之前的句首位置。事实上，(69a)只有一个基础结构：

  （70）[NP$_i$ modal [$_x$ Pro$_i$ V ...]]

其中代语 Pro 跟情态词的主语所指相同。句法学中，代语跟 C-

统制它的先行词之间的关系被称为控制（control），这就是我们将这组情态词称为控制情态词的原因。

3.4　总结

总之，开篇这几章为后面几章打下基础。第一章查验了各种语类的定义，支持基于特征的理论，这一理论不仅足以为不同种类的词和语素提供句法分析，而且为抓住这些词与语素的共同特征提供了方法。第二章探讨论旨角色的本质，即动词及其论元之间的语义关系的类别，而这些语义关系是连词成句的基础。第三章着眼于 VP 的内部结构，探讨动词如何跟各种其他语类的短语组合，并揭示出在这些语类中，哪些从动词那里得到论旨角色，哪些没有。总体上，我们希望表明句子的形成遵循严格的模式，而对这一模式的发掘可以让我们理解更广泛的语言事实。接下来的几章以此为基础，每章详加讨论汉语句法里的一种具体现象。

第四章　被动句

汉语被动句的两种典型形式如（1）、（2）所示：

（1）张三被李四打了。
（2）张三被打了。

这两种形式都含有被动语素"被"。（1）中"被"后面跟着一个NP（施事）和一个VP，（2）中"被"后面直接跟VP，施事没有出现，只是隐含。本书将这两种被动结构分别称为"长被动句"与"短被动句"。[①]

一个自然要问的问题是：这两个形式在推导上是否有关联？如果有，如何关联？比方说，将短被动句看作从长被动句省略施事短语推导而来，可能比较自然。本章认为，这一看法尽管符合语感，但是不正确。4.1节与4.2节将依次讨论长、短被动句，并论证它们涉及的推导过程稍有不同。4.3节着眼于两

---

① 另有一种句式，虽然具有被动语义，但并没有施事和被动语素：

（i）衣服洗干净了。

我们将这种类型的被动句称为中动结构，类似于英语的"The book sold well"（这种书卖得很好）。请参阅 Cheng & Huang（1994），该文将（i）分析为中动结构，并为其提供了证据支持。

类"间接"被动句，并根据 4.1 与 4.2 节提供的分析，论证它们应该跟"直接被动句"作等同分析。

在下面的讨论中，"被动"主要用来指长被动句，除非上下文明确指出所指为短被动句，这是因为长被动句是被动结构最常见的形式。本章的大部分内容将讨论长被动句的属性。

4.1 汉语的长被动句

4.1.1 传统上两种对立的观点

从生成语言学早期开始，在分析汉语的被动句时，就存在两种对立的研究方法。一种研究方法假设汉语的被动句像英语的典型被动句那样，由 NP 移位推导而来。根据这一方法，在出现语素"被"时，底层宾语移到表层主语位置。另一种方法则反对移位，假定被动句具有一个 VP 补足语结构。根据这一方法，"被"是主句动词，带内嵌从句，其宾语因跟主句主语等同而被删除。这两种方法并存了将近 30 年，P. Wang（1970）是移位分析法的早期支持者，而 Hashimoto（1969）是补足语分析法早期最杰出的倡导者。近来移位分析法的追随者包括 A. Li（1985，1990）、Travis（1984）和 Koopman（1984）。补足语分析法在新近的著作中也有详尽的论述，如桥本万太郎（1987）和 Wei（1994）。

按照移位假说的最近看法，被动语素"被"具有对主句动词的主语论元加以抑制（或去论旨化），以及吸收其宾格特征的属性,而宾格通常被指派给主句动词的客体(theme)宾语。这样,缺乏格位的客体宾语就移位到缺乏论旨角色的主语位置。施事论元实现为 PP 附接语的组成部分,PP 以被动语素"被"为中心语,假定"被"为 P。

(3)由 NP 移位生成的被动句:
  a. 主语论元受到抑制;
  b. 宾格被吸收;
  c. 论旨宾语经历 NP 移位,移至主语位置;
  d. "被"和施事 NP 形成 PP 附接语。

照此,主动句"李四打了张三"变成被动句的结构就如(4)所示,其中 IP(Inflectional Phrase)代表句子:

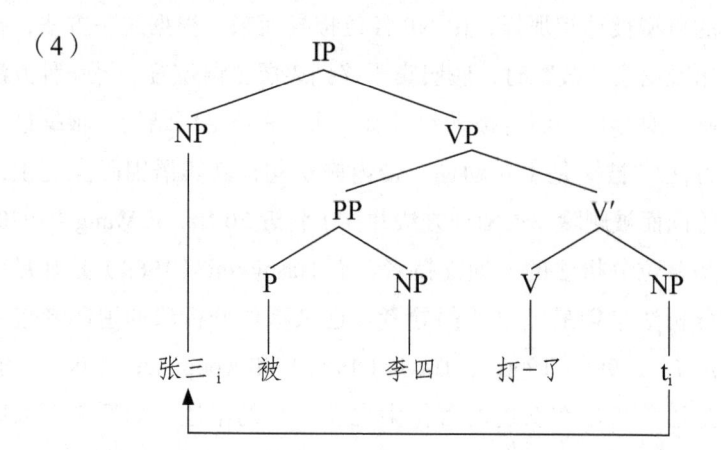

(4)

```
                    IP
                  /    \
                NP      VP
                       /  \
                     PP    V'
                    /  \   / \
                   P   NP V   NP
                  张三ᵢ 被  李四 打-了 tᵢ
```

因为被动句是由 NP 移位生成,所以可以正确地预测:论旨主语必定跟宾语位置上的空语类,即跟它同标的 NP 语迹相关。

因此，下列句子的不合语法性便可以得到解释：[①]

（5）a. *张三被李四打了他。
　　　b. *张三被李四打了自己。
　　　c. *张三被李四打了王五。
　　　d. *张三被李四来了。（根本没有宾语）

NP 移位假说意味着宾语位置存在 NP 语迹，主语源自此位置。（5d）由于没有宾语位置，因此不合语法；（5a—c）由于宾语位置填入的是与主语不同的 NP，因此主语不可能源自那里。

不过，NP 移位法面临几个难题。首先，移位法主张被动句的主语位置是非论旨位置，而下面的句子表明：（被动句的）主语并不总是完全扮演从 NP 语迹那里继承来的受事（patient）或客体（theme）的角色；它可以接受自己的论旨角色。这一点可以从含有"故意"这种主语取向类副词的被动句得到证明：[②]

（6）张三故意被打了。
（7）张三故意被李四打了。

　　[①] J. Huang（1982b）和 A. Li（1990）讨论过跟被动句分析相关的（5a, b）的情况。下面我们将看到，（5c, d）代表的这类句子在有些语言中是可以接受的，二者都含有很强的"不如意"之义；也就是说，张三受到负面的影响，而这种影响是由"李四打王五"或者"李四到来"等事件造成的。普通话的有些说话者感觉（5c, d）在"不如意"的解读下勉强可以接受。
　　[②] 如果将"故意"放在焦点位置，例如作为分裂句的一部分，这些句子是相当自然的。

（i）张三是故意被（李四）打了。

主语取向类副词对它们的主语而不是宾语施加选择限制，并对其主语而非宾语进行述谓。这样，就"故意"来讲，只有具有施事或历事（experiencer）意义的 NP 才有资格充当其主语。这就意味着（6）和（7）的主语不可能仅仅承担它在动词"打"后的宾语位置上所担当的论旨角色，也就是客体或受事，而且必须是施事或历事。在 NP 移位法的分析下，主语仅通过从宾语那里继承而获得论旨角色，但客体或受事不满足"故意"的选择要求。换句话说，主语取向类副词的出现表明："被"字句的主语可以是基础生成的，它在原位（in situ）接受论旨角色，并不是通过移位获得主语身份和论旨角色的。在这方面，汉语被动句的表现跟英语的 get 被动句一致，而跟 be 被动句不同（Lasnik & Fiengo 1974：552f），如果两种被动结构按相同的 NP 移位的方式处理，这一差异就得不到解释：

(8) a. *The pedestrian was hit deliberately.

　　b. The pedestrian got hit deliberately.
　　　"行人故意被打了。"

(9) a. *Rodman intentionally was fouled by Ewing.

　　b. Rodman intentionally got fouled by Ewing.
　　　"罗德曼故意被埃文犯规。"

其次，既然"被–NP"序列被看作 PP（跟英语的 by-短语一样），那么，我们希望它跟 PP 的表现一样。但是，根本没有证据表明"被–NP"跟 PP 表现一样，甚至没有证据表明它是一个组成成分。一方面，"被–NP"不可能（作为一个成分）跨过

第四章 被动句

时间短语移位或者前置到句首位置（这跟英语的 by Bill 不一样）：

(10) a. 张三昨天**被李四**打了。

（比较：John was hit by Bill yesterday.）

b. *张三**被李四**昨天打了。

（比较：John was hit yesterday by Bill.）

c. ***被李四**张三昨天打了。

（比较：It was by Bill that John was hit yesterday.）

其他公认的 PP 一般是可以移位的（见第一章（42））：

(11) a. 我**跟张三**很处得来。

b. **跟张三**我很处得来。

(12) a. 张三**对李四**很客气。

b. **对李四**张三很客气。

(13) a. 我摆了一盆花**在桌子上**。

b. 我**在桌子上**摆了一盆花。

c. **在桌子上**我摆了一盆花。

第三，下面的并列测试表明：排除前面的"被"，施事 NP 与跟在其后的 VP 构成一个句子：[1]

---

[1] "被"在第二个联结项重复，并列也是可能的，不过这一事实跟目前的论点无关。下面的句子一般当作右节点提升（RNR）的实例，而右节点提升经常被用来验证被提升短语的成分组构，而不是验证剩余部分的成分组构。在（i）中，右节点提升证明"看见了"是一个（VP）成分。

(i) 他又被张三，又被李四，看见了。

(14)(?)他被李四骂了两声,王五踢了三下。

这表明"被+NP"并不是排除了其后 VP 而独立构成一个成分,因此不是一个 PP。

第四个反对将"被–NP"分析成 PP 的证据来自照应语约束(详见第九章),尤其是来自对"自己"这样的反身代词的指称释义方面的证据。众所周知,反身代词"自己"是"主语取向"的,也就是说它必须以主语为先行语(请参见 J. Tang 1989, Cole, Hermon & Sung 1990, Huang & Tang 1991, Y. Li 1993,等等)。如(15)所示,其中的"自己"必须以"张三"而不是"李四"作为先行语。

(15) a. 张三$_i$跟李四$_j$讨论了自己$_{i/*j}$的想法。
b. 张三$_i$通知了李四$_j$自己$_{i/*j}$的分数。

不过,在下列被动句中,"自己"可以指"张三",也可以指"李四",这表明二者都是主语。特别是,施事 NP"李四"不是介词的宾语,而是内嵌从句的主语:①

(16) 张三$_i$被李四$_j$关在自己$_{i/j}$的家里。
(17) 那封信$_i$被李四$_j$带回自己$_{*i/j}$的家去了。

---

① 其他的实例请参见 Xu(1993)和 Cole & Wang(1996)。对于很多说话者来讲,(16)中的"自己"有一种很强的倾向,即被"张三"约束;但是,如果语境适当,被"李四"约束的可能性也不应该完全被排除(比方说,用句子来叙述各方都已经知道的事件),(17)中"自己"受施事短语约束显然是可以接受的(事实上是强制性的),(17)中的主语"那封信"由于是无生命的,不可能是反身代词的先行语。

第四章 被动句

这样，论旨关系、成分组构以及照应关系共同对被动句的 NP 移位分析提出了质疑。①

这些考虑支持补足语分析法。补足语分析法将"被"看作主要动词，是一个表"经受"、"经历"等意义的二元谓词，选择历事作主语、事件（event）作补足语。事件补足语从句的宾语由于跟主句的主语等同而被强制性删除。近来这一方法的支持者有桥本万太郎（1987）及其中所引文献，以及 Wei（1994）。②按照补足语分析法，像（1）这样的长被动句具有下面的结构：

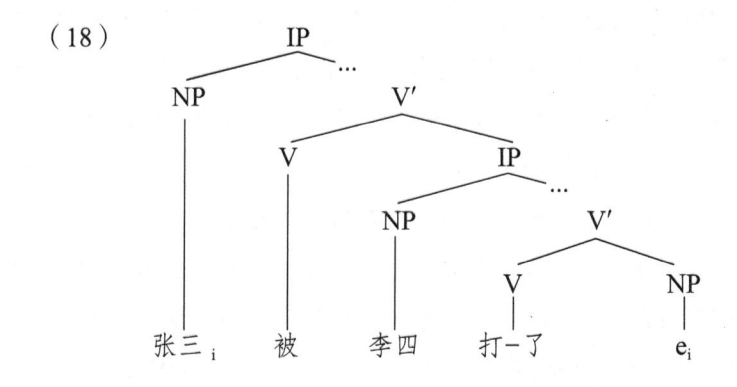

（18）

```
              IP
             /  \
           NP    ...
                 V'
                / \
               V   IP
                  / \
                NP   ...
                      V'
                     / \
                    V   NP
           张三ᵢ 被 李四 打-了     eᵢ
```

---

① 将"被"处理成介词也有困难，困难源自主语论元受到抑制而宾格被吸收的方式。有学者（例如 Travis 1984）假定：论元抑制和格吸收都是由"被"引起的。但是，一般不允许附接语 PP 的中心语去影响主句动词的论元结构和格属性。

② 补足语分析法可以追溯到 Hashimoto（1969）。上面提到的关于"被"后 NP-VP 作为句子性成分的第三个证据是 Wei（1994）提出来的，表明汉语史上"被"显然是一个动词，带一个句子作其补足语。我们在上面的讨论证明，现代汉语中也保留着相同的 NP-VP 作为一个成分的地位。由于 Wei 研究的是汉语史上某一段时间的情况，那时客体主语可能仍跟动词后位置上的显性代词相关（这一点跟现代汉语不同，如（5a—c）所示），那么，Wei 的证据实际上只证明他所关注的那段汉语史上的"被"的补足语的结构。

当我们考虑上面提及的 NP 移位法所面临的四个问题时，就会看到补足语分析法尤具吸引力。首先，"被"是二元谓词，有它自己的主语论元，自然可以容纳主语取向类副词。如果被动句表达历事的经历，那么，历事有意经历某件事是完全正常的。其次，如上面的树形图所示，"被"与施事 NP 并不构成一个成分，更不要说构成一个 PP。因此，"被+NP"序列跟 PP 的表现不同，已如前述。第三，(18) 中施事跟其后的 VP 构成一个 IP，就预测了前面指出的并列测试的事实。最后，反身代词的约束问题也得到解释。根据（18），历事"张三"和施事"李四"都是主语（分别是主句主语和内嵌从句主语），这样，在 (17) 中，反身代词可以被"李四"约束；(16) 中，反身代词可以被"李四"或者"张三"约束。NP 移位分析法产生的所有问题，按照补足语分析法来分析都不成问题。

然而，补足语分析法出现的一个问题是内嵌从句的宾语要强制性删除。如（18）所示，内嵌的空宾语就成为一个空代词（即 Chomsky1981 所说的小代语（pro））。宾语位置上能否出现真正的小代语，目前充其量仍是一个有争议的问题（参见 J. Huang 1984a，1989 及其所引文献）。即使宾语位置能出现小代语，仍然存在的问题是小代语为什么不能被显性代名词或反身代词代替。我们知道，内嵌从句宾语通常采取显性代名词或照应词（anaphor）的形式：

(19) a. 张三说李四打了他。

　　 b. 张三说李四打了自己。

除了主要动词的选择之外，上述这些句子都具有与（18）所示被动句相同的结构。补足语分析理论提出的问题是：为什么将动词"说"改成"被"，补足语从句的宾语就要强制性删除？这个问题似乎难以回答。当然，NP 移位分析法就不会出现这个问题，因为按照移位分析法，动词后的空成分是 NP 语迹，是一个不可能被词汇成分替换的空语类。

于是，我们就面临一种境况：移位分析法与补足语分析法似乎都是正确的，同时又都是不正确的。事实上，这两种方法似乎彼此互补，一种分析法所出现的问题似乎为另一种分析法提供了证据，反之亦然。

4.1.2 本书的分析：非论元移位与述谓

刚才所说的情况从最早期的生成语法研究汉语句法开始就一直存在，学者们坚持他们中意的分析，但却没有意识到或者忽视了与分析相关的问题。冯胜利（1995）提出来的分析首次几近解决了上述难题。自冯胜利（1995）以来，出现了很多其他成果，均利用或给出其他证据来支持冯胜利的建议，包括 Chiu（1995），Cheng, Huang, Li & Tang（1993, 1996）以及 Ting（1995, 1996）。冯胜利（1995）的本质精神是汉语的被动句应该像目前对英语 tough 结构的处理那样进行分析。自 Chomsky（1981）以来的标准的原则与参数理论（P&P）的文献中，tough 的补足语被分析为涉及空算子（null operator，记为 NOP）移位和述谓：

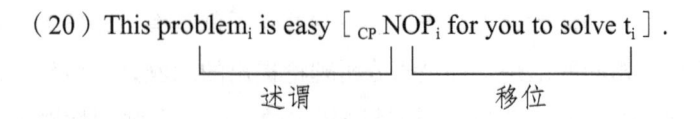

（20）This problem$_i$ is easy [$_{CP}$ NOP$_i$ for you to solve t$_i$].
　　　　　　　　　　述谓　　　　　　　移位

从推导上讲，内嵌从句 CP（标句词短语）内的宾语是一个空语类，移到内嵌的 CP 的指示语位置，从指示语这里对主句的主语进行述谓。空算子与内嵌宾语位置之间的关系是移位，与主句主语之间构成述谓，或者控制关系。（21）展示了如何用"tough-移位"分析句（1）：

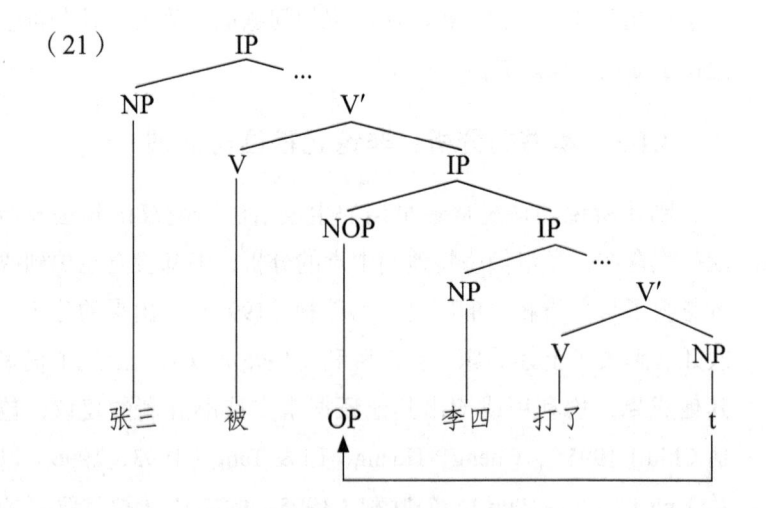

（21）
```
            IP
         /      \
        NP       ...
                  \
                  V'
                /    \
               V      IP
                    /    \
                  NOP     IP
                         /  \
                        NP   ...
                              \
                              V'
                            /    \
                           V      NP
       张三    被    OP   李四   打了    t
```

按照这一分析，被动句的结构涉及补足语和移位：说它涉及补足语，因为"被"选择 NP 作主语，选择一个句子作补足语（本书假定句子是一个 IP）；被动句也涉及内嵌空宾语的移位（本书假定内嵌空宾语（移位后）附接于 IP 上）。于是，这一分析就将前一小节所讨论的两种方法整合在一起。当

第四章 被动句

然，应该指出的是，这里假定的空算子移位是一种非论元移位（A′-movement）（移到句子边缘的非论元位置），因此它在本质上不同于按照早先方法所假定的 NP 移位，即论元移位（A-movement）（移到主语论元位置）。

（21）的一个直接论据是它兼有 NP 移位（如（4）所示）和补足语分析（如（18）所示）的优点，而避免了二者的问题。前面提到，被动句的一个重要属性是宾语位置上空语类的强制性。这一属性可以从 NP 移位导出，也完全可以从空算子分析导出，因为二者都假定存在一个移走的宾语。① 其他属性对 NP 移位分析构成难题，而对空算子分析则不成问题。事实上，这些属性可以从补足语分析导出，也同样可以从空算子分析导出。比方说，既然主语自身被指派论旨角色（历事），那么主语取向类副词就可以用在汉语被动句中。这一分析主张，"被"后的 NP 是主语，跟其后的 VP 构成一个句子成分，但不与"被"构成一个成分。这就解释了为什么"被+NP"不能像 PP 那样移位或者充当名词性修饰语。并列测试证实了（21）中的假设：NP–VP 序列构成一个成分。最后，施事 NP 可以是指向主语的照应词"自己"的先行语这一事实也可导出，因为施事是内嵌 IP 的主语。请注意，这些属性都可以从空算子分析导出，却无

---

① 就这一属性而言，被动句与下面的句子相似：
  （i）这本书很值得（你）看。
  （ii）这栋房子需要修理。
这两个例子中的主要动词后面都跟着及物性谓语，其宾语强制性为空，看来这些例子也可被分析为空算子结构。这样做是否可行，尚需考量。

法从NP移位分析或者补足语分析单独导出。

请注意,(21)跟(18)结构的不同在于"被"的主语与低一级动词的空宾语之间的同标关系是如何建立的。根据(18)所示的纯粹的补足语分析法,这种关系是直接建立的;结果是,"被"的主语直接约束内嵌的空宾语。而根据空算子分析法,这种关系是间接建立的:空宾语首先附接到IP上,并且正是从这个IP附接语位置受到主句主语的约束,作为述谓的一个实例。空算子分析是不是仅仅为了获得到目前为止所评述的事实而采取的一个句法把戏呢?下面我们将证明,除了其他很多独立的句法动因之外,空算子分析实际上还得到重要的语义和历史事实方面的支持。

一个结构包含空算子移位,另一个结构则没有,从语义上讲有何区别?我们认为空算子结构是谓词,表示属性,而一般的句子补足语是论元,表示实体(事件、命题等)。(18)表明,动词"被"是一个二元(及物性)谓词,选择两个论元。特别是,除了历事主语之外,"被"还选择事件作为内论元(补足语),并运用IP来实现这个内论元。这种情况下,"被"的大致意义是"经受"、"经历"。另一方面,(21)主张"被"并不是选择论元作补足语,而是选择表示属性的谓语作补足语。因此,(21)中的"被"是一个不及物动词,只有一个论元。这样,就有两个谓语:主要的谓语"被"和由空算子结构形成的次要谓语。通过让空算子跟主句主语同标(述谓,或者Chomsky(1986a)所说的"强约束"),空算子结构被解释为主句主语的次要谓语。

第四章　被动句

空算子移位如何将一个命题（IP）论元（如（18）中所示）转变成一个谓词（如（21）中所示）？答案源自一个普遍的观念，即：空算子移位这种句法操作与语义学文献中普遍假设的"λ-抽象"（lambda-abstraction）相关联。像"张三打了他"这样的句子（其中"他"可以由（18）中的空代名词来表达）是一个封闭语类，没有开放的论元的位置，它表示一个命题（或者叫真值）。一个仅含有一个自由变项的"λ-抽象"词语等同于一个不及物谓语，其中只有一个不饱和的论元位置。这样，λ表达式"λx（…x…）"（可以通俗地读作：是这样一个 x,…x…）就表示"…x…"为真的个体 {x} 的集合。这样说来，任何表示适合于这一描述的个体的 NP 都被当作这个谓语的（语义）主语。我们可以将命题转变成描写命题中的一个论元的属性的谓词，做法是：在被谓词描写的那个论元位置上代入一个受 λ 算子约束的变项。空算子移位正是具有这种效力。这样，（18）中内嵌 IP 表达"李四打了他"这样的命题，而（21）中的空算子从句表达的则是这样一种属性：存在一个 x，李四打了 x。述谓的一般要求（例如谓语必须跟主语相关，参见 Williams 1980, Chomsky 1982, 1986a）以及一般的局部性条件（例如最短距离原则，见183页）保证了空算子跟主句主语同标，而以空算子为中心语的内嵌从句的谓语是主句主语的次要谓语。

现在看来，如果说（18）中"被"的意义是"经受［事件］"的话，那么，（21）中"被"的适当释义应该是"得到、取得或者最终具有……属性"。根据（18），张三经历了一个事件：李四打了他。根据（21），张三最终具有一个属性：是这样一个 x，李四打了 x。这两种释义有何区别？如果仅从上面所作的非形式化的释义本身看，它们之间没多少不同。我们要按照句法-语义界面理论，将这两种释义对应于句法表达式，或者将句法表达式映射到语义来看它们的区别，而且不同句法表达式产生的动因既有共时的因素，也有历时的因素。(18) 和 (21) 两种不同句法结构对于动词"被"的"词汇力量"，比方说及物性，有不同的主张。(18) 中"被"是一个带两个论元的及物动词，(21) 中"被"是一个不及物动词，带一个论元和一个次要谓语。在后一种情况下，"被"和次要谓语组成不及物的复杂谓语，共同选择主语作单一论元。[①] 而在 (18) 中，"被"是真正的及物性的主要动词，带有一个句子补足语。不同的句法结构对被动句的属性作出不同的预测，正如我们已经看到的那样，(21) 就能够对 (1) 这样的被动结构中空宾语的强制性作出正确预测，而 (18) 则不行。我们接下来很快会看到：(21) 可以作出的其他一些正确预测，(18) 也仍做不到。

除了共时方面的考虑之外，区分 (18) 和 (21) 两种结构还得到了历时方面的证明。我们有理由相信，这两种结构反映了被动式历时发展中两个不同的语法化阶段。特别是，像 Wei (1994) 的证据所显示的那样，(长) 被动句经由"被"的语法化逐渐发展的过程，可以在历史文献中找到例证。含有"被 -NP- VP"结构的句子一开始并不要求 VP 含有任何回指"被"的主语的成分；接着，演进到中古时期，VP 经常含有一个显性代名词，

[①] 在这种情况下，由于功能负荷较轻，"被"的地位跟助动词（或轻动词）很接近，这样就赋予空算子从句主要谓语的地位。

这在魏培泉（1994）和 Peyraube（1996）中都有描写；最后，到了后唐时期，VP 里的代名词不能出现，正如我们在现代汉语里看到的那样。下面给出中古（晋代）汉语里的一些被动句：

（22）被啥礼佛化火遮之。（选自变文）
（23）天女被池主见之。（选自变文）

这些例子跟（1）和（5a，b）形成对照，重复如下：

（1）张三被李四打了。
（5a，b）*张三被李四打了他/自己。

除了内嵌从句的宾语与主句的主语之间的同指关系仅由代名词照应语建立之外，(18)用来分析（22）和（23）代表的中古汉语的被动句似乎比较合适，而（21）则适于用来分析现代（可能也包括近代）汉语中含有强制性空宾语的被动句。中古时期的"被"字句只是表经历的句子，含有一个二元的表"经历"的谓语"被"，而现代汉语中的"被"字句才是真正的被动句，含有一个不及物的复杂谓语。

简言之，结构（21）跟（18）在结构上不同，这一假设不仅得到句法和语义论据的证实，而且得到历史动因的证明。鉴于我们需要（18）来描述早期汉语，那么，我们也需要（21）来阐明现代汉语的变化。

4.1.3　空算子分析的进一步证据

除了解决所有跟 NP 移位分析法或者补足语分析法相关的

问题之外，包含空算子移位的分析还从下列事实中得到重要的独立证据。

4.1.3.1 长距离被动句

首先，汉语被动句表现出无界依存性。正如 J. Huang（1974）所观察的那样，与英语的被动句不同，下面这种被动句在汉语中是完全成立的。[①]

（24）张三被李四派警察抓走了。

（25）那封信被我叫李四请王五托她妹妹寄走了。

（24）中，"张三"被警察逮捕，但是，是"李四"派警察逮捕他的。这样，整个事件真正的施事是"李四"，警察是"张三"所经历事件的次级事件的施事。（24）更符合英语表达的翻译可能是 "Zhangsan underwent Lisi's sending the police to arrest him"（直译：张三经历了李四的派警察逮捕他）（并且警察逮捕成功）。类似地，（25）中受事为"信"，但是"信"所经历的整个事件的施事是"我"，而不是寄信者"她妹妹"。

大家知道，无界依存是非论元移位的一个属性。既然空算子移位是一种非论元移位，那么，长距离被动化就完全在预料之中了。大家也都知道，英语的 tough 类句子也呈现出长距离依存性：

[①] 长距离被动化是 J. Huang（1974）首先观察到的，他指出，移位可以直接移到主句的主语位置，因为那时空算子移位的概念尚未提出。直到冯胜利（1995），空算子移位的重要性才被明确提出来。Huang 也提出了不含空算子移位这一中间步骤的重新分析的解释。看来空算子移位和重新分析对于抓住被动句的格（Case）与论旨属性之间的错配都是必要的。

160

（26）This problem is too easy for me to ask the teacher to help me solve.

（直译：这个问题太容易，不会被我请老师帮助我解决。）

4.1.3.2 孤岛敏感性

支持空算子移位分析的第二个证据是汉语的长被动句呈现出孤岛效应（island effect），这样就通过了又一个非论元移位的测试（参见 Chomsky 1977）。

（27）张三被我通知李四把赞美*（他）的书都买走了。

如果修饰"书"的关系从句的动词"赞美"后面的宾语位置是一个空位（gap），句子就不合语法；但是，如果在那个位置上填入复述（resumptive）代名词，句子就成立了。任何类似的删除分析都不能解释为什么空宾语可以出现在允许长距离依存的句子中，却不能出现在复杂 NP 的内部，空宾语的这一分布具有很强的非论元移位的特征。

4.1.3.3 小品词"所"

第三个证据来自小品词"所"的分布。像 Chiu（1995）所观察的那样，在带点文言色彩的话语中，被动句中较低一级的动词之前可以带上"所"。

（28）这些事情不能被他们所了解。

（29）你最近对他的行为恐怕会被外人所耻笑。

一般认为，"所"是古汉语的残留。大家也都知道，唯一含有小

品词"所"的另一结构是关系从句,特别是只有当宾语被关系化时。下面是现代汉语中用"所"进行关系化的例子:

(30)小偷所$_i$没有偷走t$_i$的那些书在桌子上。

传统文献对"所"广泛采取的分析是将其看成跟(宾语)关系代名词等同,因为"所"的字面意思是"处所",经常用来指"客观实体"。"所"是否应该看成跟英语型语言中的关系代名词(关系代名词在英语中出现在标句词短语的指示语位置,即Spec,CP)等同是有争议的。没有争议的是,汉语的关系从句呈现非论元依存性,其中含有一个空宾语位置。被动结构是除关系从句之外唯一含有"所"和一个伴随空宾语位置的结构,这一事实又为汉语的被动句涉及宾语的非论元移位这一观点提供了显著的支持。事实上,Chiu(1995)强烈主张,"所"是在(上述)两种情况下的疑问词移位引起的(也见于Ting 2003的相关讨论)。

4.1.3.4 复述代名词

最后,汉语被动句中复述代名词的分布也将它们跟关系从句放在一起,作为非论元移位的实例。起初,我们强调被动句要求必须含有空宾语的位置。尽管这一要求对上面所考虑的简单句来说是正确的,但事实上,当那个宾语出现在某些更为复杂的环境中时,也可用代名词来代替它。从刚才的(27)例中我们就可以看到,代名词被用来代替空宾语,以避免违反孤岛效应。下面的例子(引自冯胜利 1995)就允许在宾语位置上使用代名词,并受主语约束:

第四章 被动句

(31) 张三被李四打了他一下。

按照 NP 移位分析法,(31) 的合语法性完全出乎我们的意料。[①] 然而,按照非论元移位方法,显性代名词仅仅是一个复述代名词,在局部范围内受到非论元约束(A′-bound),不受论元约束(A-free)。注意,(31) 跟不合语法的(5a)不同(重复如下),这只是因为(31)的动词短语比(5a)的长:[②]

(5) a. * 张三被李四打了他。

我们无法准确地知道为什么(31)中加上一些东西就使代名词可以出现,不过,我们确实知道在关系从句中也能观察到相同的效果。这样,简单的宾语(或主语)关系化需要采取空位策略,而当关系化的 NP 带上更多成分时,则采取复述代名词的策略:[③]

[①] 根据 Chomsky (1981) 的约束理论,NP 语迹是一个照应词,在其管辖域(governing category)内必须受到约束。而将 NP 语迹换成代名词就要求它在管辖域内又是自由的,不能受到约束。这是一个无法满足的要求。因此,NP 语迹根本不可能用显性代名词来替换。实际上,NP 语迹有更普遍的属性,也就是,它不可能用任何显性语类来替换,这一属性源自格理论的考虑,跟约束理论无关。

[②] 冯胜利(1995)强调指出(31)的合语法性可以作为汉语被动句不要求空宾语位置的证据。但他忽视了(5a)这类不合法的简单句,其中禁止出现复述代名词。因此,他的观点是不完善的,因为他没有解释简单常见的被动句对空宾语的要求。

[③] 汉语中关于关系化策略的文献在一定程度上存在争议。Sanders & Tai (1972)主张,只有当关系化的 NP 是关系从句的主句主语时,才需要"空位"策略;其他所有关系化句子都可以或者必须采取"代名词"策略。Mei (1978a)主张,直接宾语关系从句也要求采取空位策略,而间接宾语可采用代名词策略。我们同意 Mei 的主张。这里更为重要的问题是:带有"一下"的(33)比没带

(32)??李四打了他的那个人来了。

(33)李四打了他一下的那个人来了。

请注意,(32)与(33)之间的对比跟(5a)与(31)之间的对比是类似的,并且这种类似是全面而且完整的。比方说,当内嵌主语被动化或关系化时,复述代名词可以出现,也可以不出现:

(34)张三被李四怀疑(他)偷了钱。

(35)李四怀疑(他)偷了钱的那个人走了。

而当紧跟在"把"(或传统分析为介词的任何成分)之后的宾语被动化或关系化时,要求使用复述代名词:

(36)张三被李四把他骗得团团转。

(37)李四把他骗得团团转的那个人走了。

众所周知,选择使用复述代名词的策略是非论元移位而不是论元移位的属性。① 被动化与关系化在这方面如此整齐地对应,这一事实为对被动句采取非论元移位分析法提供了重要支持。

(接上页)"一下"的(32)要好。合法的(33)和(31)分别跟间接宾语的关系化和被动化等同。其中"间接宾语"可以是受惠者(benefactor)或受影响者(affectee)。

(i)李四送了他两本书的那个人走了。
(ii)李四偷了他两本书的那个人走了。
(iii)张三被李四偷了他两百块钱。

① 除了格方面的考虑之外,在论元移位分析法之下,(36)还可以被约束理论排除。因为在这种情况下,复述代名词"他"在其管辖域内会受到"张三"的论元约束(A-bound),而这一结构因违反了约束理论而被排除。

第四章 被动句

总之，对汉语（长）被动句采取空算子移位分析兼有 NP 移位分析法和纯粹补足语分析法的优点而避免了它们的问题，而且这一分析得到长距离依存、孤岛敏感性（island sensitivity）、复述代名词和小品词"所"的分布等独立动因的支持。

4.2 汉语的短被动句

在汉语句法文献中，关于短被动句（如（2），重复如下）的一般假设是：短被动句经由长被动句（如（1））通过删除施事 NP 推导而来（参见桥本万太郎（1987）及其所引相关文献）。

（1）张三被李四打了。
（2）张三被打了。

尽管这种方法似乎很容易将两种结构联系起来，但有很多理由反对这一分析。J. Huang（1982b）指出，这一分析不论是从解释方面，还是从独立的句法证据方面考虑，都不合适。Wei（1994）主张，这种推导短被动句的方法会被重要的历史证据排除。跟长被动句的属性比较也得出同样的结论（Cheng, Huang, Li & Tang 1993 略有提及，Ting 1995, 1996 有独立的论证）。下面逐一讨论这些论点。

4.2.1 反对施事删除的分析

4.2.1.1 可及性

首先，我们注意到施事一般处在不可删除的位置，无论将

"被"分析成介词还是动词,都是如此。假定如(38)和(39)所示,一般不允许介词悬空的话,那么,作为介词的"被"也不允许删除施事 NP:

(38)张三,这件事跟*(他)没有关系。
(39)这件事跟*(他)没有关系的那个人走了。

作为动词,"被"的出现环境(V–NP–V 结构)也不允许删除施事 NP(不论 NP 是高一级句子的一个成分,还是低一级句子的主语),如下所示:①

(40)*张三,我使__生气了。
(41)*李小姐,我逼__改嫁了。

如果短被动句是从长被动句通过删除施事推导而来,那么这对其他方面的一般禁则来说便会构成未作解释的例外。

4.2.1.2 出现的年代

Wei(1994)提出了反对桥本万太郎的施事删除假设的独立的证据:短被动句早在公元前 300 年(如《韩非子》中)就开始使用,比长被动句早得多。长被动句直到短被动句出现 500 年之后如《汉书》(公元 200 年)才被证实有用例。下面是见于《韩非子》中的两个短被动句用例:

---

① 在一些华北人的话语中,带"让"的句子允许(40)和(41)语境下的提取,这是例外:

(i)张三,我让__擦窗户去了。

（42）今兄弟被侵，必攻者，廉也。
　　　知友被辱，随仇者，贞也。

既然长被动句形式在这一阶段尚未存在，那么，任何从底层的长被动句推导短被动句的尝试均无法令人满意。

4.2.1.3 强制性的空宾语

有一个问题与空宾语的要求有关。如（22）和（23）所示，长被动句通过经验动词"被"的语法化从经验句发展而来。在成为现行形式（如（1）所示）之前，很多早期的被动结构的内嵌从句都含有一个显性代名词，这个代名词受到"被"的主语的约束。下面再给出中古汉语的例子（见于晋代文献，引自 Feng 1998）：

（43）（李子敖）被鸣鹤吞之。（见《搜神记》）
（44）金丹若被诸物犯之……（见《抱朴子》）

对空宾语的要求实际上是长被动句相对近期的一个属性。另一方面，短被动句早在公元前 300 年起就一直有强制性空宾语的位置。毋庸说，这更加证明在共时平面上从长被动句推导出短被动句的说法是没有道理的。

4.2.1.4 状语的位置

从纯粹共时的角度看，长被动句与短被动句之间也存在很多差异，从这些差异都可得到反对施事删除分析法的论据。其中有一个差别是：尽管句子层面的状语和 VP 层面的状语都可用于长被动句，但是，只有 VP 层面的状语可以用于短被动形式。例如,(45)表明:方式状语和地点状语都可以出现在长被动句中,而(46)显示:短被动句只允许方式状语。

(45) a. 张三被李四莫名其妙地骗走了。
     b. 张三被李四在学校骗走了。
(46) a. 张三被莫名其妙地骗走了。
     b. *张三被在学校骗走了。

这表明:长被动句包含一个跟在"被"字后面的 IP,而短被动句在那个位置上的则是 VP。采用从长被动句删除施事(推导短被动句)的分析法将需要一个含有空主语位置的 IP,但尚不清楚的是:为什么这种结构不能容纳处所状语?

4.2.1.5 长距离依存的可能性

前面我们看到,长被动句受孤岛条件限制呈现出无界依存性(如(47))。比较而言,短被动句是严格遵守局部性限制的,不允许任何跨越句子的依存性,如(48):

(47) a. 张三被李四派警察抓走了。
     b. 那封信被我叫李四请王五托他妹妹寄走了。
(48) a. *张三被派警察抓走了。
     b. *那封信被叫李四请王五托他妹妹寄走了。

我们看到,在分析长被动句时,无界依存性和孤岛敏感性是证明非论元移位的重要测试手段。短被动句没有这种无界依存性,表明短被动句不涉及非论元移位,这为反对短被动句只是长被动句通过删除施事而来这一假设提供了证据。

第四章 被动句

4.2.1.6 小品词"所"

从前面的讨论我们看到,在有些半文半白的文体中,长被动句可以有一个小品词"所"(如(28)和(29),重复如下),这一属性为长被动句和关系从句所共享,这为非论元移位提供了证据。

(28) 这些事情不能被他们所了解。

(29) 你最近对他的行为恐怕会被外人所耻笑。

比较而言,短被动句在口语和书面语中都不允许"所"的存在:[1]

(49) *这些事情不能被 __ 所了解。

(50) *你最近对他的行为恐怕会被 __ 所耻笑。

长短被动句间的这种差别无法用简单的施事删除分析法得出解释。

4.2.1.7 复述代名词

最后,长短被动句在复述代名词的分布方面也存在对立。长被动句可以采用代名词策略,如(31),重复如下:

(31) 张三被李四打了他一下。

---

[1] 古汉语中有一个相关的用"所"的合法结构,使用的是"为"而不是"被",其中没有施事短语:"不为所动"。尽管这一结构很像带"所"的"短被动句",但应该注意这一"短被动句"跟文中所讨论的模式不同。这个例子中含有真正的施事 NP 删除,其指称在上下文中是清楚的,所以最好将其译成 was not moved by it,而不是 was not moved。后者对于文中讨论的短被动句来说是合适的。请参见 Wei(1994)的相关讨论。

可是在类似的语境下，短被动句却不允许任何复述代名词：①

（51）*张三被打了他一下。

这再一次表明短被动句的推导一定不同于长被动句。

4.2.2　对短被动句的分析

鉴于上文提供的大量证据，显然不能将短被动句视为长被动句删除了施事后的另一形式。分析短被动句要注意两种可能性：一是推导过程中可能存在某种方式的 NP 移位，或者推导过程中可能没有出现任何移位。

我们已经看到的长短被动句之间的某些对立属性，如关于（缺少）无界依存性、复述代名词以及"所"，都表明尽管短被动句不涉及非论元移位，但按照英语的 be 被动句所使用的论元移位来分析可能是合适的。这一分析事实上是 Ting（1995，1996）所采纳的，按照这种分析，短被动句的表层主语是通过底层宾语移入屈折短语的指示语位置即［Spec, IP］推导而来的。不过，这一分析忽视了如下事实：长短被动句都可以含有主语取向的副词"故意"，如（6）和（7）所示（重复如下），

---

① 下面的无施事短被动句的确允许在"保留宾语"（retained object）内出现复述代名词：

（i）张三被抢走了他最喜欢的玩具。

下面我们证明，这种被动形式涉及动词中阶短语 V'，也就是此例中的短语"抢走了他最喜欢的玩具"中"外层宾语"（outer object）的被动化。换句话说，（i）中的"他"是移位了的"外层宾语"的照应语，而不是作为复述代名词与"张三"构成直接关系。

第四章　被动句

但英语的 be 被动句不行。这表明：这个主语是在适当的位置由基础生成，并从"被"那里获得独立的论旨角色。

（6）张三故意被打了。

（7）张三故意被李四打了。

鉴于这个原因，更为合理的分析可采取（52）这样的形式（此处采纳了 Hoshi（1991，1994a，1994b）对英语 get 被动句和日语 ni 被动句的分析）：①

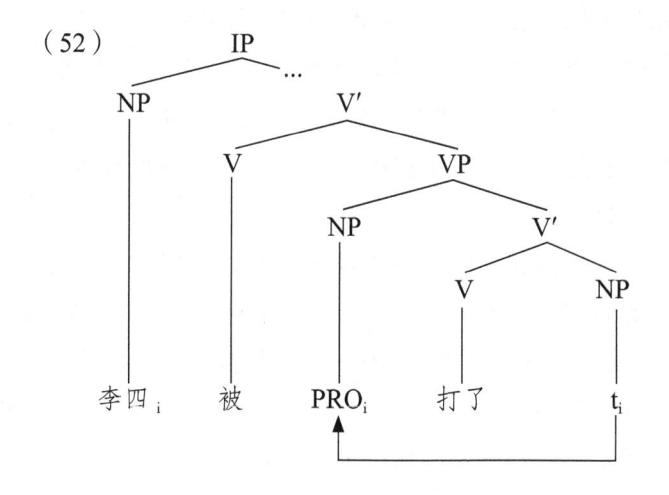

（52）

```
              IP
            /    \
           NP    ...
                  |
                  V'
                /    \
               V      VP
                    /    \
                   NP     V'
                        /    \
                       V      NP
                       
      李四ᵢ   被    PROᵢ   打了    tᵢ
```

根据这一分析，"被"具有义务情态助动词或轻动词的地位，选择一个历事作其主语、一个谓语（属性）作其补足语，而在子语类化上（subcategorize）它（"被"）选择一个 VP，来

---

① Hoshi 指出，这是对 Saito & Murasugi（1989）早先主张对英语 be 被动句所作类似分析的改造。

实现谓语与补足语的结构。按照主语衍生于谓语内部的假说（Predicate Internal Subject Hypothesis）(Contreras 1987, Sportiche 1988, Fukui & Speas 1986, Kitagawa 1986, Kuroda 1988 等)，一个 VP 含有它自己的主语位置。如上所示，此处 VP 自身是一个被动结构，其内部出现 NP 移位，即底层的受事论元移到非论旨的 [Spec, VP] 位置，对语迹进行约束。移动的受事论元自身是一个空语类，即大代语（PRO），受基础生成的主语"李四"控制。因此说，短被动句某种程度上具有跟长被动句类似的结构，只是二者存在如下差别：长被动句涉及空算子的非论元移位，空算子在述谓条件下再跟主句主语同标；短被动句则涉及大代语的论元移位，大代语再由主语控制。我们很容易看到，到目前为止所考虑的短被动句的所有属性都可以从这一分析得出。

　　首先，因为我们假定助动词类的"被"选择 VP（而不是 IP），所以推断：只有方式副词（能附接到动词中阶 V′ 或者 VP 上）可以出现在短被动句中，这就排除了句子副词（这类副词必须附接到屈折中阶 I′ 或 IP 上）。第二，因为"被"给主语指派的是历事角色，所以推断："故意"这样的副词是允许的。第三，因为短被动句涉及 NP 移位，所以，无界依存性、复述代名词和"所"等现象就被正确地排除了。再则，因为短被动句并没有涉及从内嵌从句的主语位置上删除施事短语，所以不会产生可及性（accessibility）问题。最后，既然假定短被动句跟长被动句中的空算子结构无关，那么，这两种被动形式在历史上出现的相对时间顺序对我们的分析也就不形成问题。①

尽管这种 NP 移位加上控制的分析对于我们已经讨论的短被动句来说似乎很完美，但这对于没有施事的被动句来说并非唯一可能的分析。Shen（1992）、Ting（1996）等学者已经指出，某些短被动句必须通过词汇过程来推导，如（53）和（54）：

（53）张三被捕了。

（54）敌军被俘了。

在这种情况下，直接跟在"被"后面的动词是黏着语素，请对比"被捕"与"被逮捕"：

（55）a. 警察逮捕了张三。

b. 张三被警察逮捕了。

c. 张三被警察秘密地逮捕了。

d. 我们学校被警察逮捕了两个学生。

（56）a. *警察捕了张三。

b. *张三被警察捕了。

c. *张三被警察秘密地捕了。

d. *我们学校被警察捕了两个学生。

因此，(53) 和 (54) 这种情况必须通过词汇过程来推导，将"被"与动词直接连在一起形成"被动动词"。

---

① 不主张通过推导将长短被动句联系起来的另一证据来自方言的比较。比方说，(口语) 粤语和台湾闽南话，其被动句用不同于普通话"被"的语素形式，它们没有跟短被动句对应的形式。详细讨论请参见 J. Huang（1999）和 S.-W. Tang（1999）。

似乎很明显的是，短被动句既有词汇形式又有短语形式的原因跟它的历史有关，如文献所示，这可以追溯到古汉语晚期，当时汉语是高度单音节的。起初，"被"用作被动标记"见"的替代品（"见"很快让位于"被"）（译者按，为了这里的注释说明，(57)附上英译文）：

(57) 吾 常 见 笑 于 大 方 之 家。(《庄子》)
I often get laughed by large-expertise DE[①] scholar
'I often got laughed at by the great experts.'

(58) 万乘之国被围于赵。

这些古汉语中的句子跟对应的现代汉语中的句子在如下方面相关。一方面，"被"跟"见"一样，可以是一个助动词，以 VP 作补足语，其主语的论旨角色被抑制。这些句子像英语的 *get* 被动句，可以用上面的(52)来恰当地分析（根据 Hoshi）。(57)和(58)的古汉语例句跟(52)的现代汉语的主要差别在于：历史上，施事作为以"于"为中心的 PP 出现在动词之后，但在现代汉语的短被动句中，施事完全消失。可以说，现代汉语的短被动句直接继承了古汉语的被动句，而动词后施事短语的消失只是附接语 PP 从动词后位置消失这一汉语独立的历史发展过程的一部分。[②] 这就提出一个问题：现代汉语中为

[①] 这里，古汉语的"之"被译成 DE，在具体的例子中，相当于名词前修饰语标记"的"。

[②] 请参阅 Sun（1996）及其所引文献，其中指出，动词后附接的 PP 历史上并没有移到动词之前，它们只是在动词之后废弃不用了。

第四章 被动句

什么有的短被动句是短语型的，有些短被动句是词汇型的？我们认为这种情况是历史上另一众所周知的发展的结果，即：汉语发展成高度双音节化的语言（在其他方面发展成高度解析性的语言）。如果动词变成双音节的（如"逮捕"），那么，它继续是助词"被"之下的 VP 结构的中心语，并且使这种模式为后来的发展所用，成为完整的短语型短被动句。如果动词仍是单音节的，那么它需要跟"被"合并（因为韵律的原因，参见 Feng 1994，冯胜利 2000）形成一个双音单位，结果是，"被"成为 V-V 复合词的第一个成分或动词的前缀，如（53）和（54）中的"被捕"与"被俘"。当这些动词的单音节形式废而不用（并且为"逮捕"和"俘虏"所代替），这些单音动词就变成黏着语素，不能出现在（56）的环境中。换句话说，现代汉语的词汇型短被动句是历史上短语型被动句的凝固形式。[①]

不论其历史的具体细节是否正确，似乎非常肯定的是：短被动句不是简单地从长被动句删除施事的另一形式。现代汉语中的短被动句是从古汉语被动结构沿传下来的。短语型短被动句似乎保留了古汉语被动句 NP 移位的属性，而词汇型被动句似乎是古汉语短语型被动句的化石。

总结起来，我们已经证明，（至少）有两种方式来推导汉语的被动句。长被动句含有主要动词"被"和句子补足语，

[①] 逻辑上讲，从单音节的自由形式如"打"来看，一个简单被动句"他被打了"可能既涉及词汇型被动句，又涉及短语型被动句，尽管"他被打得很疼"和"他被痛快地打了"要分析成短语型被动句。

句子补足语经历了空算子移位,在类型上转变成对历事主语进行述谓的属性。短被动句含有一个助动词那样的"被",带有一个 VP 补足语,其大代语宾语进行 NP 移位,受历事主语的控制。

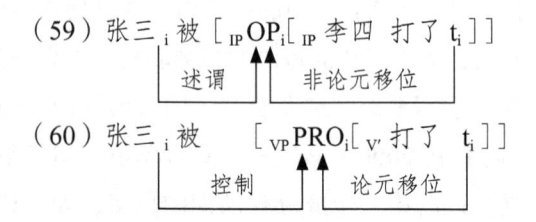

(59) 张三$_i$ 被 [$_{IP}$ OP$_i$ [$_{IP}$ 李四 打了 t$_i$]]
　　　　　　述谓　　　　非论元移位

(60) 张三$_i$ 被 [$_{VP}$ PRO$_i$ [$_{V'}$ 打了 t$_i$]]
　　　　　　控制　　　　论元移位

这样,两种被动句都有移位和控制/述谓的双重属性。① 在这方面,汉语的被动句跟英语的 get 被动句接近,而跟只涉及 NP 移位的 be 被动句不同。(61)是对英语 get 被动句的适当分析,跟相应的(62)的 be 被动句不同:②

---

① 述谓和控制明显具有相同或近似的性质,在 William(1980)中,控制仅被当作(次级)述谓的特例来处理。

② 这样,get 被动句与 be 被动句之间的差异就是控制动词与提升动词之间的差异。下面的例子显示,get 被动句与 be 被动句在主语取向的副词与俗语表达方面的差异也明显见于常见的控制谓语跟提升谓语的对比上:

(i) a. * John intentionally was cheated.
　　b. John intentionally got cheated. (约翰故意让人骗了。)
(ii) a. * John is intentionally likely to win.
　　b. John is intentionally eager to win. (约翰故意急于求胜。)
(iii) a. Advantage was taken of John. (约翰被利用了。)
　　b. *? Advantage got taken of John.
(iv) a. The shit is likely to hit the fan. (有可能出岔子。)
　　b. *The shit is eager to hit the fan.

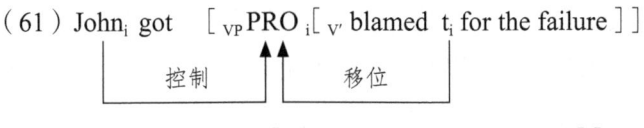

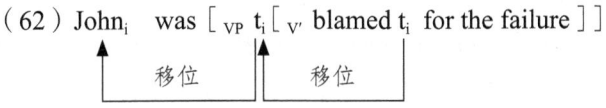

(61) John$_i$ got [$_{VP}$ PRO$_i$ [$_{V'}$ blamed t$_i$ for the failure]]
　　　　　　　　└─控制─┘└──移位──┘

(62) John$_i$ was [$_{VP}$ t$_i$ [$_{V'}$ blamed t$_i$ for the failure]]
　　　　　　　└─移位─┘└──移位──┘

汉语被动句都含有述谓/控制，因此它与我们相对较为熟悉的英语以及其他西方语言的被动句不同。而这似乎也是其他东亚语言被动句最突出的特点。

4.3　间接被动句的分析

4.3.1　直接与间接被动句

东亚语言被动句的另一个显著特点是存在"间接被动句"。[①] 在前面所见到的例子中，被动句的主语跟主要动词的

---

① 直接–间接被动句的区分自从生成句法早期对日语的研究就突显出来，但并没引起汉语句法研究者的足够注意。对日语各种被动形式的研究是研究者中相当有争议的话题，一个主要的争论是：各种被动形式是否应按相同的方式分析。相同的分析方法（Kuroda 1965 和随后的其他研究支持这一分析法）假定各种被动形式都有句子补足语，就直接被动句来说，删除内嵌从句的宾语。不相同的分析法（Kuno 1973，不考虑其他因素）假定：对间接被动句来说采取句子补足语分析法，而分析直接被动句则根据 NP 移位。就直接被动句来说，这两种方法跟前面几节所讨论的分析汉语长被动句的两种对立的传统相同。有关对日语被动句分析的近期重要讨论，可参阅 Kitagawa & Kuroda（1992）、Hoshi（1994a，1994b）及所引文献。相关的讨论，可参阅 J. Huang（1999）。

直接宾语同指，[1] 这就是"直接被动句"。但是，被动句也可以是"间接的"，其中主语可以跟直接宾语之外的成分相关，或者根本不跟主句里的任何表面句法位置相关。借用 Washio（1993）的术语，可以区分两类间接被动句："包括式"、"排除式"。前者的主语跟谓语中宾语之外的其他位置（比如所有格位置）相关：

（63）张三被李四打断了一条腿。
（64）张三被土匪抢走了三件行李。

后者的主语跟谓语里的任何位置都没有明显的关系。"排除式"的间接被动句也叫作"不如意被动句"，因为这些句子表达的是对主语所指一方施加不幸，如下面的例子所示：[2]

（65）我又被他自摸了。
　　　（是说麻将游戏中，某人自己最后抓到一张牌赢了，而不是对手打出的牌。）
（66）李四又被王五击出了一支全垒打。
（67）我被他这么一坐，就什么都看不见了。
　　　（是说在音乐会/演奏会上，某个高个子的人坐在我的前面，挡住了我的视线。）

---

[1] 或者在长距离被动化情况下，跟补足语动词的直接宾语同指。(55d) 是一个例外，就是这里要讨论的"间接被动句"。

[2] (67) 选自 Shen (1992)。不过，汉语不如意被动句远不如日语普遍。比如，汉语一般不接受 *"我被他哭了"，而对应的日语则非常自然。

我们将直接被动句分析为既含有移位（论元或非论元），又含有控制/述谓。那么，间接被动句该如何分析？理论的经济性考虑使我们希望对间接被动句也可以作出相同或相似的分析，即：既含有移位，又含有控制/述谓。不过，尽管我们对这样的分析运用于包括式的间接被动句寄予希望，但尚不清楚该如何进行操作。而且，对于主句谓语中没有 NP 缺位的不如意被动句来说，按照移位与控制/述谓来分析似乎明显不当。下面依次讨论这两种形式。

4.3.2 包括式间接被动句

一种包括式间接被动句是"所有格被动句"，如（63）、（64）与（68）：

（68）张三被土匪打死了爸爸。　　　　　　　（普通话）

类似的例子常见于台湾闽南话和东亚其他语言中：

（69）goa　ho　　　i　that-tio　pakto　a.　（台湾闽南话）
　　　我　被动语素 他　踢　　　肚子　句末小品词
　　　"我被他踢了（我的）肚子。"

（70）John-ga　Mary-ni　kodomo-o　sikar-are-
　　　约翰-主格　玛丽-与格　孩子-宾格　责备-被动语素-
　　　ta.　　　　　　　　　　　　　　　　（日语）
　　　过去时
　　　"约翰被玛丽责备了他的孩子。"

（71）haksayng -i sensayngnim-eykey son-ul　　cap-hi-
学生-主格 老师-与格　　　　手-宾格 抓-被动语素-
ess-ta.　　　　　　　　　　　　　　　　　（韩语）
过去时-陈述句
"学生被老师抓住了手。"

假定这些句子的每个谓语中确实存在一个空的所有格短语，跟被动句动词的主语同指，那么，问题是这一照应关系是如何建立的。一种可能是所有格短语直接经历了空算子移位。（为简化讨论，这里只考虑长被动句。因此，问题主要是这些句子如何按照空算子移位和述谓来分析。）但是，必须排除"所有格提升"这一假设，原因如下：首先，从所有格短语中移位是被禁止的，因为这违反了 Ross（1967）的左分支条件（Left Branch Condition，LBC）。下面句子中，假定有移位，则移位源自关系从句内部，按照复杂 NP 限制（CNPC），这也会引起类似的问题：

（72）李四被我买走了 [[e] 最喜欢的那本书]。

其次，这种移位假设无法解释（68）跟下面勉强能接受的句子之间的对立：

（73）?? 张三$_i$ 被他们看见了 e$_i$ 爸爸了。

假如"爸爸"的所有格在（68）中允许移出，那么在（73）中也同样允许移出。但是，跟（68）相比，（73）相当不自然。

第四章 被动句

除了其他因素之外，J. Huang（1992）扩展了 Thompson（1973）的一个观点，主张：像（68）和（69）这样的句子应该分析成含有一个复杂谓语，这个谓语带有控制空的所有者的"外层宾语"。这个所有者并不是一个语迹，而是一个由外层宾语控制的代语（Pro）。移位的是外层宾语自身。

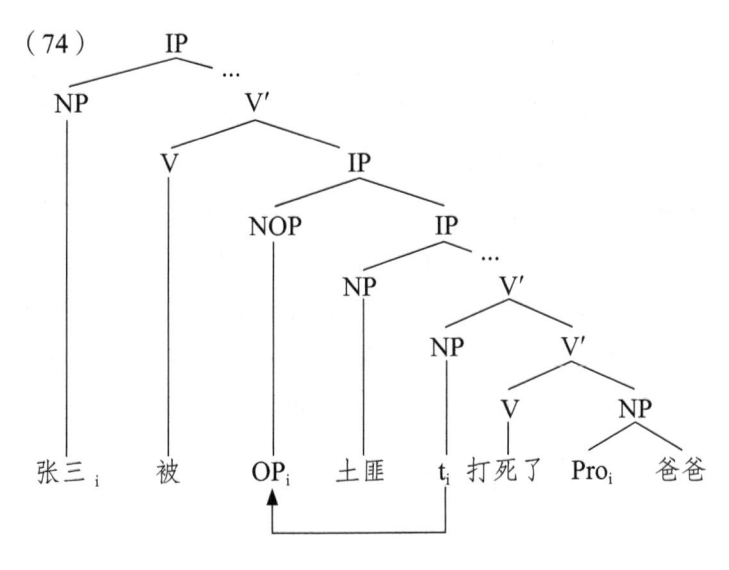

（74）

```
           IP
          /  \
        NP    V′...
       /     /  \
      /     V    IP
     /          /  \
    /         NOP   IP...
   /           |   /  \
  /            |  NP   V′
 /             |  |   /  \
/              | NP   V′
|              |  |  /  \
|              |  | V    NP
张三ᵢ  被    OPᵢ 土匪 tᵢ 打死了 Proᵢ 爸爸
```

在这个结构中，动词"打死"直接以 NP"爸爸"作宾语，二者形成一个复杂谓语 V′，V′ 带上另一个宾语，即"外层宾语"。外层宾语控制所有者代语，然后进一步作空算子移位，移到 IP。在述谓关系之下，外层宾语跟"张三"同指。（述谓和控制都受最短距离原则制约，这一原则首先为 Rosenbaum（1970）提出，除了其他因素之外，这一原则作为（J. Huang 1984a, 1992）广义控制理论（GCT）的组成部分。）我们采取一般的观点，即：

181

论旨指派是组合式的。内宾语从动词"打死"那里获得受事/客体角色，外宾语从 V′"打死了 Pro 爸爸"那里获得受影响者角色。

很容易看到，"所有格提升"假设所面临的两个问题在"外层宾语"假设下立即不复存在。首先，既然移位并非直接发生于所有格位置或者关系从句内部，那么，就不存在违反左分支条件（LBC）和复杂 NP 限制。其次，(68) 与 (73) 之间的对立也得到合理的解释。复杂谓语"打死了爸爸"在语义上是及物的（以受影响者作为外层宾语），因为这一事件确实可以影响某人（爸爸的不可让渡的所有者）。另一方面，复杂谓语"看见了爸爸"（如 (73) 中）所表示的事件（在正常语境下）不影响任何人，因此，语义上不能理解为及物的。[①] 因此，(73) 勉强可接受可以从如下事实得出：主语"张三"跟事件的受影响者不相关。下面观察到的对比可得到类似解释：

(75) 桌子$_i$被我打断了一条 [e_i] 腿。
(76) *桌子$_i$被我看见了一条 [e_i] 腿。

我们假定：一个实体如果在物理上或心理上为所讨论的事件所改变，那么，这个实体就在语言学的意义上"受到影响"。因此，(75) 由于桌子在物理上受到影响——断了一条腿，所以句子是好的；(76) 由于看见桌子既没有在物理上也没有在心理上影响它，所以句子不好。(假如主语是有生命的，(76) 的接受

[①] 除非"张三"有意将他爸爸藏在某处，这种情况下，(73) 是可以接受的。

第四章 被动句

度会在勉强可以接受或可以接受之间变化，因语境而定。）换句话说，如果复杂谓语分析是正确的，那么可以说，复杂谓语"看见一条腿"对外层宾语的选择限制是它应该是有生命的。这一属性并非动词"看见"所独有，而是为复杂谓语 V′ 所具有。

到目前为止我们已经证明，假如包括式间接被动句的推导方式是通过某种成分（如空算子或大代语）移位形成述谓或控制关系，那么，移位一定源自外层宾语位置，而不是所有格位置或者句法孤岛内部。可是，有真正发生移位的证据吗？比方说，有人可能声称这些句子包含控制关系；也就是说，主语直接约束所有格位置或关系从句内部的空语类。有了复杂谓语的概念，主语可以组合式地获得受影响者论旨角色，无须靠外层宾语的调解或移位。

尽管这一观点无法通过演绎加以排除，但是，另有经验证据表明外层宾语的存在（并因此发生移位）。首先是源自理论内部的证据，与最短距离原则（MDP）有关，上文已提及。最短距离原则要求大代语或空算子受控于最近的有 C-统制力的 NP，或与这一 NP 构成述谓关系。根据最短距离原则,（72）中的空主语 Pro 受控于施事"我"，而不是主语"李四"。但这不是这一包括式间接被动句想要表达的意思。假定在"我"与复杂谓语 V′ 之间有外层宾语，就可获得正确的解释。

外层宾语的存在还可以从（77）这样的句子看出：

（77）张镇星被检察官囚刑七年。

尽管主要谓语中所有的论元位置似乎都已填满，但请注意：

"被"之下主动的 IP 自身是不完整的：

（78）*检察官囚刑七年。

这个句子有很强的不完全及物句的意义，然而其宾语在复杂谓语内似乎没有任何合适的位置。(77) 中以 NP 语迹形式出现的外层宾语提供了那个缺失的宾语，使得句子合乎语法。事实上，对有些说话人而言，下面的句子完全可以接受，其中外层宾语由"把"赋格：

（79）检察官把张三囚刑七年。

在韩语中，外层宾语的证据直接来自双宾格标记句如下面的句子：

（80）Mary-ka   John-ul   tali-lui   cha -ess -ta.
　　　玛丽–主格 约翰–宾格 腿–宾格 踢–过去时–陈述句
　　　"玛丽踢了约翰的腿。"
　　　字面义：玛丽"踢腿"了约翰。

John 在（80）中的地位是外层宾语，而不是 tali "腿"的所有格指示语，这可以从不合语法的（81）得到证实，其中，复杂谓语表示的事件是"看见腿"。

（81）*Mary-ka   John-ul   tali-lui   po-ess-ta.
　　　玛丽–主格 约翰–宾格 腿–宾格 看见–过去时–陈述句
　　　"玛丽看见了约翰的腿。"
　　　字面义：玛丽"看见腿"约翰。

第四章 被动句

因此，韩语中"双宾格"结构的存在就为在位（in-situ）出现的外层宾语提供了明显的证据。至于其他语言为什么一般情况下没有也显出在位外层宾语，我们可以假定，这些语言缺乏合适的手段给外层宾语在其底层位置赋格。

就日语而言，外层宾语的证据是 Homma（1995）提出的，他就自然的及物谓语的概念以及韩语的双宾格结构独立地作出了相同的论断。此外，通过引用 Kayne（1975）的观点，Homma 还指出，某些罗曼语言的不可让渡的所有格结构含有一个受影响者论元，这个论元必须被容纳在被我们称为"外层宾语"的位置上。

Hiroto Hoshi（私人交流）从量词浮动（quantifier floating）角度为这一假说提供了另外的支持：

（82） gakusei-ga sensei-ni   san-nin t kino ［sakubun-o
　　　 学生-主格 老师-与格 3-量词 昨天 论文-宾格
　　　 home］ -rare -ta.
　　　 表扬-被动语素-过去时
　　　 "三个学生的论文昨天被老师表扬了。"
　　　 字面义：三个学生昨天被老师"表扬论文"了。

注意，跟 gakusei "学生"相关的量词短语（QP）san-nin "三个"，悬空在主句中，而不是作为所有格短语的组成部分，修饰 sakubun "论文"。这表明，在带有浮动量词的结构中必须有一个位置，这个位置处于复杂谓语 sakubun-o home "表扬论文"之外，但位于以被动语素 rare 为中心语的主句 VP 之内，而这就是外层宾语的位置。①

综上所述，对包括式间接被动句采取复杂谓语分析得到好几方面独立因素的支持：(a) 移位限制理论；(b) 自然的与

---

① 某些情况下非局部性（也就是长距离）被动化可以归于受影响者外层宾语的局部性被动化，这一结论提出了这样的问题：所有表面上的长距离被动化情况是否都可以作这样的归结？我们认为，这既不必要，在经验上也不可能。一方面我们注意到，非论元移位不可能排除：甚至连局部性移位的外层宾语也必须是非论元移位，因为 IP 的主语已被占据。既然非论元移位一般能经历长距离（只要遵守孤岛限制），那么，如果要求所有表面上的长距离被动化都是外层宾语的局部性被动化，则既无必要而且实际上也不理想。再则，有很多合法的被动句可以使用复述代名词策略通过非论元移位推导出来，但不可能通过外层宾语的局部性移位来推导。我们已经看到，(74) 中，"打死爸爸"可以是一个复杂谓语，以受影响者为其外层宾语。这进一步获得下列事实的证明，即：受影响者可以出现在"把"字结构中"把"的后面：

(i) 土匪把张三［打死了 Pro 爸爸］。

关键要注意，这类"把"字结构中，"张三"明显是外层宾语，"爸爸"的所有格代语不能被代词替换：

(ii) *土匪把张三［打死了他爸爸］。

不过，这一禁忌并不适用于被动化。比如，(iii)(=(74)) 和 (iv) 都是成立的：

(iii) 张三被土匪打死了爸爸。
(iv) 张三被土匪打死了他的爸爸。

假如我们说，(iv) 不是通过外层宾语的移位推导出来的，而是运用复述代名词策略通过建立直接跟所有者之间的非论元依存关系来推导的，那么，被动句和"把"字结构之间的差异就能得到解释。下面的对立也表达了同样的观点：

(v) *张三把李四打了他一下。
(vi) 李四被张三打了他一下。

(v) 表明外层宾语"李四"不可能充当显性代名词的先行语，因此，合法的 (vi) 不可能通过外层宾语的非论元移位来推导；必须直接运用复述代名词策略来建立跟所有者之间的非论元依存关系。

不自然的"及物性复杂谓语"之间的对比;(c)量词浮动的分布;(d)某些语言(如韩语与罗曼语)中存在显性外层宾语。注意,这一分析不仅适用于含有空算子移位的长被动句,而且适用于含有大代语移位的短被动句。下面是间接短被动句的例子:

(83)北大被逮捕了三个学生。

(84)他们被抢走了最喜欢的玩具。

假如短被动句含有大代语移位的分析正确的话,那么,在"被"之下的 VP 指示语位置上必须要移入某种成分。假定上述考虑是正确的,那么,移入的成分正是假设的外层宾语,而不是(83)中"三个学生"的所有者或关系从句的主语。比如,(84)的结构如下:

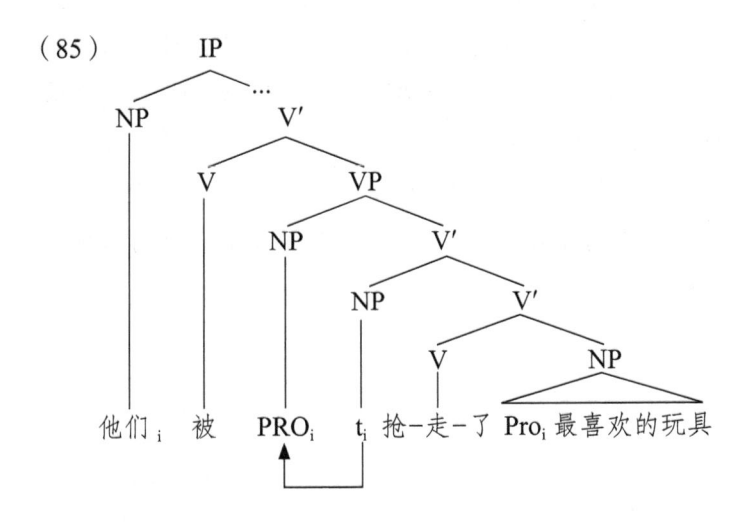

(85)

```
          IP
         / \
        NP  ...
            V'
           / \
          V   VP
             / \
            NP  V'
               / \
              NP  V'
                 / \
                V   NP
```

他们ᵢ 被 PROᵢ tᵢ 抢-走-了 Proᵢ 最喜欢的玩具

4.3.3 不如意被动句

我们已经证明,包括式间接被动句实际上应分析为直接被动句,也就是含有某种宾语(尽管是外层宾语)的提升。跟直接被动句一样,包括式间接被动句包含补足语和移位。现在要问:排除式不如意被动句情况怎样?文献中一般这样假设:这一结构不含有任何移位,也不涉及任何同标关系。不如意被动句正如正常的表经历的句子一样,不同在于:表经历的句子通常含有一个中性的历事,但是出于某种原因,当使用被动动词时,就会显出强烈的不如意之义。在这样的假设之下,主语在真正意义上被彻底"排除"。

不过,这个标准的假设显然并不是最好的。我们的建议是:不如意被动句也能够并且应该被处理成含有某种外层宾语——这种宾语较之包括式间接被动句中的外层宾语,离动词更远。鉴于没有更好的术语,我们就将这种不如意的受影响的宾语称为"最外层宾语",并假定它承担间接受影响者这样的论旨角色。我们还提出,(直接)受影响者是动词中阶 V' 的宾语,而间接受影响者是 VP 的宾语。[1] 若继续运用主语衍生于谓语内部假说,像(66)这样的不如意被动句便有如下结构:

---

[1] 在更为细致的事件结构中,动词被完全分解,"VP 的宾语"和"V' 的宾语"实际上各为一个轻动词的指示语,轻动词的基本语义为"(间接)影响"。

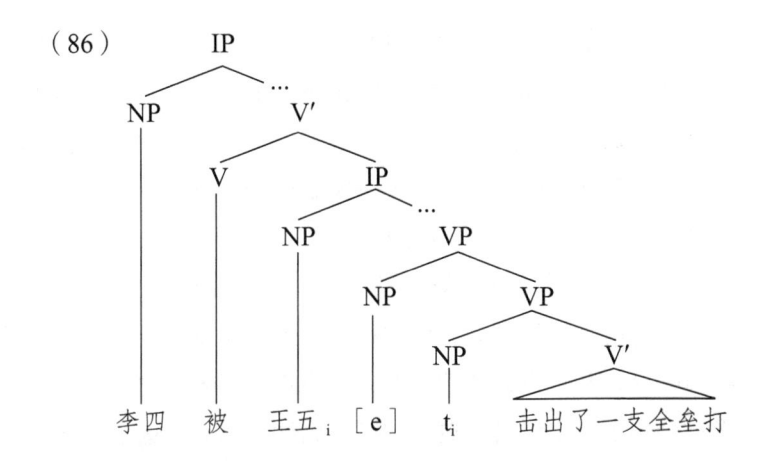

(86)
```
        IP
       /  \
      NP   V′
           / \
          V   IP
              / \
             NP  VP
                 / \
                NP  VP
                    / \
                   NP  V′
   李四  被  王五ᵢ [e]  tᵢ  击出了一支全垒打
```

在这个结构中,[e]是最外层宾语,可以看作 VP 的宾语,VP 的主语提升到 IP 位置。最外层宾语经历了空算子移位,跟主语"李四"同标。

外层宾语是 V′ 的宾语,最外层宾语是 VP 的宾语,这一假设很清晰漂亮地描绘了下面这个台湾闽南话句子的两个意义:

(87) goa   ho   i   yong-tiao nengpa kho
     我   被动语素 他   用-完   200   美元(用)
     khi-a.
     光-句末小品词
     a. 我被他花完了(我的)200 美元。
     b. 我受到他花完(他自己的)200 美元的影响。

第一种理解是"包括式间接被动句"的意思,第二种理解是不

189

如意的、(所谓)排除式被动句的意思。^① 当"外层宾语"附接到 V′ 之上,并在这个位置控制 nengpa Kho "200 美元"的代语所有者,就得到包括式的理解。当"最外层宾语"附接到 VP 之上,由于那个位置太远,无法控制代语所有者(相反,内嵌主语 i "他"的语迹控制所有者),就得到不如意的理解。

这样,将受不如意影响的 NP 称为谓语的"最外层宾语"这一主张就为我们区分中性的经验句跟不如意的经验句提供了结构解释;并将不如意性解释为排除式间接被动句的属性。如果一个句子的主语具有典型的宾语属性,那么,这个句子就是被动句。最典型的宾语是承担受事角色的 NP;当承担受事角色的直接宾语确实被动化时,就自动得到这种情况。一个名词短语在一个事件中直接涉入越少,它就越难有资格作为宾语的所指,除非它被理解为以某种方式——最典型的是以不如意的方式受到影响。这样,当外层宾语被动化形成一个包括式间接被动句时,不如意的解读使句子听起来更自然。当最外层宾语被动化时,不如意会成为必要条件。不如意到何种程度句子听起来才自然,这跟被动化的论元与主要动词的亲近关系成反比。

这样,我们将各种形式的被动句都处理成包括式被动句。事实上,就它们都含有宾语(内层、外层或最外层宾语)的被动化这一意义而言,它们都是"直接"被动句。至少就已经讨

---

① 包括式的解读比不如意的解读更容易获得,但后者仍是可能的。有些说话者发现难以获得不如意的解读,这是很自然的,原因出自语用方面。一般来说,在可以获得直接被动句语义解读的情况下,间接被动解读很容易被排除掉;而获得包括式间接被动解读比获得排除式被动解读的可能性更高。

第四章 被动句

论的情况来讲,我们对东亚类型的被动句作出了高度一致的特征描述:它们基本上有相同的属性——包含移位和补足语。假如这是正确的,那么,传统关于一致分析法与不一致分析法的论争就不再有任何理据了。

"最外层宾语"假设不仅有基于理论考虑的证明,而且还得到经验证据的支持。尽管汉语中似乎不存在跟不如意被动句对应的合语法的主动句,但在台湾闽南话中,运用 ka-结构(通常所说的普通话"把"字结构的对应表达)来造出一个主动的表不如意的句子是很常见的。在下面的主动句中,紧跟在 ka 后的 NP 完全符合我们对"最外层宾语"的描述(译者按,为了下文便于比较,这里附上英译文):

(88) yi ka goa tsao-khi a.
　　 他 KA 我　逃-离开 句末小品词
　　 'He ran away on me.'
　　 "他给我逃走了。"

(89) yin ka lan yiaN kui-a tiuN khi a.
　　 他们 KA 我们 赢　好几　比赛　完　句末小品词
　　 'They won several games away on us already.'
　　 "他们赢了我们好几场比赛。"

(90) goa kinazit be khimo, be lai ka i thetsa hapan.
　　 我 今天　不高兴　将要 来 KA 他 早点 离开
　　 'Today I'm not happy, so I will quit early for the day on him [e.g., my boss] .'
　　 "今天我不高兴,所以,我想早点离开他[比如我的老板]。"

(91) i chhittsa-petsa to   ka goa hapan, ho   goa kiong
　　他　如此-早　　于是 KA 我　离开，致使 我　差一点
　　beh　khisi.
　　将要　生气-死
　　'He left for the day so early on me, it almost angered me to death.'
　　"他那天很早离开了我，差一点气死我了。"

请注意，在每种情况下，ka 后面的 NP 对于谓语意义的完整性来说完全没有必要。可以说，ka-NP 只是被无理据地加于似乎已经完整的谓语之上。可以理解为，ka-NP 的所指在心理上受到影响，最常见的是以不如意的方式。①

正如 (88)—(91) 中的英译文所示，英语表达不如意是通过将间接受影响者置于 on-PP 之中。就我们所知，英语中 on-PP 的地位在文献中从未搞清楚。但是，根据台湾闽南话的语料，将其处理成 VP 的"最外层宾语"似乎是非常合理的。②

---

① 有时，会呈现受益的而非不如意的意义，不过通常以一种讽刺的语调。比方说，设想有人吹嘘自己的烹调技术，我们决定帮他一个忙，接受他的宴请。下面的句子是可以接受的：

(i) lan　lai ka　i　chia chit-waN.
　　让我们　来　KA 他 吃　一碗
　　"让我们吃他一碗。"

② 正如从格理论的角度所考虑的那样，间接受影响者必须出现在 PP 之内。介词 on 的选择决定于论旨角色的考虑（to 选择目标论元，on 选择间接受影响者，等等）。

第四章 被动句

法语似乎也为"最外层宾语"的存在提供了很好的证据。下面所有的句子都传达了某种程度的被动性（译者按，为了方便比较，这里附上英译文）：

(92) a. Jean s'est fait broyer par un camion.

　　'Jean *se* got crushed by a truck.'

　　"让自己被卡车轧了。"

b. Jean s'est fait broyer la jambe par un camion.

　　'Jean *se* had his leg crushed by a truck.'

　　"让使自己被卡车轧了腿。"

c. Jean s'est fait broyer sa voiture par un camion.

　　'Jean *se* had his car crushed by a truck.'

　　"让使自己的小汽车被卡车轧了。"

d. Jean s'est fait broyer la voiture de son amie par un camion.

　　'Jean *se* had his friend's car crushed by a truck.'

　　"让自己使朋友的小汽车被卡车轧了。"

e. Jean s'est fait broyer la voiture de Marie par un camion.

　　'Jean *se* had Marie's car crushed by a truck.'

　　"让自己使玛丽的小汽车被卡车轧了。"

注意，上面每个句子都含有一个反身附着词（reflexive clitic）*se*。这样，尽管（92a）可以直接翻译成"Jean got crushed by a truck"（让被汽车轧了），不过，更为准确的翻译可能是"Jean got himself crushed by a truck"（让使自己被汽车轧了），将反身代词处理成间接受影响者。"最外层宾语"的情况在（92b—e）中更有说服力。这里，反身附着词不可能起初就作为任何动词的直接论元或者作为更大 NP 的所有者，因为具有这些功能的所有句法位置都已填满词语。结果是，反身代词看起来没有必要，应该删除。但是，反身代词对于呈现被动解读至关重要；没有它，这些句子只有致使的解读。将反身代词分析成"最外层宾语"，表示间接受影响者，就解决了这一问题。正是最外层宾语的出现，才产生了被动性。既然最外层宾语只是间接受到影响，那么，这种被动句通常就伴随着某种不如意。①

总之，我们已经看到，对不如意被动句"最外层宾语"的分析被证明是合理的，基于几方面的重要考虑：（a）说话人关于主动句-被动句差别的直觉；（b）（台湾闽南话、英语和法语中）显性最外层宾语的存在；（c）这一分析解释了不如意性，并将其跟典型宾语身份联系起来。这一分析的另外好处是能使我们将所有被动句形式统一处理成直接被动句，由补足语和移位形成。

4.4　总结

本章主张用一种统一的方法处理汉语中各种形式的被动

---

① 请参阅 Authier & Reed（1992）及其所引文献对于"受影响与格"的处理，他们对（92）中反身附着词的处理跟我们这儿分析为"最外层宾语"是一致的。

第四章 被动句

句。各种形式的被动句都是由补足语和移位推导而来的。长被动句由句子的补足语和空算子的非论元移位形成，而空算子又对"被"的主句主语进行述谓。短被动句由 VP 的补足语和大代语的论元移位形成，大代语受主句主语的控制。跟以往对间接被动句的分析相反，我们主张间接被动句的形成方式跟直接被动句相似。它们的不同之处在于哪个宾语经历了移位：直接被动句是内宾语移位，而间接被动句是外层宾语或最外层宾语移位。

第五章 "把"字结构

关于"把"的基本事实表面上看似简单:

(1) a. 李四杀了那个坏蛋。
    b. 李四把那个坏蛋杀了。
(2) a. 林一骑累了马。
       i. 林一骑马并使马累了。
       ii. 林一因骑马而累了。
    b. 林一把马骑累了。
    (想要表达的意思同(2ai))

典型的"把"的宾语就是动词的宾语,但不总是如此。在某种直觉意义上,这个宾语在所描写的事件中"被处置"或"受影响"。[①] 比方说,(2b) 中"把"字后面的 NP "马"一定是因骑马事件而累,这就有效地排除了 (2a) 的第二种理解。

"把"字结构看似简单,实则很难,难在如何最有效地描写"把"字结构的属性特征,以期最大限度地在实证上获得解

---

① "处置"(disposal) 是王力 (1954) 和 Chao (1968) 使用的术语,用以描述"把"字后面 NP 的特征,意即对该 NP 所指涉的实体施加某种行为。在目前的句法学和语义学中,更常见的说法是这种 NP "受到影响"。

第五章 "把"字结构

释的充分性。除了所有说话人都很容易接受的"把"字结构简单例子之外，各种方言中还广泛存在着或多或少都可以接受的扩展案例。由于语言事实纷繁复杂，汉语语言学中产生了数量巨大的著作，我们无法在此一一列举。读者可以参考 Bender（2000）、Bennett（1981）、Chao（1968）、Cheng（1986）、Cheung（1973）、Frei（1956）、Goodall（1987，1990）、Hashimoto（1971）、J. Huang（1982b）、Koopman（1984）、F. Li（1997）、J.-I. Li（1997）、Li & Thompson（1981）、Y. Li（1995）、A. Li（1990）、李艳惠（2005）、Y.-C. Li（1974）、S.-F. Lin（1974）、T.-H. Lin（2001）、Liu（1997）、Mei（1978b）、Peyraube（1996）、Shi（2000）、Sun（1996）、Sybesma（1999）[①]、S.-H. Teng（1975）、Tiee（1986）、Travis（1984）、王还（1984）、王力（1954）、M. Wang（1987）、P. Wang（1970）、吴蒙（1982）、Yang（1995）以及 Zou（1995），以粗窥"把"的属性以及各种相关的理论与它们所代表的方法。

尽管对"把"有这么多关注，可是如何更有效地描绘"把"的属性特征，尚无明确的共识。很遗憾，由于篇幅限制，我们无法在此妥善评估大量的相关文献，而仅着眼于生成句法方面的文献。通过下面的讨论，我们希望阐明：关于"把"字结构，哪些问题已得到解决，还存在其他什么问题，而其中有些也许是语法研究范围之外的问题。

我们先比较一下"把"字结构与"被"字结构，这样做的

[①] Sybesma（1999）是 Sybesma（1992）的延伸，包括他的很多其他成果，这里主要引自 Sybesma（1999）。其他相关文献，可参阅 Sybesma（1999：220—221）。

原因稍后会明晰。

5.1 "把"字结构和"被"字结构

"把"字结构和"被"字结构经常被放在一起，因为它们一般被看作两个紧密相关、有特殊功能的句式。"被"字结构曾被认为带有"贬"义（关于汉语被动句"通常有不顺利的意义"，参见王力 1954，Chao 1968：703），描写一个不顺利的事件；① 但是，现代汉语并非对所有情况都要求有这种语用限制。② "把"字结构表达的是宾语受影响、被处理或被处置，不过，这些术语很难清楚而准确地界定，以便允许所有可接受的句子，排除所有不可接受的句子。③ 这两个结构是常规的 SVO

---

① 李临定（1980）和王还（1984），以及其他学者注意到，不顺利的事件不一定是从主语的角度来说的，它可以和句子或话语中的说话人或其他成分有关。

② 不过，根据 Xiao, McEnery & Qian（2006）最近的语料研究，汉语中被动句不再限于含有受到影响意义的动词。他们对 LCMC 语料的研究包括 31 个否定意义的动词（如"绑、劫、骗、杀"），6 个含有肯定意义的动词（如"评为、誉为、提升、封"）和 24 个中性动词（如"称为、任命、安排"）。很多其他研究注意到被动句中非否定意义是可能的，比如，梁东汉（1958）、邵敬敏和赵春利（2005）、张旺熹（2001）使用直接和间接致使者/受影响者（causer/affectee）的概念来区分"把"字结构和"被"字结构。

但是，只有当内层宾语被动化时，限制才会明显放松。前一章为三类"被"字句提供的结构只允许带内层宾语的情况不含受影响语，其他两类被字句，即在带外层宾语和最外层宾语的结构中，"被"指派一个"受影响的"论旨角色。

③ 参阅 Sybesma（1999:132）对"把"字结构术语的简单总结。重要的术语有：处置结构（disposal construction）（王力 1954, Chao 1968, Li & Thompson 1981, Tiee 1986）、执行结构（executive construction）（Hashimoto 1971）、宾格结构（accusative construction）（S.-H. Teng 1975）、高及物性结构（highly transitive construction），其中，"及物性"被界定为"活动从施事传递到受事"（M. Q. Wang 1987：72）。

语序的变异：在"被"字结构中，原来的宾语成了句子的主语；在"把"字结构中，这个宾语在表层作"把"的宾语。也就是说，"被"字的主语一般对应于"把"字的宾语。① 此外，"把"和"被"的出现提供了额外的论元位置："被"的主语和"把"的宾语通常可容纳一个论元，该论元在常规句子中会因论元位置不够而无法出现。相应的例子如（3）和（4）所示：（3）中动词后不能跟两个宾语，（4）中语义宾语作为复杂动词"免职"宾语的所有者。

（3）a. *我装满了卡车稻草。
　　　b. 卡车被我装满了稻草。
　　　c. 我把卡车装满了稻草。
（4）a. 我免了李四的职。
　　　b. 李四被我免了职。
　　　c. 我把李四免了职。

"被"字结构和"把"字结构受到很多限制。比方说，动词类型影响可接受性。下面就是一些在"把"和"被"结构中不可接受的实例：

（5）a. *李四被我认识了很久了。
　　　b. *我把李四认识了很久了。

---

① 话题或焦点的话语功能附属于"被"字的主语和"把"字的宾语。Tsao（1977）认为，"把"的宾语是次话题。邵敬敏、赵春利（2005）用焦点或突显概念表达这些宾语。

（6）a.*这个问题被他喜欢了。①

　　　b.*我把这个问题喜欢了。

（7）a.*他被我们拜访了很多次。

　　　b.*我们把他拜访了很多次。

此外，两种结构一般都不能跟光杆动词连用，它们要求用复杂动词短语，②比如下面的几个例子：

（8）a.*李四被我们骂。

　　　b.*我们把李四骂。

（9）a. 李四被我们骂了。

　　　b. 我们把李四骂了。

---

① 这一点不可能通过"贬"义的要求加以排除，因为他喜欢这个问题的事实对说话人来说可能是不幸的，类似于"这个问题被他解出来了"——他解出这个问题被说话人视为一件不幸的事。"被"字结构使用的语义/语用限制跟"把"字结构一样难以描绘。请参阅5.5和5.6节。

② 有关复杂动词短语的可能类型，有过很多分类。例如，吕叔湘（1955, 1980）将"把"字结构分为13类，成为后来很多研究的基础。比如，Sybesma（1999：135—139）将"把"字结构分成10类，Liu（1997：68—71）分成9种模式（对这一问题的评介，请参5.6节以及A. Li 2005）。

对于"被"字后紧接动词的短被动句而言，动词可以是光杆形式（见杨柳2006），例如：

（ⅰ）a. 他不喜欢被骂。
　　　b. 他险些被打。

在这些例子中，光杆动词跟"被"组成一个音韵单位。对于"把"字结构来说，如果动词多于一个音节，也可以是光杆形式：

（ⅱ）你不应该把他们逮捕，又马上释放。

请参见冯胜利（1995）关于韵律对"被"字结构影响的讨论。

（10）a. 李四被我们骂（了）一顿。
　　　b. 我们把李四骂（了）一顿。
（11）a. 李四被我们骂得很厉害。
　　　b. 我们把李四骂得很厉害。

尽管二者有很多相似之处，但"被"字结构和"把"字结构在某些重要方面存在差异，主要表现在以下三方面：

首先，进入"把"字结构的动词种类不及"被"字结构多。下面是感知动词的例子：

（12）a. 他被我们看到/听见了。
　　　b. *我们把他看到/听见了。
（13）a. 他的秘密被我们发现了。
　　　b. *我们把他的秘密发现了。

有研究指出，影响"把"字结构和"被"字结构可接受度的并不仅仅是动词的类型（参张旺熹 2001 等），问题在于：某种东西（个体或事件）是否受到影响。因此，尽管（14）中的"把"字结构和"被"字结构完全不可接受，但通过将主语变成受事件影响的 NP 可使"被"字结构变得可以接受，如（15）：

（14）a. *我把蓝天看见了。
　　　b. *蓝天被我看见了。
（15）他被我看见了。

"把"字结构在使用上的一些限制很大程度上归因于对紧跟在

"把"后的 NP——称为"把"后 NP——的要求:"把"后 NP 是一个受影响者(affectee)。只有那些受到影响或"被处置"的 NP 才可以作为"把"后 NP(回想一下 198 页注 ③ 里提到的"处置"、"执行者"以及"强及物性"这些术语)。实际上,张旺熹(2001)注意到"被"字结构与"把"字结构有两个主要差异:(i)直接影响还是间接影响;(ii)直接原因还是间接原因。这里简要说一下第一个差异:① "把"字结构要求"把"后 NP 直接受动作行为的影响。比较而言,"被"字句可以表达动作行为的间接影响。受影响者不一定表达为句子的论元。下面两组句子提供进一步的说明(参见 198 页注 ②)(引自张旺熹(2001)的例句(13)与(16)):

(16) a. *我把那个消息知道了。
　　　b. 那个消息被我知道了。
(17) a. *老师把他的纸条看见了。
　　　b. 他的纸条被老师看见了。

根据张旺熹(2001),"把"后 NP 必须是直接受影响者。因为所见或者所知不可能受影响,所以上述"把"字句不可接受。

---

① 张旺熹所讨论的第二个差异可用下面这组例子(引自他的(19a, b))加以说明:
　(i) a. 我抽烟,第一口就把我呛得连连咳嗽。
　　　b. *我抽烟,就被第一口呛得连连咳嗽。
根据张旺熹(2001),"第一口"不是直接致使者(causer)(直接使因成分与结果融为一体)。读者可以参阅他的文章,以了解更多基于这些见解的实例。

第五章 "把"字结构

不过,"被"的主语 NP 不必受到影响。受影响的是间接参与者,如(17b)中的"他"或者(16b)中受"我知道那个消息"事件影响的某个人。当然,正如下文将指出的那样,"受影响者"(affectee)或"受影响的"(affected)这些概念很模糊,难以用来明确地描述特征。而且,有了受影响者也不能保证"把"字句可以接受。尤其是,跟上一章所讨论的第三类"被"字句,也就是表不如意被动句对应的"把"字句,一般情况下很难接受:[①]

(18) a. 林一又被王五击出了一支全垒打。

b. ?? 王五又把林一击出了一支全垒打。

(19) a. 我被他这么一坐,(我)就什么都看不见了。

(谈及一场音乐会,当有个高个子坐在我前面挡住了我的视线。)

b. ?? 他把我这么一坐,(我)就什么都看不见了。

这些例子表明,"把"字结构比"被"字结构可能更受限。不过,其他例子则显示,"被"字结构更加受限。显示两种结构受限不同的一个实例是,"被"字结构中可能失却了一些释义。下面这个"把"字句有几个释义(Y. Li 1995);可是"被"字句却少了"被"的主语既是受影响者又是施事者的释义:

(20) a. 小孩把妈妈追累了。

 i. 小孩追妈妈,妈妈累。

[①] 由于台湾闽南话 ka 结构的影响,操台湾"国语"者比操华北普通话者更易于接受第三类"被"字句。

ii. 小孩使妈妈追他，妈妈累。
b. 妈妈被小孩追累了。
i. 小孩追妈妈，妈妈累。
ii. *小孩使妈妈追他，妈妈累。

下列情况中，尽管"把"字句有歧义，但"被"字句的释义却必须是："被"字的主语也是结果补足语的主语：

（21）我把他们打得手都肿了。
i. 我打他们以致我的手肿了。
ii. 我打他们以致他们的手肿了。
（22）他们被我打得手都肿了。
i. 他们被我打以致他们的手肿了。
ii. *他们被我打以致我的手肿了。

如果"把"字句的主语而非"把"后 NP 是结果补足语的主语，则相应的"被"字句不可接受。

（23）a. 我把饭吃饱，就来。
b. *饭被我吃饱，（我）就来。

这些例子表明：跟主句动词的补足语（如（20）中的结果补足语"累"、（21）和（22）中的"手肿"、（23）中的"饱"）有论旨关系的正是"被"字句的主语，而非跟在"被"字后面的 NP。相反，"把"字句中能跟补足语有论旨关系的或是"把"字的主语，或是跟在"把"字后面的 NP。对"被"字结构的限

204

第五章 "把"字结构

制可能与如下事实相关:"被"字结构含有一个算子,这个算子必须受到"被"字主语的控制(见上一章对"被"字结构的分析)。[①] "把"字结构与"被"字结构在这方面的差别表明"把"字的结构不同于"被"字结构。的确有证据显示,"把"字结构并没有表现出"被"字结构那样算子移位的属性。跟"被"字结构不同的是:"把"字结构不与"所"共现,并且当"把"后NP解释为动词的宾语时,也不允许在典型的动词宾语位置上出现复述(resumptive)代名词。[②] 这些事实如下例所示:

(24)他们把这些事情(*所)做完了。
(25)林一把他(*所)骗得团团转。

下面的例子表明,"把"字结构不允许一个与"把"后NP同指的复述代名词:

[①] 这可能跟"Visser-概括"相关,也就是说,主语控制类动词一般不能被动化(Bresnan 1982, Sag & Pollard 1991 对此有广泛讨论,可以参考)。

[②] 上一章4.1.3.1节介绍的长距离依存关系一定程度上似乎可能与"把"字结构相关:

(i) 张三被李四派警察抓走了。
(ii) 张三被我叫李四请王五带到学校。
(iii) ?张三把李四派警察抓走了。
(iv) ?我把张三叫李四请王五带到学校。

我们进一步注意到,在这种情况下使用复述代名词让"把"字句更不可接受:

(v) *我把张三i叫李四请王五带他i到学校。

因此,(iii)和(iv)的相对可接受性似乎并不能证明"把"字结构中的长距离依存关系,外层宾语仍然由复杂的VP指派。要将这个问题讲清楚,需要更确切地辨认和阐述管辖外层宾语分布的条件。

(26) 李四把林一打了（*他）一下。

上面的事实显示："把"字结构与"被"字结构的区别在于是否涉及算子移位过程。"被"字结构是通过将算子移位到句子的边缘，内嵌于（情态）动词"被"之下并对"被"的主语进行述谓而推导出来的（参见上一章）。可是，"把"字结构似乎并不含有算子。

简单总结一下。上述事实表明："把"字结构和"被"字结构，尽管在负载特殊意义和提供额外的论元位置方面非常相似，但它们却受到一些不同的限制。"把"字结构的推导方式跟"被"字结构应该不同。"被"字结构被分析成含有动词（或情态词）"被"，它将一个论旨角色指派给其主语，且将一个 IP 或者 VP 作为其补足语。算子移到该补足语的边缘，受"被"的主语控制。"把"也可以带 VP 作补足语，但它似乎没有给其主语指派论旨角色，也不带 IP 作补足语。它没有像"被"字结构中那样的算子移位。"把"字结构的这些重要特征（跟"被"字结构相比）有助于描写这一结构的特性。下面来分析"把"的某些形态句法属性。

5.2 何谓"把"？[①]

文献中对"把"的分析，似乎用过了每种可能的方法。

[①] 本节与 5.5—5.6 节，源自 A. Li（2006）。

5.2.1 "把"的语类地位

历史上看,"把"是一个动词,义为"拿、抓、处理"(参见 Bennett 1981,王还 1984,王力 1954)。"把"也可以出现在所谓的连动结构 [V_1 + NP + V_2 + XP] 中,^① 充当 V_1,也就是 [把 + NP + V + XP]。这个结构模型可以表示"拿某物 NP 和(对某物)做 [V+XP]"。这种历史起源在今天的很多"把"字句中依然可见。^② 例如,现代汉语中下列两组问答看似连动结构:

(27) a. 你把橘子怎么样了?
　　 b. 我把橘子剥了皮了。
(28) a. 你要把他怎么样?
　　 b. 我要把他打断腿。

这些句子在形式上与连动结构 [主语 + V_1 + NP + V_2 + XP] 极为相似,其解释为:主语拿某物 NP,并且对它做 [V + XP];主语对某物 NP 所做的就是 [V + XP]。(27b) 的意思是"我对橘子的所为就是剥其皮",(28b) 的意思是"我想要对他做的是打断他的腿"。

不过,根据大多数对"把"字结构的研究,现代汉语的

---

① 连动结构并不是一个统一的结构概念,它是指各种表层形式为一个以上的 VP 连续出现的结构。从结构上看,连动结构的 VP 可以分析成不同类型:并列结构或从属结构。可参阅 Li & Thompson(1981,第 2 章)等研究,最近的研究有 A. Li(2006)。

② 在现代上海话和武汉话中,某些情况下"把"字结构 [把 +NP_1+V+NP_2] 中 NP_2 可能是代名词,并与 NP_1 同指(与陆丙甫、石毓智私人交流)。

"把"已经失去了典型动词的属性（可参阅 Zou 1995 对相关研究的广泛评论）。按照传统对动词身份的测试，"把"已经"语法化"了，① 不太像一个动词：(i)"把"不能带体标记，如(29b)；(ii) 不能形成选择问句 V-不-V 形式，如(29c)（不过，请注意本页注③）；(iii)"把"不能简单用来回答问题，如(29d)（参阅 Chao 1968，Li & Thompson 1981）：②

(29) a. 他把你害了。
     b. *他把了你害（了）。
     c. (*)他把没/不把你害（了）。③
     d. *（没/不）把

不过，这种形态-句法测试并不十分令人满意。汉语有一些词，虽然没有所列形态-句法的特征，但一般还是被视为动词，"使"就是这样的例子。根据动词身份测试，"使"跟"把"相似，但

---

① 西非的好几种语言，如 Twi 与 Fong 也有类似结构，含有与"把"一样的语法化语素。对这种结构的跨语言比较与语法化过程的讨论，请参阅 Zou (1995)。

② 也有人主张"把"是个同动词（参见王力 1954，吕叔湘 1955，Li & Thompson 1974，1981：第9章、第15章，等等）。同动词是汉语语法研究创立的特殊语类，用以代表一组词，这些词原来是动词，后来逐渐失去了动词属性。之所以称其为同动词，因为它们不再是动词，但也没成为真正的介词：不完全像词汇动词，也不像典型的介词。轻动词位置上的语素跟同动词的地位相同（参阅 J. Huang 1997，T.-H. Lin 2001）。

③ 有些人接受"把"形成的 V-不-V 问句（如吴蒙 1982）。使用 V-不-V 来测试动词身份似乎不是决定性的，尽管文献中经常使用。有些人也可以接受介词、形容词以及"经常"这样的副词出现在 V-不-V 形式中，这一形式更确切地说应标为一般的 A-不-A 问句形式，而不只是 V-不-V。

没有人怀疑"使"的动词地位。

（30）a. 他使你很快乐。
　　　b. *他使了你很快乐。
　　　c. *他使没/不使你很快乐？
　　　d. *（没/不）使

比较清楚的是，"把"后 NP 可以是后面动词的宾语，如（29a）。当"把"后 NP 被释为后面动词的宾语时，动词的宾语位置必须是空的，不可以由与"把"后 NP 同指的代名词或反身代词占据，如（31a—c）。"把"与"把"后 NP 的这些属性跟典型动词及其宾语是不一样的。

（31）a. *他把李四$_i$害了他$_i$。
　　　b. *他把李四$_i$害了自己/他自己$_i$。

（31b）应该跟（31c）形成对比，（31c）允许"使"先于动词与反身代词。

（31）c. 他使李四$_i$害了自己/他自己$_i$。

（31a，b）与（31c）之间的对比表明，现代汉语的"把"跟动词不同。

5.2.2 对"把"的分析

尽管"把"已经语法化了，不再像一个动词，但语法化意味着什么，仍然是一个问题。语法化了的"把"有什么样

的形态-句法属性？众多的主张在逻辑上似乎已穷尽各种可能性：①

(32) a. "把"是一个动词（Hashimoto 1971）；
  b. "把"是一个介词（Chao 1968，吕叔湘 1980，Travis 1984，Cheng 1986，A. Li 1985, 1990）；
  c. "把"是一个无语义的纯赋格成分（J. Huang 1982b，Koopman 1984，Goodall 1987）；
  d. "把"是一个填充成分，当不发生动词提升时，它填充致使短语的中心语位置（Sybesma 1999）；
  e. "把"是一个基础生成的功能语类的中心语（Zou 1995）。

正如上一节所描写的那样，按照动词身份测试，"把"既不像动词，也不像"使"那样的特殊类动词，这就使第一种选择（32a）少了吸引力。而（32b）与（32d, e）各占一方，主要的区别在于成分组构：根据（32b），单独的"把"后 NP（不含"把"）与 VP 不应该构成一个单位；相反,（32d, e）则将"把"看作致使短语或某种功能投射的中心语，即"把"后 NP 应该跟后面的 VP 而不是跟"把"构成一个成分。作为赋格成分,（32c）的"把"按照成分组构可以归入（32b）或（32d）。

事实是"把"后 NP 可以跟 VP 构成一个成分，如并列测

---

① 所有这些可能性都允许"把"给其后的 NP 赋格，而"把"字结构具有特殊的意义，可以从不同的角度把握，如本章所示。关于"把"作为赋格成分以及"把"字结构具有特殊的意义（致使者角色），参阅 Y. Li（1990, 1995, 1999）。

试所示（参见吴蒙 1982）。[1]

（33）他把［门洗好］,［窗户擦干净］了。

这表明（32d，e）更为合适。但是，有一部分"把"字句，其中的"把"可以跟"把"后 NP 构成一个成分，这表明单纯依赖（32d，e）的分析是不充分的。[2] 这类"把"字句，Sybesma（1999）称之为"常规的'把'字句"（表达某人（有生命的施事）对某实体做某事，以区别于他所说的主语一般为无生命的致使者（causer）的致使"把"字句）。[3] 我们不妨再举一例（34a），其中"把"与"把"后 NP 可以作为一个单位，并前置于句首，如（34b）。也就是说，这种"常规的'把'字句"不仅允许"把"后 NP 跟后面的 VP 构成一个成分，也允许"把"跟"把"后 NP 形成一个成分。[4]

---

[1] 如果"把"也出现在第二个联结项中，句子也可以接受；也就是说，"把"、"把"后 NP 与后面的 VP 可以构成一个成分。

[2] 若是"致使性的"句子（也就是其主语承担致使者角色），则不能作前置操作。5.4 节将分析两种"把"字句的差异。

(i) a. 这瓶酒把他醉倒了。
　　b.＊把他，这瓶酒醉倒了。

[3] 王力（1954）建议用"处置"和"致使"，也就是 Sybesma 所说的"常规的（'把'字句）"与"致使的（'把'字句）"。

[4] 据 Zou（1995）的观察，"把"与"把"后 NP 不能构成一个成分前置。但是，我们发现在某些例子中"把"字短语前置并不那么困难，尽管这种模式只出现在临时的非正式的话语中。当语境中对"把"后 NP 做某事的解释相当清楚时，"把"字短语前置似乎是最好的。命令句就是一个很好的例子，可是并不一定非得命令句不可。

(i) 把那堆文章，我早就改好了。

(34) a. 你先把这块肉切切吧。

b. [把这块肉]，你先切切吧。

请比较：

c. 你把[这块肉切切],[那些菜洗洗]吧。

(34b)这样的句子显示，只将"把"看作致使短语的中心语或者某种其他投射的中心语，而不是跟其后的 NP 构成一个成分，这样的分析并不总是充分的。

总之，现代汉语中的"把"不像是一个动词。(33)和(34c)中的并列测试表明[把 NP VP]结构上可以分析成[把[NP VP]]。此外，如果是常规的"把"字句，也就是语义为某人对某实体做某事，成分结构似乎可以分析为[[把 NP] VP]，因为"把"跟其后 NP 可以作为一个单位前置，如(34b)。前一种观察跟将"把"作为投射的中心语带[NP VP]补足语的方法，如(32d, e)是一致的，后一种观察跟将"把"分析为一个动词的(32a)或者介词的(32b)相一致，即"把"与 NP 形成一个单位，修饰后面的 VP。我们先讨论跟(32d, e)一致的结构，然后在 5.4 节末尾回到变异上来。

前面的讨论描述了"把"的语类地位。若从论旨关系上讲，"把"并没有给其主语指派论旨角色，这跟"被"形成对比。同时，也没有证据表明"把"给后面的 NP 指派论旨角色。下面详细讨论这些属性。

5.3 "把"不是论旨角色指派者

注意,"把"的后面必须紧跟 NP,这种组合上的要求可以从格指派上得到解释。假如"把"后 NP 的格由"把"赋予,那么,这种线性序列上的必然性可以很自然地从如下事实得出:汉语中格指派遵从邻近条件(Stowell 1981,A. Li 1985,1990)。相应地,有理由认为"把"是一个赋格的中心语。但这个中心语也给从它那里得到格的 NP 指派论旨角色吗?它给句子的主语指派论旨角色吗?

5.3.1 "把"和主语

怀疑"把"给句子主语指派论旨角色的唯一理由是(35)这样的例子,即以无生命的致使者作主语的、有"致使"释义的"把"字结构。

(35) a. 那三大碗酒把李四喝醉了。
  b. 十首小曲把林一唱得口干舌燥。
  c. 李四的笑话把林一笑得肚子疼。
  d. 李四吞吞吐吐的样子把林一急死了。

这些例子的共同点是:"把"后 NP 是(或者可能是)动词复合体中第一个动词的论旨主语。比如,"李四喝醉了"是一个独立的句子,其中"李四"喝了酒,结果醉了。但是,假如第一个动词已将主语论旨角色指派给了李四,那么,(35a)的真正主语"那三大碗酒"就必须从别处获得论旨角色，以满足论旨准则。这样，"把"成为论旨角色的来源似乎是很自然的。另外，这个句子显然可以解读为"酒使李四醉了"。如果"把"充当致使动词，相当于英语 make 的致使用法，就能得到这一解读。(36) 图示了这种可能性：

(36) [those three big bowls of wine MAKE Lisi drink-drunk]

其中的 MAKE 可以用"把"来实现。这样，至少在 (35a—d) 中，似乎"把"需要具备给主语指派论旨角色的能力。这个角色不是施事，因为 (35a) 中的"酒"根本不是有生命的。文献上，这一角色一般被标为使因 (Cause)。

然而这样推导出来的结论并不正确。首先，(35a—d) 实际上分为两组：(35a, b) 是一组，(35c, d) 是另一组。先来看第一组。

第一组两个句子的主语在论旨上跟动词"喝"(35a) 和"唱"(35b) 相关：它们是这些动词的逻辑宾语。这种关系也可以用相应的非"把"字句来表达。

(37) a. 李四喝那三大碗酒喝醉了。
　　　b. 林一唱十首小曲唱得口干舌燥。

在这些例子中，每个 NP 都从动词那里获得论旨角色。通过比较 (35a, b) 与 (37a, b)，我们认为 (35a, b) 中"把"字句的主语都是从动词那里获得论旨角色的。的确，假如将 (35a, b) 中的主语换成跟动词没有论旨关系的 NP，句子则不

第五章 "把"字结构

可接受。①

（38）*郁闷的心情把李四喝醉了。
（想要表达的意思：郁闷的心情使李四喝醉了。）

同样，跟（38）对应的非"把"字句也不能接受。

（39）*郁闷的心情喝醉了李四。
（想要表达的意思同（38））

"把"字句和非"把"字句之间的相似性表明"把"缺乏论旨指派能力。我们进一步注意到，将"把"替换为"使"，则（38）可以接受。

（40）郁闷的心情使李四喝醉了。

（35a，b）和（38）的差别仅在于主语 NP 选择的词不同，但它们在可接受度上形成鲜明对比。将"把"替换成真正的致使动词"使"，就使句子从不可接受变成可接受。这三组句子的对

---

① 对我们的讨论来说，重要的是"把"字句总有对应的非"把"字句。因此，"把"不能指派论旨角色。注意，比较宽泛的论旨关系是可能的。下列句子显示的是"把"字句和非"把"字句的主语获得受益者角色的情况（参见第二章关于主语和宾语位置上可能的论旨角色的讨论，也可参阅沈家煊（2004）对下面这些句子的讨论）：

（ⅰ）这场排练把我们唱累了。
（ⅱ）这场排练唱累了我们。

请比较：

（ⅲ）我们给这场排练唱（歌）。

比表明:"把"字句的主语必须跟句子中指派论旨的动词有论旨关系。"把"自身不能指派论旨角色,这跟致使动词"使"不同。"把"和"使"在给主语指派论旨角色方面的不同可从下面例子的对比中得到进一步支持:

(41) a. 林一吃饱了。
　　　b. *李四把林一吃饱了。
　　　　(想要表达的意思:李四使林一吃饱了。)
　　　c. 李四使林一吃饱了。
(42) a. 金鱼游得看不见了。
　　　b. *孩子把金鱼游得看不见了。
　　　　(想要表达的意思:孩子使/让金鱼游得看不见了。)
　　　c. 孩子使金鱼游得看不见了。

上述(b)与(c)句在可接受度上形成对比。而且,"使"和"把"的对比在下面例子中更鲜明,其中宾语位置上有一个代名词。

(43) a. 张三ᵢ使我打伤他ᵢ。
　　　b. *张三ᵢ把我打伤他ᵢ。

(43b)中的宾语一定跟"把"后NP相关,并且不可能是显性代名词。但是,(43a)中的宾语跟"使"后的NP不一定相关,可以是代名词。代名词可以跟"使"的主语同指,表明这个句子是双句(bi-clause)结构。①

---

① 回想一下"使"和"把"的主要差别:"使"是一个动词,可以带一个外部论元(主语)和一个句子补足语;"把"是动词复合体的一部分,本身不是一个实动词。

第五章 "把"字结构

如果致使动词"使"给其主语指派论旨角色，而"把"则不是，那么，理应得到上述观察的事实。(42b)和(43b)中的主语 NP 没有从任何地方获得论旨角色，违反了论旨准则。因此，"把"并没给其主语指派论旨角色。

下面来看(35c, d)。值得注意的是，(35c)中的"笑"和(35d)的中"急"既可以是及物动词，又可以是不及物动词（译者按，为了方便比较，这里附上英译文）：

(44) a. 最笑人的是李四竟然没带信用卡。
'What made people laugh most was that Lisi didn't even bring his credit card.'
b. 这事真急人！
'This thing really makes people anxious!'

上述例子中，"笑"和"急"被致使化了（没有显性形态），带上宾语"人"，这一点从英译文上反映出来。下面的例子进一步说明"笑"和"急"的及物用法：

(45) a. 你急什么？[①]
b. 你笑什么？

因为"笑"和"急"可以是及物动词，所以(35c, d)属于典型的"把"字结构，跟(35a, b)的句子或者跟带及物动词"打/骂"的句子（我把他打/骂了）一样。此外，(35c, d)具有相

[①] 这组的每个句子还有一个解释："什么"解释为跟"为什么"一样："你为什么急？"、"你为什么笑？"。

应的非"把"字句：

（46）a. 李四的笑话笑得林一肚子疼。
　　　　b. 李四吞吞吐吐的样子急死了林一。

假若（35c，d）中"把"字句的主语是靠"把"来指派论旨的，那么，像（46a，b）的例子就不可能被接受。

5.3.2 "把"和"把"后 NP

上面的讨论表明："把"字句总有一个与其相对应的可接受的非"把"字句，这说明相关句子中的论元，包括"把"后 NP，没有一个是靠"把"指派论旨的。根据上一章的分析，跟带一个内层宾语和一个外层宾语的"被"字结构对应的"把"字结构通常是可以接受的。内层宾语从相关动词那里获得论旨角色，外层宾语通常跟动词的补足语有关，获得"受影响的"论旨角色。

如果有理由认为"把"能给其后的 NP 指派论旨角色，这理由应该是："把"字结构带有特殊意义，体现为"处置"、"执行"和"强及物性"（参 196 页注①和 198 页注③）。但是，既然复杂谓语可以给外层宾语指派"受影响的"论旨角色，那么，应该没有必要用"把"来给"把"后 NP 指派论旨角色。前面提到，出现在"把"字结构和"被"字结构中的动词是不同的。有些代表性的例子（（12）和（13））重复如下：

（47）a. 他被我们看到/听见了。
　　　　b. *我们把他看到/听见了。

（48）a. 他的秘密被我们发现了。
　　　b. *我们把他的秘密发现了。

两种结构接受不同的动词。但是，动词对这些结构可接受度的影响只有在与内层宾语相关的情况下才显示出来，即内层宾语被动化，或者充当"把"后NP。当有外层宾语时，这两种结构本质上带有相同的意义，并具有范围相似的可能性（除了（20）—（22），稍后会谈到）。我们看到的这两种结构之间的差异可以追溯到对"把"后NP"影响性"（affectedness）的要求上。"被"字结构允许内层宾语被动化，而"把"字结构要求"把"后NP一开始就是外层宾语而不是其他成分。也就是说，"把"后NP总是外层宾语，由跟在"把"后NP之后的复杂VP指派"受影响的"论旨角色。在有内层宾语的情况下，"把"后NP尽管一开始仍是外层宾语，但是跟内层宾语位置上的空论元相关。不管是否应该接受这种主张，"把"都不会给其后NP指派论旨角色。

"把"缺乏指派论旨角色能力的进一步证据是：带一个释义仅为"受影响的"论元的句子是不可接受的，比如跟第四章讨论的第三类"被"字结构对应的那些句子（（66）和（67）；最外层宾语）中的情况，重复如下：

（49）?? 王五又把林一击出了一支全垒打。
（50）?? 他把我这么一坐，就什么都看不见了。

假如"把"能给其后NP指派论旨角色，那就无法解释这两个句子该怎样被剔除。以（49）为例："把"后跟着 NP 和 VP，跟典型的"把"字句（51）一样：

（51）我把林一抢走了帽子。

也就是说，从结构上讲，(49) 和（51）的"把"后 NP 后面都跟着 VP。令人不解的是，为何一个可以接受，另一个却不可接受？然而，假如外层宾语总是动词补足语句子的一个论元或者跟动词的论元相关（比方说作为宾语 NP 的所有者），那么，同一个 NP "林一"在（49）中就不是外层宾语，而在（51）中却是。(49) 和（50）中"把"后 NP 没有取得外层宾语的资格，也没有由"把"指派论旨角色。因为"把"后 NP 没有论旨角色，所以这两个例子是不可接受的。

简而言之，可以认为，"把"并不给其后的 NP 或者"把"字句的主语指派论旨角色。它的唯一用途似乎是给其后的 NP 赋格。下面概括一下"把"字结构的属性：

（52）a. "把"字句只有当存在一个内层宾语或者外层宾语时才是可接受的。"把"后 NP 是内层或外层宾语，但不是最外层宾语。

b. 尽管"把"给其后 NP 赋格，并且在"把"与"把"后 NP 之间不能间以任何成分，但是它们只是在常规的"把"字句中才形成一个句法单位，在致使的"把"字句中则不能构成一个句法单位。

c. "把"不指派任何论旨角色："把"字句的主语和

"把"后 NP 都没从"把"那里获得论旨角色。
d. "把"字结构不涉及算子移位。

我们在本章一开始比较了"把"字结构与"被"字结构,这两种结构共享某些属性,但也有重大差别。上一章我们看到:"被"是一个动词(或情态词),能给主语指派论旨角色。"被"还要求其补足语含有一个算子。[①] 与此相反,"把"不指派论旨角色,也没有呈现算子移位的属性。此外,"把"不接受涉及最外层宾语的第三类"被"字结构。这最后一个属性不仅对我们关于"把"不能指派论旨角色的论断提供了进一步支持,而且要求我们的分析不可将包含最外层宾语的 IP 当作"把"的补足语。也就是说,"把"字句的结构应该加以严格界定。下面着重谈"把"字句的结构。

5.4 结构

对"把"字句结构的充分刻画必须考虑(52)中所概括的属性,并准确反映出"把"字结构与"被"字结构之间的差异。

5.4.1 初步的分析

"把"是词而不是一个短语,因此,在语类上是一个 X^0。

[①] 不过,按照动词的表现,"被"跟"把"一样:它不能通过一般的动词身份测试,比如说 A-不-A 问句和简单回答(参见 5.2.1 有关"把"字的测试)。在这方面,"被"跟"把"是一样的。

5.2.1节的成分测试显示：大多数情况下，"把"与其后NP并不构成一个成分。相反，"把"后NP与后面的VP构成一个成分。由于"把"既不是真正的动词，也不是真正的介词，但确实能赋格，所以，唯一的可能是将"把"归入轻动词（J. Huang 1997, T.-H. Lin 2001）。① 关于"把"后NP，它一般是"受影响的"外层宾语，由动词及其补足语构成的复杂谓语指派一个论旨角色。跟"被"字结构的比较进一步表明："把"字结构不涉及算子移位，因为这一结构中没有明显的算子移位的属性。于是，逻辑上"把"字句简单的结构可能如下：

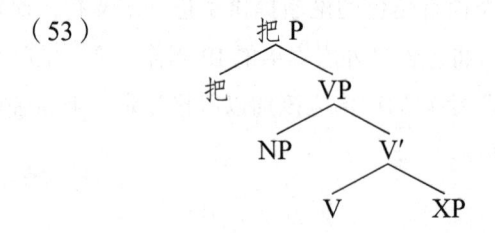

（53）

```
        把P
       /  \
      把   VP
          /  \
         NP   V'
             /  \
            V    XP
```

在这个结构中，VP的指示语（Spec）位置上的NP就是"把"后NP，也就是由V'指派论旨角色的外层宾语。如果"把"后NP在某些情况下源自内层宾语，那么，它会提升到VP指示语的位置（参阅上一节将所有情况下的"把"后NP都视为外层宾语的讨论。）

---

① 还有一种可能：将"把"归入某种待界定的功能语类（参见第一章）。受Pollock（1989）关于功能语类在句子结构中投射为时（Tense）和一致关系（agreement）的重大研究的启发，近期的文献设定了非常丰富的各种功能语类，并用于句法分析（最近的代表著作可参看Cinque 1999, Rizzi 2002）。普遍语法中存在什么样的功能语类，它们怎样整合于句法结构中，最终是一个实证性的问题。

第五章 "把"字结构

这一结构也准确反映出如下事实:"把"跟在体语素"有"和"在"之后,而这两个语素被认为是体短语 AspP 的中心语,AspP 在 IP 之下,VP 之上(参见第三章 3.3.1 节,尤其是(52)图)。

(54) a. 李四没有把老虎打死。
　　　b. *李四把老虎没有打死。
(55) a. 林一在把衣服包成一个大包。
　　　b. ??林一把衣服在包成一个大包。

假如"把"是高一级动词短语 VP 或轻动词短语 vP 的中心语,那么,(53)中的结构跟 Chomsky(1995)广泛讨论的轻动词短语结构 vP 以及 Larson(1988)为双宾结构提出的 VP 壳(VP-shell)结构非常相似。事实上,如果将"把 P"这一标示法换成 vP 或者 VP,那么,这一结构就跟 Chomsky 的 vP 结构或者 Larson 的 VP 壳结构一样,是一般的 VP。我们在结构表示上不妨考虑采用 Chomsky 的 vP 结构,并且记住:如果采用 Larson 的 VP 壳结构,那么,每个 vP 都替换成 VP,每个轻动词 v 都替换成动词 V,这个问题稍后再谈。

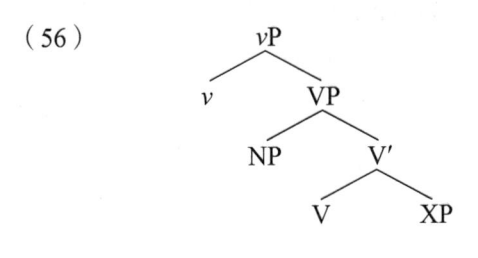

(56)
```
        vP
       /  \
      v    VP
          /  \
         NP   V'
             /  \
            V    XP
```

如果"把"出现在 v 的位置，动词出现在 V 的位置，就推导出如下的"把"字句：

（57）我把杯子拿给他。

另一种情况是："把"不一定出现在 v 的位置上。在这种情况下，动词向上移到 v 位置，推导出非"把"字句（参见 Sybesma 1999，第 6 章）：

（58）我拿杯子给他。

换句话说，可将"把"看作轻动词 v 的拼读（spell-out）。如果轻动词 v 拼读成"把"，则 V–v 的提升移位不适用，推导出 [把 NP V XP]；如果"把"不出现，则发生 V–v 提升移位，推导出 [V NP XP]（参见 J. Huang 1993，S.-W. Tang 1998 关于汉语中 V–v 提升移位的讨论）。

5.4.2 修正

（53）中的结构似乎刻画了（52）中的属性，我们也看到了"把"字句及相应的非"把"字句是如何推导出来的。"把"是所投射的短语的中心语，因为"把"给其后 NP 赋格，而赋格要遵守邻近条件（Stowell 1981），所以"把"与其后 NP 之间不能插入任何成分。"把"是动词复合体的组成部分，不能独立地指派论旨角色。这一结构也在算子移位的作用方面解释了"把"字句与"被"字句之间的差异：这一结构中不存在算子。

但是，（53）并非完全恰当。状语的位置尤其是一个难题，

第五章 "把"字结构

以方式状语为例:"把"字句中,方式状语既可在"把"字之前,也可在"把"字之后。

(59) a. 我小心地把杯子拿给他。
b. 我把杯子小心地拿给他。

由于(59a,b)均可接受,所以,在(53)中,方式状语应该能要么附接于动词中阶 V′ 之上,要么附接于比"把"字短语高的某个节点之上。状语出现在这一位置的可能性预示 V-v 提升移位后的非"把"字句应该能够接受,这种最小对立如(60a,b)所示。可是,(60b)却不可接受:①

(60) a. 我小心地拿杯子给他。
b. *我拿杯子小心地给他。

(59b)与(60b)的对比对(53)中结构的合理性提出了质疑,该结构将轻动词拼读为"把"或者将其作为 V-v 提升移位的着陆点。

(59)和(60)所显示的副词分布表明:"把"一定高于主要动词提升移位的着陆点,也就是高于(56)中的 vP,如下所示:

---

① 有学者可能认为,副词的分布可以这样来分析:副词必须得到具有显性语素中心语的允准。当"把"字出现时,副词可以要么得到出现在低一级的 V 位置上的主要动词的允准,要么得到高一级的轻动词 v 位置上的"把"的允准。当发生 V-v 提升移位时,低一级的 V 是空语类,故不能允准低一级的 VP 中的副词。这种方法需要作跨语言的参数分析,因为动词的提升移位并非总能阻止副词出现在低一级的位置上,如 Pollock(1989)对法语的研究所示。并且,假如 J. Huang(1993)、Soh(1998)以及 S.-W. Tang(1998)关于动词提升移位的分析正确的话,那么,汉语中的空动词能够允准持续/频率类副词短语。

(61)

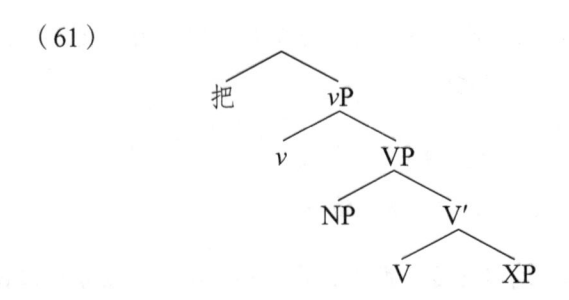

```
        把      vP
              /    \
             v      VP
                   /  \
                  NP   V'
                      /  \
                     V    XP
```

在这一结构中,副词附接到 vP 上(或者是中间投射 v' 上,或者是其他某个高于 vP 的节点上)。对于非"把"字句而言,主要动词从 V 提升移位到 v 之后,副词出现在主要动词的左边。在"把"字句中,副词可以出现在"把"字的右边(如果副词附接到高于"把"字投射的节点上,则它也可以出现在"把"字的左边)。

(61)中的结构解决了(59)和(60)提到的副词位置的难题。但是,(61)也提出了如下的问题:"把"后 NP 位置在哪里?它当然不可能受(61)中 VP 的直接支配。"把"后 NP 与"把"绝不能被其他成分隔开,(61)中的结构会允许主要动词出现在"把"与"把"后 NP 之间,这是不正确的。一定要有一个 NP 的位置邻接于"把"。一种可能是将"把"后 NP 看作 vP 的指示语:

(62)[把 [$_{vP}$ NP [$_{v'}$ v [$_{VP}$ V XP]]]]

这一结构刻画了到目前为止所描述的"把"字句的大部分属性。但是,仍有一个重要问题:在常规的"把"字句中,"把"似乎能跟其后 NP 构成一个成分，尽管在"致使的""把"字句中行不通（参见 5.2.2）。我们有理由相信，常规的"把"字句中"把"仍保留动词的属性，意即"拿、处置"。动词的属性允许将相关的"把"字句分析为 [[$_{VP}$ 把 NP][VP]]，其中 [$_{VP}$ 把 NP] 功能上像 VP，修饰后面的 VP，很像下面例子中的"用刀"、"买花"：

（63）a. 他用刀杀了很多鸡。
　　　b. 我要买花送给他。

短语"用刀"、"买花"，作为一个单位起作用，可以前置：

（64）a. 用刀他杀了很多鸡。
　　　b. 买花我要送给他。

常规的"把"字句而非致使的"把"字句在结构上的歧义性，也为结果补足语从句中关于空代名词释义的一系列事实提供了答案。比方说，像（65）这样的句子，有关结果补足语从句中主语所有者的解释，是有歧义的（"我的手"或者"他们的手"，参见 5.1 节对（21）句的讨论）。

（65）我把他们打得手都肿了。
　　　i. 我打他们以致我的手肿了。
　　　ii. 我打他们以致他们的手肿了。

这两种可能的释义源自两个歧义结构。结果从句补足语中有一个空代名词（手的所有者），空代名词可以等同于最近的具有 C-统制力的 NP（参见下一章关于广义控制的讨论）。因为"把"可以跟其后 NP 构成一个单位，也可以不跟其后 NP 构成一个单位，所以，空代名词可以越过也可以不越过"把"后 NP，寻找具有 C-统制力的 NP 作为其先行语。这就可以预测：假如"把–NP"可以前置，那么，（65）的歧义性就不存在。这一预测是正确的，如下例所示：

（66）把他们，我打得手都肿了。
    i. 我打他们以致我的手肿了。
    ii. *我打他们以致他们的手肿了。

另一方面，致使的"把"字句没有动词的释义，即"拿、处置"，因为它们没有非此即彼的二选结构。因此，致使的"把"字句不允许"把"和其后 NP 前置，也不允许将结果补足语从句的空代名词解释为跟"把"的主语同指，这些预测分别得到（67）和（68）的支持。

（67）*把我这本书看得眼睛都累了。
（68）a. 这本书把我看得眼睛都累了。
    b. *这本书把我看得封面都坏了。

我们进一步注意到，尽管"被"也是一个动词，"被+NP"也不可以作为一个成分前置。

（69）a. 我被他骗了。
    b. *被他我骗了。

被动句中作为动词的"被"与常规"把"字句中作为动词的"把"之间的差异在于结构方面:"被"是被动结构的主要动词,子语类化上要求带句子补足语;而"把"作为动词,以 NP 作宾语,与之形成一个 VP,修饰后面的 VP。

下面想提出一个相关的问题,以此来结束对"把"字结构的讨论:在(61)的结构中,主语应在何处?前面指出,从第三章起,主语便被置于轻动词短语 vP 的指示语位置。当句子中出现"把"字短语时,主语在哪里?分配(distributive)或总括(totalizing)标记(Lee 1986)"都"的分布似乎表明:主语在结构中的位置应该不低于"把"字短语。"都"一般与位置在其左边的相关复数 NP 一起出现,二者通常距离很近("都"与相关 NP 之间的这种关系,我们称之为允准(licensing)关系)。比方说,当相关 NP 出现在句子的主语位置上时,"都"与相关 NP 可以被一个状语隔开,这个状语一般被视为修饰大于 VP 的成分(例如修饰时短语或者体短语的表示原因/时间/处所的状语),但这个状语不能是方式状语,方式状语一般修饰 VP:

(70) a. 他们因为生病都不来了。

b. 他们在学校都很认真。

c. 他们那一天都生病了。

(71) a. *他们很紧地都抱着球。

b. 他们都很紧地抱着球。

在含否定词的句子中,"都"可以出现在否定词之后,跟否定词左边的主语相关。

（72）a. 他们不都喜欢这个故事。
　　　b. 他们没都做完功课。

"都"及其相关 NP 所遵守的局域条件（locality condition），可以根据"都"允准的辖域条件（domain condition）来获得。假定每个状语都应该得到中心语的允准（Travis 1988），"都"可以得到中心语 V 或中心语 I 的允准。在屈折成分 I 辖域内部的短语（假定是分裂屈折投射）中，以时短语和体短语为例，（70）中的"都"得到 I 的允准，能够与 I 辖域内部的 NP 建立关系，这个 NP 可以是主语。相比之下,（71a）中的"都"出现在方式状语之后，在 I 辖域内没有得到允准，它不允准 I 辖域中的主语 NP。被"都"允准的 NP 的另一个重要属性是对方向性的要求。一般来讲，与"都"相关的 NP 出现在"都"的左边（参见 Aoun & Li 1993a，Cheng 1995，S. Huang 1996，Lee 1986，X. Li 1997，J. Lin 1998，Liu 1997，Wu 1999，等等），请看以下的对比：

（73）a. 那些书，他都喜欢。
　　　b. *他都喜欢那些书。

跟我们的讨论相关的是,"都"及其相关 NP 不能被"把"字短语隔开：

（74）a. 他们都把林一打了一下。

b. *他们把林一都打了一下。

我们进一步注意到，与"都"相关的 NP 的语迹应该能满足辖域要求（参见 A. Li 1992a，也见于 Cheng 1995 所使用的复述代名词的概念）。下面的例子显示了对话题化和主语提升留下的语迹的允准（"都"与相关的 NP 标以粗体）。

（75）a. *他们说林一**都**来了。

b. 他们**都**说林一来了。

c. **他们**$_i$，林一说 e$_i$ **都**来了。

（76）**他们**$_i$ 不可能 e$_i$ **都**做那件事。

上面的事实表明：主语不应该源自低于"把"的位置，或者源自含有"把"字短语和方式状语的动词短语的投射之内。那么，内部主语在哪里呢？一种答案是：内部主语衍生于"都"的允准域之外、"把"字的左边。一个直接的办法就是将内部主语置于"把"字短语指示语的位置。

（77）[$_{把P}$ Subject [$_{把'}$ 把 [$_{vP}$ NP [$_{v'}$ v [$_{VP}$ V XP]]]]]

跟在"把"后 NP 之后的"都"必须在轻动词短语 vP 之内。如果在"都"允准这一点上，"把"和轻动词构成不同的域，或者最简条件跟"都"允准有关，那么，就可以理解为什么"都"不可能跟"把"字短语指示语位置上的主语相关。最简条件可以表述为："都"必须与最近的 NP 建立关系。对于"都"允准

的这种限制可举下例为证：①

(78) 张三和李四，我（*都）很喜欢这两个人。

如果说话题化的短语不在"都"的允准域内，或者说主语"我"是被"都"允准的更近的 NP，那么，这个句子就会被剔除。

(77) 中"把"在位置上低于内部主语，接受这一结构也有助于我们理解为什么不存在由"把"后 NP 作最外层的宾语。回想一下"把"字结构与"被"字结构的差别：尽管"被"字结构的主语经常与"把"字结构的宾语对应，但两者间有着重要的系统性差异，即："被"字结构的主语可以解释为 IP 的受影响的宾语，而"把"字的宾语则不行。(77) 中的结构表明："把"在句子结构中的位置太低，不能带 IP 作补足语。因此，"把"后 NP 不可能被 IP 指派一个受影响的论旨角色。

上面的解释对于普通话中可接受与不可接受的"把"字句的种类而言是充分的。考虑到"把"字结构与"被"字结构之间的相似性，这很可能是我们应该采纳的分析。但是，如果将"把"字结构跟台湾闽南话的相应结构加以比较，还可以选择另一种分析法。这一比较将表明：为什么可以用另一种方法来分析缺乏对应的"把"字结构的不如意被动句，而这一方法也表明，可以对这类不如意被动句的分析法采用相应的改变。为

---

① 注意下面句子中的"都"能跟作话题的 NP 相关。

(i) 张三和李四，我都很喜欢。

在这种情况下，"张三和李四"是经过一个紧邻"都"的位置从宾语那里移走的，相应地得到允准。

了简单起见，在下面的小节中，我们将与不如意被动句对应的"把"字句称为不如意的"把"。

"把"字结构可以跟台湾闽南话中的 ka 字结构作富有成效的比较。ka 在释义和句法表现上跟"把"非常相似。尤其是，从副词与"把/ka"的位置关系以及"都/long"的分布来看，两种结构的表现完全相似。因此，这一节讨论的所有"把"字句都可以转换为 ka 字句，可接受度不变。不过，两种结构还是存在一个重要差别：ka 事实上允许与表示不如意被动句相对应的结构。比方说，与不可接受的（18b）和（19b）对应的 ka 字句都可以接受。较为概括地说，只要有"受影响的"释义，ka 字句就都可以接受，无须考虑 ka 后 NP 跟句子的动词是否相关。下面是一个例子，其中含有明显的不及物静态动词（形容词）se"小"。

（79） li-e syaNim na　ka　gua se-ka　bolang thiaN-u,
　　　 你　声音　如果 KA 我　小-程度 没有人 听-有
　　　 gua tio　ka li si　thaolo.
　　　 我　将要 KA 你 解雇 工作
　　　'如果你的声音如此小以致没人听见你（以我的代
　　　 价），我就解雇你。'

ka 能接受不如意的结构，而"把"不能，除此之外，ka 字结构一般与"把"字结构相像，所以，我们不能认为，像刚才所指出的那样，不如意"把"字结构的缺乏源于"把"的结构位置。毕竟，带外层宾语或者内层宾语的 ka 字句在表现上依然像

"把"字句。也就是说，ka字句和"把"字句都以VP作补足语。不清楚的是，为什么ka同时能以IP作补足语（不如意的ka字句），而"把"则不行？我们假定：这些是"ka/把"的特异性子语类化属性，无须深究。我们也可以作另一种探究：ka与"把"之间的根本差异在于它们能（或者不能）给其后的NP指派论旨角色。下面详加说明。

我们注意到，"把/ka/被"的重要差异一方面存在于内层宾语与外层宾语之间，另一方面是在最外层宾语上。在没有"把/ka/被"的情况下，内层宾语和外层宾语在论旨上直接跟句子相关：内层宾语由动词指派论旨角色，外层宾语跟动词补足语中的NP相关（补足语从句中的所有者或者论元）。含有这些类型宾语的结构都可以有合适的非"把/ka/被"字结构。另一方面，最外层宾语的出现跟"ka/被"的出现紧密相关。这可以用内层宾语或外层宾语能作话题，而最外层宾语不能作话题来说明。

（80）a. 橘子，我喜欢 e_i。——内层宾语
　　　b. 橘子，我剥了 e_i 皮了。——外层宾语
　　　c. *林一，王五击出了一支全垒打。
　　　（想要表达的意思：林一$_i$，王五击出全垒打［于之$_i$］。）

提升结构也不允许最外层宾语：

（81）*林一可能王五击出了一支全垒打。
　　　（想要表达的意思：林一$_i$可能使/让王五击出一支

全垒打［于之_i］。）

（80c）与（81）不可接受的原因可能是额外的 NP 没有被直接或间接指派论旨角色。换句话说，普通话中不如意的"把"是不可能的，因为本应源自最外层宾语的"把"后 NP 没有被直接或间接指派论旨角色。这意味着"把"也没有给其后的 NP 指派论旨角色（正如 5.3 节所提出的那样）。相反，台湾闽南话的 ka 给 NP 指派论旨角色。因此，不如意的 ka 是可能的。在这个意义上，可以将 ka 分析成跟中心语一样的成分，其子语类特征要求其带有两个补足语：一个是 ka 后 NP，另一个是 NP 之后的 VP。论旨关系存在于 ka 与 ka 后 NP 之间，而不是 ka 与由 IP 指派论旨角色的最外层宾语之间。根据论旨角色指派能力比较 ka 与"把"字不如意结构得到的这一看法，为分析不如意被动句提出了类似的方法。从 IP 那里被指派论旨角色的可能并非最外层宾语，而可能是"被"的子语类特征所要求的一个 IP 同时还有一个外部论元。这个外部论元，也就是主语，从"被"那里获得论旨角色，而"被"的补足语是 IP。不如意被动句不需要含有算子，形如［NP 被 IP］的句子便只表示 NP 遭受了 IP 所表达的事件。

简而言之，可以将普通话中的"把"字结构看作台湾闽南话 ka 结构更语法化与更虚空的变体。两者在论旨角色指派能力上呈现最小差异，对这种差异的考虑顾及了 ka 能接受不如意结构与"把"不能接受这一结构之间的对立。并且，跟"把"与 ka 结构彼此对立的方式一样，不同的论旨指派能力也能解释

"被"字结构与"把"字结构在能否接受最外层宾语方面的系统对立。

我们将"把"字结构与"被"字结构在其他方面也作了比较。由于它们通常表示的特定语义，不同类型的动词对"被"字结构和"把"字结构的影响可以不同；除此之外，"被"字结构也丢失了某些为"把"字结构所有的解释，如（20）—（23）。在这些具体例子中，"把"字句的主语和"把"后 NP 在论旨上都可以与结果补足语相关。而"被"字句中只有"被"的主语才能与结果补足语相关。这种差异可以追溯到"被"字结构中对算子的确认和常规"把"字句中可能存在的歧义结构（与致使"把"字句相对）。应该注意到，尽管我们不能确定不同动词对"把"字句和"被"字句的影响，并且论元的选择也容易影响句子的可接受度（参见关于（12）—（17）的讨论），但是，将"把"字句和"被"字句之间存在的可能的释义差异以及"把"字句缺乏最外层宾语这些情况归入结构因素，这是明确的。不确定的部分通常跟如何解释相关的句子以及它们所使用的上下文语境有很大关系。下面就来讨论这个问题。

5.5 "受影响的"

为了区分可接受的与不可接受的"把"字句，我们曾倚重于"受影响的"论旨角色这一概念，这一论旨角色由复杂 VP 指派给外层宾语。我们甚至提出这样的主张，即将带有"把"后 NP 为内层宾语的"把"字句归入释义为"受影响的"的外层宾语的"把"字句。但是，我们并未试图界定何为"受影响的"，也无法严格界定可接受的与不可接受的"把"字句的范围。我们没能阐明这些问题，归因于语法所能充分容纳的局限性。有关"把"字结构的使用有很多不确定性，并且说话者的判断也随语境而变。这样，从语法上讲，我们宁可坚持前一节对"把"字句所作的分析。不过，"受影响性"这一概念将被放到诸如话语和语用（包括说话者的意图）这样的额外因素中去考虑。

　　大量关于"把"字结构的文献都强调"把"字句的用法，解释了诸如"受影响性/处置"这样的概念，指出"把"后 NP 以某种方式受到处置、处理或操纵。这些概念解释了"把"字句中对论元和谓语的要求。这种方法似乎抓住了关于这一结构的基本直觉以及对"把"字句的常规解释。在最明显的例子如"我把菜炒得很烂"中，"菜"受到"炒"的影响，结果是"烂"。在不可接受的例子"我把李姓了"中，直觉告诉我们：这种用法是不可能的，原因是在普通世界中，姓氏不可能受到某个有那个姓的人影响或操纵。但是，当我们越过清晰的例子，情况会变得模糊不清，我们并不总是很容易确定"把"后 NP 何时真正受到影响。Li & Thompson（1981：469）注意到一些非常有意思的例子，引几例如下：

　　（82）他把你想得饭都不肯吃。

　　（83）他把小猫爱得要死。

　　（84）我把他恨得心都痛死了。

"想/爱/恨"某人如何影响被"想/爱/恨"的人，并不清楚。以（82）为例，是主语而不是"把"后NP由于对"把"后NP的想念而不肯吃饭。并且，"把"后NP也许甚至不知道自己被想念，比方说，（84）句的后面可以自然地带上如下的句子：

（85）可是他不知道。

Liu（1997）注意到，像（86）这样的例子对以影响性概念来决定"把"字句是否能够接受的解释是否充分提出了质疑。

（86）他把一个大好机会错过了。

不过，Li & Thompson（1981）试图将这种情况跟受影响性联系在一起。他们注意到，（82）和（83）中动词后短语的使用极大地夸大了"想你/爱小猫"的程度。犹如某人不禁在想：当他想你想到不肯吃饭的程度或者他爱小猫爱到要死的程度，"你"或者"小猫"就因而受到影响。（83）中的补足语"要死"假设了一种图景：那种强烈的爱一定对小猫有某种影响。因此，"受影响的"这一解释就隐含在动词或动词短语的其他成分之中。Li & Thompson主张，"受影响性"这一概念应当放宽，应该包括非物质的或虚拟的情形。这一修改给基于"受影响性"这一概念所作的任何解释都带来很大的不确定性。将"受影响性"作为"把"字句可接受或不可接受的解释，更加困难。例如，作为"把"字句，是什么差异使（87a）"恨某人一辈子"比（87b）"怕某人一辈子"要好呢？

又是什么差异使得作为"把"字句的"非常想某人"可以接受而"非常像某人"不可以接受？在这两种情况下，"把"后NP，也就是被想或被像的人，并不一定意识到他/她被想或者被像。

（87）a. 我会把他恨一辈子。
　　　　b. ?? 我会把他怕一辈子。
（88）a. 小孩把他想得要死。
　　　　b. * 小孩把他像得要死。

请比较：

　　　c. 小孩像他像得要死。

当然，我们总能创造一个"解释"来容纳这种差异。比方说，如果我害怕他（87b），那么，他可能是一个更有控制力的人；即使在非物质的、虚拟的意义上，他可能并不是受到影响的人。但是，这种"解释"总是模糊的、不确定的、不可预测的，在很多情况下甚至是迂曲的。不过，这的确突显了"把"字结构某些用法的模糊性和不确定性。说话者对非典型"把"字句的判断常常不一致，这并不奇怪。同一说话者，根据不同的上下文，也可以作出不同的判断。明确界定"把"字句何时可接受的条件所存在的困难使一些语言学者主张，"把"字句的可接受度问题不是绝对的，只有相对较好或相对较坏的"把"字句。对这一看法 Li & Thompson（1981：487）作了一个很好的概括，即："把"字结构的使用条件是一个连续统。

(89)

把	把	把	把
不可能的		可能的	强制性的
无定的或无指的宾语		有定的和高度突显的宾语	
非处置		强处置	

有定的与高度突显的宾语就是"在话语中更为明显的以及跟我们的讨论更为直接的"宾语（484页）。表（89）考虑了"把"后NP的作用（有定性、突显性）以及"把"字句的处置义。基于统计，Li & Thompson 进一步提供了对（89）中连续统的支持：用来详细阐释处置义本质所添加的成分越多，句子越有可能采用"把"字句形式。例如，在他们所研究的83个"把"字句中，无一例是含有重叠形式的动词或者后面仅跟"着"的动词（根据他们的看法，这种形式很少附加有"处置"义）。[①]83个"把"字句中，只有百分之六七的句子仅以"动词-了"结尾。他们还主张，这个连续统可以抓住如下事实：说话者在某些"把"字句的可接受度上意见不一，尤其是对那些处置特性不甚明显的"把"字句，也就是连续统中间的那些"把"字句。

不论（89）这样的图表是否充分描写了可接受的"把"字句所出现的上下文，这一解释的核心问题依然是某种尚未界定

---

① 这并不意味着不存在可接受的带有"动词-着"的"把"字句。通常是表进行的"着"不能与"把"字句相容，如（i）。表结果的"着"可以用在"把"字句中，如（ii）。

(i) 他正写着信。* 他正把信写着。
(ii) 他拿着书。　他把书拿着。

的"受影响性"这一概念。毫不意外,这种依赖"受影响性"这样的模糊概念的解释受到了挑战。已经有人尝试用不同的术语来刻画"把"字结构,希望更准确地描述"把"字结构的属性。甚至有人认为,"受影响性/处置"这样的概念不是必要的。按照这一主张,"把"字结构并非独特,可以归入其他正常的结构。对"把"字结构的限制可以从一些作了较好界定的结构或语义的特性描绘中推导出来。这些主张从不同视角洞察"把"字结构,有助于我们理解这一结构的复杂属性。不幸的是,正是"把"字结构的复杂性,如(89)所反映的连续统,使得对这一结构所作的明确的结构上的解释不符合实证上的要求。最为重要的是,有很多同一语法结构的最小对比对,因其所涉及的上下文信息不同,它们和"把"字句一样,显示了不同的接受度。用语法术语来使这种上下文信息精确化是有困难的。下面将评论一下某些其他的分析方法,并用实例来说明用这些分析所建议的结构术语来明确界定"把"字句的可接受与不可接受存在的困难。

5.6 其他分析方法

我们简要讨论新近文献中的两种重要分析,同时指出:出于对实证的考虑,我们很难按原样采纳这些分析。这里要讨论的分析是 Liu(1997)的体分析法和 Sybesma(1992,1999)的事件结构分析法。

Liu 主张,"把"字结构本质上是一种表达有界事件

(bounded event)的结构,对"把"字结构的限制导因于这一结构的体属性。她指出,"把"字结构的谓语必须表示有界的事件或者境况(situation)。"有界的境况"定义如下:[1]

(90)有界境况不含有静态或可视为静态的内部阶段。

"把"字句中的 NP 和 VP 的可能类型受到的限制是强制性表达有界事件/境况的体现。Liu(1997)用"事件"这一术语指称可以表现为完成体(perfective)或未完成体的谓语的意义,用"境况"这一术语指称没有屈折变化的谓语的意义。她认为,有界性的概念可以用两种方式来表达:一种是基于由没有屈折变化的谓语所表示的境况来划界(境况的类型或境况的体,可参阅 Vendler 1967,Dowty 1979,Tai 1984,邓守信 1985,陈平 1988,Smith 1991,Yong 1993),另一种划界方式是适当类型的境况以某种体(视点体)加以表现。如果终点或结果状态包括在没有屈折变化谓语的意义之中,那么,这种境况能单独保证有界性。但是,如果只有当境况以适当的体呈现时,才包括终点或结果状态,那么,有界事件既依赖于这种境况,也依赖于境况所呈现的体。

Sybesma(1992,1999)将对"把"字结构的解释以及对"把"字结构的语义(语用)限制整合到该结构的句法结构中,

---

[1] 这个定义建基于 Dahl(1981)的有界性(boundedness)概念,重述如下:
(i)一类境况或者一种境况(比如一个句子)的特征是有界的,当且仅当:它是这类成员的必要条件,或者是达到某种界限或最终状态特征的必要部分。

是从句法上解释"把"字结构属性的最佳代表。根据他的研究，在某种抽象的意义上，"把"字句永远是致使句（CAUSE）。VP（由"把"后 NP 之后的 V 和内嵌的 XP 构成）没有外部论元。句子的主语（(91) 中的 NP_1）承担致使者角色，换句话说，它跟中心语 CAUS（而不是 VP）有语义关系：

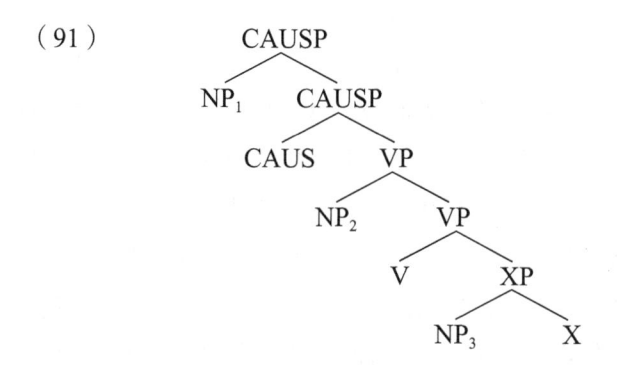

(91)

```
           CAUSP
          /    \
       NP_1   CAUSP
              /    \
           CAUS    VP
            |     /  \
          NP_2  V    XP
                    /  \
                 NP_3   X
```

在这个结构中，NP_1 是句子的主语。NP_2 与 NP_3 通过 NP 移位联系起来，NP_3 是 NP_2 的语迹。CAUSP（表示致使短语）的中心语，或者通过插入"把"（"把-插入"）来实现其语音形式，或者将 VP 的中心语提升上来填入（Sybesma 1999：170）。后一种方式推导出带完结（accomplishment）VP 的非"把"字句，前一种方式推导出"把"字句。因为"把"只是语音上的填充物，所以动词提升或插入"把"字推导出来的结构有相同的释义。也就是说，"把"字句并不承载特殊的意义，它跟带有完结谓语的非"把"字句完全一样。两者都表达结果或终点：内嵌于 CAUS 之下的 VP 必须是非宾格动词，其特征是"含有一个终点"（178 页）。"把"后 NP 是底层结果从句（终点）的主语，是经历状态（state）或处所变化的客体（theme）。

根据 Sybesma 的观点，这一结构可以解释为：主语使"把"后 NP 经历了由 VP 指涉的事件。稍加修改，使其有别于带有词汇性致使动词"使"或"让"的结构，以上这一结构便可被解读为"句子的主语（致使者）引起一个新的事态，该事态由动词 V 所指涉的事件引起"（178 页）。重要的是，在这一分析中，"把"后 NP 并不是独立地被提及，它在语义上只依赖于内嵌的谓语，是结果状态的组成部分。这跟传统所说的"受影响的/处置的"是不同的："把"字句不再被视为主要用于对"把"后 NP 的处置。这一解释适用于所有的致使结构和完结结构（或者简单地说，它们都是完结式）。也就是说，(91) 既是"把"字句的结构，也是完结式的结构，"把"字句只不过是这种完结结构的一个次类。发生动词提升时，就是完结句；插入"把"字时，就是"把"字句。

根据 Sybesma 的看法，这一结构可以推导出对"把"字结构的限制。"把"后 NP 的"受影响性"可以从这一结构表达有界事件这一事实推导出来。"如果一个事件含有一个受影响的且数量上封闭的宾语，则它是有界的。"（173 页）对"把"后 NP "受影响性"来说，相关的因素是"状态的变化"（175 页）。

Sybesma 的贡献在于从事件结构的角度处理带有特殊解释和限制的"把"字结构。"把"字结构不过是致使（CAUS）中心语在事件结构致使短语（CAUSP）中的实现。这种事件结构有一个致使中心语，其子语特征要求它带一个非宾格的 VP（没有主语，必然包含一个终点）。当非宾格动词不提升至致使中心语位置时,这个中心语就拼读为"把"。"把"字结构根本就不独特,它只不过是完结 VP 结构的一个变体:动词提升过程为"把-插入"所代替。"把"字句中 NP 与 VP 的可能类型受到的限制可以从事件结构(有界事件,参阅前一节 Liu 的分析)中得出。

对 Liu 及 Sybesma 分析的简要描写显示,两人都使用了"有界性"概念。遗憾的是,正如我们一再看到的那样,允许使用"把"字结构的上下文太复杂,无法完全用精确的句法或者语义的概念来概括。[①] 首先,"有界性"并不能剔除所有不可接受的"把"字句,也并非允许所有可以接受的"把"字句。无界的情况使用的"把"字句也是存在的,请看 Liu 的例子(59a)(70—71 页)(译者按,为了便于说明,这里附上英译文):

(92)他正在把东西往屋里搬。

'He is in the process of moving things into the room.'

尽管 Liu 将谓语译成 moving things into the room,但更为合适的翻译可能是 moving things toward the room。"往"(toward)只表达方向,而不是像 into 那样表明目的地。"往屋里搬"这种谓语跟时间表达"在一定的时间内"(Liu 1997 用来测试有界境况)是不相容的:

(93)*他在一个钟头内把东西往屋里搬。

[①] 更多的例子及相关的讨论,参见 A. Li(2006)。

这就是说，副词性短语没有使谓语表达有界境况，可是谓语采用"把"字形式是可以接受的。还可举其他例子，比方说（94）显示谓语"仔细地审问"表达的是无界事件，也可以采取"把"字句形式，如（95）：

（94）*他在一个钟头内仔细地审问他们。

（95）你不把他们仔细地审问，怎会查出问题？

另一方面，有界事件并不是总能采取"把"字句形式，请看下例：

（96）*他把这些文章都看得很生气。

（97）*我把这瓶酒喝醉了。

（98）a.*土匪把他拜访了父亲。

　　　b.*我们把他谈论了小孩。

（99）*我把他认识三年了。

（100）a.*他把那地方离开了。

　　　b.*他把球赛参加了。

　　　c.*他把那个餐厅拜访了。

　　　d.*他把我的命令服从了。

我们不能将这些句子的不可接受性归因于缺少一个适宜于"把"后NP的结果从句。正如下面再度引用的例子所显示的那样，结果从句的主语不一定是"把"后NP，它可以指称主句的主语：

（82）他把你想得饭都不肯吃。

（83）他把小猫爱得要死。

（101）他把我恨得牙痒痒的。

在下面的例子中，(102a) 结果从句的主语与主句的主语同指，(102b) 中表达结果的"懂"的主语应为主句的主语，而不是"把"后 NP，"把"后 NP 应该是"懂"的宾语：他懂了文章了。(102c) 中表达结果的"透"更像动词的程度修饰语——恨是透彻的，而不是"把"后 NP 的谓语。类似地，(102d) 中表达结果的"很仔细"也修饰动词，而不是充当"把"后 NP 的谓语。如果"很仔细"真有一个主语的话，那么，作主语的应该是动作行为而不是"把"后 NP，也就是"他的考虑很仔细"，而不是"*这事很仔细"。

（102）a. 我把他骂得我自己都受不了！
　　　　b. 先让他把文章念懂以后再问他问题吧！
　　　　c. 他一定会把你恨透的。
　　　　d. 我把这事考虑得很仔细。

5.7　总结

"把"字结构是汉语语法中研究得最多的问题之一。但是，其复杂属性使得我们难以对它作出清晰准确的分析。从结构上讲，其构成成分、各成分占据的位置及其相互间的关系是清楚

的。我们认为,(77)恰当地表示了"把"字句的结构,重复如下:

(77) [$_{把P}$ Subject [$_{把'}$ 把 [$_{vP}$ NP [$_{v'}$ v [$_{VP}$ V XP]]]]]

状语可以附接于"把"字短语或 VP 之上或之下。跟"被"字结构的比较有助于刻画"把"的形态-句法属性。"把"赋格,但并不指派论旨角色。不过,描绘"把"字结构的困难所在是它的用法:我们用实例再三说明,相同的结构可以产生能接受的"把"字句,也可以产生不能接受的"把"字句。传统对"受影响性/处置"的看法在直觉上似乎抓住了"把"字结构的功能,然而,只有核心的例子才易于描绘。我们的解释没有致力于解决这一困难,只是遵从对被动句的分析,涉及"受影响的"论旨角色。作为结语,我们想沿用 Y. Li(1990,1995,1999)的做法,顺着致使角色的方向,简要讨论一下"受影响的"这个论旨角色。

尽管致使者和处置行为通常不是"把"字句中主要动词的论旨结构的组成部分,但是,若不考虑受影响性或处置的恰切定义,下列概括对典型"把"字句来说,很大程度上是适用的。

(103)尽管"把"没有给主语和其后的宾语指派论旨角色,但是,"把"字句的主语跟致使者解读有关,"把"后 NP 倾向于跟处置义解读相关。

此外,在一个典型的含有致使者和被处置义的句子的论元中,主语是致使者,宾语是被处置的。回想一下第二章有关论旨层级（thematic hierarchy）的讨论，我们有理由认为存在一个致使层级。

（104）a. 致使层级：{ 致使者 { 被处置者 }}
　　　　b. 致使对齐条件（Condition on causal alignment）：
　　　　　致使层级必须跟句法层级匹配。

（104a）中的致使者和被处置者在"把"字句这样的结构中可以被视为论元的语义附加部分，而不是动词论旨栅（theta-grid）的组成部分。尽管我们认为"把"在论旨上不起作用，但是，上述这一单独的用于解释语义的结构层级有助于界定对"把"字结构的额外释义。正是（104）中这种独立于动词论旨属性的"致使者-被处置者"解释层级的作用，使我们能将"把"字句的主语解释为致使者，而将"把"后NP解释为被处置者。因为对（104）的遵从可能是强迫性的，所以，对这一规范的不同程度的偏离形成了不同的可接受度。换句话说，有两种选择可以考虑用以解释"把"字句的"受影响的"释义：一是借助于由复杂VP指派的"受影响的"论旨角色，一是将论旨角色与加给"把"字结构的"致使角色"（104）分开。这两种办法，选择哪一种，留待进一步研究。

第六章　话题结构和关系结构

第四章讨论了由移位推导而来的结构，即被动结构。被动结构可以通过将 NP 移动到论元位置推导而来（短被动结构），或是通过将算子（operator）移动到嵌套句边缘的非论元位置而形成（长被动结构）。前者是论元移位（A-movement），后者是非论元移位（non-A 或 A′-movement）。在生成语法的文献中，有许多结构都是通过非论元移位推导而来的。这类结构一般被冠以"wh-移位"结构的名称，因为它们主要表现为英语里类似（1a, b）这样的 wh-疑问词结构，其中 wh-短语移到了句子的边缘位置。

(1) a. Who$_i$ do you like t$_i$?

　　"你喜欢谁？"

　b. I wonder who$_i$ you like t$_i$.

　　"我想知道你喜欢谁。"

其他许多结构也表现得跟 wh-问句类似。[1] 下面是一个含有关系从句即关系结构的例子：

---

[1] 参见 Chomsky（1977）和 Browning（1987）等。

第六章 话题结构和关系结构

(2) the man who$_i$ you like t$_i$

"你喜欢的那个男人"

该句中的关系代名词 who 开始在关系从句的宾语位置，最后移到关系从句的边缘位置。

另一种情况是把包含名词性短语的结构前置于句子开头，即话题化（topicalization）：[①]

(3) John$_i$, I like t$_i$.

"约翰，我喜欢。"

作为非论元移位结构，话题句、关系从句与 wh-结构具有几个共同特性。下面是非论元移位的特性：

(4) a. 存在着一个空位（gap），该空位有一个非论元先行语（A′-antecedent），如（1）—（2）里边缘位置上的 wh-短语，或（3）里的非疑问短语。

b. 先行词和空位的关系可以跨越多重句子边界，即无界依存性（unbounded dependency）。

c. 这种依存关系对诸如邻接性（Subjacency）和提取域条件（CED）这样的局域条件敏感。

条件（4b）可以用（5a）的关系结构以及（5b）话题结构来说明。

[①] 其他含有"wh-移位"或"非论元移位"的结构是英语的分裂结构（cleft structure）、准分裂句（pseudo-clefts）和比较句等（参见 250 页注①的参考文献）。汉语是否存在与关系结构有别的准分裂句尚不清楚，汉语中所有这些结构是否都含有非论元移位也不清楚。我们暂不考虑这些问题。

（5）a. This is the girl [whom$_i$ I think [that John believes that [Bill likes t$_i$]]].

"这就是我认为约翰相信比尔喜欢的那个姑娘。"

b. That girl, I think that John believes that Bill likes.

"那个姑娘，我认为约翰相信比尔喜欢。"

依存关系不可以跨越 Ross（1967）意义上的孤岛（island）证明了条件（4c），这些孤岛包括（6）中的复杂 NP 孤岛、（7）中的附接语孤岛、（8）中的主语孤岛以及（9）中的 wh-孤岛。

（6）复杂 NP 孤岛：不能从一个复杂 NP 中进行提取。

a. *the girl who$_i$ you bought [the books that criticize t$_i$]

b. *that girl$_i$, you bought [the books that criticize t$_i$]

（7）附接语孤岛：不能从一个附接语从句中进行提取。

a. *the girl who$_i$ you got jealous [because I praised t$_i$]

b. *that girl$_i$, you got jealous [because I praised t$_i$]

（8）主语孤岛：不能从主语中进行提取。

a. *the girl whom$_i$ you said [[that John likes t$_i$] is important]

b. *that girl$_i$, you said [[that John likes t$_i$] is important]

（9）wh-孤岛：不能从嵌套 wh-疑问句中进行提取。

a. ?the gift which$_i$ you remember [where I bought t$_i$] [1]

b. ?that gift$_i$, you remember [where I bought t$_i$]

---

[1] 对 wh-孤岛的违反并不显著，所以，wh-孤岛曾被称为弱岛（weak island）（请参见 Chomsky 1981, Cinque 1990, Rizzi 1990）。

第六章 话题结构和关系结构

就是说，复杂 NP、嵌套的 wh-句、主语以及附接语等都构成孤岛，故不能从这些孤岛中进行移位。在 Chomsky（1973，1981）以及后来的论著中，反对从复杂 NP 和 wh-孤岛进行提取所施加的限制被归在邻接条件（Subjacency Condition）之下。在 J. Huang（1982b）中，有关禁止从主语孤岛和附接语孤岛中进行提取的问题，是用提取域条件来解释的。根据（4）里的"测试条件"，"先行语-空位"关系虽然可以通过跨越无界范域（unbounded domain）获得，但却会受到邻接性和提取域的限制，所以，这种"先行语-空位"关系是一种移位关系。

除了第四章讨论过的被动结构中的空算子移位外，我们还注意到汉语另有一些非论元移位结构，如 wh-疑问句结构、话题结构和关系结构，分别如（10）、（11）和（12）所示。

（10）你喜欢谁？

（11）语言学，我最喜欢。

（12）[你喜欢的 [孩子]]

我们将在下一章讨论 wh-疑问句结构。人们已经观察到话题结构与关系结构有密切关系：有些学者认为当一个成分被关系化时，该成分是从话题位置推导而来的（参见 Kuno 1973，Jiang 1990）。不过，这一点是有一定争议的（参见 Ning 1993）。那么，汉语话题结构和关系结构的句法特性是怎样的呢？6.1 节集中讨论话题结构，6.2 节集中讨论关系结构。

6.1 话题结构

话题结构在汉语语法文献中已有广泛研究。汉语被称为话题突显的（topic-prominent）语言，以别于英语这类主语突显的（subject-prominent）语言（见 Li & Thompson 1976，1981）。什么是话题？语序是个很好的提示。除了典型的 SVO 语序外，汉语还允许两种变异语序：SOV 和 OSV。

（13）常规语序：
　　　　我很喜欢音乐。　　——SVO
（14）变异语序：
　　　　a. 我音乐很喜欢。　　——SOV
　　　　b. 音乐我很喜欢。　　——OSV

变异语序与常规语序 SVO 在好几方面表现出差别。例如，SOV 和 OSV 语序中的宾语（动词前宾语）一般都不允许是无定的非特指短语，而 SVO 的宾语（动词后宾语）则很容易允许这种成分。例如：

（15）a. 我在找一本小说。
　　　　b. *我一本小说在找。
　　　　c. *一本小说我在找。

同样，当光杆名词出现在动词前时，一般都理解为有定的。[①]

[①] 类指（generic or kind）的理解（Carlson 1977，Krifka 1995）也是可能的，参见第八章对不同类型的名词性短语的解释。

第六章　话题结构和关系结构

（16）a. 书，我会看。
　　　b. 我书会看。

请比较：

　　　c. 我会看书。

（16a，b）与（16c）形成对比，只有（16c）的宾语"书"允许理解为无定。

在与句子的其他成分如何联系方面，动词前宾语和动词后宾语也不相同。例如，当否定极性成分（negative polarity item）在 SVO 结构中占据宾语位置时，能够为句子的否定词"没"所允准；但在 SOV 或者 OSV 结构中占据宾语位置时，则不被允准。

（17）a. 他没写什么／任何书。
　　　b. *他什么／任何书没写。[1]
　　　c. *什么／任何书他没写。

尽管 SOV 和 OSV 结构具有一些共同特性，使它们与 SVO 结构有别，但两者并不完全一样。SOV 结构中的宾语要求带有对比或焦点的释义，而 OSV 结构的宾语则不然（参见 Ernst & Wang 1995，H.-C. Lu 1994，Qu 1994，Shyu 1995）。这一对比如下例所示：

---

[1] 若副词"都"或"也"出现在主语后面，则（17b）和（17c）是可以接受的。"都"和"也"允准其左边的否定极性成分。

(18) 他张小姐$_i$不喜欢 t$_i$。[1]

对像(19)这样强调前置宾语对比用法的句子来说,其对比释义更为清楚。

(19) 问:他会追张小姐吗?
答:他张小姐$_i$不想追 t$_i$,李小姐$_j$才会追 t$_j$。

SOV 和 OSV 结构还具有不同的句法特性。例如,只有 OSV 允许在动词后宾语位置上有一个同指的代名词,而 SOV 则不允许。

(20) a. *我 张小姐$_i$不想追她$_i$,李小姐$_j$才会追她$_j$。

请对比:

b. 张小姐$_i$,我不想追她$_i$。

而且,只有 OSV 语序允许宾语跨越时态句子边界进行移位(译者按,为了便于比较,这里附上相应的英译文)。

(21) *你书$_i$认为他看完了 t$_i$吗?

---

[1] 当宾语是无生命短语时,如(i),SOV 语序并不要求有对比的释义。(不过,Tsai(1994a:138)主张 SOV 中的宾语一定是对比性的):

(i)你功课做 t$_i$吗?

"无歧义限制"(no-ambiguity)可能起作用。正如 Tsao(1977)、Qu(1994)以及 Shyu(1995)所注意到的那样,如果两个 NP 能够互换论旨角色,并能形成好的句子,那么,[NP$_1$ NP$_2$ V]总是理解为 OSV,而不是 SOV,只有在宾语用于对比义时才可能理解为 SOV。如果两个 NP 不能互换论旨角色(例如,*书很喜欢我),SOV 语序没有对比释义时也是可以接受的。

字面义：Do you, the book, think he finished reading?

（想要表达的意思：Do you think he finished reading the book?）

（22）书 $_i$，你认为他看完了 t_i 吗？

'The book, do you think he finished reading?'

正如 Qu（1994）、Shyu（1995）等学者所主张的那样，如果 SOV 结构是由论元移位推导而成，而 OSV 结构则是由非论元移位推导而成的，这些不同便可得到解释。论元移位在包含主语的最小范域内一般是受限的，而非论元移位则允许长距离操作（请参见第四章的短被动句和长被动句）。SOV 结构一般被视为对比结构或焦点结构，而 OSV 则被视为话题结构。以下将集中讨论话题结构。

一般而言，话题结构是指把一个短语"前置"到主语之前的句子，即 [XP + 主语……]。用"前置"这个术语就意味着移位。不过，这一点在文献中是有争议的。下面来看话题结构的特性。

6.1.1 移位还是不移位？

话题结构是否由移位推导而来，有很多争议。争议涉及管辖移位结构的局域条件与话题结构的相关性。另一个争议是话题结构是否需要有两种不同的推导方式：基础生成（base-generation）与移位。

首先我们要考虑移位和基础生成对于推导话题结构来说是

否都是必要的。正如经常所观察到的那样，句子中会有与空位（gap）无关的话题。下列这样的句子就不含空位（参见 Chao 1968, Li & Thompson 1976, 1981, T.-C. Tang 1979, S.-H. Teng 1975, Tsao 1977, 等等）。

（23）那场火，幸亏消防队来得快。
（24）水果，我最喜欢香蕉。

关于这类无空位话题结构，存在两种观点。一种观点是将这类句子看作由基础生成的话题结构，以此为证据来对应由移位推导而成的话题结构（形成话语话题与对比话题的差异；参见 Tsai 1994a）。① 另一种办法取代用两种方式来推导话题结构，采取移位的方法来推导所有的话题结构，并主张（23）和（24）这类句子通过先移位再删除的方法推导而成（见 Shi 1992）。以（24）为例，它可从像下列（25）这样的结构推导而来。

（25）水果，我最喜欢[（水果中的）香蕉]。

话题"水果"是从包含"香蕉"的名词短语中移出来的，然后括号里的短语删略了。不过，这种从名词短语内的移位在汉语里是否可行值得怀疑。如果这种移位是可行的，那么（26）这样的句子应该是可接受的，而这与事实相悖。

---

① 有关东亚语言支持基于无空位结构的话题结构与关系结构是由基础生成的，有很多研究，请参看 Hoji（1985）、Saito（1985）、Ishii（1991）、Murasugi（1991, 2000a, 2000b）等。

第六章 话题结构和关系结构

(26)＊张三，我最喜欢〔（张三的）爸爸〕。

此外，(25)中的话题和相关的名词短语可以被孤岛边界分隔（更进一步的探讨见本章后面部分及下一章）。①

(27) 水果，我最喜欢〔〔不怕吃香蕉的〕人〕。

因此，我们对(24)和(25)这类无空位话题结构采取基础生成的方法。无空位的话题结构可以根据相关性（aboutness）来解释：述题（comment）句是关于话题的。

既然基础生成是可能的，就会引出如下结论：汉语中所有的话题结构都是以同样的方式生成的。也就是说，所有的话题结构都是"相关"关系的实例，不曾发生移位。然而，这个主张既没有逻辑上的必然性，也得不到经验上的支持。请看下面的句子：

(28) a. 张三$_i$，他$_i$走了。
　　　b.＊张三$_i$，他$_i$不认识。

(28a)中代名词"他"可以与话题同指，但在(28b)中不允许这种同指关系。如果说所有的话题结构都是基础生成而不含空位（空语类），那么就不容易解释为何这两个句子之间有不同

---

① (27)可以接受，表明"水果"和"香蕉"之间的"整体-部分"关系可以在与部分邻近位置的整体没有空位时建立起来。这与(26)中"张三"和"父亲"之间的不可让渡领属关系形成对照。在邻近"父亲"的位置上必定存在一个空位，与"张三"同指。根据空代名词确认规则，该空位不可能与"张三"同指，这就剔除了(26)。

的释义。我们注意到,(28b)句不合语法与下列事实相关,即(29)中代名词"他"不能与"张三"同指。

(29)＊他$_i$不认识张三$_i$。

假设(28b)是从(29)移位推导而成,采用这样分析的理论能很容易解释(28)的事实。任何同样剔除来源结构(29)中相关解释的原则,都得出(28b)是不合格的,比如约束原则(Binding Principles)之一(Chomsky 1981):①9

(30)a. 照应语在其辖域里受约束。
  b. 代名词在其辖域内是自由的。
  c. 指称语(R-expression)是自由的。

特别是,由于(29)例中"张三"是指称语,根据(30c)中的约束原则C,它必定不受论元约束(A-bound),不与论元位置上有C-统制力的NP同指。但在(29)中"张三"受到主语"他"的论元约束,因此句子被原则C剔除。如果假定"张三"被放回(重构)初始的宾语位置,那么,(28b)也以同样方式被剔除;换一种方法,我们可以从宾语位置上空语类的特性来寻求解释,如(31)所示。该空语类是受非论元成分(话题)约束的变项。变项也是指称语,受制于约束原则C。因此,变项不能受论元约束。

(31)＊张三$_i$,他$_i$不认识e$_i$。

---

① 有关约束原则的更多讨论,请参看第九章。

同样，以下对比也能由这样的事实来解释：(32b)包含一个既与话题又与主语"他"同指的空语类，而(32a)则不然：

(32) a. 张三$_i$，他$_i$说李四走了。
 b. *张三$_i$，他$_i$说李四看见了 e$_i$。

(32b)也是被原则 C 剔除的，这与(33)以及像(34)这样涉及"强跨越"(strong crossover)的例子一样：

(33) *他$_i$说李四看见了张三$_i$。
(34) *Who$_i$ did he$_i$ say that I saw t$_i$?

不同的对比可得到相同的结论：

(35) a. *自己$_i$的书，张三$_i$都睡着了。
 b. [自己$_i$的书]$_j$，张三$_i$不想看 e$_j$。

一方面，根据(30a)约束理论的原则 A，(35a)不好，因为其中的反身代词照应语"自己"在其辖域内没有受约束。① 另一方面，(35b)表现出"重构效应"(reconstruction effect)。尽管"自己"在该句中并未受到"张三"的 C-统制，但它能够被放回到空位上，得到相应诠释。或者说，含有"自己"的话题与受"张三"C-统制的空语类同指(coindexed)，这个事实允

---

① (35a)不好，不能归因于违反了"相关性要求"(aboutness requirement)。在谈论相当乏味的一本书时，下面的句子，其中话题并不包含照应语"自己"，也是合格的。

(i) 那本书，张三都睡着了。

许我们将照应语"自己"看作在某种扩展意义上的"受约束"，它能在不被放回宾语位置的情况下满足原则 A。这就是 Barss（1986）提出的"语链约束"（chain-binding）概念。前置的话题及其初始的宾语位置形成一个语链。只要语链中含有照应语的成分受到论元成分的 C-统制，该论元成分就能约束照应语。

　　换一种方法，我们也可以认为，照应语是真的被放回到宾语位置上（即重构）。文献中有许多精彩的文章讨论"语链约束"和"重构"二者不同的好处，我们在此不予讨论，只提单向蕴涵：如果重构（语链约束）是可能的，那么，一定发生过移位（参见 Aoun & Li 2003）。

　　以重构效应作为测试，可以得出如下结论：与（36b）不同，（36a）是由移位推导而来的，二者在使用显性代名词方面表现出最小对立：

　　（36）a. [自己$_j$的爸爸]$_i$，张小姐$_j$很尊重 t$_i$。
　　　　　b. *[自己$_j$的爸爸]$_i$，张小姐$_j$很尊重他$_i$。

其他的重构效应也能找到例证。例如，习语（idiom）在词库中被看作一个单位。如果习语的某一部分跟其他部分分离，那么一定要移位：被移动的部分应该重新放回到原来的位置，与习语的其他部分形成一个单位。话题结构显示了这种重构效应：

　　（37）a. 这种醋，你千万吃不得。
　　　　　b. 他的刀，我不敢开。

总之，上述例示的对比表明话题结构涉及移位。这样，就不能

第六章 话题结构和关系结构

采纳以 Li & Thomspon（1976）为代表的所有话题结构都不涉及移位的方法。

这里论证的对比也反驳了 Xu & Langendoen（1985）和 Xu（1986）的观点。Xu & Langendoen 赞同 Li & Thompson 的观点，认为汉语话题结构根本不是由移位形成的。与 Li & Thompson 并不假定存在空位的观点不同，Xu & Langendoen 认为像上面（28b）这类句子确实存在一个空语类。不过，这种空语类是"自由的空语类"（FEC）。只要"相关性要求"与其他的格里斯合作原则（Gricean principle）得到满足，自由空语类就可以被自由地解释为照应语、代名词或指称语（变项）。这样，根据 Xu（1986），（28b）应该是合乎语法的，因为它包含一个作宾语的自由空语类；这种空语类如果与主语"他"同指，就可以作为照应语被许可。（32b）也应该合语法，因为作宾语的自由空语类可以与"他"同指，被解释为代名词。换句话说，（28b）和（32b）应该与跟它们对应的 a 句一样合语法，也与下列句子一样合语法。

（38）张三$_i$，他$_i$认识自己$_i$。
（39）张三$_i$，他$_i$说李四不认识他$_i$。

（28b）和（32b）不可接受，这表明自由空语类的分析是不充分的。

总之，并非所有的话题结构都是按相同的方法推导而来。有些话题由移位推导，并与述题句中的空位相关。其他一些话题则不与任何空位相关，可以按照"相关性"关系加以解释。

移位推导出前者，后者由基础生成。

如果包含空位的话题结构由移位推导，我们就应该看到空位的分布对移位的局域条件是敏感的。更为概括地说，含有空位的话题结构应该呈现出（4）所列出的特性。这些事实在很大程度上可以得到预测。如下面的讨论所示，例外情况可能是由于在某些语境中由基础生成了一个空的代名词。

6.1.2 孤岛条件

首先，我们注意到，如（4b）所示（无界的"先行语–空位"关系），可以将深嵌于补足语从句中的成分话题化。如：

（40）张三$_i$，我知道李四觉得你们都会喜欢 e_i。

然而，从某些辖域内进行提取是不可能的，阻止提取的辖域之一就是类似（41）这样的复杂 NP 孤岛。

（41）a. *李四$_i$，我认识［很多［［e_i 喜欢］的］人］］。
　　　b. *李四$_i$，我很喜欢［［［e_i 唱歌］的］声音］。

如果空位［e_i］由复述（resumptive）代名词代替的话，这些句子就会成为可接受的句子。这就表明这些不合语法的句子不是语义上或语用上的问题。（41a，b）不合语法的真正原因是违反了孤岛条件——这就是 Ross（1967）复杂 NP 限制（Complex NP Constraint, CNPC）效应，是 Chomsky 邻接性（Subjacency）的一个具体例子。

汉语的话题化受复杂 NP 约束限制，很多语言学家已经注意到（参见 T.-C. Tang 1977 等）。如果话题化在出现空位时是由移位推导而来，那么，这当然是预期中的事。事实上，我们预测：其他孤岛限制，包括附接语条件（Adjunct Condition，AC）和主语条件（Subject Condition，SC）在内的提取域条件，以及禁止从左分支进行提取的左分支条件（Left Branch Condition，LBC），应该也都适用于汉语。这一预测对左分支条件和附接语条件而言已得到证实。

（42）左分枝条件（LBC）：
　　　*张三$_i$，我看见了［e_i 爸爸］。
（43）附接语条件（AC）：
　　　*李四$_i$，这件事［跟 e_i 没来］没有关系。

关于主语条件（SC），尽管以往的一些研究指出，从句子主语中进行提取会导致不合语法的语符串（参见 J. Huang 1982b，Paris 1979，T.-C. Tang 1977），但事实上，要找到违反主语条件而可以接受的句子也并不难（参见 J. Huang 1982b，1984a）。

（44）这个学生$_i$，[［e_i 去参加这个比赛］最合适］。
　　　在某些情况下也会违反左分支条件。
（45）张三$_i$，[［e_i 爸爸］很有钱］。

事实上，其他孤岛限制似乎也是可以违反的。下面的句子显然违反了复杂 NP 限制和附接语条件，但都完全可以接受。

（46）张三$_i$，[［e_i 喜欢的］人］很多。

（47）李四$_i$，因为 e$_i$ 批评了张三,（所以）没人要他。

更一般地讲，当某一孤岛出现在主语或主语前位置时，孤岛效应似乎是无效的。为什么有这些例外？J. Huang（1984a 及后来的研究）指出，汉语和英语之间的重要差异在于：哪个空代名词（小代语 pro 还是大代语 PRO）是可用的？[①] 汉语允许可以出现在所有论元位置上的空代名词（小代语），比较而言，英语只允许出现于无格位置的空代名词（大代语，如不定式句子的主语）。小代语或大代语的分布受到广义控制规则（Generalized Control Rule，GCR）的管辖，广义控制规则是对控制英语大代语指称规则的概括。

（48）广义控制规则（GCR）：
空代词与最邻近的名词性成分同指。

上面讨论的表面上违反了孤岛条件限制的例子，可用以下方式来解决。因为 GCR 可以让空代名词与在论元或非论元位置上的先行语同指，因此上面所提表面上违反孤岛条件的例子可溯源于汉语拥有小代语的可能性。GCR 只寻找离它最近的先行词，与移位不同，不受邻接性、提取域或其他孤岛条件的约束，所以，并没有真正出现违反这些限制的情况。

要举例说明，可考虑下面的句子，其中话题化成分来自复

[①] 一般来说，大代语处在不能被赋格的位置，而小代语则出现在被赋格的位置。在管约论（Chomsky 1981）框架里，小代语能处在被管辖的位置，而大代语则不能。

杂 NP 似乎也是可能的。请特别观察以下的对比：

（49）a. 李四$_i$，[[e$_i$ 唱歌的] 声音] 很好听。
　　　b. *李四$_i$，我很喜欢 [[e$_i$ 唱歌的] 声音]。

以上每个句子，空语类 [e] 和话题之间的约束关系都不可能是通过移位建立起来的，因为涉及移位就会违反邻接条件。当然，汉语允许小代语；这种空语类可由基础生成。其所指由 GCR 决定。(49a) 中 C-统制空语类的最邻近的 NP 是话题，于是，根据 GCR，这个小代语就与话题同指，这样，话题就恰当地约束了复杂 NP 内的小代语。由于 GCR 只受 "最近" 概念的影响，而不受孤岛限制的影响，所以，这种约束关系并不违反任何语法原则。(49a) 中的空语类不是移位的语迹，而是小代语，即空的复述代名词。

现在来看（49b）。由于邻接性条件，这个空语类不能是由移位产生的语迹，它可能是基础生成的小代语。但是，GCR 不允许这个空语类与话题同指。C-统制这个空语类的最近距离的先行语是述题句的主语 "我"，而不是话题 "李四"。因为这个空语类不管是作为语迹，还是作为小代语，都不能与话题相联系，所以，在想要表达的意思下句子是不好的。更具体地说，这个句子必定产生如下解读：(关于) 李四，我喜欢我自己唱歌的声音，这是没有意义的，因为话题与述题不相关。

GCR 正确地预测到：如果复杂 NP 出现在主语位置，那么可以将该复杂 NP 中的成分话题化；如果出现在宾语位置，则不行。GCR 也正确地抓住了如下事实：如果作宾语的复杂 NP

前置于主语,那么,就可以从该复杂 NP 中提取成分。

同样,GCR 也解释了我们早先看到的有关左分支条件和附接语条件的非对称性。一个作主语的句子其主语被话题化,也并不奇怪。详细情况,此不赘论。读者可以参见 J. Huang (1984a)。

余下的问题是:为什么不仅主语,而且宾语也可以从句首的孤岛中提取出来?例如(44)和(46),还有下面的(50a, b)。

(50) a. 这个小孩$_i$,[[李四照顾 e_i]最合适]。
   b. 张三$_i$,[[e_j 批评 e_i 的人$_j$]很多]。

J. Huang 提出,宾语的话题化首先用于嵌套从句内部,在句子主语的边缘位置上产生一个小代语,可图示如下:

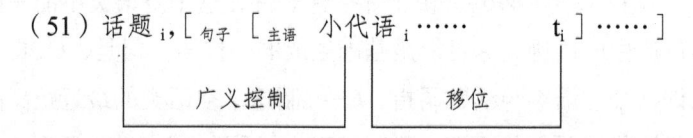

(51) 话题$_i$,[$_{句子}$ [$_{主语}$ 小代语$_i$ …… t_i]……]
                     └──广义控制──┘└──移位──┘

这一额外的机制引起了新的挑战,这些挑战是李艳惠(2007)提出来的。尽管如此,孤岛效应确实与话题结构相关。话题结构可以由基础生成,或者由移位推导出来,移位受制于孤岛条件。因此,表面看来违反了孤岛条件的结构,实际上涉及一个小代语,这个小代语根据 GCR 与话题同指。所有含空位的话题结构都跟孤岛条件相关,这一点也显示出明确地划分话语话题结构是由基础生成而对比话题结构是由移位推导而来这种做法

第六章 话题结构和关系结构

是不正确的。不管话题可以有什么意义，重要的是空语类的隐现以及空语类的性质（语迹或小代语）。①

对话题结构的研究强化了生成语法理论的如下主张：移位受制于孤岛条件。反过来看，孤岛条件又可以作为移位的测试标准。此外，正如前面所指出的那样，"重构效应"也有助于确认移位。如果一个结构呈现出重构效应，那么一定发生了移位。孤岛与重构的这些特性进一步得到关系结构的证实，关系结构经常与话题化联系在一起，下面就来讨论关系结构。

6.2 关系结构

按照通常的理解，话题结构和关系结构具有很多共同特性。本章开头指出，两者都属于 wh-结构。为了抓住话题结构和关系结构的相似性，Kuno（1976）提出"主题限制"（Thematic Constraint）。根据这条限制，如果存在一个相应合格的话题结构，那么，关系从句结构便是合格的；在这个合格的

---

① 12 关于 OSV 的 O，有些语言学家作了话语话题或对比话题的区分（如 Tsai 1994a, Shyu 1995；参看 Hoji 1985 对日语话题结构的讨论）。前者由基础生成，后者由移位推导而来。由于移位的可能性，对比话题可以是无定短语，与有定的话语话题形成对比。无定的对比话题以下面的（i）为例（Tsai1994a: 138,（31b））。

(i) 一篇论文，我还可以应付（两篇那就太多了）。

不过，尚不清楚的是，这是否是无定表达。A. Li（1998）主张，"一篇论文"可以分析为数量短语。数量短语可以看作有定短语，或者跟有定性要求无关。有关数量表达与个体表达之间的区分，请参看第八章与 A. Li（1998）。

话题结构中，被关系从句修饰的中心语用作话题，关系从句是关于话题的陈述。基于同样的精神，T.-C. Tang（1979）主张，汉语在形成关系化结构时，相关的论元在关系从句中首先被话题化。关系化了的论元在关系从句中总是话题。Jiang（1990）提出同样的主张。尽管如此，这种假说无法解释话题化与关系化之间存在的重要差异。有些话题结构可以接受，却没有相应的关系结构；反之亦然。

上一节我们看到，汉语的话题结构并不要求述题句子里有一个与话题同指的成分；(23)和(24)这样的句子，由话题和述题之间的"相关关系"(aboutness relation)允准。不过，这种相关关系并不足以允准关系结构：

(52) *[[幸亏消防队来得快的]那场火]
(53) *[[我最喜欢香蕉的]水果]

话题结构与关系结构的这种不同可得到如下例句的进一步证明。动词"发生"具有非宾格和及物两种用法。(54)是非宾格用法，带一个论元（客体）；(55)是及物用法，又带了一个论元（历事）。

(54) 意外发生了。
(55) 他们发生了意外了。

(54)和(55)都可以出现在话题结构里。

(56) 他们，意外发生了。
(57) 他们$_i$，e_i发生了意外了。

然而，只有（57）有一个合语法的对应的关系化结构，（56）则没有。

（58）*[[意外发生了的]那些人]
（59）[[e_i 发生了意外的]那些人_i]

如果话题结构是关系化的来源，（56）和（58）在可接受度上就不应该有别。

在其他方面，即使对应的话题结构不合语法，关系化结构也可以是合语法的。比如说，尽管附接语能够关系化，但通常不能用作话题（Ning 1993）。

（60）a. 他唱歌的声音很好听。
　　　b. *那个声音，他唱歌。
（61）a. 他对待李四的方式很不好。
　　　b. *这个方式，他对待李四。
（62）a. 他修车的车场
　　　b. *这车场，他修车。
（63）a. 他修好那部车的方法
　　　b. *那个方法，他修好了那部车。
（64）a. 他不修车的原因
　　　b. *那个原因，他不修车。

因此，话题结构的合语法性对于相应的关系结构的可接受度来讲，既非必要也不充分，这表明关系句结构并不是从话题结构推导而来的。假如情况是这样，那么，什么是关系化的短语呢？关系化的过程又是什么？下面就来讨论这些问题。

6.2.1 分布和释义

名词短语具有特定的成分和一定的排序要求。尽管第八章将集中讨论名词短语的内部结构，不过，为了给讨论关系结构打个基础，这一节先作个基本勾勒。

名词短语的基本成分是名词，如"猫"。名词能够与数词一起出现表示数量。汉语的数词出现时，需要用量词来标定单位，用以计量名词所指示的实体。指示词（以及其他与指示词呈互补分布的词，如量化词"每"）可以出现在数词之前。这些成分的排序可概括为（65）：

(65) 指示词 + 数词 + 量词 + 名词
　　　这/那　一/三　只/杯　猫/水

关系从句可以出现在（66）中由罗马数字 I—III 所表示的位置上，分别如（67a—c）所示：

(66) 指示词 + 数词 + 量词 + 名词
　　　 I　　　 II　　 III
(67) a. [[他喜欢的] 那（一）个孩子] [1]

---

[1] 在前面几章中，我们已经看到很多量词用例，而且在量词之前总有一个连字符（译者按，考虑到汉语的书写习惯，译文将连字符尽删去）。这是因为量词和它前面的数词构成一个语音单位。量词像一个附着成分，或者是数词和量词构成的复合词的一部分。

b. ［这［张三说出来的］一句话］比［那［李四写出来的］一百句话］还有用。

c. ［那（一）个［他喜欢的］孩子］

正如较为复杂的（67b）所显示的那样，位置 II（指示词和数词之间）并不是关系从句最正常的位置。这一点，我们暂置不论（参见 B. Lu 1998）。（67a）和（67c）所示的位置 I 和位置 III 差异，文献中有广泛的讨论，包括（68）中没出现指示词的情形：

（68）数词＋量词＋名词

　　　I　　　　　III

对于关系从句这两个位置间的差异，文献中有各种不同的处理意见。占据位置 I 的关系从句是"限定性的"（restrictive），而处于位置 III 的关系从句是"非限定性的"（non-restrictive）（例如 Chao 1968, Hashimoto 1971, J. Huang 1982b）。Del Gobbo（2003）广泛地讨论了限定性和非限定性（也叫同位性）关系从句的差异。其中一些差异重述如下：

（69）a. 就语类来说，同位关系从句的先行语可以是任一最大投射（Sells 1985 等）；

b. 作修饰语的句子副词只能出现在同位关系从句内，而不能出现在限定性关系从句内（Ogle 1974）；

c. 被量化的 NP 不能作同位关系从句的先行语（Ross 1967）；

d. 主句中量化词的辖域不能大于同位关系从句中的

代名词（Safir 1986）；

e. 同位关系从句受到出现于主句中的否定词的影响（Demirdache 1991）。①

Del Gobbo 指出，汉语中的所谓非限定关系从句与英语的同位关系从句不同，它在实际表现上更像英语的限定性句子。限于篇幅，我们不再重述所有的论点和例子，只是举一些例子对上述的有些观点加以概要介绍。

来看（69c）。被 every、any 和 no 这类量化词修饰的成分通常不能作为同位句的先行语。以下例句来自 Ross（1967）：

（70）a. Every student that wears socks is a swinger.

"每一个穿短袜的学生都是赶时髦者。"

b. *Every student, who wears socks, is a swinger.

"每一个学生，穿短袜的，都是赶时髦者。"

但在汉语中，正如 J. Lin（1997）所指出的那样，关系从句在位置 I 或位置 III，不会产生差异。

（71）a. [每一个 [$_{OP}$ 穿袜子的学生]] 都是跳舞的。

b. [$_{OP}$ 穿袜子的 [每一个学生]] 都是跳舞的。

条件（69d）阻止主句里的量化词约束同位句中的代名词。

（72）a. *Every Christian$_i$ forgives John, who harms him$_i$.

---

① 更具体地说，如果一个名词被一个同位成分修饰，那么，它不能在主句的否定辖域内。

"每一个基督徒都原谅约翰,他伤害了他们。"
b. Every Christian$_i$ forgives a man who harms him$_i$.
(Safir 1986:672)
"每一个基督徒都原谅伤害他们的人。"

此外,根据 Del Gobbo,这种约束在汉语的两类关系从句中都能得到例证。

(73) a. [每一个学生]$_i$ 都原谅那些[曾经伤害他们$_i$的]人。
b. [每一个学生]$_i$ 都原谅[曾经伤害他们$_i$的]那些人。

最后来看(69e)。按照 Sells(1985)的思路,Demirdache(1991)指出同位关系从句受到出现于主句中的否定词的影响,而限定关系从句则不然。被同位句修饰的短语不能处在主句否定标记的辖域之内:

(74) *Every rice-grower in Korea doesn't own a wooden cart, which he uses when he harvests the crop.
"韩国每一个水稻种植者都没有一辆木车,在他收割庄稼的时候使用。"

然而,汉语的表现不同,不论关系从句在什么位置。

(75) a. 每个农夫都没有一辆[用来收割的]车子。
b. *每个农夫都没有[用来收割的]一辆车子。

像(75a)中位置Ⅲ上的关系从句是完全可接受的。(75b)不可接受则与下列事实有关:(68)中位置Ⅰ(数词之前,没有指示词)上的修饰语使该短语成为特指的或定指的。[①]

总之,位置Ⅰ和位置Ⅲ上的关系从句并不等同于英语中的限定性从句和同位性(非限定性)从句。根据 Del Gobbo 的观点(引用 J. Huang 1982b),按照修饰语的辖域可以作出更为适当的区分:关系从句修饰跟在它后面的成分(修饰语的辖域是其右边的成分)。位置Ⅰ上的关系从句修饰[(指示词)+数词+量词+名词],位置Ⅲ上的关系从句修饰[名词]。[②]两个结构中的指示词作用不同。在[指示词+数词+量词+关系从句+名词]结构中,指示词是直示短语(deictic expression),它指称一个标明的有定实体("这一个","那一个"),该实体具有关系从句所表达的特性。在[关系从句+指示词+数词+量词+名词]结构中,指示词是一个"照应性的"(anaphoric)成分,靠前面的关系从句来识别。正如 B. Lu(1998)所主张的那样,这个区别也可以按照关系从句的"描写的"与"确认的/指称的"(identificational / referential)的用法来理解。B. Lu 注意到,

---

① Del Gobbo 采用"强"和"弱"量化词这样的术语。弱量化词具有非特指的(non-specific)解释。强量化词(every, all)和带指示词的短语(有定短语)并不出现在不允许特指的或有定短语的语境中。存现句就是这样的例子。

(ⅰ)*有每个人/那个人/在念书的三个人在这儿。

B. Lu(1998)注意到,带位置Ⅰ修饰语的名词短语一般是有定的,除非那个修饰语带对比重音或者整个短语指称某种数量,而不是个体(A. Li 1998)。也可参看 Hsieh(2004)的主张:(68)中位置Ⅰ上的修饰语(不带指示词)必定是对比性的,而(66)中位置Ⅰ上的修饰语(带有指示词)则不然。

② 修饰语的叠加使得位置Ⅲ上的有些关系从句修饰的是[修饰语+名词],而不仅仅是名词。

位置 I（他所说的量化词之前）的修饰语帮助确认名词短语的所指对象，而位置 III（他所说的量化词之后）修饰语帮助描写属性。

为了说明修饰语修饰其右边成分这一事实，J. Huang（1982b）主张汉语的修饰结构如下图所示，用 Mod 修饰其姊妹节点成分：

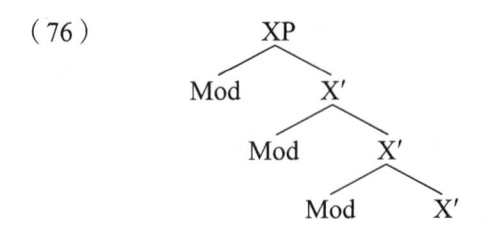

（76）

```
        XP
       /  \
     Mod   X′
          /  \
        Mod   X′
             /  \
           Mod   X′
```

XP 可以是名词短语 NP。修饰语"附接于" N′ 之上（附接成分既不是指示语，也不是补足语）。有多少修饰语，N′ 就重复多少次。尽管理论框架和名词性结构的概念随着时间的推移而有所变化（参看第八章），但这个附接结构和修饰语辖域的深刻见解还保留着，在以下关于关系从句的结构及其推导的章节中我们会看到这一点。

6.2.2 移位

关系结构与话题结构在移位方面的表现是否相同呢？ Chiu（1995）曾认为，汉语关系结构中的语素"所"就表明移位。具体说，只有当动词宾语（宾格宾语）关系化时，"所"才出现，宾语的位置必须是空位。以下例句显示了这种概括，只有将宾格宾语关系化了的（77），才能带"所"。而（78）—（80）没有将宾格宾语关系化，也就不接受"所"（引自 Chiu 1995：78—81）：

（77）[李四（所）买 __ 的] 那些书 ——宾格宾语关系化
（78）[__（*所）来过的] 那些人 ——主语关系化
（79）[李四（*所）跟他住过的] 那个人。——介词宾语
（80）a. [李四（*所）看到张三 __ 的] 地方——处所
　　　b. [李四（*所）看到张三 __ 的] 时候——时间

另外，代名词替换宾语位置上的空位会造成"所"不可接受：

（81）[我所看过（*他）的] 那个人

这些例子表明关系从句很像话题结构：运用移位，并推导出空位。代名词的出现表明没有发生移位。"所"是通过移位将宾格宾语关系化的线索。当"所"（Chiu 称之为宾语附着成分）出现在动词之前时，动词后宾语位置（宾格宾语所在的位置）必须是空位。

以下部分，我们将论证，当关系化位置为空位时，即便在没有"所"的情况下，关系化实际上也是通过移位产生的。如果出现代名词，就没有发生移位。这种差别得到重构测试的支持。关系从句附接于它所修饰的名词性短语。方便起见，我们将关系从句所修饰的名词短语称为（关系结构的）中心语（Head）。

移位的发生一定跟孤岛条件有关。我们在 6.1.2 节看到孤

第六章　话题结构和关系结构

岛条件如何限制话题化，关系结构也受到孤岛条件的同样限制。6.1.2 节中的所有例子都可以有对应的可接受度一样的关系化结构，举例以下：

（82）a. *[[我认识很多[[e$_i$ 喜欢]的]人的]那个女孩$_i$]
　　　b. *[[我很喜欢[[[e$_i$ 唱歌]的]声音]的]那个女孩$_i$]
（83）*[我看见了[e$_i$ 爸爸]的]那个女孩$_i$

将[e$_i$ 爸爸]前置就使得话题结构和关系结构都可接受，因为可以利用经过恰当识别的小代语（广义控制规则）：

（84）[[e$_i$ 爸爸]我看见了的]那个女孩$_i$

总之，在受孤岛条件限制方面，关系结构和话题结构非常相似。也就是说，当出现空位时，它们呈现出孤岛效应；尽管存在孤岛条件看似被违反的情况，但是它们能为广义控制规则所容纳。

　　移位推导可以从重构效应得到进一步支持。[①] 以下例子表明：包含在中心语中的反身代词就如同它处在关系句内部一样得以解释。(85a) 显示：具有 C-统制力的"每个人"可以约束"自己"。当包含"自己"的短语被关系化时，约束依然可行，如(85b)。

（85）a. 我叫张三劝每个人$_i$ 开自己$_i$ 的车子过来。

---

① 下面的讨论基于 Aoun & Li（2003，第 5—6 章）。

b. [[我叫张三劝每个人ᵢ开t过来的]自己ᵢ的车子]

以下关系化的中心语中包含受约束的代名词，此时也呈现出重构效应。(86a)表明代名词可以受到"每个学生"的约束，(86b)则说明含有该代名词的短语的关系化仍能受关系从句内"每个学生"的约束。

(86) a. 我希望每个学生ᵢ都能把我给他ᵢ的书带来。
　　 b. 你会看到[[我希望每个学生ᵢ都能带t来的]我给他ᵢ的书]。

包含习语的关系结构显示出同样的重构效应。习语中的组成部分可以分离，一部分在被关系化的中心语位置，其他部分留在关系从句内。

(87) a. [[他吃 eᵢ的]醋ᵢ]比谁都大。
　　 b. 我听不懂[[他幽 eᵢ的]默ᵢ]。

6.2.3 基础生成

除了移位，关系结构像某些话题结构一样也能够由基础生成。请看下面的例句，显性的代名词出现在关系从句内中心语得到解释的地方。也就是说，显性的代名词在关系从句中是一个复述代名词：

(88) a. 我想看[[你说每个人ᵢ会带(*他ᵢ)回来的][自己ᵢ的朋友]ᵢ]。

b. *我想看［［你说每个人ⱼ会带（*他ᵢ）回来的［我介绍过给他ⱼ的朋友］ᵢ］。

这些实例说明，当复述代名词出现时，关系从句内"每个人"若约束包含于中心语之中的照应语或受约束代名词，都是不可接受的。

正如所料，复述代名词的使用使得孤岛条件不相关，代名词可以出现在无法移位的语境中：

（89）我想看［［你［因为他ᵢ不会来］很生气的］［那个学生］ᵢ］。

（89）这种句子可以接受，表明关系结构可以是基础生成的，不需经过关系化移位。

到目前为止的讨论表明，正如话题结构一样，关系结构既能通过移位推导出来，也可以由基础生成。这两种推导的区别在于是出现空位还是出现代名词。当关系从句内被关系化的位置是空位时，关系结构必须遵守孤岛限制，并呈现重构效应；当代名词替代空位时，则孤岛条件不相干，也不会出现重构效应。

6.2.4 关系算子

空位和代名词有效地区别了一个关系结构是如何推导的。然而，有些例子没有空位，仍然跟移位相关，一个例证是由Ning（1993）注意到的 how 和 why 短语的关系化。

汉语关系从句中的"为什么"和"怎么"有个很有意思的

用法。当中心语是"原因/理由"(与"为什么"一起出现)、"方法"或"样子"(与"怎么"一起出现)的时候,它们能"复述性地"(resumptively)出现在关系从句内。这就与其他不能这样用的疑问词如"谁"和"什么时候"形成对比。复述性的"怎么"和"为什么"是可选的(也就是说,可出现空位):

(90) a. ?他(如何ᵢ/怎么ᵢ)修车的方法ᵢ,没人知道。
　　 b. 他(为什么ᵢ)不来的原因ᵢ,没人知道。
　　 c. 你看到他ᵢ/*谁ᵢ妈妈的小孩ᵢ
　　 d. *你在什么时候ᵢ来的时候ᵢ

关系从句中复述性的 wh-词可以跨越句子边界与中心语名词建立联系:

(91) a. ?这就是 [[他觉得 [你应该(如何ᵢ/怎么ᵢ)修车]的]方法ᵢ]。
　　 b. 这就是 [[我们以为 [他(为什么ᵢ)没来]的]原因ᵢ]。

然而,复述性的 wh-词的分布对孤岛条件是敏感的:

(92) a. *这就是 [[[如果他(为什么ᵢ)生气]我会不高兴]的]原因ᵢ]。
　　 b. *这就是 [[[如果他(怎么ᵢ)修车]我会不高兴]的]方法ᵢ]。

这些事实似乎表明,在 how(怎么)和 why(为什么)关系结

第六章 话题结构和关系结构

构（称为附接语关系结构）的关系化过程中，运用了移位；甚至当这些 wh-词出现在关系从句中时，也会进行移位。移位就有孤岛条件的效应，问题是：在允许出现显性复述性的 wh-短语的情况下，这是什么样的移位？答案可能在于：移位发生在何处，或者汉语 wh-词具有什么样的特性。前者跟显性移位和隐性移位的区分有关，后者跟 wh-短语的不定用法相关（参见 Cheng 1997，J. Huang 1982b，Kim 1989，1991，Kuroda 1965，A. Li 1992b，Nishigauchi 1986，Tsai 1994a）。wh-词的性质和移位是下一章的论题。

　　暂不考虑可能的方法和特殊机制，我们不妨接受如下选择：这些附接关系从句的生成涉及算子的移位，这个算子相当于英语的 why。[①] 就是说，这些关系从句在语法的某个层面具有英语中（93）这样的结构，关系算子处在关系从句的边缘位置。

　　（93） I heard the reason$_i$ [why$_i$ he would not come here e$_i$].
　　　　　"我听到了他为什么不来这儿的原因。"

关系算子的出现可以得到下面这个不可接受的句子的支持，该句不允许在关系从句内出现疑问的 wh-短语。

　　（94）*他听到了[[你（为什么）叫谁修车]的原因]？

（94）之不可接受，可以用最简方案（如 Chomsky 1995）中人所熟知的"最简约性"（minimality）效应来解释。正如下一章

[①] 英语中包括 *the way how* 的关系从句并非完全能接受。尽管如此，这样的关系从句仍是通过关系算子的移位推导出来的。

将证明的那样，"谁"需要与算子关联。与算子的连接一般会显示出"最简约性"效应：连接必须尽可能短（参见 Chomsky（1995：296）定义的"吸引最近的"（Attract Closest）的概念，或者是 Aoun & Li（1993a）的最小约束要求（Minimal Binding Requirement））。因为（94）是疑问句，所以，wh-短语在主句中进行解读。就是说，"谁"应该与主句的疑问算子相关而构成问句。但是，关系从句边缘位置上关系算子的干预，导致了句子不可接受。（94）与（95）形成最小对立，（95）不包含表疑问的 wh-短语，句子可以接受。

（95）他听到了[[你（为什么）叫他修车]的原因]。

类似的"最简约"效应还能在（96）和（97）中看到，这两句将论元关系化了。（96）和（97）的（a）句和（b）句间的唯一差异在于关系从句里是否出现表疑问的 wh-短语。

（96）a. *他喜欢[[谁打算请他ᵢ来演讲的]作家ᵢ]？
　　　b. 他喜欢[[张三打算请他ᵢ来演讲的]作家ᵢ]。
（97）a. *他要见[[谁想找他们ᵢ来这儿的]学生ᵢ]？
　　　b. 他要见[[老师想找他们ᵢ来这儿的]学生ᵢ]。

如同附接关系从句中的情况一样，这种对立表明：不可接受的句子在关系从句的边缘位置上包含一个关系算子，该算子介于关系从句内表疑问的 wh-短语与主句中疑问算子之间。

重要的是，当与中心语同指的复述代名词被空位代替时，（96）—（97）中不可接受的（a）句就好一些。

第六章 话题结构和关系结构

(96) c. 他喜欢 [[谁打算请 ?ᵢ 来演讲的] 作家ᵢ]?
(97) c. 他要见 [[谁想找 ?ᵢ 来这儿的] 学生ᵢ]?

在"最简约"效应方面，为什么包含复述代名词的句子和那些带空位的句子之间存在这种差异？请注意，我们对（96）—（97）中（a）句最简约性的解释建立在关系从句的边缘位置上出现关系算子的基础上。这样，从逻辑上讲，(c) 句显示的改进就表明关系算子没有出现。这就是 Aoun & Li（2003：第4—6章）关于两类关系结构提出的分析：一类包含关系算子，另一类包含提升到中心语位置的关系化名词。后者是将论元关系化（论元关系从句，argument relative）从而产生空位的结构。前者有两个结构：附接语关系从句和含有代名词的论元关系从句。含有空位的论元关系从句是通过直接提升名词而不借助于关系算子推导而来的。附接语关系从句不是靠直接提升关系化的短语来推导：附接语关系从句的名词中心语必须是基础生成的。而且，如前所述，用代名词替代空位的关系从句也不是靠移位来推导的。

推导过程中存在的这种差异，得到重构效应方面差别的支持。通过提升推导而来的中心语显示出重构效应，但由基础生成的中心语则不然。在（96）—（97）的（a）句中，出现了复述代名词，没有运用移位；在（c）句中，空位显示了移位推导。因此，前一种结构并不呈现重构效应，后一种结构则呈现重构效应。这种差异可以通过不可接受的（98a，b）和可接受的（99a，b）来说明。

（98）a. *我想看[[你说每个人ⱼ会带他ᵢ回来的][自己ⱼ的朋友]ᵢ]。

b. *我想看[[你说每个人ⱼ会带他ᵢ回来的[我介绍过给他ⱼ的朋友]ᵢ]。

（99）a. 我想看[[你说每个人ⱼ会带 ?ᵢ 回来的][自己ⱼ的朋友]ᵢ]。

b. 我想看[[你说每个人ⱼ会带 ?ᵢ 回来的][我介绍过给他ⱼ的朋友]ᵢ]。

综上分析，我们作以下概括：

（100）a. 论元位置有空位的关系从句：关系从句可以通过关系化直接将名词提升到中心语位置而推导出来，该中心语与关系从句内论元位置上的语迹相关联。

b. 中心语跟附接语或论元位置上的代名词相联系的关系从句：关系从句的中心语是基础生成的。中心语与关系从句的关系是通过关系从句边缘位置上的关系算子建立起来的。

这两种类型的关系从句还可以进一步通过另一个有趣特性加以区分：空中心语的可能性。(100a)这种类型的关系结构允许中心语为空，而含有算子的（100b）则不允许。以下例句说明了名词性成分和附接性成分的对立：

（101）a. 来这儿的 ∅

b. 他做的 ∅

c. *他修车的 ∅

d. *他离开的 ∅

在含有复述代名词的关系从句中，中心语不可以是空的。

(102) a. *我想看 [[你说张三会带他$_i$回来的] ?$_i$]。

b. *我想看 [[你 [因为他$_i$不来] 很生气的] ?$_i$]。

c. *我想看 [[你邀请 [带他$_i$来的人] 来这儿的] ?$_i$]。

注意，how 和 why 短语并非不能以零形式出现。只有当出现关系从句时，对空中心语的禁止才会有效。

(103) a. [[他修车的] 方法] 比 [[我修车的] *（方法）] 好。

b. [[他修车的] 方法] 比 [[我的]（方法）] 好。

(103a) 与 (103b) 形成对比：当修饰语是名词短语，而不是关系从句时，被修饰的中心语可以采取零形式。以下例子是更进一步的证明：

(104) a. [[他不能来的] 原因] 我知道了；[[你不能来的] *（原因）] 呢？

b. [[他不能来的] 原因] 我知道了，[[你的]（原因）] 呢？

(105) a. 你应该把他如何/怎么$_i$修车的 *（方法$_i$）告诉我们。

b. 你应该把他为什么ᵢ不来的*(原因ᵢ)告诉我们。

由于不可接受的例子都含有一个算子，这种差异可能归因于对关系算子的某种要求：需要为算子提供某种内容（限制）加以解读，在这个意义上，关系算子需要确认。零形式没有足够的内涵来确认空算子。或者说，当关系算子和中心语在 phi-特征（人称、数、性）和［人类］、［处所］、［时间］这些实体特征相匹配时，关系从句才得到允准。但是，空的中心语没有词汇内容，不具有这些特征。相比之下，对于直接将名词提升到中心语位置推导出来的关系从句而言，零形式（而非算子）可以由基础生成，再移到中心语位置，不需要确认算子。因此，在这种情况下，空的中心语是可以接受的。

总之，本节简要的讨论旨在证明：关系从句可以通过直接将短语提升到中心语位置推导而来，也可以含有一个处在关系从句边缘位置的关系算子和一个由基础生成的中心语。前者总是在关系从句内被关系化的位置上留下一个空位，后者则允许代名词或一个复述的附接语 wh-词。推导和关系算子相关性方面的差异得到如下几方面的支持：与关系从句内疑问 wh-短语的相互作用、重构效应的有无、空中心语的可能性。

关系从句是很有意思的，不仅在于其可能推导的复杂性，而且在于它们所呈现出来的结构范围上。[①] 限于篇幅，下一节

---

① 对不同类型关系从句属性与解释的更广泛而详细的讨论，参见 Aoun & Li（2003：第 4—7 章）。有关本节所讨论的两种不同推导，也可以参见 Åfarli（1994）、Munn（1998）以及 Sauerland（2000，2003）。此外，Winkler & Schwabe（2003）提出了广泛的评论。

我们只简要地讨论关系从句句法表现的一个重要方面。

6.2.5　NP 附接

我们知道，关系从句的功能是修饰中心语。从结构上看，关系结构在文献中有很多不同的表征式，这些表征式并非总是能反映我们从直觉上理解的修饰关系。有两种主要的分析方法：(i) 附接性 (adjunction) 结构 (参见 Schachter 1973, Vergnaud 1974), (ii) 补足性 (complementation) 结构 (Kayne 1994)。附接性结构将关系从句附接于其中心语之上。如果关系从句出现在名词之前，则关系从句附接于中心语的左侧 (左附接)：[$_{NP}$ 关系从句 CP + 中心语 NP]; 如果关系从句出现在名词之后，则是右附接：[$_{NP}$ 中心语 NP + 关系从句 CP]。补足性结构像 Kayne (1994) 所主张的那样，以关系从句作限定词 (D) 的补足语。这种分析必须区分 NP 和限定词短语，这个问题将在第八章讨论，这里暂先略过，而提及相关的问题。

比如，英语 the 这样的限定词，是功能投射的中心语，这就是所谓的限定词 (D) 投射。中心语 D 可以带 NP 作为补足语。因此，像英语中 the big boy 这类名词性短语的结构是 [$_{DP}$ [$_D$ the][$_{NP}$ big boy]]。根据 Kayne 的分析，就关系从句而言，D 的功能投射依其子语类化特征选择一个句子 CP, 中心语名词提升到 CP 的指示语位置。

(106) [$_{DP}$ D [$_{CP}$ DP$_i$ [C [$_{IP}$ ... e$_i$ ...]]]]

根据 Bianchi（1999），这种结构得到以下概括的支持：[①]

（107）a. 因为关系从句 CP 是 D 的补足语，关系从句 CP 的出现就蕴含（entail）着 D 的出现；
b. D 和 CP 之间存在选择关系；
c. D 并不与中心语 NP 组成一个成分，中心语 NP 在 CP 的指示语位置。

我们不作详细阐述，只关注（107a），因为它对汉语关系从句的结构有直接的影响。

用来例证（107a）的重要事实包括并列结构。[②]一般说来，英语允许用 and 连接限定词短语 DP、名词短语 NP 以及受形容词修饰的 NP。

（108）a. He saw [[an actor] and [a producer]].
——DP 并列

"他看见一个演员和一个制片人。"

b. He is an [[actor] and [producer]].
——NP 并列

"他是一个演员兼制片人。"

c. He is a [[great actor] and [brilliant producer]].
——Adj + NP 并列

[①] 对于各种类型语言中关系从句的不同处理方法，请参看 Alexiadou, Law, Meinunger & Wilder（2000），对关系从句的总结以及英语中关系从句的种类，参看 Aoun & Li（2003：第 4 章）。

[②] 下面的讨论基于 Aoun & Li（2003：第 5 章）。

"他是一个伟大的演员兼有才华的制片人。"

然而，当关系从句与并列项一起出现时，并列项必须包括一个限定词，这表明所并列的必须是限定词短语（参见 Longobardi 1994）。

(109) a. *He is an [[actor that wants to do everything] and [producer that wants to please everyone]].

b. He is [[an actor that wants to do everything] and [**a** producer that wants to please everyone]].
"他是一个想无所不为的演员和一个想博得众人欢心的制片人。"

c. He is an [[actor] and [producer]] that wants to please everyone.
"他是一个想博得众人欢心的演员兼制片人。"

d. He is [[an actor] and [[a producer] that does not know how to produce]].
"他是一个演员和一个不知如何制造的制片人。"

(109a)和(109b)的对比证明，当出现关系从句时，限定词是强制性的。(109c)的关系从句必须修饰两个并列项，而不只是修饰其中的一项。尽管如此，关系从句原则上可以只修饰一个并列项。如果该并列项有个限定词，那么，对那个单独并列项的修饰是可以接受的，如(109d)。这些事实支持了当出现关系从句时 DP 投射的必然性。① 然而，我们就要看到，汉语的关系从句有不同的表现。

首先，我们预先假定汉语也区分 DP 与 NP；这样，典型的名词性短语可以表示为：[$_{DP}$ 指示词 [$_{NumP}$ 数词 [$_{CIP}$ 量词 [$_{NP}$ 名词]]]]（参见第八章）。跟在量词后的成分是 NP。含有指示词的短语是 DP。当数词和量词出现时，投射必须大于 NP（NumP 或者 DP）。从语义上讲，DP 标示个体，NP 标示属性。

至于并列，正如英语允许两个 NP 并列一样，如（110），汉语也同样可以，如（111）。

（110）He is a [secretary and typist].
（111）他是[秘书兼打字员]。

词语"秘书"和"打字员"描述一个个体的双重角色。在汉语中，"一个"这个数量词语，其功能大致跟英语的无定限定词相当，也能出现在并列项之前。

（112）他是一个[秘书兼打字员]。

还有一些例子证明并列项描写同一个个体：

（113）我想找一个[秘书兼打字员]。——找的是一个人

与我们讨论相关的是这些例子中的并列词"兼"的使用。

---

① Smith（1964）认为关系从句是限定词的组成部分。Larson（1991）进一步发展了这种观点，他将限定词和关系从句放在一个更大的节点之下，即 [NP [Det+Rel 句]]，限定词从其中进行移位，推导出 [Det+NP+Rel 句] 的语序。

英语的 and 基本上可以用来并列任何同类的短语，与 and 相比，汉语有一套丰富的并列词，用以并列不同类型的相同语类。譬如，如果并列的是两个标示个体的短语，就用并列连词"和"或者"跟"，相比而言，"兼"只用来并列有关一个个体的两个属性。

（113）应该与下列句子形成对照，其中两个个体间的并列连词要求用"和/跟"，并且得到如下事实的标示：数量短语不仅加于第一个并列项，也加于第二并列项。

（114）我想找[[一个秘书]和/跟[一个打字员]]。

不仅标示个体的[数词+量词+名词]短语可以用"和/跟"并列，而且其他标示个体的短语，如专有名词、代名词以及带指示词的短语，也能用"和/跟"并列。

（115）a. 我很喜欢[[这个学生]和/跟[那个学生]]。
　　　　b. 我很喜欢[[他]和/跟[张三]]。

这种标示个体的短语的并列是不能用"兼"的。

（116）*我想找[[一个秘书]兼[一个打字员]]。
（117）a. *我很喜欢[[这个学生]兼[那个学生]]。
　　　　b. *我很喜欢[[他]兼[张三]]。

正如已经指出的那样，"兼"可以用来并列描写同一个体的两个属性。"兼"也能并列同一个体的两个行为，就是说，它可以并列两个 VP。①

(118) 张三 [[念书] 兼 [做事]], 很忙。

当并列两个句子时, 不能用上述并列连词 (和/跟/兼), 但可以用"而且"。

(119) a. [[我喜欢他] 而且 [张三也喜欢他]]。
b. [[我喜欢他] 而且 [张三会照顾他]]。

并列词的功能可概括如下:

(120) a. 并列词"兼"可并列同一个体的两个属性或由同一个体执行的两个行为。根据语类,"兼"可以并列 NP 或 VP。②
b. 并列连词"和/跟"并列的是两个标示个体的短语, 也就是两个 DP, 可以是专有名词、代名词、含有指示词的短语, 或者含有数词和量词的短语。
c. 并列连词"而且"并列两个非名词语类, 包括句子、形容词短语和不表达同一个体双重属性/行为的 VP。

---

① 用"兼"连接的两个 VP 表达一个人进行的双重活动, 或者同时发生的行为。否则, 连接词就用"而且", "而且"能用来并列任何非名词的词语。用"兼"连接的并列项不能包含体标记 (或者含有否定, 或者任何其他的在 VP 之上的功能语类)。

(i) *他念着/了/过书, 兼做着/了/过事。

② "兼"的这一要求可能与下面的事实有关:"兼"可以是动词, 意思是做某事同时做其他事情, 像动宾复合词"兼差"表示"做兼职, 同时做多项工作"。

>　　d. 这些并列词不能相互替换。

并列词独特的分布为我们确定复杂名词的语类身份提供了重要测试。假定 Kayne 主张的补足性结构 [$_{DP}$ D CP] 对汉语关系结构来说是合适的，那么，我们就可望看到：带中心语（不包括 D）的关系从句的并列可以用 CP 并列词"而且"。但这与事实不符。

>　　（121）* 我想找一个 [[负责英文的秘书] 而且 [教小孩的家教]]。[①]

其实，这种句子只有用"兼"这个表示单一个体双重属性的连词来替换"而且"，才可以接受，而"和"与"跟"都不可能这样用。

>　　（122）我想找一个 [[负责英文的秘书] 兼 [教小孩的家教]]。
>　　（123）?? 我想找一个 [[负责英文的秘书] 和/跟 [教小孩的家教]]。

正如（114）可以接受"和/跟"，要求第二个并列项里有数量短语一样，（123）也能以同样的方式得到补救。

>　　（124）我想找 [[一个负责英文的秘书] 和/跟 [一个教

---

① 有些人似乎能接受这样的句子，特别是如果句子变得更复杂一些。有人这样评论，这样的句子听上去是"可以理解的，但是不合理"（陆丙甫，个人通信）。

小孩的家教]]。

既然并列项是标示个体的短语（DP），（124）理所当然可以接受。在（122）中，重要的是"兼"的使用。在补足性分析方法之下，英语的复杂名词总是 DP，在 D 内部的语类是标句词短语 CP。但是，汉语关系结构只能是"兼"的并列项，即 NP 并列，而不是 CP 并列（而且），也不是 DP 并列（和/跟）。这表明被并列的语类是 NP，而不是 CP 或 DP。的确，如果复杂名词总是 DP，我们就不能指望 NP 并列的并列项含有任何关系从句。这不同于英语，英语的关系结构确实需要一个限定词。一些相关例子重述如下：

(125) a. *He is an [[actor that wants to do everything] and [producer that wants to please everyone]].

b. He is [[an actor that wants to do everything] and [a producer that wants to please everyone]].
"他是一个想无所不为的演员和一个想博得众人欢心的制片人。"

概括起来是，汉语（122）和英语（125）之间的对比显然支持这两种语言的关系结构具有不同的语类地位：汉语中关系结构可以是 NP，而在英语中则必须是 DP。并且，因为关系从句可以附接到 NP 中心语之上，而仍可用 NP 并列词"兼"来并列，所以，关系结构应该具有左附接结构 [$_{NP}$ CP NP]。

仍然存在的难题是：汉语允许关系从句至少出现在

(126a, b) 中 I 和 III 的位置上。

(126) a. 指示词＋数词＋量词＋名词
   I II   III
 b. 数词＋量词＋名词
   I   III

  我们所讨论的只是生成位置 III 上的关系从句，位置 I 上的关系从句如何推导呢？位置 I 上的关系从句可能是在数量词短语与 NP 合并之后，将位置 III 上的关系从句向上移位推导而来的，移位的动因可能是（对比）焦点（参见 Hsieh 2004, J. Zhang 2004）或指称性（referentiality）（B. Lu 1998）。读者可参考这些文献了解详细讨论。

6.3 无空位结构

  为使关系结构的范式完整，我们简要讨论一下汉语中所谓的无空位关系结构，即关系从句里没有空位或复述代名词。可举下面的例子加以说明。

(127) a. 这就是 [[他考试的] 结果]。
  b. 这就是 [[他唱歌的] 声音]。
  c. 这就是 [[他作恶的] 后果]。
  d. 这就是 [[他杀这个小孩的] 价码]。

在这些句子中，关系从句的中心语不可能与关系从句内的任何位置发生联系。最重要的是,这样的关系从句是非常受限的。中心语名词必须与整个关系从句相关联,它不可能只跟关系从句中的嵌套句相关。因此,(128a)之所以不可接受,是因为"声音"不能只与嵌套句关联;(128b)也不能接受,因为"后果"无法只与嵌套句关联(译者按,为了便于比较,这里附上英译文)。

(128) a. *这就是[[我喜欢[他唱歌]的]声音]。
'This is the voice of my liking him singing.'
b. *这就是[[我听说[他作恶]的]后果]。
'This is the consequence of my hearing him do evil.'

这种类型的"关系从句"可能并非我们熟悉的典型的关系从句。更确切地说,这种结构,并不等同于英语[中心语+关系从句],而是更像英语中名词中心语加上带介词 XP(PP)的名词短语,如[the price [for him killing the boy]](他杀这个男孩的价码),[the sound [of his singing]](他唱歌的声音),[the consequence [of his evil doings]](他作恶的后果)。正像英语这些例子中整个 PP 直接修饰中心语名词的情况一样,(127)—(128)中的中心语名词也必须被"整个关系从句"而不是它的一个部分所修饰(例如(128)的嵌套句)。[①] 可以将(128a,b)

---

① 英语的[NP [P XP]]对应汉语的[XP 的 NP],这并不奇怪。介词常常没有什么词汇意义,例如:the result **of** his exam(他考试的结果),the consequence **of** his evil doing(他作恶的后果),等等。汉语 NP 内部很少使用这类空洞的介词("对"除外,它与某些补足语共现)。汉语的修饰语总是在名词的左边,这与英语的修饰语可以在名词的右边不同。汉语名词短语中"的"出现在修饰语之后,相关讨论见 Fu(1994)。

第六章　话题结构和关系结构

与（129a，b）进行对比,（129a，b）也包含嵌套句，却可以接受。其之所以可以接受，是因为"声音"是与"我想象（他唱歌的）声音"相关，"后果"是与"我喜欢他作恶"相关：[1]

（129）a. 这就是［［我想象他唱歌的］声音］。
　　　　b. 这就是［［我喜欢他作恶的］后果］。

所谓无空位关系从句的这些特性促使我们提出这样的观点：它们实际上并非关系从句，而是其后名词的补足语。每个例子中的名词都是在它们表示关系的意义上使用的，即其所指是不能独立存在的。因此，consequence（后果）不能独立存在，而只是某种事情的后果。同样，"价码"也不能独立存在，而是作为某种东西的价码。这类似于表示"不可让渡所有"（inalienable possession）的名词，如"爸爸"、"弟弟"和"脚"（亲属称谓和身体部分）。以这种观点来看，"无空位关系从句"实际上是中心语名词的一个论元。既然它不是关系从句，也就不存在空位。

---

[1] Murasugi（1991）注意到日语中"无空位"关系从句的局域条件，与汉语的局域条件类似。

第七章 疑问句

像其他语言一样，汉语也有好几种疑问句，包括是非问句（yes-no question）、抉择问句（disjunctive question）和特指问句（constituent question）（译者按，考虑到 disjunctive 与 alternative 所指相同，为了表述顺畅的需要，仅在此处将二者的译名稍作区分，他处均用"选择问句"）：

(1) 你认识他吗？
(2) 你想出去看电影还是在家打麻将？
(3) 你想跟谁商量这件事？

这些问句也分别叫作助词问句（particle question）、选择问句（alternative question）和疑问词问句（wh-question）。除了这三类问句之外，研究者通常认定还存在一种特殊的问句形式，在西方语言学文献中被称作 A-不-A 问句：

(4) 你认识他不认识他？

尽管 A-不-A 问句可以像是非问句那样翻译，但是，大多数研究者认为应该将它看作一类特殊的选择问句。语义上，A-不-A 问句要求听话人在问句所提供的肯定与否定两者之间选

第七章 疑问句

择其一，而是非问句要求对单一的命题进行肯定或否定，这个单一的命题自身可以是肯定的，也可以是否定的。因此，是非问句可以采取肯定形式，如（1），要求的回答是听话人对命题"你认识他"所作的真值评价（truth-evaluation）；也可采取否定形式：

（5）你不认识他吗？

从语用上讲，是非问句可以用来表达提问人的怀疑态度，于是，（5）的提问人期望得到的回答是以肯定形式证实你确实认识他。但是，A-不-A问句完全是中立的，并不传递提问人预期肯定或否定之间哪个选择更有可能是正确的。[①] 这种差异在句法上表现为两个态度副词"难道"与"到底"之间的分布差异："难道"仅与是非问句共现，而"到底"与A-不-A问句或特指问句共现，但不与是非问句共现：[②]

（6）你难道/* 到底（不）认识他吗？
（7）你到底/* 难道认识他不认识他？

[①] 这一观察参见 Li & Thompson（1979）。

[②] "难道"和"到底"这两个词逐词翻译有点儿困难，它们的完整意义可以从其构成成分得到。从字面上讲，"难道"的意思是"难说"，其完整的字面意思大概是"说/相信……不是困难的吗？"，更通俗的翻译是"你想说……吗？"。换言之，"难道"标示的是说话者的怀疑。至于"到底"，其字面意思是"达到底部"，也就是说，"现在让我到达（这一问题的）底部"。当用在选择问句、A-不-A问句或特指问句中时，"到底"表达一种急迫的期望，甚至一种不耐烦的意义，说话人期望得到所问的具体信息。这样，如（11）的翻译所示，含有"到底"的特指问句有一种语用意味，与含有 who the hell、who on earth、what the dickens 等的问句相似。

另一句法差异是 A-不-A 问句可以选择性地以疑问助词"呢"煞尾，而是非问句必须以"吗"煞尾：

（8）你认识他不认识他呢 /* 吗？
（9）你认识他吗 /* 呢？

在所有这些方面，A-不-A 问句的表现与选择问句相同，在某些方面，也跟特指问句相同（为了跟 301 页注 ② 比较，(11) 附上相应的英译文）：

（10）你到底 /* 难道想看电影还是打麻将呢 /* 吗？
（11）你到底 /* 难道想说什么呢 /* 吗？
'What the hell are you trying to say?'

这样，本章中我们将 A-不-A 问句看作一类选择问句，但是在形式分析的层面，我们最终将得出令人惊奇的结论：有些真正的 A-不-A 问句被看作与一般的特指问句相同，另一些则被看作与是非问句相同。

7.1 节和 7.2 节先简要讨论是非问句与一般的选择问句，7.3 节详细分析 A-不-A 问句，特指问句的句法与解释将在 7.4 节讨论，7.5 节是简要总结。

7.1 是非问句

汉语是非问句的构成非常简单：只需将是非疑问标记"吗"附到陈述句的末尾。

(12) a. 他住这儿。
　　 b. 他住这儿吗?
(13) a. 他不住这儿。
　　 b. 他不住这儿吗?

是非问句要求听话人指出一个给定命题的真假。有时说话人并非完全中立,他可以对给定的命题持有一定的信念/看法。在这种情况下,是非问句用以征求听话人对这一信念/看法的确认。这种倾向通过说话人凭借适当的语调或怀疑标记"难道"所表达的怀疑得以标识。

(14) a. 难道他是老实人吗?
　　 b. 他难道是老实人吗?

如上所示,"难道"可以在主语之前,也可以在主语之后。两种说法的核心义实际上是相同的,不同的是它们的焦点或者辖域——给定的命题中有多少被询问。(14a)中,询问的辖域包括主语;(14b)中,主语在询问的辖域之外。"难道"在主语之前时,询问的焦点是对主语所指的确认,也就是,他是不是与诚实属性相关联的人;"难道"在主语之后时,主语所指的确认是已经预设的,询问的焦点是主语所指是否确实具有诚实属性。

将"难道"之前的主语看作非问句焦点之外的预设成分,就解释了为什么在"难道"之前不能出现焦点化(focalized)和被断言的(asserted)成分,比如存在短语、分裂成分以及跟"甚至"、"只"和否定相关联的成分。

(15) a. 难道有人喜欢李四吗?
　　 b. *有人难道喜欢李四吗?
(16) a. 难道是李四先逃走的吗?
　　 b. *是李四难道先逃走的吗?
　　 c. *是难道李四先逃走的吗?
(17) a. 他难道是昨天才出发的吗?
　　 b. *他是难道昨天才出发的吗?
(18) a. 难道连一个人都不买吗?
　　 b. *连一个人难道都不买吗?
(19) a. 你难道不想过来吗?
　　 b. *你不难道想过来吗?

请注意,既然"难道"选择是非问句作其补足语,又因为是非疑问是限制在主句上的,由此可以推断:"难道"不能出现在嵌套句中。①

(20) a. 难道你相信他是老实人吗?
　　 b. 你难道相信他是老实人吗?
　　 c. *你相信难道他是老实人吗?

---

① 下面可接受的句子应该分析为在主句表达"你想"之下的直接引语。
　(i) 你想难道他是老实人吗?
　(ii) 你想他难道是老实人吗?
主句动词"想"之后最好有一个停顿。将主句主语位置上的第二人称"你"换成第三人称"他",则使引语的理解较为困难,接受度降低,除非有一个明显的停顿。
　(iii) 他想:你难道是老实人吗?

第七章　疑问句

　　d. * 你相信他难道是老实人吗？

　　上面简要提到，"难道"与是非问句共现，而副词"到底"则与征询信息的问句（特指问句、选择问句或 A-不-A 问句）一同出现。"到底"跟"难道"一样，也是态度副词。"难道"表达怀疑，而"到底"则传递说话者的不耐烦（参见 301 页注②）。

　　（21）张三到底买了这本书还是那本书？
　　（22）你到底爱不爱他？
　　（23）他到底爱上了谁了？

　　除了像上面那样表达说话者的态度之外，"到底"也可以用来表达主句主语的所指，也就是"内部说话者"（internal speaker）的态度。这就是嵌套问句的情形。

　　（24）李四不晓得 [你到底买不买那本书]。
　　（25）他想知道 [你到底去了哪儿]。

"到底"的这一可嵌套特性使它跟"难道"区分开来。当然，这一差别并不奇怪，从如下事实中就可推得：信息征询可以是直接询问，也可以是间接询问，而是非问句总是直接询问。"到底"和"难道"之间确实存在一种真正的差异：当"到底"出现在嵌套句中时，它可以（像嵌套句中的疑问成分一样）以主句为辖域，因此标示说话者的态度。①

---

　　① 关于"到底"句法的进一步讨论，可参阅 Kuo（1996）与 Huang & Ochi（2004）。

（26）李四说［他到底什么时候回家］？

正像"难道"必须出现在 C-统制是非问句焦点的位置上一样，"到底"在句法结构上必须 C-统制信息问句的焦点，也就是选择成分，或是 A-不-A 成分，或是特指成分。

（27）a. 到底谁是这里的害群之马？
b. *谁到底是这里的害群之马？

此外，预设的成分可以出现在"到底"之前，但是，焦点成分和断言成分则不能。

（28）a. 到底有一个人买了什么？
b. *有一个人到底买了什么？
（29）a. 到底他为什么连一本书都买不起？
b. *连一本书到底他为什么都买不起？
（30）a. 他到底不想买什么？
b. *他不到底想买什么？

7.2 选择问句

汉语的选择问句由"还是"连接的两个或多个成分构成，[①]

[①] 汉语中"还是"同"或是"与"或者"（都翻译成"or"）是有区别的，"还是"用于选择问句，而"或是"与"或者"用于陈述句。这样，"还是"更为准确的翻译应该是"(whether) ...or"，而"或是"与"或者"的翻译是"(either) ... or"。换句话说，"还是"等于"或是"/"或者"加上［+wh］。于是，

各类成分都能进入选择问句。

(31) 张三在家里睡觉还是李四在公司上班？

（连接项为两个 S）

(32) 张三在家里睡觉还是在公司上班？

（连接项为两个 VP）

(33) 张三在家里还是在公司上班？

（连接项为两个 PP）

(34) 张三还是李四在家里上班？

（连接项为两个 NP）

(35) 张三喜欢还是讨厌李四？　　（连接项为两个 V）

没有连词"还是"，也可以形成选择问句。在下列句子中，两个短语成分只是并置，没有连词（有时称为"省连词并列"），但每个句子都解读为选择问句。

(36) 你今天吃饭吃面？

(37) 你卖表修表？

(38) 你喜欢张三喜欢李四？

（接上页）将（31）—（35）中的"还是"替换成"或者"，则形成陈述句。例如：

(i) 张三或者李四在家里上班。

有时，"还是"与"或者"可以互换，如（ii）：

(ii) 橘子还是/或者苹果都行。

这是因为该句可以按两种方式分析：或者在两种 NP 之间进行选择，或者在两个命题之间进行选择，而这两个命题是对（潜在）嵌套问句的回答。

（39）你喜欢张三讨厌张三？

这种并置选择项的问句结构上不如常规的"还是"问句那样自由。黄正德（1988b）和 J. Huang（1991）观察到，并置的两个选择项必须保持语音或音系上的某种相似性。比如，在（36）和（38）中，并列的两个 VP 含有相同的动词；在（37）和（39）中，两个 VP 含有相同的宾语。至关重要的是，当动词和宾语都不相同时，不带"还是"的选择问句是不合语法的。

（40）*你卖书修表？
　　（想要表达的意思：你卖书还是修表？）
（41）*你喜欢张三讨厌李四？
　　（想要表达的意思：你喜欢张三还是讨厌李四？）

（40）和（41）没有"还是"，但若可接受，每个句子必须解释为并列的陈述句：你卖书与修表、你喜欢张三却讨厌李四。这种部分等同要求（partial identity requirement）的确切本质与原因，我们尚不清楚，这里不予讨论。但有一点似乎是清楚的，那就是：这种等同是音系的/韵律的（或音系句法的？），但本质上不是语义的。这可由如下事实证明：将（39）中第二个"张三"换成同指的代名词，则句子不可接受。

（42）*你喜欢张三讨厌他？
　　（想要表达的意思：你喜欢张三还是（你）讨厌他？）

这种问句大部分涉及整个 VP 的并置（部分原因在于要重

复相同的部分）。为方便起见，我们将这种 VP 并列的选择问句称为"VP-VP 问句"，以区别于常规的带"还是"的选择问句。

7.3 A-不-A 问句

典型的选择问句含有两个选项：A 与 B，或采取带"还是"的形式"A 还是 B"，或采取不带"还是"的形式"A B"，如上所述。如果 B 实现为"不-A"形式，则得到"A 还是不-A"问句，如（43），或者"A-不-A"问句，如（44b—d）。[①]

(43) a. 张三买书还是张三不买书？
b. 张三买书还是不买书？
c. 张三买还是不买书？
d. 张三买书还是不买？

(44) a. ??张三买书张三不买书？
b. 张三买书不买书？
c. 张三买不买书？
d. 张三买书不买？

上述例子表明：这些问句允许其成分不同程度地减缩。早期的句法处理以 W. Wang（1967）为代表，将这些不同形式看作同一范式，由连续选用不同的删略过程推导而来。因此，(44) 源于省略"还是"而来。并且，不同的减缩形式源于（连续）使

[①] 如（43a）与（44a）间的对比所显示的那样，当连接项是整个句子时，需要用"还是"。

用单一的连接删略规则（Rule of Conjunction Deletion），向前或向后删除两个相同成分中的一个。比如，在（44b）与（44d）中，承前分别删除了相同的主语和宾语，而在（44c）中，蒙后删除了相同的宾语。

7.3.1 三种类型的 A-不-A 问句

黄正德（1988b）和 J. Huang（1991）主张对这些减缩形式采取"模组"（modular）分析法，反对自 W. Wang（1967）以来用"单一规则法"处理这些减缩形式的做法。特别是，他主张：（43）中带"还是"的形式与（44）中不带"还是"的形式应该在适当的共时语法中作不同处理——前者是常规［A or B］问句的特例，后者是"真正的" A-不-A 问句。[①] J. Huang 进一步认为，A-不-A 问句应分为两个小类：V-不-VP 类与 VP-不-V 类。V-不-VP 类以（44c）为例，位于"不"前的 VP 中的宾语没有出现；VP-不-V 类以（44d）为例，其中第二个 VP 中的宾语没有出现。[②] 下面的例子进一步证明 V-不-VP 类与 VP-不-V 类之间的差别。

(45) a. 他喜欢不喜欢这本书？（V-not-VP）
　　　b. 他喜欢这本书不喜欢？（VP-not-V）

[①] 尽管它们很可能有一种历史关系（如梅祖麟 1978 所指出的那样）。

[②] 更一般地，J. Huang（1991）区分 A-不-AB 类与 AB-不-A 类，其中，A 和 B 是变项。V-不-VP 是 A-不-AB 的个例（A=V, B 是 VP 的宾语）；VP-不-V 是 AB-不-A 的个例。至于含有 S-不-S 的（44a）与含有 VP-不-VP 的（44b），Huang 认为可将它们分析为 A-不-AB 或 AB-不-A（A=VP 或 S，B 为零）。

（46）a. 你认识不认识这个人？（V-not-VP）
　　　b. 你认识这个人不认识？（VP-not-V）

为支持第一个观点，也就是需要区分"还是"问句与"真正的" A-不-A 问句，J. Huang 指出，真正的 A-不-A 问句根据其分布与释义，系统地呈现出孤岛属性，而"还是"问句则不受孤岛限制的约束。A-不-A 问句与"还是"问句的一个共同属性是它们都可以出现在嵌套句中，或以嵌套句为辖域（理解为间接问句，如（47）），或以主句为辖域（各自都被理解为直接问句的一部分，如（48））。

（47）a. 张三不晓得［你来还是不来］。
　　　b. 张三不晓得［你来不来］。
（48）a. 你觉得［他会还是不会来］（呢）？
　　　b. 你觉得［他会不会来］（呢）？

但是，当 A-不-A 形式嵌套于句子主语或关系从句这样的孤岛中时，不可能有直接问句的解读。

（49）*［他来不来］比较好（呢）？
　　　（想要表达的意思：他来好还是不来好呢？）
（50）*你比较喜欢［来不来的那个人］（呢）？
　　　（想要表达的意思：你喜欢来的那个人还是喜欢不来的那个人呢？）

要使这种嵌套成为可能，则要求作间接问句的解释，跟孤岛句子由适当的动词或名词选择时一样：

(51) [他来不来] 一点儿都没关系 (*呢？)。
(52) 我想讨论 [他来不来的问题] (*呢？)。

相反，在 (49) 和 (50) 中的语境里 ((51) 和 (52) 中的也一样)，"还是"问句很容易成为直接问句的焦点。

(53) [他来还是不来] 比较好 (呢)？
(54) 你比较喜欢 [来还是不来的那个人] (呢)？

顺便提一下，孤岛敏感性适用于一切形式的真正的 A-不-A 问句，不论是 VP-不-VP，V-不-VP，还是 VP-不-V。

(55) a. *你比较喜欢 [买书不买书的人]？(VP-不-VP)
　　 b. *你比较喜欢 [买不买书的人]？(V-不-VP)
　　 c. *你比较喜欢 [买书不买的人]？(VP-不-V)

就连 (36)—(39) 例示的 "VP-VP" 类问句也呈现孤岛限制，跟相应的 "还是" 问句形成对比。

(56) 你比较喜欢 [吃饭*(还是)吃面的人]？

McCawley (1994) 为区分真正的 A-不-A 问句与 "还是" 问句提供了另外的证据。他观察到，当 "还是" 连接肯定项与否定项时，两个连接项的顺序是自由的："A 还是不-A" 与 "不-A 还是 A" 都可以，正像 "A 还是 B" 与 "B 还是 A" 都可以一样。

第七章 疑问句

但是,真正的 A-不-A 问句严格要求 A 出现在不-A 之前:

(57) a. 他到底来(还是)不来?
　　　b. 他到底不来*(还是)来?

总之,"还是"问句与真正的 A-不-A 问句有两点不同:一是摆脱句法孤岛限制的能力,二是排列选择项顺序的能力。

关于第二个观点:需要区分 V-不-VP 与 VP-不-V 问句,J. Huang 指出,在词汇完整性原则(Principle of Lexical Integrity, PLI)和禁止介词悬空(Preposition-Stranding)方面,这两种结构表现不同。此外,朱德熙(1991)引用方言材料作为这一区分的进一步证据。我们下面再给出相关的观察。

首先,在 V-不-VP 问句中,"不"之前的成分可以是非完整词或者零语类,而在 VP-不-V 问句中,"不"后成分一定是完整词。

(58) a. 他喜不喜欢这本书?
　　　b. *他喜欢这本书不喜?
(59) a. 你今天高不高兴?
　　　b. *你今天高兴不高?

在(58a)中,"不"之前是动词"喜欢"的第一个音节;在(59a)中,"不"之前是"高兴"的第一个音节。如(b)句所示,这种无意义的音节在 VP-不-V 问句中"不"后位置上是完全不能接受的。更多显示这种对立的例子有:"你认不认识这个人?"对比:*"你认识这个人不认?","他幽不幽默?"对

313

比：*"他幽默不幽？"，等等。

在"单一规则"方法下（沿用 W. Wang 1967），V-不-VP 通过蒙后删除 V 后成分推导而来，而 VP-不-V 通过承前删除 V 后成分推导而来。这里的对比表明：这些问句在词汇完整性原则方面表现不同，这一原则禁止短语层面的句法过程影响词的任何适当组成部分（比方说，提取、删除等）。① 尤其是，蒙后删除似乎能够自由地违反词汇完整性原则，删去"喜欢"、"高兴"、"认识"、"幽默"等的第二个音节，推导出 V-不-VP 问句；但是在形成 VP-不-V 问句时，承前删除则不行。

其次，根据禁止介词悬空（原则），可以看到类似的区别；禁止介词悬空（原则）通常被理解成反对介词带空语类宾语的过滤器：*P [e]（参见 Hornstein & Weinberg 1981）。除了介词之外，"被"和"把"也不能悬空。

（60）a. 波士顿南站，我们明天就从 *（那儿）出发。
　　　b. 那个人，我无法跟 *（他）合作。
　　　c. 那本书，我把 *（它）借给了李四了。
　　　d. 那个小孩，我又被 *（他）骗了。②

但是，在删除分析法之下，V-不-VP 问句似乎系统地允许介词

---

① 更多与词汇完整性原则相关的讨论，请参阅 J. Huang（1984b）。

② ？"那个小孩，我又被骗了"作为话题结构义"（关于）那个小孩，我又被骗了"，勉强可以接受，但不具有"我又被那个小孩骗了"这种特定意义。换言之，这个句子必定被解释为无施事（agentless）的短被动句，"被"之后没有空语类。

第七章 疑问句

悬空,而 VP-不-V 问句则又不可能。[1]

(61) a. 你们明天从不从南站出发?
　　　b. * 你们明天从南站出发不从?
(62) a. 你把不把那本书借给我?
　　　b. * 你把那本书借给我不把?

朱德熙(1991)提供了另外的证据,来支持 J. Huang 的 V-不-VP 与 VP-不-V 问句的区分。在广泛调查的基础上,朱德熙指出,VP-不-V 问句在汉语北部方言中很常见,而 V-不-VP 问句基本上是南方方言的创新。比方说,在老一代北京人的话语中,A-不-A 问句的强势形式是 VP-不-VP 或者 VP-不-V。此外,获嘉、洛阳和开封话使用 VP-不-VP 与 VP-不-V 形式,排斥 V-不-VP 形式。至于 V-不-VP 问句,在粤语、吴语、闽语以及客家话的方言与次方言中很丰富,这些都是南方方言。

总之,所谓 A-不-A 问句的三种类型,可以基于它们的不同表现加以区分:碰巧以 A 与不-A 为选择项的常规"还是"问句,形式为 V-不-VP 以及 VP-不-V 的真正的 A-不-

---

[1] 朱德熙(1991)在讨论黄正德(1988b)时指出,有些北京人可能接受如下介词悬空的例子:

　(i)你跟他说话不跟?

事实上,这个句子我们也认为比"把"与"从"悬空的例子要好。产生这种差异,似乎是因为有些介词历史上是从动词衍生而来,仍然不同程度地保留着动词的身份。

A 问句。①

7.3.2　A-不-A 问句：模组分析法

基于前面以及黄正德（1988b）、J. Huang（1991）、McCawley（1994）、朱德熙（1991）中的其他事实，我们对（43）—（44）中的句子采取一种模组分析法。为了推导出各种句子，假定涉及三种语法过程：（a）连接减缩（Conjunction Reduction），（b）照应删略（Anaphoric Ellipsis），（c）重叠（Reduplication）。

首先，我们认为"还是"问句是从两个完整的小句（bi-clausal）的底层结构（如（43a），重复如下）推导而来的，较短的形式如（43b—d）是通过两种删除过程之一获得的。

（43）a. 张三买书还是张三不买书？
　　　b. 张三买书还是不买书？
　　　c. 张三买还是不买书？
　　　d. 张三买书还是不买？

具体说，连接减缩（CR）运用于完整形式（43a），承前删除第二个"张三"，就得到（43b）；进一步对（43b）运用连接减缩操作，蒙后删除第一个"书"，就得到（43c）。接受 Ross（1967）的观点，我们认为连接减缩受到方向性约束

---

① 词汇完整性原则与禁止介词悬空（原则）跟 VP-不-VP 问句（如（44b））和 VP-VP 问句（如（36））无关。基于粗略观察，喜欢 V-不-VP 形式的人通常也作这样的区分，而不使用 VP-不-VP 形式。我们将 VP-不-VP 类型看成更接近于 VP-不-V 类型。

（Directionality Constraint）的影响，不可承前删除第二个"书"产生（43d）。① 我们认为，产生（43d）的过程是照应删略，承前删略第二个连接项的宾语"书"。

连接减缩与照应删略都是普遍语法和汉语语法中独立需求的机制。连接减缩不仅推导出其他减缩并列结构，包括 and、or 和 but 等，也推导出上述（32）—（35）那样减缩的"A 还是 B"问句。照应删略不仅存在于并列结构中（其中的删除总是承前进行的），也存在于其他语境下：

（63）如果你想看这本书，我就送给你。
（64）如果你想看，我就把这本书送给你。

连接减缩受方向性约束的影响，而照应删略遵守照应语的一般条件（跟代名词约束和 VP 删略一样，涉及 C-统制和先于（precedence）这样的概念）。连接减缩和照应删略的独立存在，意味着它们并未给我们对 A-不-A 问句的描写带来额外的代价。②

---

① 像 Ross（1967）首次指出的那样，连接减缩遵守方向性约束：如果相同成分出现在左分支上，则承前删除；如果相同成分出现在右分支上，则蒙后删除。例如，给定底层来源"John sang and John danced."，其中，相同的主语出现在树图的左分支上，承前删除，得出"John sang and danced."（也见于（43b））。对于连接的 VP 如 [cooked the noodles and ate the noodles]，其中，相同的宾语出现在右分支上，蒙后删除，得出 cooked and ate the noodles（也见于（43c））。

② 替代连接减缩的一种可能方法是：假定相关的减缩并列结构是通过一般的规则程式由基础生成的，一般的规则程式生成各种并列结构（或通过传统的 XP→XP Conj XP, X→X Conj X 等，或可以沿着 Munn（1993）与 Zoerner（1995）思路，认为并列结构以连词为中心语投射而来）。采取这一方法，将不存在连接减缩过程。这一方法有一些小的消极后果，我们不去深入讨论。

对于 VP-不-V 问句，我们认为它是从基础生成的 VP-不-VP 问句通过照应删略推导而来的，很像（43d）是（43b）的删略形式。我们认为，存在一种机制来基础生成并列结构［［VP］［不 VP］］，该结构由空的带有合适形式特征（比方说，+Q 与 +A-不-A）的"还是"连接，形式特征保证选择项的出现顺序一定是"A>不-A"，而不是相反的顺序。这一机制产生 VP-不-VP 问句（44b）。对（44b）施用照应删略，得出（44d）：

（44）b. 张三买书不买书？
　　　c. 张三买不买书？
　　　d. 张三买书不买？

至于像（44c）这样的 V-不-VP 问句，特别是[①] 如下例子（（58a）、（59a）以及（61a）、（62a）的重复），我们认为，它们并不是删除而是重叠的结果：

（65）他喜不喜欢这本书？
（66）你今天高不高兴？
（67）你们明天从不从南站出发？
（68）你把不把那本书借给我？

更具体地说，我们主张：对于（65）—（68）的每个句子而言，底层来源是个简单句，带有一个疑问中心语，处于跟否定句的

[①] 我们说"特别是"那些例子，它们似乎违反词汇完整性原则，但允许介词悬空，因为 V-不-VP 形式中 V 是完整动词（如（44c）），可以采取如下方法来推导，即通过（蒙后）连接减缩从（44b）那样的 VP-不-VP 来源推导而来。

否定中心语相同的位置上，如下：

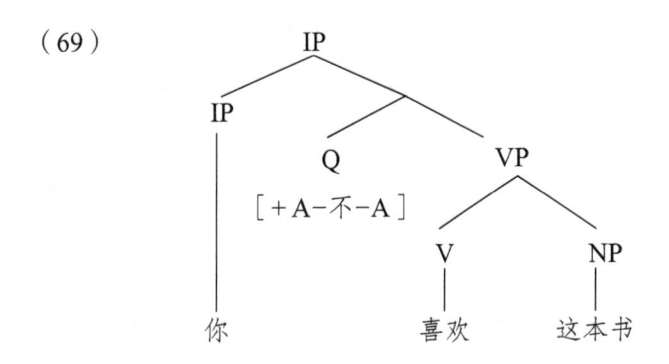

（69）

```
              IP
             /  \
            IP   \
            |     \
            |    Q    VP
            |  [+A-不-A] / \
            |          V   NP
            你        喜欢  这本书
```

Q 的形态实现方式如下：首先，它重复 VP 的起始部分；其次，将相同部分的第二个成分变为其适当的否定形式。如果动词"喜欢"被完整地重复，就得到"喜欢不喜欢"（如（45a））；如果只是"喜欢"的第一个音节被重复，就得到"喜不喜欢"（如（65））。如果被重复的部分是一个介词或者"把"、"被"等，则得到"把不把"、"从不从"等形式（如（67）和（68））。否定部分采取什么形式取决于动词的体特征，比方说，如果是完结动词（accomplishment verb），如"看见"、"看懂"，否定形式将采取"没"（而非"不"）："看没看见"、"看见没看见"，"看没看懂"、"看懂没看懂"。

（70）a. 你看（见）没看见李四？
　　　b. 你看（懂）没看懂这篇文章？

带上能性动词（potential verb），就得到"看得懂看不懂"：

(71) 你看得懂看不懂这本书？

总之，在对汉语选择问句的处理中，我们区分了"还是"问句与真正的 A-不-A 问句；在 A-不-A 问句中，我们区分了 V-不-VP 与 VP-不-V 类型的问句。"还是"问句源自两个完整的小句（或多个小句），各种减缩的"还是"问句可以通过连接减缩或照应删略获得。真正的 A-不-A 问句有两个来源：(a) 基础生成的并列 VP（采取 VP（不）VP 形式），以抽象的带有选择语义的连词为中心语，其第二个连接项可选择性地通过照应删略进行减缩；(b) 单一结构的 VP，其前有一个表疑问的功能中心语，中心语的形态实现是通过重叠来进行的。我们注意到，这三种问句形式有不同的表现。有了上述的分析，我们就可以推导出它们的差异了。[1]

7.3.3 解释差异

我们看到，"还是"问句与真正的 A-不-A 问句之间有一

---

[1] 歧义的存在与某些形式的推导源头有关。比方说，当 VP 仅仅包含一个不及物动词（来、高兴等）时，问句（来不来、高兴不高兴）可以从基础生成的并列 VP 推导而来，或者通过形态重叠（尽管"高不高兴"这样的形式只能通过重叠）推导而来。我们看不到这种歧义会导致任何经验性的结果。推导性歧义的另一个可能的例子是 V-不-VP 句的推导，其中起始的 V 是一个完整动词（比如"喜欢不喜欢这本书"）。我们可以不用重叠，而认为它开始就作为基础生成的并列 VP，但是被连接减缩给减缩了，我们在这里也没有看到重要的经验性结果。作为第三个可能的例子，大家也许想知道：VP-不-V 问句能否通过重叠整个 VP（这样就用单一结构的 VP 来源基础生成所有的 A-不-A 问句），然后经由照应删略推导而来？然而，我们排除了这种可能性，因为我们将重叠看作一种形态过程，它不可能重叠短语，其后也不可能跟着句法删除过程。因此，我们认为，重叠过程只生成 V-不-VP 问句，其中的 V 是一个完整的动词或者动词的一部分。

第七章 疑问句

个重要差异：真正的 A-不-A 问句呈现出全面的孤岛效应，而"还是"问句则不然。我们再度沿着 J. Huang（1991）的思路，通过如下假设解释这种差异："还是"问句的底层语义来源于两个完整的小句，并涉及推导出各种表层形式的某种减缩过程（连接减缩与照应删略），而真正的 A-不-A 问句是基础生成的，具有一个 A-不-A 成分（疑问的并列 VP 或者疑问的功能中心语），这个 A-不-A 成分受其在逻辑式（LF）中所得到的辖域释义的制约。沿用逻辑式移位的方法（更详细的讨论见下面的特指问句一节，也见于第三章 3.3.1），我们可以假定：A-不-A 成分在逻辑式中移到标句词短语（CP）中的合适位置，结果使得该 CP 被解读为一个问句。问句（72a）以（72b）为逻辑表达式：

（72）a. [$_{CP}$ [$_{IP}$ 你高兴不高兴]（呢）] ？
　　　b. [$_{CP}$ [$_{VP}$ 高兴不高兴]$_i$ [$_{IP}$ 你 t$_{VP}$]（呢）]

这样，A-不-A 成分"高兴-不-高兴"便被看作一个（无对象）量化词，涵盖两个谓词意义 { 高兴，不高兴 }：

　　　c. 对于哪一个 x，x ∈ { 高兴，不高兴 }，(你 x)

V-不-VP 问句"你高不高兴"具有底层结构（73a），表达为（73b），释义为（73c）。

（73）a. [$_{CP}$ [$_{IP}$ 你 Q$_{[+A-不-A]}$ 高兴]]
　　　b. [$_{CP}$ Q$_{[+A-不-A]}$ [$_{IP}$ 你 t$_{[+A-不-A]}$ 高兴]]

c. 对于哪一个 x, x ∈ { 肯定，否定 },（你 x 高兴）

我们早先注意到，A-不-A 成分可以出现在补足语从句中，不过，在那个位置上，A-不-A 成分可以解释为以嵌套句为辖域（(74) 的间接 A-不-A 问句），或者以主句为辖域（(75) 的直接 A-不-A 问句）。

（74）我不知道 [他喜不喜欢你]（ * 呢 ）。

（75）你觉得 [他喜不喜欢你]（呢）？

通过主句动词决定，将 A-不-A 成分提升到嵌套句或提升到主句 CP，逻辑式移位假设便可推导出两种语义解读。移位假设也解释了为什么 A-不-A 成分不能出现在孤岛中，而且被解读为以主句为辖域。

（76）a. [他高不高兴] 不重要。

b. * [他高不高兴] 比较好？

（想要表达的意思：他高兴比较好，还是不高兴比较好？）

（77）a. 我们在讨论 [他高不高兴的问题]。

b. * 你们在讨论 [高不高兴的那个人]？

（想要表达的意思：你们在讨论高兴还是不高兴的那个人？）

（78）你想知道 [谁高不高兴]？

a. 成立的语义："谁是那样的人 x，你想知道 x 高不高兴？"

b. 不成立的语义:"你想知道谁高兴还是你想知道谁不高兴?"

假定移位留下语迹,那么,不合语法的例子可归因于 Chomsky (1981)提出的空语类原则(Empty Category Principle)。空语类原则阻止非论元成分(如 A-不-A 成分或者附接语)移出孤岛,这将在下面的 7.4.1 节详论。下面的结构是不能接受的:

(79) * [A-不-A]$_i$ ... [$_{孤岛}$ ...t$_i$...] ...

这样,在我们的分析中,一方面,真正的 A-不-A 问句被看作特指问句,与其他的特指问句如 why-问句等同:它们都受制于逻辑式移位,移位所产生的句子都受空语类原则的约束。另一方面,"还是"问句的底层来源为两个完整的小句,可以通过删除过程(连接减缩或照应删略)对其进行减缩。对"还是"问句的逻辑解读并不涉及移位,因而不受空语类原则约束。[①]

现在回到 VP-不-V 问句与 V-不-VP 问句之间的差异。前面提到,V-不-VP 问句似乎违反词汇完整性原则,并允许介词悬空;而 VP-不-V 问句则不然。这里注意一下"还是"问句跟 VP-不-V 问句在两个方面的相同表现是有益的:一是它们都遵守词汇完整性原则,二是它们不允许介词悬空。VP-

---

[①] 我们推测,"还是"的省略由产生空的 or "还是/或者"来补偿,空的 or "还是/或者"具有使移位成为必要的形式特征,以及保证正确语序 A > 不-A 的形式特征,这一点是 McCawley(1994)观察到的。

不-V 与 V-不-VP 之间还有第三个差异：它们在各种方言中的分布不同。我们现在可以看到，这些差异直接遵循如下的假设：VP-不-V 问句通过删略来推导，而 V-不-VP 问句通过形态重叠过程而形成。

首先，单是不同的推导来源这一事实就说明 VP-不-V 问句与 V-不-VP 问句在方言中的不同分布是很自然的，并不难以理解。根据朱德熙（1991），V-不-VP 问句基本上是南方方言的创新。也有学者已指出，有些方言也用动词前助词（preverbal particle）来形成问句，如普通话中的"可"，台湾闽南话中的 kam，上海话中的"阿"等。

（80）你可听过这种事？　　　　　　　　　　（普通话）

（81）li　kam　bat　jit-e　　hakseng?　（台湾闽南话）
　　　你 KAM 知道 这-量词 学生
　　　"你知道这个学生吗？"

如今，在这些方言中，动词前助词与 VP-不-V 类问句共现（也就是"可 VP-不-V？"），但从不见于任何 V-不-VP 问句中（也就是 *"可 V-不-VP？"）。换句话说，助词 kam"可"与 V-不-VP 问句的 V-不-V 成分是互相排斥的。

（82）li　kam　bat　jit-e　　hakseng (a)　　m-bat?
　　　你KAM 知道 这-量词 学生　（还是）不-知道
　　　　　　　　　　　　　　　　　　　　（台湾闽南话）
　　　"你可知道这个学生（还是）不知道？"

(83) *li kam bat-m-bat jit-e hakseng?
你 KAM 知道-不-知道 这-量词 学生
"你可知道不知道这个学生？"

根据将 V-不-VP 问句分析成从动词前 Q-语素的形态实现推导而来，上述这一事实便很自然地得到解释。根据我们的分析，Q-语素要么由一个 Q-助词来实现，要么通过形态重叠来实现，但两者不能同时实现。不过，动词前 Q-助词原则上并非与 VP-不-V 问句不相容。

如何解释词汇完整性方面的差异呢？这一差异来自如下事实：照应删略（以及"还是"问句的连接减缩）是一种句法的、后词汇的现象，而我们所提出的重叠是一种形态现象。词汇完整性是一个原则，它支配着句法的，或许也支配着后句法的操作。但是，形态过程并不受词汇完整性原则的支配。事实上，正是因为重叠具有形态过程的性质，所以它影响着词的组成部分。

最后，介词悬空方面的差异也自然得到解释。连接减缩与照应删略都是产生空语类的删除过程，而删除介词宾语的结果就是介词悬空。但是，由于 V-不-VP 问句是由重叠形成的，"跟-不-跟"、"从-不-从"这样的结构也是重叠的结果，所以，既不会产生空语类，也不曾出现介词悬空。

7.3.4 VP-neg 问句

除了 VP-不-VP、VP-不-V 以及 V-不-VP 三种问句之外，近期文献中还确认了另一种问句形式（参见张敏 1990，朱德熙

1991，Cheng，Huang & Tang 1996），如下例：

(84) a. 他买书不？
　　 b. 你吃了饭没？

沿用张敏（1990）与朱德熙（1991）的看法，这些问句被称为 VP-neg 问句。(84a)与（84b）都以否定语素收尾。[①] 也许会有人顺理成章地将这些形式看作 VP-不-V 问句的进一步删略。尽管从历史的观点看可能如此，但是，请注意，VP-neg 问句跟常规的 VP-不-V 问句有重要差异。不同于常规的 VP-不-V 问句，VP-neg 问句只能形成直接的主句问句，不能出现在嵌套句中。

(85) a. *我不晓得［他买书不］。
　　　 （想要表达的意思：我不知道他买书还是不买书。）
　　 b. *［他买书不］不重要。
　　　 （想要表达的意思：他买书还是不买书不重要。）
　　 c. *我们来讨论［他买书不］的问题。
　　　 （想要表达的意思：我们来讨论他买书还是不买书的问题。）

[①] 以"没有"收尾的问句，如（i）有时也被当作 VP-neg 问句。
(i) 你吃了饭没有？
但是，(i) 是不是真正的 VP-neg 问句，还有一些争议。按照文中所提到的三个属性，说话者有不同的判断。此处不涉及这个问题，有些讨论可参阅 Hsieh（2001）和 Hagstrom（2006）。

第七章 疑问句

另一个值得注意的特性是：常规的 VP-不-V 问句可以选择性地后跟 Q-助词"呢"，而 VP-neg 问句则不行。

（86）a. *他买书不呢？
　　　b. *你吃了饭没呢？

如果我们认为 VP-neg 问句不是 A-不-A 选择问句，而是是非问句，那么，上述两个事实可以一起得到解释。否定语素"不"和"没"自身事实上就是 Q-助词，占据标句词短语 CP 的标句词 C 的位置，而不是 A-不-A 问句的否定连接项。这一策略直接解释了为什么 VP-neg 问句不能带 Q-助词"呢"（因为标句词 C 已被 Neg 占据）。如果汉语的 Q-助词不允许出现在嵌套句中，那么，也就直接解释了（85）为何不合语法。支持这一分析的另一证据是，(84) 中的句子带着是非问句的语调模式说出来是很自然的。

将 VP-neg 问句中的 Neg 分析成 Q-助词，等于将 VP-neg 问句视同带助词"吗"的是非问句。尽管这在表层句法上是对的，但仍需记住如下几点。首先，VP-neg 问句并非是非问句，因为它依然保留着 A-不-A 选择问句的句法、语义和语用方面的特点。例如，VP-neg 问句在预期受话者的回答方面是严格中立的，不可能接受简短的"是的"这种回答。此外，VP-neg 问句可以与"到底"共现，但不与"难道"共现。

（87）a. 你到底/*难道吃了饭没？
　　　b. 你*到底/难道已经吃过了吗？

关于 VP-neg 问句的第三个事实是：依据体貌类别，否定语素（"不"或者"没"）的形态显然决定于主要动词，并且与主要动词一致。这与具有不变形式的常规 Q-助词（"吗"与"呢"）是不同的。这就可能使我们重新认为 Neg 出现在主要谓语中，而不是出现在 C 的位置。

为了解决这一矛盾，我们暂且接受 Cheng，Huang & Tang（1996）提出的如下假设：VP-neg 问句的 Neg 在底层始于 IP 之中，到表层终于 C 的位置。实施这一观点的一个办法就是假定动词之前的 Neg 在 [+A-不-A] 特征的促动下，移到 C 的位置。这可以看作对重叠过程的一种替代。[①]

7.3.5 总结

总结起来，有几种方式形成带有 A-不-A 问句语义的选择问句：(a) 作为"还是"选择问句的一个特例，(b) 通过基础生成一个 VP-不-VP 成分，(c) 通过重叠，(d) 通过将 Neg 移到 C。这些方式代表了汉语所具有的三种一般问句的全部类型：(a) 被看作选择问句，(d) 是是非问句，(b) 和 (c) 则被看作特指问句，其 A-不-A 成分在逻辑式里受到辖域解释的制约。"还是"问句与 VP-不-VP 问句都可以通过独立的减缩过程

---

① 有些问题这里不予讨论。已有学者指出，从历史上看，早在大多数可利用的书面文献所证实的 VP-不-V 与 V-不-VP 问句之前，就存在 VP-neg 问句。这可以看作反对从更为新近的形式推导出 VP-Neg 问句的一个证据。不过，朱德熙（1991）也指出，在一些新近出土的秦代或先秦时期的文献中，已证实有 VP-不-VP 与 VP-不-V 形式，但不知什么原因，这些形式在随后的整整一千年中未见记载。

（连接减缩和/或照应删略）获得各种减缩形式，这些独立的减缩过程遵循方向性、照应性、词汇完整性以及介词悬空的普遍制约。重叠的 A-不-A 问句并非源于减缩过程，而是源自一个结构简单的句子。VP-neg 问句是通过 Neg 到 C 的提升形成的，是替代重叠的一种手段。

无论对汉语句法，还是对一般的句法理论而言，对汉语 A-不-A 问句的句法研究颇有意义，值得继续关注。上文所表达的观点已为很多学者所持续审验，包括 Cole & Lee（1997）、Ernst（1994）、Hsieh（2001）、Wu（1997）以及 N. Zhang（1997）。有关这一论题的最新讨论，请参阅 Hagstrom（2006）、Gasde（2004）、Law（2006）及其所引文献。

7.4 wh-问句

问句可以通过使用疑问的 wh-短语形成，如"谁"、"什么"、"什么时候"、"哪儿"、"怎么"、"为什么"、"哪个人"、"哪个地方"，等等。汉语 wh-问句的一个最为重要的（而且人所熟知的）类型学特征是：其他很多语言（如英语）通过将 wh-词或短语移到句首位置来形成 wh-问句，而汉语 wh-问句的形成则是将这些疑问成分留在原位（在它们底层的句内位置）。我们将这种情况描述为：英语是 wh-移位语言，汉语是 wh-在位（in-situ）语言。

（88）a. Who did John see?

b. What does he like?

(89) a. 张三看见了谁?

b. 他喜欢什么?

7.4.1 对于 wh-在位的移位分析法

自生成句法早期研究以来，wh-移位现象就成为研究的中心议题。我们知道,（在那些使用 wh-移位的语言中）对于 wh-问句的研究已经成为生成句法理论的重要理论构架与原则的基础。但是，由于汉语的 wh-问句不涉及可见的移位过程，wh-问句的句法似乎处在一般的研究兴趣之外，在早期生成句法理论的发展中，贡献很小。

J. Huang（1982a，b）认为未必如此，汉语 wh-问句丰富了对移位理论的认识，只是往往采取在 wh-移位语言中不大可能观察到的方式。J. Huang 提出，汉语在显性句法里并没有 wh-短语移位，但在语法系统的语义诠释部分，即在逻辑式里使用隐性移位，将在位的 wh-短语移至合适的句子边缘位置（例如，标句词短语 CP 的指示语位置），跟英语的 wh-显性移位类似。这样,（89a）的逻辑表达式便为（90）:

(90)[谁$_i$[张三看见了 t$_i$]]?

J. Huang 为这种在逻辑式里进行的移位假说提供了很多证据，强调汉语类型的 wh-问句与英语类型的 wh-问句之间存在某些内在的相似性。其中一个证据是句法里的选择要求，请看下面的例子:

(91) a. What does John think Mary bought t?

"约翰认为玛丽买了什么？"

b. *John thinks what Mary bought t.

(92) a. *What does John wonder Mary bought t?

b. John wonders what Mary bought t.

"约翰想知道玛丽买的什么。"

(93) a. What does John remember Mary bought t?

"约翰记得玛丽买的什么？"

b. John remembers what Mary bought t.

"约翰记得玛丽玛丽买了什么。"

这些句子里前置的 wh-短语原本都是嵌套句动词的宾语。

(94) John thinks Mary bought what

(95) John wonders Mary bought what

(96) John remembers Mary bought what

但是，(94) 中动词 think 不可能以问句作其补足语，(95) 中动词 wonder 必须选择问句作其补足语，(96) 中 remember 可以选择问句或者陈述句作其补足语。这些选择特征反映在 wh-短语可以出现在何处，不可以出现在何处，如 (91)—(93) 所示。

wh-移位过程不仅抓住了选择特征，而且也提供了适于释义的量化图式。(93a) 与 (93b) 的解读如下，直接由前置的 wh-短语的位置来表示。

(97) a. [[for which x: x a thing] [John remembers Mary

bought x]]

"对于哪一个 x, x 是某物, 约翰记得玛丽买了 x"
b. [John remembers [[for which x: x a thing] Mary bought x]]

"约翰记得, 对于哪个 x, x 是某物, 玛丽买了 x"

既然汉语的 wh-问句让 wh-短语留在原位, 那么, 问句的表层形式就跟（94）—（96）而非（91）—（93）对应。

（98）张三以为李四买了什么？
（99）张三想知道李四买了什么。
（100）张三记得李四买了什么（？）

尽管（98）—（100）表面上相似, 但解读很不相同:（98）必须解读为直接问句, 需要回答;（99）必须解读为陈述句, 包含内嵌问句;（100）则可以有以上两种解读。这些限制显然跟刚才观察到的英语的（91）—（93）是同类的。唯一的差别在于: 英语里所遵循的限制是形式问题（也就是合语法性问题）, 汉语这些句子所呈现的是语义诠释问题（比如, 有无歧义）。如果假定汉语类语言中的 wh-短语尽管在显性句法里没有移位, 但在逻辑式里经历了隐性移位, 那么就可以得到统一的解释。如果 wh-短语在逻辑式里经历的移位跟在显性句法上的移位一样, 那么, 下列结构就可以从（98）—（100）推导出来。

（101）a. [什么$_i$ [张三以为 [[李四买了 t$_i$]]]] ?

"对于哪一个 x, x 是某物, 张三以为李四买了 x？"

b. *[[张三以为[什么 $_i$[李四买了 t_i]]]]。

"张三以为[对于哪一个x,x是某物,李四买了x。]"

(102) a. *[什么 $_i$[张三想知道[[李四买了 t_i]]]]?

"对于哪一个x,x是某物,张三想知道李四买了x?"

b.[[张三想知道[什么 $_i$[李四买了 t_i]]]]。

"张三想知道[对于哪一个x,x是某物,李四买了x]。"

(103) a.[什么 $_i$[张三记得[[李四买了 t_i]]]]?

"对于哪一个x,x是某物,张三记得李四买了x?"

b.[[张三记得[什么 $_i$[李四买了 t_i]]]]。

"张三记得[对于哪一个x,x是某物,李四买了x]。"

(98)和(99)的无歧义就得到了解释,因为它们各自只对应一个逻辑表达式,该逻辑表达式满足主句动词的选择要求。特别是,正如在显性句法里(91b)和(92a)是不合语法的表达式一样,(101b)和(102a)也不满足主句动词的选择要求,因此被作为不能接受的逻辑表达式而剔除。这样,英语和汉语之间wh-问句在选择特征和语义诠释方面的相似性,就源于相同的wh-移位过程,只是一为显性移位,一为隐性移位。

有关逻辑式移位假说的另一个或许更为重要的证据是如下事实:汉语里wh-问句的分布与诠释呈现出典型的跟移位过程相关的某些限制,尤其相关的是含有作附接语的wh-短语问句的句法问题。J. Huang(1982a,b)指出,在英语中,当附接语的wh-短语从句法孤岛中被提取以形成直接问句时,如关系从句（104）、附接语从句（105）或者句子主语（106），会产生严重的不合语法现象：

(104) *How$_i$ do you like [the man who fixed the car t$_i$] ?

(105) *How$_i$ did you feel satisfied [after he fixed the car t$_i$] ?

(106) *How$_i$ would [for him to fix the car t$_i$] be nice?

在汉语中，当一个句子带有含"为什么"这种wh-短语附接语的句法孤岛时，不能用这样的句子来针对该附接语形成直接问句：

(107) *你最喜欢[为什么买书的人]？

(108) *他[在李四为什么买书以后]生气了？

(109) *[我为什么买书]最好？

类似的结论也适用于从间接问句（wh-孤岛）内部提取论元/附接语时形成的不对称现象。如（110）与（111）所示，从wh-孤岛中移出附接语比移出论元更为困难。

(110) ??What$_i$ did you wonder [how to fix t$_i$] ?

(111) *How$_i$ did you wonder [what to fix t$_i$] ?

在汉语中，尽管wh-短语表面上没有移位，但是，我们能看到类似的论元/附接语不对称现象，如下所示：①

---

① 在这一方面，"怎么"的表现跟"为什么"相同：
(i) 你想知道［谁怎么修好那部车的］？
   a."谁是那样的人 x，你想知道 x 怎么修好那部车？"

(112) 你想知道［我为什么买什么］？
　　　a."什么是（某物）x，你想知道我为什么买 x？"
而不是 b."什么是原因 x，你想知道我因为 x 买什么？"

尤其是，(112) 有两个嵌套的在位 wh-短语"什么"与"为什么"，此时句子可以解读为关于"什么"的直接问句，而不能解读为关于"为什么"的直接问句。这种不对称与 (110) 和 (111) 所反映的一样，只不过前者是移位的不对称，后者是解读的不对称。

这些相同的属性为在位 wh-在逻辑式里出现过移位提供了有力的证据。J. Huang（1982b）特别指出，如果假定所有的 wh-短语都移位——不是在显性句法里移位，就是在逻辑式里隐性移位，那么，(104)—(109) 中所有不合语法的句子以及 (110)—(112) 所例示的不对称性都可以从 Chomsky（1981）的空语类原则那里得到统一的解释。确切地说，空语类原则只适用于移位造成的语迹（而非显性语类或空代名词）。

(113) 空语类原则（ECP）
　　　非代名词的空语类（也就是语迹）被合适管辖。

"合适管辖"（proper government）是根据"管辖"的概念来界

（接上页）而不是 b."什么是那样的方式/方法 x，你想知道谁用 x 修好了那部车？"
　　不过，当"怎么"置于关系从句或者句子主语之中时，结果则较为适中，从勉强可行到可以接受。有关英语中 why 与 how 之间的其他差异，请参阅 Rizzi（1990）。对"为什么"与"怎么"不同意义的讨论，请参阅 J. Lin（1992）与 Tsai（1994b）。

定的：α管辖β当且仅当α C-统制β，并且没有包含β但不包含α的最大短语介入。如果一个空语类：(a)被词汇中心语管辖，或者(b)被其先行语（被移位的语类）管辖，那么它就是被合适管辖。① 补足语受到中心语管辖，而附接语则不然。因此，要满足空语类原则，附接语语迹必须受到先行语管辖。要使先行语管辖成为可能，被移位的语类就不能移得太远：不能跨越句法孤岛界限。因此，(104)—(106)以及(111)的不合语法性被归入空语类原则之列。同样地，(107)—(109)以及(112b)的解读在逻辑式移位假设之下也被剔除，因为它们各自的逻辑表达式违反了空语类原则。

空语类原则和逻辑式移位假设也共同解释了其他不对称现象。如上一节所指出的那样，A-不-A问句跟常规的选择问句不同，因为A-不-A成分位于句法孤岛内时句子不可能被解读为直接的A-不-A问句。如果假定A-不-A成分经历了逻辑式移位，那么，这一事实很容易用空语类原则来解释。另一个有意思的问题是英语多重问句的句法。比如，英语的多重问句呈现出系统的"优先效应"，如下所示。Chomsky(1973)提出优先条件(Superiority Condition)来解释(114)中的主语宾语不对称现象，而Jaeggli(1981)认为，如果每个不移位的wh-短语在逻辑式里确有移位，那么，优先条件很容易归结为空语类原则。

---

① 就本书的目的而言，我们采用空语类原则的经典版本。空语类原则的更为新近的阐述将其归结为最简约性(minimality)的基本观念，最简约性已得到合适界定，请参阅Rizzi(1990)、Chomsky(1995)等。这些阐述在很大程度上是对经典空语类原则的理论改进，但它们并不影响本书的立论。

第七章　疑问句

（114）a. Who bought what?
　　　　"谁买了什么？"
　　　b. *What did who buy?

J. Huang（1982b）进一步观察到下面这样的附接语和补足语的差异，并认为这种差异也遵循适用于逻辑式层面的空语类原则。

（115）a. Why did you buy what?
　　　　"你为什么买什么？"
　　　b. *What did you buy why?

（116）a. Tell me how you fixed which car.
　　　　"告诉我你怎么修哪部车。"
　　　b. *Tell me which car you fixed how.

简言之，英语和汉语附接语的 wh-问句受制于相同的孤岛限制，主要的差别在于：英语中的限制是形式的问题（也就是合语法性问题），而在汉语里则是诠释的问题。如果假定在位的 wh-成分经历隐性的逻辑式移位，那么，就可以得到统一的解释。这一假设得到英语类语言中多重问句类似表现的进一步支持。①

7.4.2　逻辑式移位：一些问题及供选择的分析方法

上文已经指出，支持逻辑式移位的证据是英汉 wh-问句

---

① 文献中还引用过其他证据，包括有关弱跨越（Weak Crossover）以及殊指条件（Specificity Condition）的概括。此处以及下文的讨论，将略去这些内容。

之间的相似性，尤其是附接语的 wh-问句。但是，英汉之间也有重要差异，特别是带有作论元的 wh-短语问句。比如，将 wh-短语移出孤岛，总是不可接受的，不论它是附接语，如（104）—（106），还是论元，如下所示。

（117）*What$_i$ do you like [the man who fixed t$_i$]?
（118）*What$_i$ did you feel satisfied [after he fixed t$_i$]?
（119）*What$_i$ would [for him to fix t$_i$] be nice?

然而，在汉语里，尽管无法将孤岛内作附接语的 wh-短语置于孤岛之外加以诠释（参见（107）—（109）），但是对作论元的 wh-短语却很容易这样诠释。

（120）你最喜欢［买什么的人］？
（121）他［在李四买什么以后］生气了？
（122）［我买什么］最好？

类似的观点也适用于英语的多重问句。例如，作附接语的 wh-短语不允许在位（参见（115）—（116）），而孤岛内没有移位的、作论元的 wh-短语，很容易被置于该孤岛之外而得到诠释。请看下面的对比：

（123）a. *Who did you buy the books that criticize t?
　　　　b. Who bought the books that criticized who?
　　　　　直译：谁买了批评谁的书？
（124）a. *Who did you get jealous because I praised t?

b. Who got jealous because I praised who?

直译：谁因为我表扬谁妒忌了？

(125) a. *Who did you say that pictures of t are nice?

b. Who said that pictures of who are nice?

直译：谁说谁的照片好看？

(126) a. ?*What did you remember where I bought t?

b. Who remembers where I bought what?

直译：谁记得我在哪儿买了什么？

上述每组中的（a）句，论元跨越孤岛的显性移位都产生了不可接受的句子，而相应的（b）句中，留在孤岛之内的论元，可与主句的 who 一起分析，形成直接问句。这样，尽管作附接语的在位 wh-短语的表现为逻辑式移位提供了证据，但是，作论元的在位 wh-短语的表现似乎反对逻辑式移位。

J. Huang（1982b）解决了这种矛盾的境况，他假设移位限制按照施用的范围分作两类：空语类原则限制经 S-结构与逻辑式层面移位输出的推导式，而邻接性（Subjacency）的界限条件（bounding condition）与提取域条件（CED）只限制显性句法里的移位。这样,(117)—(119) 的英语句子因为在显性句法里违反了邻接性或提取域条件，所以被剔除。(120)—(122) 中对应的汉语句子是可以接受的，因为这些界限条件在逻辑式中并不适用。但是，当涉及附接语时，从孤岛中进行提取则为空语类原则所剔除，不论提取是显性的（如英语的 (104) —(106)），还是隐性的（如汉语的 (107) —(109) 以及英语的

（115b）与（116b）的多重问句）。①

尽管 J. Huang 的主张获得了所期望的事实支持，但是，它却提出了如下问题：为什么邻接性和提取域条件跟空语类原则在施用范围上不同？为什么这种不同是按照上述的规定，而非恰好相反？遵照逻辑式移位假设的精神，移位发生于整个显性句法层面与逻辑式里，于是就产生了这样的问题：为什么显性移位与隐性移位竟然在邻接性、提取域、空语类原则等这些限制方面也完全不同？再者，过分提及推导过程中与某一特定原则不相干的特征，与时下的最简方案假设不合，这一假设已经排除 S-结构作为一个不同的表达层面。从经验上讲，也有证据表明某些假设的逻辑式移位事实上的确遵循邻接性条件。比方说，很多作者指出，中心语居内的关系从句（见于日语、Navajo 语以及 Imbabura Quechua 语这样的语言中）的句法呈现出邻接性和提取域条件效应，其表现方式跟常规的（中心语居外的）关系化过程一样（Ito 1986, Barss, Hale, Perkins & Speas 1991, Cole & Hermon 1994）。中心语居内的关系从句涉及一个逻辑式的中心语提升操作，在这种假设之下，必须保证这一过程不违反邻接性或提取域条件。

文献中有两种分析在位 wh- 的策略没有遇到刚才提到的理论上与经验上的问题。第一种策略为 Nishigauchi（1986）、Fiengo 等（1988）等所采纳，其主张为：逻辑式移位遵循邻

---

① 无论是在汉语还是在英语的多重问句中，当 when 与 where 留在原位时，它们的表现跟论元一样。可参阅 J. Huang（1982a, b）的分析，其中阐明了 when 与 where 之间的差异以及 why 与 how 之间的差异。

接性与提取域条件，但由于逻辑式中有并移（pied-piping）的可能性，某些孤岛效应看不见。第二种策略为 Aoun & Li（1993a，1993b）和 Tsai（1994a）所充分阐释，其主张为：在位 wh-短语在逻辑式里并不移位（因此没有呈现孤岛效应），但受抽象算子的约束——这是 Heim（1980）意义上的"无择约束"（unselective binding）的策略。其他的作者，最主要的是 Pesetsky（1987）与 Tsai（1994a），采取一种综合的策略，其主张为：有些 wh-短语移位（并且可能是并移），而其他的 wh-短语则是在位"无择约束"。本章余下部分将评述这些策略。

7.4.3 逻辑式邻接性与并移

Nishigauchi（1986）假设，邻接性恰如它适用于显性句法那样，也适用于逻辑式。在这一假设下，在 J. Huang（1982b）的 S-结构邻接性假设下产生的理论问题旋即消失。这一假设面临的主要挑战是要解释：为什么作论元的在位 wh-短语并没有呈现邻接性/提取域条件效应，这一效应在显性移位那里可以看到、人所共知，而作附接语的 wh-短语则呈现出这种效应。Nishigauchi 认为，答案可能在于，当逻辑式移位施用于包含在孤岛之中的 wh-论元时，该孤岛整体并移。比方说，考虑一下合乎语法的（120），"什么"包含于复杂的 NP 之中。在并移假说之下，"什么"的逻辑式移位可将复杂 NP"买什么的人"整体并移而置于〔Spec，CP〕位置，产生如下的逻辑表达式：

(127) [$_{CP}$ [买什么的人] $_i$ [$_{IP}$ 你最喜欢 t$_i$]] ?
字面义：买什么的人，你最喜欢？

这种问句可以解释为：根据你喜欢的人所买之物，就其身份进行确询。既然 wh-短语"什么"留在包含它的关系从句之内，那么，并移就没有违反邻接性和提取域条件。同样地，在推导(121)与(122)的逻辑表达式时，逻辑式移位可以将句子主语或附接语从句整体并移，每种情况都完全遵循邻接性和提取域条件。

基于并移假说，那么，(120)—(122)便是合语法的，这并不是因为它们违反了邻接性，而是因为相关的 wh-短语没有移出孤岛。换句话说，这些句子只在表面上是逻辑式邻接性假说的反例。只要并移是可能的，邻接性效应对这些句子来说就是完全不可见的。

Fiengo 等（1988）仔细检查了 Nishigauchi（1986）的研究，尽管他们发现并移假说很有吸引力，但还是看出了两个问题：一个是理论方面的，一个是经验方面的。理论上的问题在于，为什么大块（large-chunk）并移在逻辑式里可行，而在显性句法里则不行。如下面的例子所示，显性并移非常受限：

(128) a. Whose mother did you see?
"你看见了谁的妈妈？"

b. Who did you see pictures of?
"你看见了谁的照片？"

c. ?Of whom did you see pictures?

d. *Pictures of whom did you see?

e. *Pictures that who gave you are most funny?

f. *That who should pay for this would be most reasonable?

g. *Because John talked to who did you get jealous?

与其说邻接性只适用于 S-结构而不适用于逻辑式，不如说并移假设等于主张：大块并移的限制在显性句法里存在，而在隐性句法里不存在。由于没有解释为什么应该如此，所以，S-结构邻接性提出的问题并没有得到解决，而是重新被提出来。

从经验上讲也存在一个问题，因为对某些句子而言并移假说没有得到正确的语义。并移假说认为移位不违反孤岛限制，因为包含于一定孤岛内的 wh-短语从未移出该孤岛。但考虑到下面这类句子，便无法坚持这一主张（译者按，为了便于比较，这里附上英译文）。

（129）每个人都买了 [三本 [谁写的] 书]？

'Who is the author x such that everyone bought three books that x wrote?'

在上面这个句子中，wh-短语"谁"包含于复杂 NP "三本谁写的书"之中，而这个复杂 NP 自身是一个存在量化的 NP。如译文所示，根据该句的解读，wh-短语辖域最宽，以"书"为中心语的存在 NP 辖域最窄，而主语"每个人"辖域居中。这表明，如果通过提供单一作者的身份，使得出的句子产生分配义的理解，也就是每个人买了三本不同的书，就可以回答这个问题。

（130）每个人都买了［三本［李四写的］书］。

能得到这一解读就意味着：假定量词通过附接到 IP 上经历量词提升（Quantifier Raising，QR；May 1977）的话，那么，必须允许（129）中的"谁"移出复杂 NP，超出主语"每个人"的辖域，产生如下逻辑表达式：

（131）[$_{CP}$ 谁$_i$ [$_{IP}$ 每个人$_j$ [$_{IP}$ [三本 t_i 写的书]$_k$ [$_{IP}$ t_j 都买了 t_k]]]]

但是这种移位违反了邻接性，破坏了并移假说的初衷。[①]

Fiengo 等（1988）提出一种不同的并移假说，避免了 Nishigauchi 假说面临的理论与经验方面的问题。Fiengo 等的方案有赖于如下假设：wh-短语不仅经历了量词提升（附接到 IP 上），还经历了 wh-移位（移到标句词短语的指示语位置）；是量词提升而不是 wh-移位进行的大块并移。首先，毫无异议，wh-短语不仅是疑问短语，还是存在量词。假定每个量化 NP（QNP）在逻辑式里都经历了量词提升（通过附接到 IP 上），那么，可以得出：每个 wh-短语都经历了量词提升，并且在当前的方法之下，还经历了 wh-移位。这样，当量化 NP（疑问或者非疑问）包含于另一个 NP 之中时，如 pictures of everybody / somebody / who（每个人／某个人／谁的照片），则包含它的 NP

[①] von Stechow（1996）指出并移假说不能正确表达语义的另一方面的问题，说明在并移之后可能需要逻辑式重构。

也可以被解释为量化 NP，也要经受量词提升。确实如此，因为正像 someone 是一个量词，涵盖（不同）个体一样，pictures of someone 可以解释为一个量词，涵盖由所有者定义的照片集合。也就说，设定一个小的范域，如果 someone 是一个涵盖 {John, Bill, Mary} 的存在量词，那么，pictures of someone 就可以是一个涵盖 {pictures of John, pictures of Bill, pictures of Mary} 集合的存在量词。因此，像（132）这样的句子就可以以（133）作为逻辑表达式。

（132）Pictures of everybody are on sale.
　　　　"每个人的照片都在销售。"
（133）[$_{IP}$ Everybody$_i$ [$_{IP}$ [pictures of t$_i$] $_j$ [$_{IP}$ t$_j$ are on sale]]]

也就是说，量词提升发生在施用于更小的 NP everybody 之前，首先以包含它的 NP pictures of everybody 为目标，进行"并移的量词提升"。对于（134）这样的 wh-问句，量词提升可以先对复杂 NP 进行并移，随后 wh-移位到标句词短语，如（135）所示。

（134）你最喜欢 [谁写的书]？
（135）[$_{CP}$ 谁$_i$ [$_{IP}$ [t$_i$ 写的书] $_j$ [$_{IP}$ 你最喜欢 t$_j$]]]？

Fiengo 等（1988）沿着 Nishigauchi 的思路，将邻接性和提取域条件看作既用于显性句法，又用于隐性句法，只是孤岛效应有时看不见。他们将这一点归因于两个独立的因素：(a) 量词提升（附接操作）之下并移的可能性，(b) 附接"去语障化"

(debarrierize)的能力。(b)是如下观点的直接结果：短语 α 附接到语类节点 A 之上并未在 A 上产生另外的节点，而只是将节点 A 分裂成两个成分 {A₁, A₂}，并将被附接的语类置于两者之间。这一观点是 Chomsky（1986b）的语障框架所详细阐释的，并为其他很多研究者（如 Kayne 1994）所接受。因此，假定 α 附接到 A 上，然后移到更高的位置：

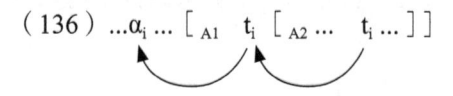

（136）...α_i... [_{A1} t_i [_{A2} ... t_i ...]]

那么，两个步骤都没有完全跨越语类 A。第一步跨越 A₂ 成分，第二步跨越 A₁ 成分。第一步没有完全离开语类 A，第二步没有完全始于 A 的"内部"。如果我们假定 A 是移位的语障，比方说至关重要的邻接性或提取域条件定义的组成部分的"界限节点"（bounding node）（Chomksy，1973），那么，α 直接从位置 t_i 的"一步"移位将跨越一个完整的语障。不过，(136) 所描述的逐步移位是允许的，因为在每一步移位中，相关的语障节点都没有被完全跨越。这就是为什么一个语障上的附接具有消去该语障从而避免违反邻接性条件的效力。这样，基于（134）的 S-结构，将"谁"从关系从句中直接移入主句标句词短语的指示语位置便会被邻接性条件所阻止。但是，(135) 所示的逐步推导是允许的。首先，包含"谁"的复杂 NP 在量词提升之下进行并移，附接到 IP 上，跨过界限节点的一个成分；接下来的一步，"谁"移入到标句词短语，再次跨过 IP 的一个成分。邻接性条件完全得到满足。这同样适用于其他表面上违反孤岛限制的情况。

现在我们看到，尽管 Fiengo 等和 Nishigauchi 的分析在本质上相似，但是，Fiengo 等（1988）的分析法却没有遇到 Nishigauchi 的分析法所带来的理论上与经验上的问题。从经验上讲，Fiengo 等人的解释确实允许 wh-短语移出孤岛（在该孤岛经历量词提升之后），这样，就不会出现跟（129）相关的问题。让辖域的顺序像（131）的逻辑表达式那样："who" > "everybody" > "three books that ... bought"，就能得到正确的语义。逻辑式中大块并移的可能性不被看作逻辑式 wh-移位的属性，而是量词提升的属性，这样就不会产生为什么隐性的 wh-移位比显性的 wh-移位能更自由地并移的问题。量词提升并移大块成分的能力可从量化 NP 的意义中得出，而无须依赖其他约定，即如果任何量化 NP 包含于另一个（非定指的）NP 之中，则包含它的 NP 也可以被解释为一个量化 NP。[①] 最后，为什么量词提升的并移只发生在逻辑式里，答案很简单，即量词提升是一种逻辑式操作。

请注意，量词提升的并移假说不仅解释了那些没有呈现孤岛效应的逻辑式移位的情况，也解释了那些呈现孤岛效应的情况，包括附接语的 wh-问句和中心语居内的关系从句。我们看到，像"为什么"、"怎么"以及 A-不-A 成分这样的附接语呈现出孤岛效应，这种孤岛效应归因于空语类原则，因为它们在隐性移位下的语迹没有受到先行语管辖。注意，尽管要跨越两

[①] 如果包含性的 NP 是有定的，则这样的解释不可能，如 that picture of everybody（每个人的那张照片）。

个界限节点才违反邻接性条件，但是，在空语类原则下一个语障足以阻止先行语管辖。比如，请看下面的结构，其中作附接语的 wh-短语移出了孤岛，而该孤岛在量词提升之下已经附接到 IP 上：

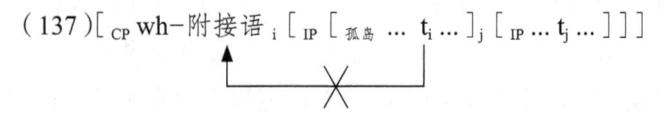

（137）[$_{CP}$ wh-附接语$_i$ [$_{IP}$ [$_{孤岛}$ … t$_i$ …]$_j$ [$_{IP}$ … t$_j$ …]]]

这一移位并没有违反邻接性，因为高一级的 IP 并不算作被违反的另一个界限节点。但是，这一移位确实违反了空语类原则，因为它跨过了一个语障（关系从句、句子主语或者附接语短语），使得先行语管辖无法实施。①

至于中心语居内的关系从句，它们不可能避免邻接性的原因很简单。在中心语居内的关系从句中，内部中心语在逻辑式里提升到中心语 NP 位置。内部中心语不同于 wh-短语，后者

---

① 这里产生了一个问题：假如（137）中的附接语在移入标句词短语的指示语位置之前，先附接到孤岛自身之上，因而消除了这个孤岛语障，情形会怎样？这一推导至少在两个方面会被剔除：一方面，尽管量词提升可以附接到 IP 上，但是它不会将一个量化名词短语 QNP 附接到 CP 或 PP 之上（例如关系从句、句子主语或者附接语从句的 QNP）；另一方面，我们假定，实际上尽管附接可以取消移位的语障，但是不能取消管辖的语障。换句话说，尽管只有完整的语障才算作邻接性的界限节点，但是，一个较弱的界限例如语障的一个成分，足以阻止适当管辖（参见 Fukui 1991）。后一种假说是由于存在其他弱孤岛而单独提出来的，例如否定句与叙实（factive）或非桥式（non-bridge）动词的补足语，这类孤岛阻止先行语管辖，但不阻止（论元）移位：

（ⅰ）*Why$_i$ didn't he say that [John was late t$_i$]?
（ⅱ）*Why$_i$ did he whine that [John left t$_i$]?
（ⅲ）*How$_i$ did you regret that [John fixed the car t$_i$]?

第七章　疑问句

是受制于量词提升的量化名词短语 QNP，故没有理由假定内部中心语是受制于量词提升的量词。在中心语提升之下将整个孤岛并移的选择也被剔除，因为这样会产生错误的语义：关系从句被理解为修饰整个孤岛。以短语 pictures of the boy（那个男孩的照片）为中心语的关系从句说的是 pictures（照片），而不是 the boy（那个男孩）。这似乎对所有语言而言都是正确的，因此，中心语居内的关系从句完整地呈现了一系列的孤岛限制。

7.4.4　非移位和无择约束

如果某些在位 wh-短语没有呈现出孤岛效应，一个可能的解释只会是：它们在显性句法里和在逻辑式里，的确都留在原位。这是 Aoun & Li（1993a，b）、Tsai（1994a）及其他学者所提出的分析方法，他们援引的一个最重要的经验证据是，各种结构（那些带有被包含的先行语删略与辖域相互作用等结构）中一些焦点词如 only 与 wh-短语的相互作用。我们将简要讨论一下 only 在 wh-问句中分布的基本范式（详细讨论请参见 Aoun & Li 1993a）。

像文献中所指出的那样，only 跟其 C-统制域的一个成分相关联（参见 Anderson 1972，Kuroda 1969，Jackendoff 1972，Rooth 1985，Kratzer 1989 以及 Tancredi 1990 等）。这一点可以用下面的例子来说明：

(138) a. He only **likes** Mary.（He doesn't love her.）
　　　 b. 他只喜欢玛丽。

(139) a. He only likes **Mary**.（He doesn't like Sue.）

b. 他只喜欢**玛丽**。

为了我们讨论的目的，动词后与 only 相关的宾语不能经历显性移位是很重要的：即该宾语不能话题化，如（140），也不能进行（wh-）移位，形成问句或关系结构，如（141）。

（140）a. *Mary_i, he only likes t_i.

b. * 玛丽 $_i$，他只喜欢 t_i。

（141）a. *Who_i does he only like t_i?

b. *［他只喜欢 t_i 的］那个人 $_i$

如（142）所概括，Tancredi（1990）称之为词汇关联性原则（Principle of Lexical Association，PLA），阐明了对 only 起作用的限制。

（142）词汇关联性原则

only 这样的算子必须跟其 C-统制域里的一个词汇成分相关联。

在对量词短语（QP）相互作用以及被包含的先行语删略（ACD）概括的基础上，Aoun & Li（1993a：206—210）认为，词汇关联性原则也必须适用于隐性移位。这样，词汇关联性原则就提供了有无（显性与隐性）移位的一个测试办法。有意思的是，汉语里 wh-短语能与"只"相关联。

（143）a. 他只喜欢**谁**？

b. 他只喜欢在**哪儿**看书？

第七章 疑问句

在这些情况下，要是 wh-短语经历了移位的话，那么，就不应看到 only 仍能与它们关联，即会出现如同（140）和（141）所示的那些情况。

（138）—（143）的事实表明，即使在逻辑式里，在位 wh-短语依然留在原位，并没有经历隐性移位。那么，如何解释上一节提到的那些用移位方法分析的事实呢？解决之道在于更好地理解 wh-词的形态-句法（morpho-syntactic）表现。

各种研究均已指出，在汉语这样的语言中，没有经历显性移位形成问句的 wh-词实际上并不像英语的 wh-词那样是疑问词（参见 Cheng 1991，J. Huang 1982b，Kim 1989，1991，Kuroda 1965，A. Li 1992b，Nishigauchi 1986，等等）。英语的 wh-词一般分析为疑问词，汉语则不然，其 wh-词并不具备固有"量化力"（quantificational force）的释义：依据其出现的上下文语境，汉语的 wh-词可以释义为全称或存在量化词，或是疑问词。它们虽在词汇上赋值不足（underspecified），但在句法上，其量化力却是清楚的。在副词"都"的语境下（如（144a）），wh-短语获得全称量化的释义；在（144b）中，条件从句（假定含有存在量词）赋予 wh-短语存在量化的释义；（144c）中在 wh-问句标记"呢"的语境下，wh-词被释义为疑问词。①

---

① "呢"是可选的且只出现在根句中。在嵌套问句中，我们可以将选择谓语（selecting predicates）当作给 wh-短语赋予疑问力的语境。另一种解释是：在缺乏强迫（或允准）作非疑问的全称和存在量化（解释）的语境下，疑问是默认的。

(144) a. 谁都喜欢书。
　　　 b. 如果你喜欢谁，就请他来。
　　　 c. 谁喜欢你呢？

换句话说，wh-短语在词汇上是一个"未确定的"（indeterminate）语类，[①]呈现出一种"量化可变性效应"（quantificational variability effects，QVE），类似于在"量化副词"之下所观察到的无定指成分（Lewis 1975）。如下列句子所示，无定 NP a farmer（农夫）可以释义为一个全称（量化）的 NP 或者几个可能的存在量化 NP 之一。

(145) a. A farmer nowadays is always rich.
　　　　 "如今农夫总是富裕的。"
　　　　 = Every farmer nowadays is rich.
　　　 b. A farmer nowadays is sometimes rich.
　　　　 "如今有些农夫是富裕的。"
　　　　 = Some farmers nowadays are rich.
　　　 c. A farmer nowadays is seldom rich.
　　　　 "如今农夫很少是富裕的。"
　　　　 = Few farmers nowadays are rich.
　　　 d. A farmer nowadays is never rich.
　　　　 "如今农夫绝不是富裕的。"

[①] "未确定的"这一术语为 Kuroda（1965）首次使用，用以分析日语 wh-短语的相同属性。

= No farmers nowadays are rich.

这种量化可变性效应表明，无定指成分 a farmer 可能并非原本就是一个存在量词，或许最好将其视为一个受适当量化副词无择约束的变项，量化副词赋予其量化力，也就是：①

(146) a. (Always$_x$) (a farmer$_i$ nowadays is rich).
　　　b. (Sometimes$_x$) (a farmer$_i$ nowadays is rich).
　　　c. (Seldom$_x$) (a farmer$_i$ nowadays is rich).
　　　d. (Never$_x$) (a farmer$_i$ nowadays is rich).

基于同样的精神，Aoun & Li（1993a）提出，wh-短语并非原本就是量化短语，而是一个受适当算子的允准和约束的变项，该算子给予其量化力。就疑问句而言，Aoun & Li（1993a）主张，wh-短语是受疑问算子约束的变项，疑问算子生成于疑问投射（或者沿用 Laka 1990 的说法，是一个 Σ 投射）。为简化描述，我们使用如下结构，其中一个疑问算子与一个 wh-短语同标，表示 wh-成分与允准和约束 wh-成分的疑问算子（缩写为 Qu）之间的关系。

(147) [$_{CP}$ Qu$_i$ [$_{IP}$ ...wh$_i$ ...]]

Tsai（1994a）提出过类似的分析法。Tsai 的一个证据是如下的重

---

① 跟 Heim（1982）以及其他相关著作一样，我们在第九章将回到驴子照应语的无择约束分析法上来。

要观察：英语的 wh-形式也通过与不同的算子相关联，呈现出量化可变性效应，只不过这一效应出现在形态层面。有三个系列：

（148）a. 全称的　　b. 存在的　　c. 疑问的
　　　　whoever　　somewhat　　who
　　　　whatever　　somewhere　　what
　　　　wherever　　somehow　　where
　　　　whenever　　anywhere　　when
　　　　however　　nowhere　　how
　　　　　　　　　　　　　　　why

在形态层面，我们看到，这里的每一个成员都例示一个算子约束的结构。在第一个系列中，wh-词受算子 ever 的约束，赋予其全称量化力；在第二个系列中，算子 some 约束 wh-词，造成存在量化；这样，自然就可以认为，在最后一个系列中，每个 wh-词得到疑问的解读，因为它（在词内）受到抽象的疑问算子 Q 的约束（Aoun & Li（1993a）就英语的 wh-疑问词提出过类似的主张）。

这样，汉语和英语在其 wh-词方面都呈现量化可变性效应，这些效应是受到不同算子约束的结果。差别在于，英语观察到的这些效应发生在词库里，而汉语则发生在句法中。也就是说，在英语中，每个词都是"算子-变项完配"的，进入句法时都带有固定的、内在的量化力；而在汉语中，这种约束直接出现在句法里，每个 wh-短语进入句法时在词汇上都是未赋予量化力的。换一种说法就是，英语里疑问词采取"综合"形式，

第七章 疑问句

其中既有 [+Q] 特征，又有 wh-词，而汉语的疑问"词"则采取"解析"（不连续的）形式 [OP$_i$ ...wh$_{io}$ ...]。既然英语的 wh-词带着 [+Q] 进入句法推导，就促发了显性移位，以满足（或者"核查"）C 中的相关特征。而汉语，因为算子 OP 满足 C 的要求，wh-词自身没有必然的 [+Q]，就没有出现显性移位。[1]

Tsai 对英汉差异的解释是极具洞察力的，因为它解释了为什么汉英在疑问词的移位方式上是不同的。特别是，根据广为接受的词汇参数化假说（Lexical Parameterization Hypothesis）（Borer 1984），它将这两种语言间的参数差异归结于它们词汇项目本质的不同，形成存在于两种语言之间的普遍的解析-综合差异的一个特例。[2] 此外，对于句法层面量化可变性效应的考虑也意味着汉语 wh-问句一般涉及无择约束，但不涉及隐性移位。[3]

---

[1] Tsai 认为，日语的 wh-短语地位上居于汉语和英语之间。在 Watanabe（1992）、Nishigauchi（1991）以及其他研究的基础上，Tsai 指出，负责给 wh-短语赋予量化力的算子（如 -ka, -mo 以及假设的 -Q）可以合并到整个 NP/DP 或 PP 之上。这样，汉语的疑问"词"可延伸到整个句子，而在日语中可延伸到 NP/DP 或 PP。

[2] 在 J. Huang 最初的分类中，两种语言的不同在于 wh-移位在何处适用；但是，为什么汉英差异不可能倒过来，原因尚不清楚。有关词汇参数化假说，也可以参见 Manzini & Wexler（1987）、Chomsky（1995）和 Fukui（1995）等。

[3] 应该指出，尽管汉英 wh-词的形态差异解释了为什么它们在显性移位方面不同，但这一事实本身在逻辑上跟在位 wh-短语是否经历逻辑式移位的问题是分开的。例如，Cheng（1991, 1995）同意将允准者（licenser）与约束者（binder）区分开。特别是，她将 wh-短语的可变性看作极性允准（polarity licensing）问题。比如，尽管 wh-词在出现"都"时被允准为全称量化词，在受影响的上下文中被允准为存在量化词，在疑问助词（可能为隐性）的语境下被允准为疑问词，但是，她认为这种量化名词短语（包括疑问的量化名词短语）仍经历了逻辑式移位。我们赞同有重要的理由区分允准与约束。例如，wh-短语存在性解读的允准环境从否定句到条件句，到是非问句与 A-不-A 问句及其他，很难将每个环境都看作容纳存在性量化词。

假如没有移位，那么，如何解释逻辑式移位假说之下所呈现的事实？比方说，请考虑（98）—（103）中提到的选择与辖域属性。我们早先看到的概括是：不同谓语的选择限制在是否要求、允许或者禁止其补足语 CP 的指示语位置上的疑问算子方面是不同的，而这种区分是通过 wh-短语逻辑式移位至合适的 CP 指示语位置进行的。在无择约束中，不用求助于移位就很容易达到这一点。相关的 CP 指示语由基础生成，带有疑问算子 Qu，与 wh-短语同标。每个主要谓语的选择要求通过这种算子的出现与否得到满足。（98）—（100）的句子重复如（149）—（151）：

(149) a. [Qu$_i$ [张三以为 [[李四买了什么$_i$]]]] ?
"对于哪一个 x: x 是某物，张三认为李四买了 x?"
b. *[[张三以为 [Qu$_i$ [李四买了什么$_i$]]]]
"张三以为 [对于哪一个 x: x 是某物，李四买了 x]"

(150) a. *[Qu$_i$ [张三想知道 [[李四买了什么$_i$]]]] ?
"对于哪一个 x: x 是某物，张三想知道李四买了 x?"
b. [[张三想知道 [Qu$_i$ [李四买了什么$_i$]]]]
"张三想知道 [对于哪一个 x: x 是某物，李四买了 x]"

(151) a. [Qu$_i$ [张三记得 [[李四买了什么$_i$]]]] ?
"对于哪一个 x: x 是某物，张三记得李四买了 x?"
b. [[张三记得 [Qu$_i$ [李四买了什么$_i$]]]]
"张三记得 [对于哪一个 x: x 是某物，李四买了 x]"

每个 wh-词的辖域属性直接由这些结构表示：它等同于约束

第七章 疑问句

wh-词的 Qu 算子的辖域。①

关于移位限制的概括如何呢？首先，我们看到，作论元的在位 wh-短语没有呈现孤岛效应。在非移位分析法之下，这当然是我们所希望看到的。但是，作附接语的 wh-短语呢？如果不存在逻辑式中的移位，那么，为什么附接语还会受到像空语类原则这样的移位约束的限制，就不会直接明了。

为解决这一问题，文献中提出两种办法。一种办法主张，wh-论元在逻辑式里不移位，而 wh-附接语则移位（Tsai 1994a）。这一方法认为，作附接语的 wh-短语可以是一个算子，但不能像作论元的 wh-短语那样充当变项。换句话说，"为什么"、"怎么"以及 A-不-A 成分这样的附接语，跟英语疑问的 wh-短语一样，本来就是疑问词（含固有的［+Q］特征）；因此，它们同样移位到标句词短语的指示语位置（尽管是隐性的），于是就有孤岛效应。这一观点的合理性得到好几个事实的支持，尽管仍存在一些问题。首先，在英语中我们看到，附接语 why 并不像其他 wh-词一样具有词汇量变可变性效应。请将下面各项与（148）中所见到的词加以比较：*whyever、*somewhy、*anywhy。附接语 why 只有疑问词的释义。同样，汉语中"为什么"、"怎么"以及 A-不-A 在受影响的语境下也不像 wh-论元那样接受存在量化的解读。下面的句子显示了

---

① 关于弱跨越与殊指条件（参见 337 页注①）的概括，同样可以在这一解释下得到。所需要的是对变项的更宽泛的界定：除了受非论元约束的空语类（在移位的条件下）或代名词（就复述代名词而言）之外，任何直接受非论元约束的 DP/NP，都界定为一个变项。

"什么"在不同语境下的多面性。

(152) a. 他没做什么。
　　　b. 你做了什么吗?
　　　c. 你想不想买什么?
　　　d. 我以为他做了什么。
　　　e. 你看!他一定发现了什么了,不然怎么那么高兴?
　　　f. 如果你喜欢什么,我就把它买下来。

像 A. Li(1992b)所指出的那样(也参见 J. Lin 1998),wh-短语在多种语境中都呈现存在量化解读,包括否定句(a)、是非问句(b)、A-不-A 问句(c)、非叙实谓语(non-factive predicate)(d)、或然(probability)或者推断(inference)表达(e)以及条件从句(f)等等语境。[①]

相比之下,"为什么"、A-不-A 以及(在较小的程度上)"怎么"在这些语境下并不接受存在量化的解读。下面的句子要么不合语法,要么只有在疑问的解读下才是合语法的:

(153) a. *他会为什么很好运吗?
　　　b. ?? 他会怎么修车吗?
(154) a. *如果他为什么好运,你就会因为那个原因好运。
　　　b. *如果他怎么修车,你就应该用那个方法修车。

[①] 基本上,这些成分并不断言或蕴含它们所修饰的命题的真值。这些传统的"受影响的语境"的超集(superset),最近归入到非表真(nonveridicality)这一术语之下(Giannakidou 1999 等)。根据 Giannakidou,命题算子 F 非表真,当且仅当:FP 不蕴含(entail)命题 P。

第七章 疑问句

(155) 你以为［他为什么/怎么/是不是修了那部车了］呢？
只有疑问的解读：
a. 'Why do you think that he fixed the car t?'
b. 'How do you think that he fixed the car t?'
c. 'Do you think that he has fixed the car (or do you think he has not)?'

实际上，如果作附接语的 wh-短语从来不能用作变项，那么，假定它们是算子且在逻辑式里经历了移位，则是合乎逻辑的。此外，wh-附接语也不同于论元，因为它们不能出现在"只"之下。

(156) a. 他只修了哪部车？
b. *他只为什么修了车？
c. *?他只怎么修了车？ ①
d. *他只愿不愿意修车？

回想一下前面（142）所讨论的词汇关联性原则（PLA）。(156a) 的合语法性向我们表明，wh-短语"哪部车"在逻辑式里没有移位。于是，根据同样的推理，(156c, d) 的不合语法可能表明，wh-附接语已经移位，因而违反了词汇关联性原则。②

---

① 在各种语境下，"怎么"引发的孤岛效应似乎都不及"为什么"那么严重，这一差异也见于其他语言。

② 作附接语的 wh-成分在否定条件下也被排除，这还可以根据空语类原则解释成违反了 Ross 的"内部孤岛"（Inner Island）限制，这是 Rizzi（1990）所提出来的。

359

但是，尽管不能将 wh-附接语释义为表存在的未定成分（indeterminate），但在其他场合它们可以表现得像变项。Cheng & Huang（1996）认为，在"光杆条件句"（bare conditional）中，如下所示，最好将在位的 wh-短语分析为受到合适量化副词无择约束的变项（也参见第九章的驴子句照应语）。不过，在这些结构中，我们看到作论元和作附接语的 wh-短语都是可以接受的。①

（157）他写什么，我就写什么。
（158）a. 他为什么没来，我就为什么没来。
　　　 b. 他怎么修车，你就应该怎么修车。

于是，对在位作附接语的 wh-短语的表现来说，移位假设有点像一把双刃剑。

对附接语移位分析的一种替代办法主张，wh-附接语也不移位；但是，wh-附接语与疑问算子之间的关系更为受限，因为 wh-附接语没有指称。略过细节，Aoun & Li（1993a）提出，wh-附接语在底层受到其局部标句词短语 CP 中疑问算子的约束。这个局部的疑问算子如果没有位于疑问句 C^0 的指示语位置，则必须移位到高一级 CP 指示语的位置，那里有疑问的 C 可用。这样就为长距离附接语问句给出了如下表达式：

---

① 但是，A-不-A 形式则完全被排除在这种条件句之外：
　（i）*他高不高兴，我就高不高兴。
　　　（想要表达的意思：我像他那样高兴或者不高兴。）

(159) [$_{CP}$ Qu$_i$ [$_{IP}$ 他认为 [$_{CP}$ t$_i$ [$_{IP}$ 李四 为什么$_i$ 没来]]] 呢]？
　　　　　　└──移位──┘　└──约束──┘

这里，t$_i$ 与"为什么"之间的关系是一种约束关系，Qu 与 t$_i$ 之间是一种移位关系。于是，解释长距离但不跨越孤岛的附接语可能就归结于移位，不是 wh-附接语自身的移位，而是局部约束 wh-附接语的抽象算子的移位。

这样，对在位 wh-词非移位分析的两种变通的方法都批判性地使用了抽象的移位策略，以解释所观察到的局部效应。原来的隐性移位假说没有被摒弃，而是变得更为精确，因而得到强化。

7.5　结语

本章讨论了汉语中全部主要的问句类型：是非问句、选择问句、A-不-A 问句以及 wh-问句。我们努力将 A-不-A 问句一方面与是非问句加以区分，另一方面与常规的选择问句加以区分。之后，我们论证有必要区分两类真正的 A-不-A 问句，并采取一种模组分析法推导出它们在孤岛敏感性、词汇完整性以及禁止介词悬空方面的差异。对于 wh-问句，我们着意于在位分析策略，并讨论如何深刻地把握汉英之间（并延伸至 wh-在位语言与 wh-移位语言之间）各种相似性与差异性的问题。尽管表面上缺乏句法层面的移位而曾一度使 wh-在位语言被置于普通句法理论的主要领域之外，但是，隐性移位假说却揭示了对 wh-结构的句法以及对句法-语义接口的本质的有趣的观察，对移位与参数句法理论具有重要意义。

第八章　名词性短语

　　我们前几章所关注的是句子的结构，第六章讨论关系结构时简要提及了名词短语。一般而言，句子结构跟名词短语内部结构是平行的（Chomsky 1970），本章集中研究名词性短语的内部结构。

　　对说英语的人来讲，关于汉语名词短语的一个显而易见的事实是其表面上的"简单性"：第六章6.2.1节简要提到，汉语名词没有数的屈折变化，不需要跟定冠词或不定冠词（the或者a）一起出现。没有定冠词和不定冠词，并不妨碍将光杆名词释义为有定的或者无定的，也可能有类指的（generic）释义。例如，下列诸例中光杆名词"狗"可以解释为类指的、定指的或无定指的，也可以解释为单数或复数。

（1）a. 狗很聪明。
　　　b. 我看到狗。
　　　c. 狗跑走了。

很明显，汉语的光杆名词在释义上大致上等同于英语的"定/不定冠词+（单数/复数）名词"。语义上的等同在句法上是什么意思呢？类似的语义是否就表示类似的句法？

第八章 名词性短语

大略比较英汉的名词短语，我们还可以发现：汉语的名词系统在其他方面似乎也可能比英语"复杂"。如果名词是可数的，英语可以将一个数目和一个名词结合，如 three books；如果数目多于一，名词必须采取复数形式。比较而言，汉语却需要一个量词来帮助计数：书的量词"本"必须出现在"三"和"书"之间：三本书；不论数目是否多于一，名词词形不变。汉语中量词的作用是什么？其句法属性是什么？量词的使用是否与复数标记的使用相互排斥？也就是说，复数标记是否就不用于量词语言？汉语名词性短语的一般结构是什么？自从出现更为复杂的名词性短语结构——也就是传统的论元位置上的 NP 被 DP（限定词短语，determiner phrase）代替（Abney 1987）以来，汉语名词短语句法表征的研究更加重要，研究结果对一般句法理论中有关名词短语结构的解释有其贡献。本章旨在探讨汉语名词性短语的内部结构。这一章的研究有助于处理一些跨语言的问题，比如，在没有限定词的语言中光杆名词的句法表征，以及复数标记和量词出现于同一语言的可能性。我们首先讨论理论语言学研究中有关名词结构的争论，然后提出各种证据证明汉语名词结构跟英语类似，最后得出结论：不同类型语言中的名词短语结构基本上是相同的。证据如下：(ⅰ)各类名词性短语的分布；(ⅱ)名词性短语内部成分的排列；(ⅲ)汉语复数/集合标记/语素"-们"的表现。

8.1 问题

第三章 3.3.1 节指出，句子通常有一个居于主语 NP 与 VP

之间的功能投射，包括时（Tense）投射和/或体（Aspect）投射。时和体通常是屈折语素。屈折短语（IP）通常用来表示一个句子，这样，一个典型的句子结构为：[$_{IP}$ 主语（Subject）[$_{I'}$ 屈折语（Infl）[$_{VP}$ V 宾语（Object）]]]。句子结构的中心语是一个功能投射，即 Infl（例如，它给时提供了栖身之地）。屈折语素 Infl 以 VP 作补足语。

句子通常有一个对应的名词性表达。下列这对例子被广泛用来说明动词语类与名词语类之间的相似性（Chomsky 1970）。

(2) The enemy destroyed the city.
"敌人破坏那座城市。"

(3) the enemy's destruction of the city
"敌人对那座城市的破坏"

在这两个例子中，相同的论元（破坏者与被破坏者）跟动词与动源名词（deverbal noun）一起出现。① 这两种结构之间的平行性表明：它们的句法表达式可能很相似。我们已经知道，句子结构除了主语名词短语和动词短语之外，还包含一个屈折功能投射；名词性短语传统上是一个以名词为中心语的投射：[$_{NP}$ ... N ...]。可是，假如（2）与（3）之间的相似性显示了二者在句法上的平行性，那么，名词性短语的形式可能要比 [$_{NP}$ ... N ...]

---

① 动词即使没有动源（deverbal）名词形式，也可以动名词形式出现，形成具有相同论元结构的名词性短语。

(i) a. John built a space ship.（约翰建造了一艘宇宙飞船。）
　　b. John's building of a space ship（约翰的建造一艘宇宙飞船）

第八章 名词性短语

复杂。这一点是 Abney（1987）提出来的，他强调英语中的名词通常与冠词一起出现：

(4) I saw *(the/a) cat.
"我看见了猫。"

出现于名词性短语内的成分在排序上通常也都是受到限制的，如（5）所示：

(5) 指示词/冠词 + 数目词 + 名词
　　these/the　　three　　books
　　"这三本书"
　　*three these/the books
　　*three books these/the
　　*books three these/the

假如上述名词性短语的中心语是"书"，那么，指示词/冠词、数词跟名词之间的关系是什么？它们之间的固定排序又是应该怎么理解？

从语义上讲，动词与名词之间也存在相似之处，二者本质上都表示属性。也就是说，尽管论元位置上的名词性短语如（2）中的主语 the enemy 是一个表示个体的短语，但名词 enemy 却是对某一个体进行述谓的一种属性。定冠词 the 的功能是将属性（谓词）转变成个体（论元）。换句话说，名词性短语表示个体主要归因于 the 这种冠词的功能。在名词短语的句法表达式 [$_{NP}$ ... N ...] 里，冠词的这一重要功能似乎消失了。

简言之，传统上将论元位置上的名词短语表示为 [$_{NP}$ ... N ...] 时，没有考虑到名词短语与句子结构之间的平行关系、对名词性短语内部成分和排序的限制以及冠词的重要性。鉴于这些考虑，很多语言学者开始认识到作论元的名词性短语的结构不是简单的 [$_{NP}$ ... N ...]。作论元的名词性短语应该有一个功能中心语，即限定词（D），以 NP 补足语，投射为 DP。DP 和 NP 是两个不同的语类：前者表示个体（entity），是论元；后者表示属性（property），是谓词。具体一点说，像 the book 这样的表达应该投射为一个 DP，含有 NP book：[$_{DP}$ the [$_{NP}$ book]]。① 谓词与论元之间的差别可用下面的例子来说明：

(6) a. [*(The) captain of the team] will visit us tomorrow.（论元位置上的 the 必须出现）
"那个队的队长明天将拜访我们。"

b. We elected him [captain of the team].（谓语位置不需要 the）
"我们选他做队长。"

Longobardi（1994）对不同类型名词性短语的释义和分布作了广泛的研究，他提出，名词性短语作论元时，即使没有显性的限定词，也存在一个空的 D，详细情况此不赘述。要点是，文献中已有大量的证据支持用 DP 结构来表示作论元的名词性短语。

---

① the 占据的是 D 的位置还是 D 的指示语（Spec）的位置，这一问题我们不予讨论。有关提出 DP 的动因以及 DP 内部成分的详细讨论，参见 Abney（1987）。

第八章 名词性短语

这对我们分析汉语很重要。前面一开始简要提及,汉语的光杆名词可以是有定的,也可以是无定的;可以是单数,也可以是复数。它们也可以出现在论元位置,充当主语或宾语。就是说,汉语的光杆名词具有英语 DP 的全部功能。那么,汉语的光杆名词也应该表示为一个 DP 吗?有两条研究思路:一条思路旨在使句法-语义保持一一对应的映射关系,另一条思路则强调在使用量词、复数标记以及冠词方面跨语言变异的相互关系。

第一条研究思路认真对待 NP 与 DP 之间的差异,并假定:结构与意义严格对应。NP 永远解释为谓词(标示属性),DP(标示个体)解释为论元。这一做法使我们更加贴近形式与功能之间的一一对应关系,也便于"发现"更多的功能投射。例如,除了 DP 之外,有人提出数目短语(NumP)(可参见 Carstens 1991,A. Li 1998,1999,Ritter 1991,1995 以及 Valois 1991)。因此,名词性短语具有 [$_{DP}$ D [$_{NumP}$ Num [$_{NP}$ N]]] 结构。[①]这一思路极力主张,所有语言的名词性短语结构都是相同的,不论它们是否都有合适的词汇项目填入那些位置。

第二条研究思路并不假定有普遍结构的存在,它强调不同语言之间系统的差异。例如,有些语言并不使用复数标记,这些语言通常代之以量词与名词连用。并且,这些量词语言很多也缺乏冠词。如前所述,汉语就是这样的语言。Chierchia(1998)注意到,出现冠词、使用复数标记以及缺乏量词似乎是

---

① 文献中还提出其他的功能投射,例如格短语(Kase Phrase)和量化短语(Quantifier Phrase)等。本章着眼于限定词 D、数目词 Num 和量词 CL。

相关的。名词性短语在不同类型的语言中具有不同的属性，不必假定所有语言都投射 DP 或 NumP，尤其是当这种投射无形态实现时。汉语这样的语言，其论元可以只表现为 NP，而不是 DP，汉语的 NP 可以是论元或谓语。这一思路允许同一句法范畴表现不同的语义功能，有些语言允许 NP 代表一个论元（如汉语），其他一些语言则不行（如意大利语）。这就需要一个"语义参数"：有些语言中的 NP 可以充当论元和谓语，而在其他一些语言中 NP 只充当谓语。

哪种方法更能恰当地刻画汉语中名词性短语的属性？下面，我们将指出，汉语中采纳 DP 结构（含有 NumP）对于解释下列问题大有益处：(i) 不同类型名词性短语的结构与释义，(ii) 名词性短语内部的排序与成分组构，(iii) 复数/集合语素"-们"的表现。

8.2 投射 DP-指称与数量短语

汉语没有显性的形态证据支持 DP 投射。但汉语数量短语[数目词+量词+名词]的分布以及释义方式却可以为 DP 的存在提供支持。我们首先指出，数目短语的释义随其所处位置而变。因此，对于数目短语分布与释义相互关系的适当分析应当认可两种不同的结构：NumP 与 DP。

8.2.1 数目短语用作无定表达和数量表达

汉语中[数目词+量词+名词]这样的数量短语一般被视

为无定指，它们一般不出现在主语或话题位置，因为这些位置不允许无定指[①]名词短语。[②]

(7) a. ?? 三个学生吃了蛋糕。
 b. ?? 三个学生很聪明。
(8) a. * 三个学生，我以为吃了蛋糕。
 b. * 三个学生，我以为很聪明。

主语和话题位置上的光杆名词是有定短语（译者按，为了便于比较，这里附上英译文）：[③]

(9) 学生吃了蛋糕。
 'The students ate the cake.'

而不是 '(Some) students ate the cake.'。

[①] 无定指可以是殊指（specific）或非殊指的（non-specific）。一般而言主语可以是有定的或者殊指的。Tsai（1996）提出，汉语的数目短语不是殊指的，除非数目为"一"。也就是说，"一+名词"可以是殊指的，但是"二+名词"或者其他情况就不是殊指的。但这种"一"和"一"以上的区别，并非无所异议。如果真有这种区别，就表示"一个学生"这类殊指名词性短语是通过将数目词从 Num 位置移到 D 位置推导出来的（参 Diesing 1992）。这意味着，殊指短语与有定短语共享如下属性：D 的位置要填入词汇。这里不打算讨论"殊指的"与"有定的"这一问题，所举的例子使用也尽量使用数目大于"一"的数目短语。

[②] 有关无定名词性短语的分布以及主语或话题不能是无定的讨论，请参见 Chao（1968）、Li & Thompson（1981）、Lee（1986）、Shyu（1995）、A. Li（1996）、Tsai（1994a, 1996）、Xu（1995, 1996）等。

[③] 在类指（generic）语境中，光杆名词也可以解释为类指，类指的问题将在 8.5 节讨论。

（10）学生，我以为吃了蛋糕。

'The students, I thought (they) ate the cake.'

而不是'(Some) students, I thought (they) ate the cake.'

然而，数目短语并非总是不允许出现在主语或话题位置。[①]

（11）a. 三个学生不够。

b. 三个学生，我想是不够的。

（12）a. 三个学生大概吃不完两个蛋糕。

b. 三个学生，我想大概吃不完两个蛋糕。

数目短语可以出现在主语或话题位置是有规则的，这涉及"数量"的概念（A. Li 1998）。例如，(11)中的"够"表达一定数量的充足性，(12)中的动词复合体"吃不完"表达吃完一定数量蛋糕的一定数量学生的概念。也就是说，(11)—(12)中作主语以及话题的数目短语表示数量。(11)—(12)与(7)—(8)形成对比：后者的数目短语主要表示个体，不是数量。为了方便起见，我们将(11)—(12)中的数目短语标为"表数量的数目短语"，以反映它们表示数量概念这一事实。(7)—(8)中的数目短语称为"非数量表个体的短语"或者"无定短语"，以突显它们指称某一个体（无定指称）[②]而不是表示数量这一事

[①] 有一系列的结构允许在主语位置出现数目短语，参见 Tsai（1994a, 1996）以及 A. Li（1996, 1998）的讨论。

[②] "无定指称"（indefinite referent）的意义是随意标示话语中的个体，我们再次看到，这些术语的使用是很不严谨的。主要的区分是，一个主要表示数量，另一个主要表示个体。

实。(7)—(8)与(11)—(12)对比提出的问题是：为什么只有后者是可接受的句子？

8.2.2 数量与无定性

A. Li（1998）主张，(7)—(8)与(11)—(12)例示的两类数目短语有不同的句法表现，因而有不同的结构，主要的证据来自：代名词同指/约束以及辖域的相互作用。

8.2.2.1 代名词的同指/约束

表示数量的数目短语与代名词无法同指，也不能充当受约束代名词"他"或者"他们"的先行语。这些属性跟非数量的表示个体的短语形成对比，后者可与代名词同指，可以约束代名词"他"或者"他们"。(13)显示无定名词性短语（表示个体）可以跟有指的或受约束的代名词同标引：

(13) a. 我叫两个学生$_i$回去把他们$_i$的车子开来。
　　 b. 你如果能找到两个帮手$_i$，就赶快把他们$_i$请来。
　　 c. 他明天会看到三个人$_i$，还会跟他们$_i$做朋友。

相反，数量短语不与代名词同指，也不约束代名词，(14a—c)不可接受。如果这些句子能接受（不考虑主语的有定性要求时），那么，它们的数目短语必须被解释为表示个体，而不是表示数量：

(14) a. *三个人$_i$抬不起两架你给他们$_i$的钢琴。
　　 b. *两个大人$_i$不如他们$_i$的三个小孩有力量。

c. *如果两张床睡得下三个人ᵢ，我就请他们ᵢ来。

数量短语也无法约束反身代词。(15a)与(15b)的对比表明，(15a)中表数量的数目短语尽管占据主语位置，C-统制反身代词，也不可能是反身代词的先行语，这跟(15b)中表示个体的数目短语可以是反身代词的约束者形成对照：

(15) a. 张三ᵢ知道三个人ⱼ一定搬不动自己 ᵢ/*ⱼ 的钢琴。
　　　b. 张三ᵢ叫三个人ⱼ回去把自己 ᵢ/ⱼ 的钢琴搬来。

8.2.2.2 辖域

表数量的数目短语跟非数量的数目短语在辖域相互作用方面表现不同。一个表数量的数目短语跟另一个表数量的数目短语没有辖域上的关系，例如，(16)只有一个意思：三个人吃的米饭的数量是五碗。

(16) 三个人，我知道吃得完五碗饭。

这又跟非数量的无定短语形成对比，后者可以有辖域上的相互关系。(17)可以有十五碗的释义，也就是说，"三个人"的辖域宽于"五碗饭"。

(17) 我让三个人吃五碗饭。

(13)—(17)中的对比显示：表数量的数目短语与非数量的数目短语尽管有相同的形式 [数目词+量词+名词]，但它们在能否与其他名词同指或约束它们以及辖域相互作用方面都是不同的。这些差异可以很自然地从它们的结构差异中导出，下面就来谈这个问题。

8.2.3 数目短语与限定词短语

我们认为意义和结构是相关的，由此主张，表示数量的短语［数目词＋量词＋名词］中，数目词是中心语，投射为数目短语；如果［数目词＋量词＋名词］短语表示个体，逻辑上它可能是一个 DP：限定词即使没有填以词汇项目，也要投射。换句话说，"三个人"这样的短语可以是一个数目短语，数目词"三"是中心语，表示数量为"三"，如（18a）所示；也可以是一个 DP，表示个体，其中限定词 D 为空，如（18b）所示。

（18）a.［$_{\text{NumP}}$ 三个人 ］
　　　b.［$_{\text{DP}}$ D ［$_{\text{NumP}}$ 三个人 ］］

这一结构差异很容易解释上一节讨论的对比。DP 的 D 通常是指称所在，假如表示数量的短语结构中没有 D，那么，它就无法参与同指或约束关系。而且，数目短语并不对个体进行量化，辖域上不跟另一个短语相互作用。

这一区分 DP 与 NumP 的方法优于其他可能的方法。假如不将数量表达语投射为 NumP，则它还是 DP，一个无定的名词性短语，跟其他数量短语相比，必须总是占窄域（narrow scope）。但这一方法不能捕捉真正的无定短语与表数量短语之间的差异。回想一下（16）与（17）之间的对比：辖域的相互影响只体现在非数量的表个体短语中。通过这一对比，将数量短语归入总是占窄域的表无定个体的短语中的问题就凸显出来了。在（17）中，第一个无定短语可以占宽域。如果硬要将数量短语标为占窄域的无定短语，除了刚刚所提的问题外，我们还需回答：为什么有两类无定短语，一类涉及辖域间的相互作用，另一类则没有？此外，同指与约束的可能性也迫使我们区分两类数目短语。

另外，将表数量短语跟占窄域的无定短语等同起来，会错误地将数量短语与其他典型的无定短语归在一起。这些典型的无定短语包括非疑问的 wh-成分以及那些前面带有存在标记"有"的短语。接下来的两节就讨论这些问题。

8.2.4 跟无定的 wh-成分比较

我们在第七章已经看到，汉语的 wh-短语本质上是一个非疑问的无定短语，这种无定短语与数量短语的不同在于它能够与代名词同指，并约束代名词：一个无定的 wh-成分可以跟一个同指的或受约束的代名词同标，但数量短语则不然。请比较（14）与（19a，b）：

（19）a. 如果你看到什么人$_i$，请把他$_i$带进来。
　　　b. 如果你要叫什么人$_i$回去把他$_i$的车子开来，就请快叫吧。

同样地，wh-无定短语可以约束反身代词，而数量短语则不行。请比较（15a）与（20）：

（20）如果你要叫什么人[i]回去把自己[i]的车子开来，就请快叫吧。

8.2.5 跟"有"字短语比较

汉语中主语位置上的无定名词性成分一般要与存在量词"有"共现。

（21）有三个人来了。

当句子像（16）那样有两个数目短语时，第一个数目短语占宽域，这跟缺乏这种解读的（16）形成对照。

（22）a. 有三个人吃得完五碗饭。
　　　b. 有三个人抬得起两架钢琴。

（22a）确认存在三个人，每个人都能吃完五碗饭；（22b）确认存在三个人，每个人都抬得起两架钢琴。

（16）与（22a, b）这种释义上的对比表明：（16）中的数目短语不能分析为无定短语。

8.2.6 禁止无定的主语/话题

以上的讨论表明，由［数目词＋量词＋名词］组成的数目短语在结构上是有歧义的：可以是 NumP，或者是 D 为空的 DP，如（18a, b）。两种结构的差异表现在有关同指/约束以及辖域相互作用方面。这个分析法明显优于其他方法，例如将表数量的数目短语归入无定的非疑问 wh-短语或与存在标记

"有"共现表个体的无定短语，如下所述。

从结构上区分表数量的 NumP 与无定的 DP 能使我们解释二者的不同分布，见（7）—（8）与（11）—（12）。前一组例子显示，无定的 DP 在主语/话题位置上是不可接受的；后一组例子显示，表数量的 NumP 在主语/话题位置是可以接受的。如（18a，b）所示，NumP 与 DP 之间的重要差别是（18b）在 D 的位置上有一个空语类，而（18a）则不然。这一差异解释了两类短语的不同分布：（18b）不允许出现在话题或主语位置，如（7）—（8）；而（18a）则可以，如（11）—（12）。（18b）中的空语类必须满足合式条件（well-formedness condition）（也就是空语类原则，参见第七章）。Longobardi（1994）主张，空的 D 跟其他空语类一样，必须受到合适管辖。宾语位置就受到合适管辖，即词汇动词的管辖，[①] 故含有空 D 的无定短语能出现在宾语位置。汉语的话题位置上不允许出现无定短语，因为没有词汇项目用以管辖话题。至于主语，我们采纳 Aoun、Hornstein、Lightfoot & Weinberg（1987）的观点，将其置于 IP 的指示语（Specifier）位置，也不受词汇管辖，因此，主语位置不接受无定名词性成分。

上述对比抑或可归因于 D 位置上有个变项而该变项须遵守鉴别条件。D 位置上的变项需要得到算子（量化成分）的允准，算子可以是一个附接于 VP 之上的存在闭包（existential

---

[①] 介词跟动词的表现一样，允许无定短语做其宾语。根据 Longobardi 有关词汇管辖的分析方法，介词必定是词汇管辖者。这就等于说，如果接受 Longobardi 的方法，那么，对介词悬空的禁止就不能归于词汇管辖的要求。

closure)。在结构上，主语或话题位置上的 DP 由于太高，故不属于存在闭包的范域。显性存在标记"有"的出现，解救了这一结构。我们将在 8.5 节再回到无定短语的允准问题上来。

这里提出的分析也考虑到很多其他有关分布方面的事实。例如，无定短语在宾语的所有者位置上跟在宾语位置上一样可以接受，而在主语或话题的所有者位置上跟在主语或话题位置上一样不可以接受。

（23）a. 我去过一个朋友的家。
　　　　b. 我给一个朋友的孩子找工作。
　　　　c. *一个朋友的孩子不会找到工作。
　　　　d. *一个朋友的孩子，我听说不会找到工作。

8.2.7　小结

汉语中由[数目词＋量词＋名词]组成的数目短语应该分析成表数量短语，表示为（18a）的数目短语；或者分析成表个体短语，表示为（18b）的含有空 D 的 DP。上面看到的（18a）与（18b）之间的差异支持如下观点：汉语除了存在独立的不为 DP 所支配的 NumP 之外，还存在 DP。

DP 的存在进一步体现在大量有关名词性短语内部成分组构与排序的事实中，这一点我们将在下面谈及。

8.3　DP 内部的排序与成分组构

回顾一下前面的内容，表示个体的数目短语如"三个人"

应该具有下面这样的完整 DP 结构,其中,Num 填以数目词,CL 填以量词,N 填以普通名词,D 为空。

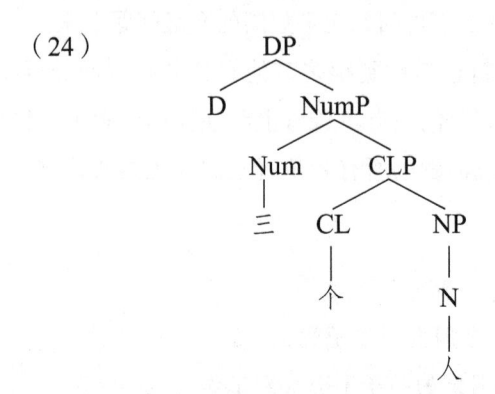

(24)
```
        DP
       /  \
      D   NumP
          /   \
        Num   CLP
         |    /  \
         三  CL   NP
             |    |
             个   N
                  |
                  人
```

既然 D 通常被视为指称或有定性之所在,那么,它应该为一切跟指称或有定性相关的表达语,如指示词、代名词、专有名词甚至有定的光杆名词提供位置,这一点的确得到名词性短语内部允许出现的成分类型以及这些成分的可能排序的支持。

8.3.1 指示词

如果指示词出现在 D 的位置,根据(24),我们应该可以看到[指示词+数目词+量词+名词],事实确实如此。

(25)这/那三个人

疑问指示词"哪"有相同的表现。[①]

---

① 疑问指示词"哪"是降升调,远称指示词"那"是降调。

（26）哪三个人

指示词后面有时直接跟一个量词，而没有数目词；不过，可以认为此时数目词"一"出现在底层，因为其释义为单数。

（27）这/那个人

8.3.2 代名词

在近期的生成语法文献中，代名词通常被分析成 D（如 Longobardi 1994）。这一见解起初见于 Postal（1969）的早期著作，他提出，代名词跟英语的定冠词 the 一样。定冠词处在 D 的位置，因此，代名词也占据 D 的位置。因此，根据我们提出的 DP 结构，代名词后面可以跟数目词、量词和名词（名词不必是显性的）。[①]

（28）a. 他们两个（人/学生/懒鬼/流浪汉）
　　　b. 他/你/我一个（人/学生/懒鬼/流浪汉）
　　　c. 我们几个（人/学生/懒鬼/流浪汉）

也可以是［代名词＋名词］的模式。[②]

[①] 像蔡维天所建议的那样（私人交流），代名词带数目短语作补足语的情况可被理解为如同动词将一个附接语当作补足语（Larson 1988），两种情况都带有解读得像修饰语的补足语。

[②] 当数目词和量词短语不出现时，代名词必须是复数。
（i）他这（一）个学生/懒鬼
（ii）*他学生/懒鬼

(29) a. 他们学生 [1]
    b. 我们老师
    c. 你们孩子

这些短语可以出现在所有的论元位置上。

(30) a. 我喜欢他们两个（人）。
    b. 我对他们两个（学生）很有好感。
    c. 他们两个（懒鬼）我听说很喜欢在一起。
(31) a. 我先带他们学生回去。
    b. 他们学生不会喜欢功课的。
    c. 我对他们学生不再厌烦了。
    d. 他们学生，我知道不会有什么钱的。

这样，一个 DP 结构 [D + [Num + [CL + [N]]]] 就刻画出可能出现的成分及其排序：代名词在 D 的位置，数目词在 Num 的位置，量词在 CL 的位置，名词在 N 的位置。

不过，情况会有一点儿复杂。我们已经指出，代名词和指示词都可以占居 D 的位置，意料不到的是，它们可以一起出现。

(32) a. 我喜欢你们这些乖孩子。
    b. 我对他们那些流浪汉没有印象。
    c. 他们那些学生，每个人都很喜欢。

（接上页）这跟英语很像：*he/him boy 不可接受，而 them boys 可以接受。为什么存在这样的限制，可能的答案请参阅 Noguchi（1997），以及其中相关的文献。

如果指示词和代名词都可以处在 D 的位置，那么，它们为什么可以共现？有几种可选方案：一种办法是坚持目前的主张，只是允许更复杂的结构：代名词和指示词都在 D 的位置，它们处在双中心的（double-headed）D 位置或者两个独立的 D 位置（D 带另一个 DP 作补足语）；另一种办法是代名词衍生于 D 的指示语位置，指示词衍生于 D 的位置。8.4 将回来讨论这些办法。

8.3.3 专有名词

从功用方面来说，专有名词跟代名词一样：两者都表示命名过的实体。当与数目短语或普通名词一起出现时，它们的表现也一样。成分组构与排序方面的事实表明，汉语的专有名词出现在 D（的指示语）位置（参见 8.4 节），后面跟着一个位于 D 的代名词或指示词，以及一个数目短语，形成［专有名词＋代名词／指示词＋数目词＋量词＋名词］。

（33）a. 我喜欢张三、李四那几个乖孩子。
　　　b. 我对张三这个学生没有什么印象。
　　　c. 张三这个人，我以为很多人都认识。
　　　d. 我喜欢张三、李四他们几个乖孩子。

代名词和指示词都可以出现在如下序列中:［专有名词＋代名词＋指示词］。

（34）我喜欢张三他这个用功的学生。

当专有名词与代名词共现时,专有名词可以是单数,代名词可以是复数(如"他们"中的后缀"-们"所示);也就是说,代名词在数上不必与专有名词一致。但是,如果其后的数目词大于"一",代名词需是复数。

(35) a. 我喜欢张三他们(那)三个。
b. *我喜欢张三他(那)三个。[1]

跟代名词不同的是,专有名词不能直接置于名词之前。

(36) a. *我喜欢张三/张三和李四学生。
b. *我对张三/张三和李四学生很关心。

句子中需要数目短语或代名词/指示词。有数目短语又有指示词/代名词时,句子的可接受度最高。下列例子中,如果括号里面的成分不出现,则句子的可接受度降低。

(37) a. 我喜欢张三和李四?(他们/这)两个乖孩子。
b. 我对张三??(这)一个学生没有什么印象。
c. 张三??(这)一个人,我以为很多人都认识。
d. 张三和李四?(他们)两个,我听说很喜欢在一起。

简而言之,D 是指称所在,它为指示词、代名词和专有名词提供了位置,因此,这些短语可以位于 [(Num + CL) + N] 之前。有一些更为复杂的问题将在 8.4 节回答,比方说,当专有名词、

---

[1] 如果解读为"张三他的那三个",则这个句子可以接受。

代名词和指示词同时出现在数目短语之前时，占据什么样的位置；为什么专有名词与代名词的表现有某种不同，如（36）—（37）。本节的要点依然是：[D + Num + CL + N] 这样的排序和成分组构表明汉语中存在 DP 结构。①

8.3.4　普通名词

跟专有名词和代名词相比，普通名词不是基础生成于 D 的位置或者 DP 的指示语位置，而是生成于 N 的位置。因此，我们认为 [名词 + 数目词 + 量词] 序列不可能是基础生成的。它也不可能由 N 到 D 的移位推导出来，这种移位会被中心语移位限制（Head Movement Constraint，HMC）剔除（Travis 1984），中心语移位限制不允许一个中心语的移位跨过另一个中心语。

（38）a. * 我喜欢学生两个（人）。

b. * 我对学生两个（人）很有好感。

c. * 学生两个（人）我听说很喜欢在一起。

另外，我们认为，跟专有名词或代名词不同，(普通) 名词后面不可能跟着指示词（和/或代名词）。

（38）d. * 我喜欢学生他们/那两个（人）。

e. * 我对学生他们/那两个（人）很有好感。

f. * 学生他们/那两个（人）我听说很喜欢在一起。

---

①　这里的分析跟 Longobardi（1994）的分析的重要差别在于：前者能在 D 的指示语位置基础生成专有名词（代名词同），后者在 D 的位置只能基础生成代名词，而专有名词要从 N 移到 D 的位置。

代名词和专有名词的功用有时像普通名词，而普通名词的功用有时像专有名词，所以，专有名词跟代名词以及跟普通名词之间的差别可能会模糊不清。不过，重要的是，当普通名词的功用像专有名词时，它们占据的是 D 的（指示语）位置；当代名词/专有名词的功用像普通名词时，它们是处在 N 的位置。（39）显示的是普通名词用作专有名词，（40）显示的是代名词/专有名词的普通名词用法。①

(39) a. 弟弟又忘了东西了。（普通名词用作专有名词）
　　　b. [弟弟那一个糊涂蛋] 又忘了东西了。（表现像专有名词）
　　　c. [弟弟（他）一个单身汉] 很无聊。（表现像专有名词）
(40) a. 我看到过一个小明。（专有名词用作普通名词）
　　　b. *我看到过 [一个小明那个糊涂蛋]。（表现像普通名词）

总之，当普通名词由基础生成，处于 N 的位置时，可以跟在 [（代名词/指示词）+数目词+量词] 之后；当它由基础生成，处于 D 的（指示语）位置（用作专有名词）时，可以置于

---

① 代名词用作普通名词比专有名词用作普通名词要难得多（见 Longobardi 1994）。
　（ⅰ）我看到过一个李登辉。
　（ⅱ）*我看到过一个他。
当然，代名词并非完全不可能用作普通名词，见于有限情形。
　（ⅲ）镜子里有三个他。

[(代名词/指示词)+数目词+量词]之前。如果一个名词基础生成于 N 的位置，然后移到 D 的位置，那么，它就不与[(代名词/指示词)+数目词+量词]共现。[_DP 数目词+量词+名词]短语中有一个空的 D，这个短语被释义为无定的，只能出现在允许无定短语的位置（如宾语位置）上。只有当名词像（39）那样被释义为专有名词时，[名词+数目词+量词]形式才是可以接受的；如果该名词是普通名词，即使被释义为有定的，也不可接受。

（41）a. 我把学生送回家了。（"学生"是有定解释）
　　　b. *我把学生两个送回家了。（有定名词后面不能跟着[数目词+量词]）

（41）与（39b，c）的对比特别有意思，它表明并非有定性允许专有名词后面跟[数目词+量词]，专有名词和有定的普通名词都是有定的。是结构与推导决定着可能有的成分及其排序。专有名词（以及用作专有名词的普通名词）基础生成于 D 的（指示语）位置，相较而言，有定的光杆名词必须生成于 N 的位置，然后移到 D 的位置。因为"学生+两个"不可能基础生成，也不可能由移位推导出来，所以，(41b)不可接受。[①]

8.3.5　并非同位成分或副词成分

上一节讨论的短语[专有名词/代名词（+指示词）+数

---

① 下面句子是可以接受的，因为"学生"和"两个"是两个独立的成分。
（i）学生，两个已经回去了。

目词＋量词＋名词］并不是两个独立的单位，例如像带有同位成分 DP 的 "John, the man I saw yesterday"（约翰，我昨天看见的那个人）或 "that man, the one in a black hat"（那个男人，戴黑帽子的那一位），或者像带有副词成分的 DP（如［John］［himself］）。我们可以先把本章所讨论的跟同位结构比较一下：前者的代名词或专有名词之后没有停顿，后者的两个成分之间出现强制性的停顿。再者，前者的代名词和专有名词跟有定名词（带或不带指示词）是对立的，后者则没有这种对立。

（42）a.＊学生这个／些人

b. 学生，你认识的那些明天会来。

c.＊这个学生这个人

d. 这个学生，穿红衣服的，是他的学生。

e.＊那些学生（他们）三个人

f. 那些学生，穿红衣服的那三个，是他的学生。

可以有一个以上的同位成分与名词共现，两个同位成分的排序是自由的，如（43a, b）。但是，本章讨论的 DP 结构只允许一种形式，其结构定为［D＋Num＋CL＋N］，例如（43c）。

（43）a. 那些学生，你们去年教过，他很喜欢的，现在在这儿。

b. 那些学生，他很喜欢的，你们去年教过，现在在这儿。

c.＊张三他们两个学生他们那些懒鬼

第八章 名词性短语

同位成分跟在完整的 DP 之后，不出现在其内部成分之间。

(44) a. 张三他们几个学生，你教过的那些，现在在这儿。
   b. *张三，你教过的那些，他们几个学生……
   c. *张三他们，你教过的那些，几个学生……

最后，同位结构中的两个成分一般都是有定的。比方说，代名词的同位成分不可能是无定短语［数目词＋量词（＋名词）］，如（45a）。可是，我们提出的 DP 结构的确允许［代名词＋［数目词＋量词（＋名词）］］，如（45b）。

(45) a. 同位成分
    *我对他们，两个学生，很好。
   b. DP 结构
    我对他们两个学生很好。

简单地说，这几节讨论的 DP 不是同位成分。

这种 DP 也不可能分析成名词性短语加上副词。如 Lee（1986）所观察的那样，汉语中含有"一个人"这种副词短语的短语可作如下重要归纳：

(46) a. 这种副词短语并不是名词性短语的组成部分，该副词和名词性短语可以被其他成分隔开，见（47）；
   b. "一个人"似乎是用作强调副词的唯一短语，例如，用"学生"来替换名词"人"，是不允许的，见

(48);

c. 副词短语的数目限于"一",见(49)。

模态词可以介于名词性成分与强调副词之间,如(47a),但不可以出现在 DP 之内,如(47c)。

(47) a. 他会自己/一个人来这儿。

比较:

b. [他们(那)两个(懒鬼)]会来。

c. *[他们会(那)两个(懒鬼)]来。

DP 允许除"人"之外的其他名词如"学生"出现在 N 的位置,但不是作为副词短语。

(48) a. 他们(那)两个学生会来。

b. 他一定一个人来这儿。

c. *他一定一个学生来这儿。

除了"一"之外的数目词失去了副词的功能。

(49) *他们一定两个人来这儿。

不等于:他们一定自己来这儿。

不等于:他们两个人(他们两个都)一定来这儿。

8.3.6 小结

表数量与表个体的数目短语之间的对比,支持汉语中存在

DP。DP 的结构得到名词性短语中所允许出现的成分及其排序的进一步支持。不过，尚有一个重要问题没有解决：当专有名词、代名词和指示词都出现在名词性短语之中时，它们的位置如何？下一节关于集合/复数语素"-们"的讨论有助于搞清这个问题，并有助于改进名词性短语的结构，为汉语的 DP 结构提供进一步的支持。

8.4 扩展与修正：复数

将汉语中的名词性成分投射为 DP 还另有益处。根据 A. Li (1999)，汉语的 DP 结构可以解释关于所谓的集合语素"-们"的一些颇令人疑惑的事实。"-们"与"常规的"的复数语素（例如英语的 -s）的不同表现源于语言的结构差异，即允许"集合"语素的类型与允许复数语素的类型间的差异。DP 分析法也有助于更准确地识别允许复数或集合语素型语言与不允许这类语素型语言。

在下面的几个小节里，将介绍 A. Li (1999) 对 DP 结构的分析，并吸收扩充语料。首先，我们陈说语素"-们"的形态-句法属性，然后指出，考虑汉英结构上的相似性与差异性的分析，能够更准确的捕捉到"-们"与 -s 之间的差别，即两种语言都投射 DP，但是汉语还另有量词投射，而英语没有（或者说英语的名词和量词必须合二为一）。

8.4.1 有关"-们"的一些疑惑

众所周知，汉语的屈折形态不多。在名词系统中，名词没有数、格与性的屈折变化。因此，不可期望汉语的名词性短语可以有复数形态。的确，在大多数有关著作中，"-们"被标为"集合的"标记，因为它跟传统理解的复数语素表现不同。试比较它跟正常的复数语素如英语的 -s：跟 -s 不同，-s 可以非常能产地后缀于名词，但语素"-们"一般仅加在代名词或指人名词之后。① 这事实记载于很多文献中，比如各类词典（如《汉英词典》、《现代汉语词典》）和语法著作（如 Chao 1968, Li & Thompson 1981, 吕叔湘 1980, 朱德熙 1982, 等等），更精确地说，下面的考虑对将"-们"分析成复数标记提出了挑战。

首先，跟常规的复数语素不同，"-们"不与［数目词＋量词］短语（数目短语）共现。②

(50) *三个学生们

根据 Iljic（1994），数目短语表达个体的数目，集合是指作为整体的一个群体（group），"群体"与"个体"短语是不相容的。

其次，"-们"的出现使名词性短语成为有定的。Iljic（1994）援引 Rygaloff（1973）和 Yorifuji（1976）的观点，指出："名词-们"指称上总是有定的，因此不能出现在含"有"字的

---

① Norman（1988：120）主张，"-们"限于指人短语，是历史发展的结果；"-们"是从"每"与"人"合并演化而来的。

② 传统的观察是，数量短语不与"名词-们"共现，Iljic（1994）注意到某些反例，它们与传统的观察相悖，他将这些例子归于同位结构。不过，尽管我们并不否认某些情况下可能是同位结构，但是，8.3 节已经指出并且下文还将指出，可以接受的非同位的"-们"与数量短语连用的情况是存在的，这些情况是从我们提出的结构推导而来的。

第八章 名词性短语

存现句中。

(51) a. *有人们　比较：有人
　　　b. *没有人们　比较：没有人

这一观察得到下列句子对比的进一步支持，这组句子在"-们"的使用上形成最小对立。使用"-们"的句子一定指称有定的群体，没使用"-们"的句子指称上是不明确的（关于数也是不清楚的）。

(52) a. 我去找孩子们。
　　　b. 我去找孩子。

第三，专有名词可以缀以"-们"表达一个群体，这个群体由专有名词所标示的人和其他人组成。Iljic（1994）给出的一个例子是"小强们"，指称"小强"这个人以及他所在群体的其他人。①

---

① 像 Iljic（1994：111，注⑤）所指出的那样，尽管多数文献提及将"小强们"释义为"小强与其他人"的可能性，但人们偏爱使用"小强他们"。事实上，我们自己的小范围调查表明：大多数说话者只接受后一种形式来指称"小强与其他人"。对我们调查的说话者来讲，"小强们"只用来指称跟"小强"同个性或同名的人组成的一群人。这跟英语中用作普通名词的专有名词的复数形式相当，例如"I have met three Edisons in my life"（我一生遇到三个爱迪生）。这种情况下，"-们"用作复数标记，类同于英语的 -s。预先提一下后面的讨论，"小强他们三个"跟"他们三个"同样可以接受。"小强"出现在 D 的指示语位置，D 的位置是代名词。我们还注意到，对普通名词来说，"集合的"解读是不可能的："学生们"指称复数的学生，而不是"学生与其他人"。再次预先提及下文的讨论，这一点可从如下事实中推导出来，即普通名词基础生成于 N 的位置，获得"正常的"复数解读。

(53) 小强们什么时候来？

　　这三方面的事实无疑给"-们"为复数标记提出了难题。另一方面，"-们"的确显示出复数标记的某些属性。以有定性限制为规范，普通名词可以缀以"-们"，表达复数。指人的专有名词也可以缀以"-们"，指称与专有名词所指的那个人有相同的名字或个性的一群人，我们称之为"复数解读"（plural reading）。复数解读与"集合"释义有别："集合"释义指由个体锚定（anchor）的一个群体。

　　不仅存在"-们"的"复数"解读，而且也存在并非直接从如下主张推导出来的事实，即："-们"只是一个集合标记。例如，尽管表"集合"的"-们"可以缀于一个采取专有名词或代名词形式的有定短语之上，但它不能缀于由指示词构成的有定短语之上。

(54) a. *这个/那个人们
　　　b. *你的那个朋友们

这两个短语将"-们"缀于含有"指示词-量词"的有定短语[这/那个+名词]之上，用以指称"这/那个人与其他人"，是不可接受的。在试图用"集合的"解读来刻画"-们"的分布这一分析下，难以界定专有名词与指示词短语"这/那个名词"之间的差异，而这种差异能够解释它们跟"-们"结合的不同可能性。

　　关于"-们"的集合义分析，另一个令人疑惑的事实是对

第八章 名词性短语

"-们"与［数目词+量词］短语共现的看似复杂的限制。前面指出,"-们"的集合义分析的一个证据是"-们"与［数目词+量词］短语不相容。但是,并非所有的事实都与这一证据一致。比如,尽管(55a)中的"三个他们"不可接受,可是(55b)中的"他们三个"是可以接受的。另外,(55c)与(55b)相当,只是将代名词替换成普通名词,也不可使用"-们"。

(55) a. *我请三个他们吃饭。
　　 b. 我请他们三个(孩子)吃饭。
　　 c. *我请朋友们三个(人)吃饭。

同样地,(55d)跟(55a)语序相同,也不可接受。

(55) d. *我请三个朋友们吃饭。

接下来的疑惑是,当后面跟着［数目词+量词］短语的专有名词缀以"-们"时,只能产生集合义的解读,即指称一个由专有名词所指的人以及与之相关的其他人所组成的群体;而并没有复数的解读,即指称有着相同个性或名字的人。

(55) e. 我请小强们/校长们三个(人)吃饭。①
　　 意思是:我请小强/校长以及(群体中)其他两个人吃饭。

---

① 如果说话者喜欢用"小强他们"来代替"小强们",则这个句子是不可接受的。像"校长"这样的头衔术语也可以视为专有名词,即普通名词用作专有名词。当用作专有名词时,"校长们三个"的集合义是可能的,这并不奇怪(见(56)的第四个属性)。

并不是：我请三个校长或者三个都叫小强/都有小强个性的人吃饭。

相反地，(55f)无论是两种解读的哪一种，都不能接受。

(55) f. *我请三个小强们/校长们吃饭。

  A. 我请小强/校长以及(群体中)其他两个人吃饭。

  B. 我请三个校长或者三个都叫小强/都有小强个性的人吃饭。

至此，我们对"-们"的表现可作如下概括：

(56) 属性一："-们"后缀于代名词、专有名词和某些普通名词之上；

  属性二：带"-们"的普通名词必须解释为有定的；

  属性三："-们"附于专有名词时产生两种不同的释义，即"复数的"或"集合的"；

  属性四："代名词/专有名词-们"后面可以跟数目短语，但数目短语不能位居其前，而且只能有集合义的解读。普通名词带"-们"，不与数目短语共现。[①]

[①] Iljic (1994: 93) 指出，的确存在数目短语位于"名词-们"之前的情况，例如："你们四位太太小姐们"（与McCawley私人交流）。Iljic 也指出，这是一种双同位情形："四位"与"你们"同位，二者（在一个韵律停顿之后）依次为"太太小姐们"所指称。这跟文中所讨论的短语形成对照，后者没有停顿完全可以接受。Iljic 还注意到，所谈的这一模式非常受限，用得最多的是直接说给听话者。例如，下列句子是不可能的：

 (i) *我看过他们四位太太小姐们。

将"-们"分析为一个集合义语素无法解释这些事实。根据这个分析,为什么不可以将"-们"后缀于一个带有指示词的有定短语是个问题。关于数目短语与"-们"表面上混杂的共现限制也无法给出妥切的描述。另外,"名词-们"可与分配标记"都"共现(如"学生们都离开了")这一事实给"集合"义的确切含义提出了难题。前面提到,"-们"的"集合"义身份的证据是数目短语不能与"名词-们"共现。集合义群体不与个体相容,而分配标记"都"的使用必定涉及个体。例如,"他们两个都结婚了"一定是关于两桩婚姻,而不是一桩婚姻"他们两个结婚了"。"都"对"名词-们"的分配使用直接否定了"-们"作为"集合"义标记的语义诠释。另一方面,有事实表明"-们"可以作复数语素。真正的复数语素使复数的专有名词解释得像一个普通名词(复数解读),"-们"附于普通名词,产生的语义是复数实体。

8.4.2 复数特征作为数目短语的中心语

A. Li(1999)认为,跟英语的 -s 相比,与其依赖"复数"与"集合"之间的"意义"差异,不如依据结构更能准确地刻画"-们"的表现。[①]"-们"与 -s 都基础生成于数目中心语位置。[②] 英语带 -s 的名词性短语的结构如(57),汉语带"-们"

---

① 冯胜利、蔡维天(2006)认为,韵律在"-们"的分布中也起着重要作用。

② 另一种办法认为,-s 可能与名词一起生成,然后提升到数目词投射位置以核查复数特征,或者只是跟复数特征一致(参见 Chomsky 2000, 2001 关于"一致"的概念)。也可参见 Borer(2005)关于 -s 就是量词投射的讨论。

的名词性短语的结构如（58）。两种结构的唯一差别在于汉语有量词投射，可是英语没有（但参见 395 页注②）。

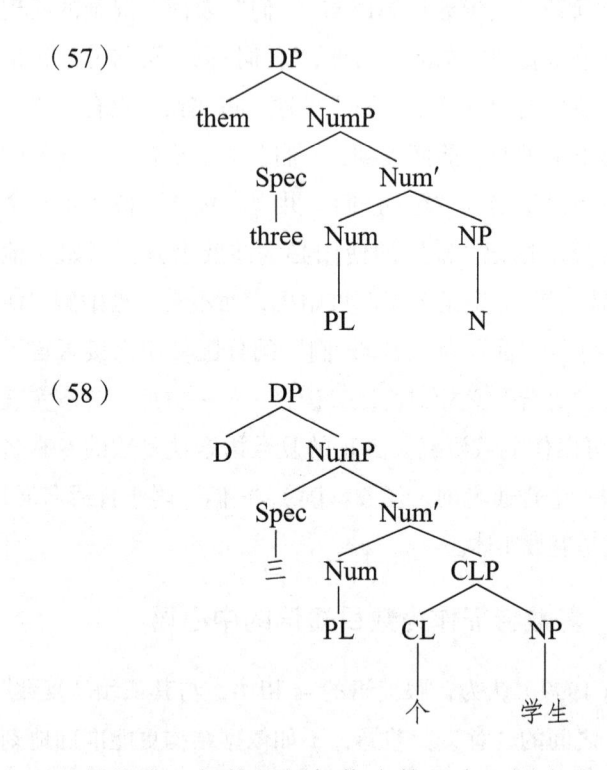

（57）
```
        DP
       /  \
    them  NumP
         /    \
       Spec   Num'
        |    /    \
     three  Num    NP
             |      |
             PL     N
```

（58）
```
            DP
           /  \
          D   NumP
              /   \
            Spec   Num'
             |    /    \
             三  Num   CLP
                 |    /   \
                 PL  CL   NP
                     |     |
                     个   学生
```

在两种结构中，复数特征都作为数目中心语出现。① 复数特征需得到实现（或者被核查），英语中复数特征实现于 N 位置（要么 N 向上移至 Num 位置，要么复数特征降级于 N 上，如果

---

① 这跟表数量的短语［数目词＋量词＋名词］形成对比，后者的数目词如"三"占据中心语 Num 的位置。

第八章　名词性短语

降级是可能的话）。① 但是，由于中心语移位限制，汉语中复数特征不可能实现于名词 N，因为量词中心语 CL 介于 N 与 Num 之间。相反，复数特征实现于 D 位置。换句话说，英语的 -s 实现于普通名词之上，生成于 N 节点之下，而汉语的 "-们" 与 D 位置上的成分一起出现。下面将指出，"-们" 实现于 D 位置的成分之上这一主张捕捉到了（56）中的全部事实。

上文提到，代名词和专有名词是限定词（的指示语）位置上的成分，复数特征实现于此。因此,（59a，b）的结构产生 [数目词＋量词（＋名词）] 短语跟在带 "-们" 的代名词/专有名词之后的语序。

（59）a. 我对他们三个（人）特别好。
　　　b. 我对小强们三个（人）特别好。
　　　c. *我对三个他们特别好。
　　　d. *我对三个小强们特别好。

普通名词基础生成于 N 的位置，数目词和量词置于其前。这种名词不可能缀以 "-们"，因为有量词的干预，它们都不可移到对方那里。

（60）a. *我对三个学生们特别好。

---

① 没有成分阻止复数特征实现于 D 位置，或者既实现于 N 的位置，又实现于 D 的位置。此外，请注意，英语的可数名词在表示复数时必须有复数后缀，而汉语的 "-们" 则是可有可无的。因此，英语的复数特征不是由一个基础生成于 D 位置的成分来实现的，这一事实归因于后缀 -s 的形态要求：-s 需要一个名词为其宿主。

b. *我对学生们三个（人）特别好。

由于量词的干预，(60b)不可能通过将普通名词从N移至D推导出来。无论普通名词被解释为无定的还是有定的，(60a，b)因量词的出现都不可接受。

不过，量词不一定出现。当量词不出现时，普通名词可以移至D的位置，缀以"-们"，被解释为有定的，8.3节已经指出了这一点。这种有定的"名词-们"短语之前或之后不可能加上［数目词＋量词］短语。

这一分析捕捉到了(56)的属性四。等讨论过涉及专有名词歧义性的属性三之后，这一解读会变得清晰。专有名词可基础生成于D的位置，指称命名的实体。此外，专有名词能像普通名词那样，基础生成于N的位置，标示同名的实体（"I met two Bills at the party."（我在晚会上碰见两个比尔）; "I like the Bill you like."（我喜欢你喜欢的那个比尔）），或标示同个性的某个（些）实体，比如，专有名词阿Q（中国现代作家鲁迅作品中的著名人物）可以意指具有阿Q个性的一类人，如"He will be an A-Q."（他将成为阿Q）（比较："He will be an Einstein."（他将成为爱因斯坦））。当专有名词生成于D的位置（指称一个命名实体）时，它可以缀以"-们"，产生集合义（群体中的特定个体与其他成员）；当专有名词生成于N的位置（表示相关个性）并移至D的位置时，产生复数义解读，指具有相同个性的一群人。因此，专有名词带"-们"有歧义。但是，当出现数目短语时，歧义性消失（参见(59b)）。歧义性的缺失可

第八章 名词性短语

以用我们早先对普通名词带"-们"为什么必须是有定的释义来说明。前面指出,对于缀以"-们"的名词来说,量词不可能干预。这表明:如果专有名词缀以"-们",后面跟着数目短语,则专有名词应该生成于 D 的位置,而不是 N 的位置。也就是说,"小强们三个"不应该有普通的名词复数义解读,即指称三个具有同样的"小强"个性的人。将"小强"换成用作专有名词的普通名词"校长",也不能产生普通的名词复数义解释,只有"校长和群体中的其他人"这样的释义。而且,这也解释了为什么(61a,b)很奇怪,二者都用了不在世的名人的名字。这些情况有力地支持了个性相似性的解释,即普通的名词复数义解读,而这个解读在出现数目短语时是得不到的。

(61) a. ?? 我对阿 Q 们三 / 每个（都）有偏好。
　　　b. ?? 我对爱因斯坦们三 / 每个（都）很敬重。

简而言之,如果"-们"实现于 D 位置的名词性成分上,则(56)中的属性可以得到解释。这跟一般所认识的英语中的复数语素 -s 形成对比,后者缀于 N 上。在后一种情况下,复数名词不必是有定的,因为 N 不必提升至 D 的位置实现复数特征。英语中的复数特征实现于 N,汉语中的复数特征实现于 D,这一差异可以从两种语言名词性结构的不同推导出来:汉语有一个量词语素占据量词短语中心语的位置,英语则不然。这一结构上的差异也解释了如下事实:three students（字面表达:三-学生-复数标记）这样的语序在英语中是可能的,但在汉语中不可接受,如(60a)。而且,由此可以断定,(the) students three

399

(字面表达:(定指)学生-复数标记-三)在英语中也不可接受。至于代名词，它们通常基础生成于 D 的位置，英语中的 -s 不能缀于 D 位置的代名词之上（词缀 -s 要求其宿主是名词）。因为数目短语可以跟在限定词之后，所以，数目短语可以跟在代名词之后。

因此，所谓的集合义的"-们"并非一个随意分布的独特语素。基于结构差异的非常简单的解释刻画了汉语"-们"与英语"正常的"复数语素 -s 之间的不同：两者都是 Num 之下复数特征的实现，前者由 D 位置的成分实现，后者由 N 位置的成分实现。量词的干预阻止 N 实现复数特征。这一分析不仅抓住了很多关于英语和汉语名词性短语的有趣事实，而且能使我们明确解释两类复数语素的最小对立，具有"集合义"语素的语言和具有"常规的"复数语素的语言只在于结构上的差异，即中心语量词的出现与否。

8.4.3 专有名词＋代名词＋指示词

最后，对"-们"的分析有助于我们决定更复杂的名词性短语的结构。汉语的名词性短语可以有一个以上的成分出现于 NumP 之上，包括专有名词、代名词和/或指示词。澄清了"-们"的表现，现在就可以更好地识别这一形式的结构。

我们从最长的例子开始，也就是带有专有名词、代名词和指示词的例子。首先，这些词的出现顺序必须是［专有名词＋代名词＋指示词］。其次，这些词语的任何两者之间不得插入成分。单独地看，指示词可以有自己的复数形式"-些"（这些／

那些）或者后面跟［数目词＋量词］（这／那三个），它们并不阻止前面的代名词与"-们"共现。

（62）a. 他们那些孩子
　　　b. 你们这三个懒骨头

但是，当出现代名词或指示词时，专有名词不能与"-们"共现。

（63）a. *小强们这／那三个懒骨头
　　　b. *小强们他们三个

另外，当后面跟着复数"这些"、"那些"、"这／那三个"时，不论专有名词是否也出现，代名词必须采取复数形式。

（64）a.（张三）他们那些学生
　　　b. *（张三）他那些学生①

概括说来，除了专有名词与代名词共现时的情况外，似乎所有的成分都存在数上的一致性：单数的专有名词可以与带"-们"的代名词一起出现。

（65）张三他们学生

简言之，在［专有名词＋代名词＋指示词］这一形式中，代名词与指示词在数上必须一致，但专有名词则不必。当指示词出现时，代名词可以加上"-们"，专有名词则不然。回顾一下：

---

① 当代名词被释义为所有者时，即"张三他（的）那些学生"，这个结构是可以接受的。

这三个成分任何两个之间不得插入成分。因此，我们主张，[专有名词+代名词+指示词]这一形式具有如下结构，其中，指示词占据 D 位置，代名词附加于 D 之上，专有名词处在 D 的指示语位置。

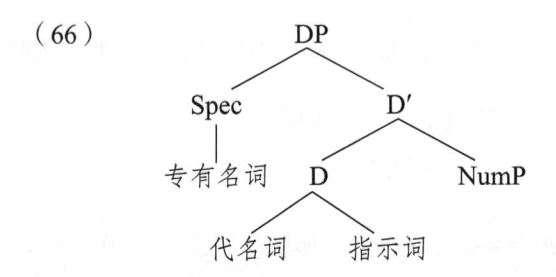

(66)
```
              DP
             /  \
          Spec   D′
           |    /  \
         专有名词 D   NumP
              /  \
           代名词 指示词
```

这一结构允许当复数特征（"-们"）与指示词都出现时，"-们"附接于代名词上。复数特征可以移至 D 位置。从形态上讲，指示词不带后缀"-们"。不过，复数特征可以实现于代名词上，而代名词也处在 D 位置。专有名词在 D 的指示语位置，当代名词或指示词出现时，专有名词不与"-们"共现。

这一分析也能使我们理解到目前为止所展示的事实的某些差异。我们在 391 页注①里观察到这样一个差异：有说话者不喜欢专有名词后面直接跟数目短语。在这种情况下，需要代名词和/或指示词的介入。因此，尽管这些说话者的确允许专有名词用作普通名词时可缀以"-们"（见关于(59)—(61)的讨论），但是，他们不允许专有名词缀以"-们"后面跟数目短语。可能正发生着一种更为一致性的变化：专有名词用作普通名词时，它基础生成于 N 的位置。但是，真正的专有名词基础生成于 D 的指示语位置。当专有名词在 D 的指示语位置时，它不能加复数后缀（假定正如我们到目前为止所指出的那样，"－们"只能附于 D 位置的成分）。这也可能与如下事实相关：[专有名词＋代名词] 序列占据 D 的指示语位置和 D 的位置，这在口语中很常见。例如，口语中经常看到（67）这样的例子。

（67）a. 张三他什么时候来？

b. 我跟张三他吵了一架。

8.5 总结及经验上的复杂性

汉语的名词一般是"光杆的"，因为它们缺乏数或其他语法特征的屈折变化，也不需要限定词。而另一方面，汉语的名词经常与量词一起出现。汉语作为量词型语言是否可以有复数标记，D 和 Num 在句法上是否有表现，文献中已有很多这方面的有意思的讨论。我们指出，将汉语的名词短语分析成跟英语那样非量词型语言中的 DP，可使我们掌控关于分布、释义、成分组构以及语序方面的事实。D 的存在体现于它在各种名词短语的分布中。量词短语和数目短语的投射，有助于我们解释汉语的集合/复数语素"－们"在跟英语的复数语素 -s 比较时的复杂表现。由此得出，量词与复数标记并非总是处于互补分布。这些成分的分布可以从 DP 的结构及中心语移位限制导出。因此，汉语这样的量词型语言跟英语这样的非量词型语言的差异并不太大。坚持跨语言句法与语义间的一一映射（关系）是可能的：相同的结构产生相同的语义，相同的语义从相同的结构推导而来。

汉语的名词短语应该表示为 DP，这一主张是很有价值的，它也可以帮助我们解决［数目词＋量词＋名词］短语释义方面的困难。下面来讨论这个问题，作为本章的结束。

8.2 节将［数目词＋量词＋名词］短语（"数目短语"）分为两类：一类表数量，一类表无定个体。前者可以出现在主语或话题位置，后者则不行——无定的主语或话题受到阻止。无可争议的是，除非对举，话题应该是有定的。然而，尚不清楚如何精确阐释无定的主语限制。一个伴随的问题是数目短语的可能分布范围与释义。下面我们回顾一下这些问题，并指出本章的分析如何能适用于那些与之相关的范围广泛的语料。

8.5.1 主语位置上非数量的无定名词

Lee（1986）观察到，数目短语在多种语境下可以出现在主语位置上，包括（a）用作指称性的，修饰带有生动描述性的名词性短语：

（68）一个［高高瘦瘦］的金发姑娘刚刚来找你。

（b）出现在句子主语中：

（69）a.［三个朋友吃（*了）饭］多好。
　　　b.［两个小孩走（*了）钢索］很危险。

（c）出现在假设从句中：

第八章　名词性短语

（70）a. [如果一个人不够]，就找五个人去。
　　　b. [一个女人结了婚]，可能会想生小孩。

或者（d）当它被情态词或副词允准时：①

（71）a. 五个人*（准能）完成任务。
　　　b. 两个人*（可以）吃十碗饭。
　　　c. 一个男人*（应该）勇敢。

范继淹（1985）也讨论了几种情况，似乎对主语不可能是无定的这一主张提出了挑战。关于无定主语何时是可能的，他给出了如下概括：

（72）a. 谓语主要是动词，不是形容词；
　　　b. 不及物动词要求是复杂形式，(73b)优于(73a)；
　　　c. 接受度随语言风格而不同。
（73）a. *一只青蛙跳了。②
　　　b. 一只青蛙跳进水里了。

---

① 另外，"都"允准主语位置上的数目短语，如（i）。
（i）三个人*（都）去了。

与"都"相关的数目短语被解释为有定的，有关"都"与广义殊指（G-specific）量词相容性的讨论，请参见 Liu（1990）。

② 当有合适的语境时，(73a)实际是可以接受的：一个人看见一群青蛙静静地趴着，没有移动。突然间，一只青蛙跳动，此人可以用(73a)来报道这种情况。在基于判断类型的解释之下，这是预料之中的，稍后会讨论。因此，问题不在于形式的简单/复杂，而是跟想象出一种注意并报道事件的情境之难易度相关。

朱德熙（1988）再度查验了范继淹的例子，注意到他所引用的例子几乎全部来自新闻报章作品，唯一代表口语的例子是（74）。

(74) a. 嘿！一小孩爬上去了。
 b. 推开门进去，一老头躺在床上。

朱德熙（1988）另加了一些例子（61页）：

(75) 快来看，两猫打架了。

根据朱德熙（1988：61）的看法，这些句子的特性为：(i) 很短；(ii) 表达出人意料的新发现；(iii) 依赖当前的场景或已知的知识背景。朱德熙还注意到，这种用法常见于带插图的儿童故事书中。

最近的生成派研究中，Shyu（1995）接受 Kuroda（1992）的研究，注意到状态性（stage-level）谓语与个体性（individual-level）谓语之间存在差别（Carlson 1977, Diesing 1992, Kratzer 1989）：前者允许无定主语，后者不允许无定主语。①

(76) a. 一个人来了 / 正在念书。
 b. *一个人很聪明 / 高。

Shyu 扩展了 Kuroda 的研究，区分了根句（root clause）与非根句（non-root clause）。根句在无定主语的可接受性方面

---

① （76a）这样的句子 Shyu（1995）标为可接受，但在其他文献中标为不可接受（如 Lee 1986, Tsai 1994a）。这种判断上的差异请见本章后面的讨论。

第八章 名词性短语

又可按状态性谓语与个体性谓语来区分（参见 76（a，b）与（77a）），而非根句以（77b）与 Lee 的例句（70a，b）的条件句子为代表，允许无定主语。

（77）a. * 一只大象鼻子很长。

b. 如果一只大象鼻子很长，那一定很可爱。

到目前为止所给出的概括中的共性是什么？应如何解释这些共性？我们下面指出，需要区分不同类型的数目短语——这是本章倡导的主要观点，这些数目短语用我们的分析都可以解释。

状态性谓语与个体性谓语不同，这一点是清楚的。为解释这种差别，一种办法是沿用 Tsai（1996）的方法，将无定名词看作一个变项，需要得到算子的约束（Heim 1982）。带状态性谓语的句子，表达一个事件，含有一个事件算子；带个体性谓语的句子则不然。这样，含状态性谓语的无定主语名词能得到事件算子的约束，如同存在闭包允准 VP 内的无定名词（Diesing 1992）。这也可解释如下事实，即条件从句允许无定主语 NP，这是因为条件从句一般被认为含有必然算子。类似地，模态词也可提供模态算子，允许无定主语。

这一分析会引出这样的预测：所有含状态性谓语的句子同条件从句和含有模态词的句子一样，都应当允许主语位置上的无定名词。但是，以下我们将证明，这些预测每一个都有反例。

先从含有状态性谓语的句子开始。说话者一般同意存在词"有"的添加造成接受度上的明显差异，也就是说，主语位置上的数目短语被"有""救活"了,这是典型的无定主语限制。[1]

(78) a. ??(有)一个人看过他的电影。
b. ??(有)一个人没有/不看他的电影。
c. ??(有)一个学生那时候在学校。

下列句子中,模态词似乎无济于事,这跟早先看到的例子(如(71b,c))形成对比。

(79) a. ??一个人会/可能看他的电影。
b. ??(有)一个人可能没有/不看那种电影。
c. ??(有)一个学生那时候会/可能在学校。

问题是:为什么有些含状态性谓语的句子可以接受无定主语,而有些则不可以?一个解决办法见于 Kuroda(1992)与 Shyu(1995)的著作,即吸收直接判断(thetic judgment)和主题判断(categorical judgment)的概念。[2] 直接判断由描述说话者感知的句子来表达。根据 Kuroda 的看法,直接判断是单一的认知行为,确认实体或事件的存在。直接判断的句子表达"对实际状况存在性的简单认识"(23页)、"对实际状况感官认知的直接反应,以及对关于实际状况信息的感官吸收"(22页)。表达直接判断的句子可以用无定(但有指)的 NP 作主语。NP 的指称

---

[1] 沿用区分数量短语与无定短语的思路考虑的话,不含"有"的句子如果作为数量提问的回答,是可以接受的,例如,"几个人看过他的电影?"与"几个人不看他的电影?"

[2] Xu(1996)讨论了"断言的"(assertive)与"描述的"(descriptive)句子:前者可对应主题判断的句子,后者可对应直接判断的句子。

只跟独一的当前感官认知相关,是暂时的。

一个句子可以是歧义的,居于描述感知状况(直接判断)与表达主题判断之间,主题判断包括两种认知行为:识别主语(逻辑意义上的主语)与确认主语的谓语(20页)。这种逻辑上的主语不可能是无定的。

(78)—(79)中的句子不带"有"不是完全可以接受,因为它们都不描写直接被感知的状况。说话者一般不能直接观察到其他某个人早先的经历、无作为、[1]将来的计划等。当这些句子嵌套于"看"这样的感知动词之下时,则非常奇怪。

(80) a. *你看(看),一个人看过他的电影。
　　　b. *你看(看),一个人没有/不看那种电影。
　　　c. *你看(看),一个学生那时候在学校。
　　　d. *你看(看),一个人会/可能看他的电影。

相较之下,说话者可直接观察到某人来了或正在念书,如(76a)。表达直接判断的句子是对实际状况感知的直接反应。个体性谓语的句子标示个体的恒常属性,不表达直接判断。这就确切反映了个体性谓语不允许无定主语的直觉。

含有状态性谓语的句子并非总是描述所感知的状况。例如,下列例子并非对所报道状况的直接观察;相反,它们表达的是谓述关系("张三"是话题(按照 Kuroda 的术语是主语),

---

[1] 某些情况下,可以观察到某人未做某事。例如,我们可以看到某人没有看电影的状况:屋子里的每个人都在注意看放映的电影,只有一个人在低头看书。在这种语境下,可以说"(你看(看))一个人没有在看电影"。

状态性谓语是对话题/主语的谓述)。

（81）a. 张三最近怎么样，会不会来这儿？
　　　b. 张三早就来了。

（81a, b）中的"张三"不可能被替换成无定名词性短语。带状态性谓语句子的歧义性，即是否描写被感知的状况，可以解释接受度判断上的差异：如果句子表达直接判断（描写被感知的状况），无定主语是可以接受的；如果表达主题判断（主语-谓语关系），则主语不能是无定的。

这一解释也勾画出朱德熙的概括，因为新闻报章作品倾向于报道被感知的状况/事件，它们描写的是记者或目击者对事件的观察，因此，常使用无定主语。同样道理，带有图片的儿童故事书一般描写书上的图画，也使用无定主语。朱德熙讨论的来自口语的仅有的实例见于（74）—（75），这是典型的描写感知状况/事件的句子。(74a, b)描写的是感知的场景，（75）带有动词"看"，要求听话者观看场景。实际上，允许无定主语的典型例子是那些以"（你）看"开头或嵌套于感知动词"看到/梦到"之下的句子。

（82）看，一片枫叶掉下来了。
（83）我看到/梦到（的是）一只猫在爬树。

正如所料，在这些无定主语的情况下，话题化是不可能的。

（84）*我看到/梦到（的是）（那棵）树，一只猫在爬。

比较而言，下列句子比（82）—（83）糟糕，因为它们不描写状况的直接感知。如果出现"有"，则这些句子的接受度要高。

（85）a. ?? 我认为／相信一只猫那时候在爬树。
　　　b. ?? 我想知道一只猫那时候是不是在爬树。
　　　c. ?? 因为一只猫爬过树，所以他很紧张。

同样，这一分析也解释了 Lee 的观察，即对名词性短语饰以生动描写使主语位置上的无定短语可以接受：生动描写使相关的句子更易于解读为报道感知的状况。正如所料，这种被生动描写的名词性短语不能出现在含有个体性谓语的句子中。

（86）* 一个高高瘦瘦的金发姑娘很聪明／二十岁。

进一步运用基于"直接判断"概念的分析，与非根句中能否用无定主语有关。我们首先注意到，跟 Lee 与 Shyu 所持的非根句允许无定主语（见（69）—（70）和（77a, b））的主张相反，有很多非根句不允许无定主语的例子，稍后将用实例加以说明。另外，如果检视一下到目前为止讨论的所有例子，我们注意到，尽管数量解读与直接判断的概念使我们解释了很多现象，但是它们不能解释所有的情况，下面来讨论这些情况。

8.5.2　非根句、类指的名词短语

上文已指出，数目短语在表示数量或（所在）句子表达直接判断时，可以作主语。但是，有些情况不在这两类之列，例如：

（87）［一个女人结了婚］，可能会想生小孩。

（88）如果一只大象鼻子很长，那一定很可爱。

注意，条件从句并非总是允准无定的主语 NP。

（89）*如果一个人很聪明，我（就）马上去找他帮忙。

问题是：（87）—（88）与（89）之间的区别是什么？我们认为，（87）—（88）中的数目短语是类指（generic）短语，而（89）则不是。请注意，（87）中的条件从句可以作关系从句而意义不变。

（90）一个［［结了婚］的女人］可能会想生小孩。

（87）中的数目短语是类指，可以得到下面事实的进一步证明，"一"之外的数目词会改变句子的可接受度。

（91）*［三个女人结了婚］，可能会想生小孩。

其他的例子也是一样，（88）和下面的句子也是数目短语的类指用法。

（92）a. 如果一个人中了彩票，他会变得很富有。
　　　b. 如果一个人很聪明但不用功，还是没有用。

如果将数目词"一"换成"二"或其他数目词，这些句子便不可接受，除非数目短语的前面出现存在词"有"。

相较之下，（89）没有类指的解释，无定主语需要存在词

第八章 名词性短语

"有"的支撑。同样,下面的例子,包括其他以"即使"、"要是"为中心语的条件句,当数目短语不是解释为类指或数量时,需要用"有"。

(93) a. 如果*(有)一个人在等他,他就得马上回去。
　　 b. 即使*(有)两个人太懒,我们还是能做完这件事。
　　 c. 要是*(有)一个人很有钱,我们就去找他资助。

其他状语从句,如时间状语("当……的时候"、"在……之前"、"在……之后")从句,也跟条件从句表现相同,这里不详细讨论。

澄清了类指解释的可能性,便可作如下结论,即条件从句中的数目短语的表现并无不同,它们必须被解读为表数量或类指,否则,必须得到存在词"有"的支持。因此,我们可以概括,只有当出现于表达直接判断的句子中时,数目短语才可能是表个体的、无定的。嵌套于感知动词之下的句子由于是典型的直接判断,所以,它们最易于接受无定主语。其他类型的从句,如原因附接语从句、转折附接语从句等,很难强制性表达直接判断,这就解释了它们为什么不大接受无定主语。

无定主语处于作主语的句子内部是可能的,这一事实也可用同样的方式加以解释,即:这个主语必须或是表数量,或是类指,如(69a,b),重复如下:

(69) a. [三个朋友吃(*了)饭]多好。
　　 b. [两个小孩走(*了)钢索]很危险。

这些数目短语是数量短语：当（69a）解读为"是三个朋友一起吃饭（而不是一个人单独吃饭）好"时，句子是可接受的，将（69b）解读为"是两个小孩一起走钢索（而不是一个小孩单独走钢索）危险"时，句子也是可接受的。而（69b）则没有（94）中数目短语表存在个体的解读。

（94）[有两个小孩走着钢索]很危险。

非数量、非类指的数目短语不可能居于作主语的句子的主语位置上。

（95）a.[一个人下棋]很无聊。（表数量）
　　　b.[一个高手下错棋]很不可能。（类指）

简而言之，决定无定主语分布的并不是根句与非根句之间的差异；原因从句、转折从句以及动词补足语从句这些非根句的实例都表明它们与根句的表现并无不同。表面上的无定主语实际上被解读为表数量或类指的 NP，与它们在根句内时完全一样。要想得到非数量、非类指的解读，则需要存在词"有"。无定主语成为可能的唯一语境就是表达直接判断的句子。

状态性谓语与个体性谓语之间的区别只是部分相关，更恰当的区别是直接判断与主题判断之间的差异。带个体性谓语的句子一般表达主题判断，而带状态性谓语的句子可以表达直接判断或主题判断。

我们可以采取 Kuroda（1992）提出的这两类句子的结构差异将这种判断上的差异与本章对数目短语的分布与释义的解释

第八章　名词性短语

联系起来。他提出，直接判断与主题判断有不同的句法结构，反映在日语中就是使用不同的格标记；表达主题判断的句子的主语高于表达直接判断的句子的主语。很可能表达直接判断的主语居于词汇管辖的位置上或者受到位于两类主语位置之间的算子的约束，两种选择都可归于 DP 中空 D 的允准，也就是本章所提出的数目短语的结构。

第九章　照应语

　　语法理论的大量研究表明：句法（连同语义和语用）在管辖名词性短语可能具有的指称意义方面起着重要作用。有三个因素制约照应语的句法特征：(a)名词性短语的性质（是否需要一个语言学意义上的先行语）；(b)该短语与其先行语（若有的话）之间的结构关系；(c)先行语自身的性质。

　　在生成语法的文献里，基于能否直接指称这个标准，名词性短语通常被分为三类：照应语（anaphor）、代名词和指称语。汉语中，像反身代词"自己"以及"代名词+自己"的复合形式如"他自己"、"你们自己"等是照应语，因为它们不能直接指称外部世界中的实体，而必须依靠先行语建立起指称。人称代词"他/她"或"他们"可以是指示性的（deictic）（不用先行语），也可以是照应性的（需要先行语）。其他的 NP（"张三"、"这个小孩"等）是指称语，无需先行语就可以建立起指称。

　　某一短语是否需要先行语，以及其先行语的位置在哪儿，这是由结构原则管辖的，其中最重要的是"约束理论"中提到的原则（Chomsky 1981）及其后续发展。约束理论的经典表述包括如下三个原则，名为"约束三原则（或曰条件）"：

第九章　照应语

（1）a. 照应语在其局部域里是受约束的；　　　（原则 A）
　　　b. 代名词在其局部域里是自由的；　　　　（原则 B）
　　　c. 指称语是自由的。　　　　　　　　　　（原则 C）

一个给定的名词短语（照应语或代名词）的先行语可以是指称性的，标示一个有定的实体（如 John、"这本书"），或者是数量性的，涵盖某个集合（如 "每个小孩"、"哪个学生"）。通常，当一个代名词带一个指称性的先行语时（如（2）），该代名词被视为与先行语同指；当一个代名词带一个数量先行语时（如（3）），则该代名词被视为一个受数量先行语约束的变项。

（2）John$_i$ thinks he$_i$ is smart.
　　　"约翰认为他聪明。"

（3）Everybody$_i$ thinks he$_i$ is smart.
　　　"每个人都认为他（自己）聪明。"

在（3）中，he 并不与 everybody 所涉及的上下文中的一群人同指，它的指称随 x 的值而改变，x 是这群人中的一个成员。

9.1 节将查验汉语 NP 的基本事实，着重考察汉语 NP 是否适合（1）中的三个原则（条件）。我们发现，汉语在某种程度上很好地遵循了这些原则，但同时也提出了一些重要问题，需要更进一步考量照应语理论。9.2 节讨论反身代词 "自己" 长距离约束提出的问题。9.3 节讨论同指与变项约束的差异以及驴子句照应语（donkey anaphora）现象。

9.1 汉语中的约束理论

9.1.1 反身代词与原则 A

汉语的反身代词可以是"光杆"(单语素)形式"自己",或是"复合"形式,将"自己"与代名词合并,如"我自己"、"你自己"、"他自己"、"他们自己"等。汉语复合反身代词跟英语中的对应成分表现非常相似。

(4) 张三$_i$知道李四$_j$老批评他自己$_{*i/j/*k}$。

"他自己"跟英语中的对应成分一样,必须以局部的 NP"李四"作为先行语(用"李四"与"他自己"同用下标 j 来表示)。"他自己"不可能以远处的"张三"作为先行语(因此标为 *i),也不可能没有先行语(因此标为 *k)。这一表现模式可由(1a)中的原则 A 预测:照应语在局部域中受约束。*k 的解释无法得到,因为原则 A 要求"他自己"受到约束(与 C-统制它的 NP 同标);与"李四"同标的意思可以得到,但与"张三"同标的意思则得不到,因为虽然两种情况下"他自己"都受约束,但只有前者的 NP 是在"局部域"里约束反身代词。这里将"局部域"视为 Chomsky(1981)中讨论的管辖域(governing category,GC),J. Huang(1983)将其修改为:①

---

① Chomsky(1986)用较之"约束理论相容性"(BT-compatibility)更为切近的完整功能复合体(complete function complex,CFC)的概念重新阐释(5)。

(5) α 是 β 的管辖域，当且仅当：α 是一个最小域，这个最小域包含 β、β 的管辖者，并且，如果 β 是一个照应语，则这个最小域还应包含一个可及 β 的主语（SUBJECT）。[①]

管辖域定义中，"可及（accessible）主语"的要求允许嵌套句的主语照应语受到直接高于它的句子中的 NP 的约束，而非受更远的句子中的 NP 约束，如 (6) 所示：

(6) [张三$_i$ 知道 [李四$_j$ 认为 [他自己$_{*i/j/*k}$ 最聪明]]]。

复合反身代词"他自己"似乎比较守规矩。但是，当论及光杆的反身代词"自己"时，情况大不相同。首先，跟 (4) 与 (6) 不同，下列句子是有歧义的，"自己"既允许作局部（约束）解读，又允许作长距离（约束）解读：

(7) 张三$_i$ 知道 [李四$_j$ 常在别人面前批评自己$_{i/j}$]。
(8) 张三$_i$ 相信 [李四$_j$ 认为 [自己$_{i/j}$ 的儿子最聪明]]。

这就给原则 A 提出了重要的难题。"自己"可以受"李四"的局部约束，这一事实表明它是一个照应语而不是代名词；如果那样的话，长距离先行语的可能性应该被剔除。然而，研究发现，尽管局部约束总是可能的（只要局部约束者存在），长

(接上页)(1a, b) 实际上就等于：

(a) 照应语在其可受约束的最小功能复合体中是受约束的；
(b) 代名词在其可为自由的最小功能复合体中是自由的。

距离约束却是相当受限的。比如，跟（7）—（8）不同，下列句子不允许长距离约束：

(9) 张三$_i$知道[我/你$_j$常在别人面前批评自己$_{*i/j}$]。
(10) 张三$_i$相信[我/你$_j$认为[自己$_{*i/j}$的儿子最聪明]]。

(9)—(10)与(7)—(8)只在形式上呈现最小对立，即嵌套句的主语"李四"替换成"我/你"。这一差异最初是 Y.-H. Huang (1984) 观察到的，它所反映的就是后来被称为"阻断效应"(blocking effect)的问题：(9)—(10)中的第一/二人称局部 NP 阻止了主句中第三人称 NP 的长距离约束（请参考 Huang, Huang, Teng & Tiedeman 1984，王嘉龄，Stillings 1984，J. Tang 1989）。更概括地说，只有当长距离约束的先行语跟所有局部约束的以及中间约束可能有的先行语在"phi-特征"（人称、数和性的特征）方面一致时，长距离约束才是可能的；否则，长距离约束便会受阻。例如，下面就是一个体现阻断效应的例子，其中主句的主语和嵌套句的主语在人称上不一致。

(11) 你$_i$知道[我$_j$常在别人面前批评自己$_{*i/j}$]。
(12) 你$_i$相信[我$_j$认为[自己$_{*i/j}$的儿子最聪明]]。

光杆反身代词提出的另一个难题是它可以是自由的，不需要任何语言学意义上的约束者（译者按，为便于比较，这里附上英译文）。

(13) 这男人一定对自己有意思，不然为什么老往这儿看？
'This man must be interested in me; otherwise why

would he keep looking this way?'

但是，正如 Yu（1992）所指出的那样，"自由的""自己"并不能被自由地解释，而必须只能解释为说话者本人，如上述翻译所示。

这样看来，光杆的"自己"可以是无约束的，或是长距离约束的，因而违反原则 A，但这仅发生在特定的条件下。这一问题已成为近来热议的话题，我们将在 9.2 节中讨论这个问题。

9.1.2 代名词和原则 B

代名词与反身代词形成鲜明对比：根据原则 B，代名词在管辖域内必须是自由的。因此，将（4）中的"他自己"替换成"他"，会产生如下可能的对立模式：

（14）张三$_i$知道李四$_j$老批评他$_{i/*j/k}$。

（4）中"他自己"的指称下标是 j，而不是 i 或 k；而（14）中，"他"的指称下标可能是 i 或 k，但不是 j。因此，这里的语境表明，代名词与照应语在释义上是互补的。在某些语境中，代名词与反身代词可以自由替换。在下面的例子中，代名词与照应语尽管出现在同一结构位置，但是在管辖域内代名词"他"是自由的，而照应语"他自己"是受约束的。①

---

① 这种情况是由（5）所给出的管辖域的定义引起的：照应语的管辖域必须包括一个可及的主语，而代名词的管辖域则不必。因此，照应语的管辖域可以大于代名词的管辖域。在（15）和（16）中，当照应语作为 NP 或嵌套句的主语出现时，其管辖域是主句；可是，当代名词出现在这些位置上时，其管辖域是 NP 或嵌套句自身。这样，（15）和（16）中，在各自的管辖域内，照应语是受约束的，而代名词是自由的。详细讨论请参阅 J. Huang（1983）与 Chomsky（1986a）。

(15) 张三寄了［他／他自己的照片］给我。

(16) 张三总以为［他自己／他最了不起］。

原则 B 表达了如下见解（在 Lasnik 1976 的研究之后），即一个适当的句法约束理论只需要指出代名词不能指称什么，而无须指出它必须指称什么。这样，代名词不必受约束（(14) 中用 k 来标示），或者可以在域外受约束（标示为 i）。此外，先行语可以出现在代名词的管辖域内，只要它并不 C-统制或者约束该代名词。

(17) 张三$_i$的母亲很关心他$_i$。

9.1.3 原则 C 和 D

另一种要受语法规约的代名词非同指的情况如下例所示：

(18) *他$_i$以为［我不喜欢张三$_i$］。

这里，尽管"他"是自由的（符合原则 B），但指称语"张三"是受约束的，这违反了原则 C。按照 Lasnik（1976）的分析，学界一般假定，(18) 与 (19) 都是由于违反原则 C 而以同样的方式被剔除的。

(19) ?*张三$_i$以为［我不喜欢张三$_i$］。

不过，跟这一早先的看法相左，Lasnik（1991）提出证据，用以单立一个条件，我们称之为原则 D。这个条件适用于 (18)，但不适用于 (19)。

（20）原则 D：一个指称性弱的（less referential）短语不可以约束一个指称性强的（more referential）短语。

根据（20），（18）违反了原则 D，因为约束者"他"在指称上弱于被约束者"张三"；（19）则不违反原则 D，因为约束者与被约束者在指称度上是等同的。① Lasnik 的论点基于如下事实：在泰语与越南语中，与（19）对应的句子完全可以接受，而与（18）对应的句子则完全被剔除。这一事实对（18）与（19）都是为相同的原则 C 所剔除的论点提出了难题。但是，就原则 D 而言，如果假定，原则 C 不适用于泰语与越南语，而原则 D 适用于泰语与越南语，并且原则 D 也许具有普遍性，那么，就有必要区分这两个原则。这一论点对此处的汉语实例也有某种效力：对很多说话者来讲，（18）比（19）听起来更糟糕。这可归因于如下事实，即尽管（18）与（19）都违反了原则 C，但（18）还违反了原则 D，也即，（18）是加倍不合语法。下面的例子似乎也跟（18）一样不合语法，并且比（19）糟糕得多。

（21）*那个学生$_i$以为［我不喜欢张三$_i$］。
（22）*他$_i$以为［我不喜欢那个学生$_i$］。

原则 D 的另一个证据来自如下事实：对汉语来讲，原则 D 一定不同于原则 C。原则 C 只是禁止指称语受到有 C-统制力

---

① "弱指称"意味着"强照应"。我们假定指称性等级如下：专有名词 > 带指示词的 NP > 代名词 > 照应语。

的 NP 的约束；而就汉语而言，需要对原则 D 作适当阐释以排除更多不合语法的例子。这样，(23) 与 (24) 完全合语法，因为其中同标引的一对指称语互不 C-统制，这正如原则 C 所预测。

(23) 张三$_i$ 的妈妈从来都不责备张三$_i$。
(24) 这个小孩$_i$ 的妈妈一向都袒护这个小孩$_i$。

但是，即使不存在 C-统制，下面的例子也仍然非常糟糕（译者按，为了阐释语义的需要，这里附上英译文。读者可以看到，虽然对应的英文句子可以接受，但汉语例子却不可接受。）：

(25) *他$_i$ 的妈妈一向都袒护张三$_i$。
   字面上：'His mother always protected Zhangsan.'
(26) *这个小孩$_i$ 的妈妈一向都袒护张三$_i$。
   字面上：'This child's mother always protected Zhangsan.'
(27) *他$_i$ 的妈妈一向都袒护这个小孩$_i$。
   字面上：'His mother always protected this child.'

(23)—(24) 与 (25)—(27) 的差别可用如下相关差异来解释：在不合语法的例子 (25)—(27) 中，每组同标成员的前一个在指称上弱于后一个；而在合语法的例子 (23)—(24) 中，前一个成员在指称度上高于或等于后一个成员。这一对比表明，尽管原则 C 对汉语来讲大体上是够用了，但是还必须求助于原则 D 以剔除某些特例，即那些严格的 C-统制概念不适用的情况。具体地说，糟糕的实例是指这样的一些句子，其中指称性较弱的 NP 与指称性较强的 NP 之间的约束关系比较弱，它们之间并没有形成一种严格的 C-统制关系。所以，适合汉语的原则 D 或许可以表述如下：

(28) 原则 D′：指称较弱的短语不可以约束或者弱约束指称较强的短语。

在 (25)—(27) 中，前一个名词短语 NP_1 弱约束后一个名词短语 NP_2，也就是说，尽管 NP_1 没有直接约束 NP_2，但是，直接包含 NP_1 的 NP 的确约束 NP_2。[①] 汉语在阐释原则 D 时需要"弱约束"的概念，而原则 C 则不需要，这表明，这两个原则不可能抵牾。

总之，我们在这一节看到，辅以原则 D 的合适表述，汉语照应语的基本事实一般是符合约束理论的约束原则的。但是，光杆反身代词"自己"提出了一个大难题，亦即，在某种语境下，"自己"可以受到远在其管辖域之外的先行语的约束，或者干脆不受约束。下一节我们就来详细地讨论光杆反身代词。

[①] 这个"弱 C-统制"的定义有所简化，以解释基本的语言现象。即使将每组的前一个成员放在主语之下作进一步的嵌套，(23)—(24) 与 (25)—(27) 之间的对比依然存在。

(i) 张三 i 的姐姐的朋友常常帮张三 i 做功课。
(ii) *他 i 的姐姐的朋友常常帮张三 i 做功课。

这就显示了"弱 C-统制"的递归定义：α 弱 C-统制 β，当且仅当 α 为一个 NP 所直接包含，该 NP C-统制或者弱 C-统制 β。相关讨论请参阅 J. Huang (1982b) 与 T.-H. Teng (1985)。Teng 后来建议将"弱 C-统制"的定义修改为：当且仅当 α 包含于任何 C-统制 β 的最大短语中。

9.2 光杆反身代词"自己"

如果光杆反身代词完全不遵守原则A，那么由光杆反身代词引发的问题就不会那么有趣。如果真是这样的话，我们就可以将其置于原则A的范围之外，使问题很容易得到解决。这一问题之所以有意义，是因为，一方面，"自己"总能解释为受局部约束（因此是原则A意义上的照应语），另一方面，在某一特定的语境下，"自己"也可以作非局部约束（或无约束）解读；作长距离约束解读的"自己"受到阻断效应的影响，自由（不受约束）的"自己"必须指说话者。[①] 这些情况都只发生在光杆的单语素"自己"身上，而不适用于复合的反身代词。也就是说，长距离的反身代词由下面三个属性共同加以刻画：[②]

(29) 长距离（LD）"自己"的属性：
　　a. 单语素性
　　b. 阻断效应
　　c. 说话者取向

---

① 有时会提到不受约束"自己"的类指用法（如 Li & Thompson 1981），如"自己的过失自己负责"。跟 J. Tang（1989）的看法一致，我们认为，这些例子中的"自己"是副词性的"自己"，义为"单独，独自"；或者是形容词性"自己"，义为"自己的"（own），用来修饰一个空的类指代名词如"任何人"（one）或者"你"。

② 后面我们用"长距离反身代词"这一术语涵盖两种情况：一是指反身代词在其管辖域之外有一个先行语，一是指反身代词没有先行语但指称说话者。

这就提出了一个很有意思的问题,即为什么这一组条件使长距离反身代词成为可能?让我们先来看一下以往研究对这一问题所作的尝试性回答。[1][2]

9.2.1 长距离"自己"的两种解决方案

为了解释"自己"在约束理论中的特殊表现,学界曾提出两种不同的解决办法:(a)采用句法分析,对这些语言事实进行重新分析,从而使得这些事实不再违反约束理论;(b)用功

---

[1] 这一节后面的讨论主要基于 Huang & Liu (2001)。要了解相关但有某种不同的观点,也可参阅 Cole, Hermon & Lee (2001), Pan (2001), Y. Li (1993b) 以及他们所引用的文献。

[2] 汉语反身代词还有其他一些有意思的属性,其中之一是"主语取向",也就是说,给定反身代词的先行语必须是主语,而不是宾语或间接宾语等。另一属性是反身代词可以被一个先行语约束,该先行语并不完全 C-统制,而只是"次级统制"这个反身代词(沿用 J. Tang 1989 的术语)。主语取向的例子如(i)所示:

(i) 张三 i 已经通知李四 j 自己 i/*j 的分数了。

"自己"只能受"张三"的约束,不能受"李四"的约束(跟英语中"John told Bill about himself."允许两种解释的情况不同)。

J. Tang (1989) "次级统制"的概念建基于(ii)这样的句子:

(ii) 张三 i 的骄傲害了自己 i。

先行语"张三"并不完全 C-统制反身代词"自己",而是一个更大的 NP(也就是"张三的骄傲")的主语(指示语)。这个更大的 NP 完全 C-统制反身代词,并且,当这个更大的 NP 自身不是可能的约束者时,先行语(张三)的约束是可能的(汉语中的"自己"本身就是有生的)。(更为详尽的讨论请参阅 J. Tang (1989)、Huang & Tang (1991) 以及 Kayne (1994), Kayne (1994) 将相关概念进行了简化。)

还要注意,主语取向与次级统制都不是长距离"自己"的特殊属性((i)与(ii)自身都是局部约束的实例),同时,它们也不是光杆"自己"的特殊属性,它们同样适用于复合反身代词"他自己"。因此,下面的讨论不考虑这些属性。

能/语用的方法，诉诸一些非句法的因素。我们将看到，一个充分的解释应该综合这两种解决方案。

9.2.1.1 形式句法的方法："自己"作为照应语

句法分析的一个重要尝试是将表面上的长距离约束重新分析成含有多个连续的局部约束，每个局部约束都完全满足原则 A。这样做的结果使受长距离约束的"自己"与受局部约束的"自己"都成为照应语。J. Tang（1989）最先使用这一策略来解释受长距离约束的"自己"，提出了逻辑式再度标引规则（LF-reindexing rule）。接受 Lebeaux（1983）的观点，Chomsky（1986a）、Pica（1987）与 Battistella（1989）提出，"自己"在逻辑式里进行中心语移位，从而可以跨越句子边界，这使得长距离反身代词成为可能。这种方法在 Cole、Hermon 以及 Sung 的很多论文中得到非常充分的发展（参见 Cole, Hermon & Sung 1990, Cole & Sung 1994，特别是 Cole & Wang 1996）。根据这一假说，"自己"在逻辑式中强制性地移到包含"自己"的最小 IP 的 I^0 位置；再选择性地移到高一级的 IP 的中心语位置。例如，(30) 里的句子逻辑式结构是 (31)，表示的是"自己"的长距离约束义。

(30) [$_{IP}$ 张三 I^0 以为 [$_{IP}$ 李四 I^0 批评了自己]]。

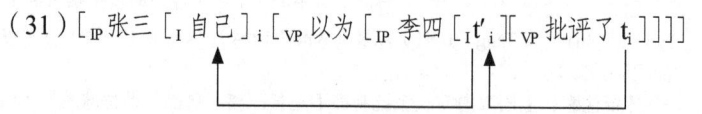

(31) [$_{IP}$ 张三 [$_I$ 自己]$_i$ [$_{VP}$ 以为 [$_{IP}$ 李四 [$_I$ t′$_i$][$_{VP}$ 批评了 t$_i$]]]]

根据这一假设，"张三"可以约束"自己"，因为反身代词"自己"移到了主句的 I^0 位置，受到主句主语"张三"的局部约束。这种连续的屈折中心语间（I-to-I）的移位本身是严格的局部过程。这样，表面上长距离约束的句子实际上包括了几个连续的步骤，每一步都严格遵守局部原则。除了可以解释表面上违反原则 A 的一个重要的表面反例外，这一方法还为跟长距离反身代词相关的一些属性提供了有吸引力的解释。特别是它解释了为什么长距离反身代词必须是单语素的，因为只有单语素的"自己"（而不是其多语素的同类成分）在语类上是 X^0，能经历中心语移位。因此，只有光杆的"自己"呈现表面上的长距离约束。假定 I^0 与其指示语在 phi-特征上一致，阻断效应也随之得到解释。因为中心语移位限制（HMC，Travis 1984）要求"自己"在移至高一级的 I^0 位置之前先移到低一级的 I^0 位置上，所以"自己"（及其语迹 t′）必须跟它们的 IP 的指示语一致，这就意味着两个指示语自身在 phi-特征上也必须一致。

Huang & Tang（1991）运用相似的策略提出一种逻辑式附接的解释，通过这种解释，"自己"可以附接到局部的 IP 之上，受到 IP 之外紧邻"自己"的局部约束者的约束。这样，连续的 IP 附接就造成其他约束的可能，而每个约束都是局部的。这种解释也可以推导出单语素性与阻断效应，但在方式上有些不同。特别是，尽管光杆的和复合的反身代词都是照应语，缺乏指称，但光杆的反身代词是双重照应性的，因为它还缺乏 phi-特征（人称、数与性特征）。将原则 A 运用于显性句法时，光杆反身代词必须首先将其 phi-特征固定于其局部先行语的基础上。这就允许光杆反身代词在（可选的）逻辑式移位之后，将其指称固定在后来的某一点上。这样就可以解释单语素性，因为复合反身代词在原则 A 运用于显性句法时其指称已经固定，于是，复语素的可能性便被排除了。阻断效应也可以得到解释，因为光杆反身代词在其逻辑式移位之前已经从局部先行语那里获得 phi-特征，所以，光杆反身代词只有在先行语与其局部先行语在 phi-特征一致时，才能带上更高一层的先行语。

这样，中心语移位与 IP 附接的解释，都将长距离的"自己"看作局部"自己"的特例。尽管表面上两种解释都很有吸引力，但它们都面临重要的经验问题。一个明显的问题是：虽然二者都解释了前两个属性——单语素性与阻断效应（29a,b），但是它们都没有提及长距离约束的第三个属性（29c），即："自己"可以自由地出现，用来指称说话者，这一点为 Yu（1992）所观察到。此外，围绕着公认的阻断效应，也有一些事实显露出来。

首先，正如 Xue, Pollard & Sag（1994）所指出，阻断效应可以由非主语成分引起。既然非主语不考虑跟 I^0 一致，在中心语移位的解释下，阻断效应是意料之外的。

(32) 张三$_i$ 告诉我$_j$ 李四$_k$ 恨自己 $_{*i/*j/k}$。

第二，在所观察到的阻断效应中，存在数的不对称现象：复数的局部 NP 并不阻断单数的长距离先行语，但是单数的局部 NP 的确阻断复数的长距离先行语（J. Tang 1989）。

(33) a. 张三$_i$ 觉得他们$_j$ 老批评自己 $_{i/j}$。

b. 他们 i 觉得张三 j 老批评自己 *i/j。

这就对任何从 phi-特征一致性的要求推导出阻断效应的解释提出了难题：为什么人称一致重要，而数的一致不重要？

第三，关于人称能否引起阻断效应，第一/二人称 NP 与第三人称 NP 之间也存在不对称性。正如 Xu（1993；也参见 Pan 1997）所注意到的那样，看上去尽管局部的第一/二人称 NP 可以阻止远处的第三人称 NP 成为长距离先行语，但是局部的第三人称 NP 并不完全阻止远处的第一/二人称 NP 成为长距离先行语。

(34) a. 张三 i 担心我/你 j 会批评自己 *i/j。
b. 我 i 担心张三 j 会批评自己 i/j。
c. 你 i 担心张三 j 会批评自己 i/j 吗？

最后，在某些语境下，第三人称 NP 也能引起阻断效应。Huang & Liu（2001）描述过这样的一个语境，即：局部的第三人称主语呈现为直指性，如（35），其中的手形符号表示说话者在说这句话时，用手指向听众中的某个人。

(35) 张三说☞他欺骗了自己。

第三人称 NP 引起阻断效应的另一语境是出现多个"自己"。下列例子是 Pan（1997）首先提出来的，Pan 将其归功于 C. L. Baker。其中"自己"可以得到的解读概括为（36a—i）：

(36) [张三认为 [李四知道 [王五把自己 i 的书送给了自

己$_2$的朋友]]]。

  a. 自己$_1$=自己$_2$=王五

  b. 自己$_1$=自己$_2$=李四

  c. 自己$_1$=自己$_2$=张三

  d. 自己$_1$=王五，自己$_2$=李四

  e. 自己$_1$=王五，自己$_2$=张三

  f. 自己$_1$=张三，自己$_2$=王五

  g. 自己$_1$=李四，自己$_2$=王五

  h. *自己$_1$=张三，自己$_2$=李四

  i. *自己$_1$=李四，自己$_2$=张三

在这个句子中，出现了两个"自己"和三个有 C-统制力的主语。如上所示，两个"自己"可以指称同一个先行语，这种情况下任何具有 C-统制力的主语都可以是先行语（a，b，c）；两个"自己"也可以独立指称，只要其中一个"自己"受"王五"的局部约束（d，e，f，g）。至关重要的是，如果两个"自己"都受到长距离约束，那么，它们必须受到同一个长距离先行语的约束（如 b，c），而不能各自受到约束（如 h，i）。这些可能性表明：当第三人称 NP 自身是"自己"的非约束者或局部约束者时，并不引起阻断效应；当其自身是"自己"的长距离约束者时，则引起阻断效应。在不合语法的情况（h，i）中，中间的主语"李四"是其中一个"自己"的长距离约束者，它阻止另一个"自己"受到主句主语"张三"的约束。

  凡此种种复杂情况，在本书所讨论的形式句法框架下，都

是意料之外的。事实上，这些情况恰好对从特征一致性来解释阻断效应的分析提出了质疑，也对所有构想出来用以推导这种公认概括的解释提出了怀疑。

9.2.1.2 话语功能的方法："自己"作为语内传递语

自 Y.-H. Huang（1984）介绍长距离约束"自己"的相关事实之后，用形式的方法来研究这个问题开始流行，但是，最先对这个问题作出的分析，其实是由 J. Huang 等（1984）所提出的一个功能解释。本质上讲，J. Huang 等人认为，汉语中的长距离反身代词并不是约束理论意义上的真正照应语，而是一类特殊的照应语，将主句的主语视为嵌套句的"说话者"，这是仿效了 Kuno（1972）对英语中某些代名词的"直接话语补足语"（direct discourse complementation）分析法。根据 Kuno 的分析，在同指的解读下，(37a) 是主句主语内在情感的直接报道；在这种解读下，(37a) 应该分析为直接从作为其基础结构的 (37b) 推导而来。①

(37) a. John said that he saw Bill.

"约翰说他看见了比尔。"

b. John said, "I saw Bill."

"约翰说：'我看见了比尔。'"

按照生成派研究早期的主张，从作为基础来源的直接话语到间接补足语结构的转换，直接将 (37b) 中的第一人称代词 I 转变

---

① 还有一种理解，即：约翰不必有意识地将看见比尔的经历归于他自己而使用第一人称代名词。这不是 Kuno 讨论的那种意思。

成（37a）中的第三人称代词 he，而无须经过中间步骤（38）。

(38) John said that John saw Bill.
"约翰说约翰看见了比尔。"

换句话说，代名词 he 并不是 John 代词化的结果，而是从其先行语话语中的 I，即主句主语与补足语句子的"说话者"直接转换来的。主句主语可以是直接话语补足语的实际说话者，如（37b），或者像（39）那样是情景中的"虚拟说话者"（例如思想者、感受者、害怕者、知晓者、经历者等）。

(39) a. John was afraid that he might lose her.
"约翰害怕他可能失去她。"
b. John feared in his mind: "I might lose her."
"约翰心里害怕：'我可能失去她。'"

在 Kuno 的体系中，源自第一人称 I 的代名词的用法，自 Clements（1975）与 Hagège（1974）之后被称为"语内传递语"（logophoric）用法。J. Huang 等（1984）接受 Kuno（1972）的观点，提出：当反身代词"自己"跟它所在句子的直接话语表征式中的"我"对应时，其长距离解读是允许的。这样，(40a) 中光杆反身代词"自己"在作长距离解读时，是一个语内传递语。

(40) a. 张三$_i$埋怨李四常批评自己$_i$。
b. 张三埋怨："李四常批评我。"

语内传递语的反身代词并不是因"张三"跟它自己的主句主语

等同而被反身代词化的结果,它是从基础的直接话语中指称说话者的"我"转换而来的。

J. Huang等(1984)认为,这一分析很自然地解释了阻断效应。回顾一下,在(40a)这样的句子中,嵌套句的主语用"我/你"来替换第三人称的"李四"时,会阻止"自己"得到长距离解读(也见于前面的(7)—(12))。作为基础来源的直接话语可能是(41a)或(41b):

(41) a. 张三埋怨:"我常批评我。"
　　　b. 张三埋怨:"你常批评我。"

(41a)中有两个"我":第一个"我"指整个话语的说话者,第二个"我"指主句主语,即补足语句子的说话者。这一视角上的抵牾即便可行,也会使交流变得非常困难。同样的解释也适用于(41b),其中嵌套句主语"你"从(外部)说话者的角度看是听话者,而宾语"我"从主句主语的角度看是"说话者"。换句话说,阻断效应是作为避免不同层次话语参与者在指称上的抵牾而出现的感知策略。

虽然话语/功能的"语内传递语"分析为阻断效应提供了相当自然的解释,但由于各种原因,这一观点被搁置起来了,因为研究者们将注意力转到假设逻辑式操作的句法手段来解释照应语。随着照应语分析面临的各种问题显露出来,现在看来似乎长距离"自己"更适合用语内传递语来分析。重新考虑这些问题就会使这一点更清晰。

首先,我们早先已注意到,逻辑式移位理论无法解释当

"自己"没有任何约束者时说话者取向的属性（参见(13)）。而这种属性正是语内传递语分析所预期的，无须作进一步的解释。

其次，对于阻断现象来说，功能的解释比形式的逻辑式移位的解释更精细。我们注意到逻辑式移位解释面临如下五个问题：

(42) a. 非主语可以导致阻断效应（见(32)）；
　　　b. 关于阻断效应，存在数的不对称现象：复数并不阻止单数的长距离先行语，但单数阻止复数先行语（见(33)）；
　　　c. 人称上也存在不对称：第一/二人称 NP 阻止第三人称长距离先行语，反之则不然（见(34)）；
　　　d. 直指性的第三人称 NP 也可引发阻断效应（见(35)）；
　　　e. 出现多个长距离"自己"可以导致阻断效应（见(36)）。

先来看(42c)。J. Huang 等（1984）为阻断效应提供的解释是，句中出现"我"或"你"，必然将句子"锚定"到说话者上，这就阻止一个截然不同的 NP 充当"自己"的长距离先行语，因为这个不同的 NP 将要求从不同的视角指称第一人称的"自己"。阻断效应于是由为避免视点抵牾所需的策略而产生。不过，如果所讨论的长距离先行语自身是"我"或"你"，那么，说话者的视点与长距离先行语的视点就是一个，并且是相同的。没有（视点）抵牾，因此就没有阻断效应。此外，第三人称 NP

第九章 照应语

在句子中的其他地方通常是中性的，因为无论从外部说话者的视点看，还是从长距离先行语的视点看，仍然是第三人称。因此，尽管第一／二 NP 阻止第三人称长距离先行语，但是，第三人称 NP 并不阻止"我"或"你"，甚或任何其他 NP 充当长距离先行语。

但是，如果第三人称 NP 以固定的、非中性的视点出现，上述情况就会出现例外。这就是（42d）所说的指示性第三人称 NP 引发的阻断效应。说话者用手指着（这一行为）必然将特定的话语定位到说话者出现的当下时空上，阻断效应随之产生，如（35）。

条件（42e）描述的是另一种第三人称 NP 引发阻断效应情况，即：出现多个"自己"跟不同的长距离先行语相关。从（36）得出的概括是：一种"长距离先行语-自己"的关系排除其他长距离关系的可能性，因为每一种不同的长距离关系蕴涵着不同视点的言语行为。用 J. Huang 等（1984）的话来说，（36）中的有些句子得不到解读是因为这些句子的基础表征式大致如下：张三想，"李四知道，'王五把我的书给我的朋友'"，其中，"我"第一次出现指"张三"，第二次出现指"李四"，这的确是一种很难辨析的情况。

再者，我们注意到，语内传递语解释并不需要用第一或第二人称 NP 作主语的方式，将话语定位到外部说话者视点上。这样，尽管（42a）对基于一致性的逻辑式移位理论提出了一个严重问题，但它对语内传递语理论并不构成难题。

最后，既然语内传递语解释与（实际的或虚拟的）说话者视点有关，那么，自然只有人称特征在产生阻断效应中似乎是重要的，而数的特征并不重要。条件（42b）对语内传递语解释便不会构成问题，但对基于一致性的逻辑式移位解释则会提出难题。①

本节我们看到：将受长距离约束的"自己"与受局部约束的"自己"都看成照应语，并用句法照应语来解释面临不小的问题，如果将受长距离约束的"自己"看作语内传递语来解释，则不会产生这些问题，并且很容易解释有关事实，这似乎是支持将受长距离约束的"自己"看成语内传递语的有力证据。值得注意的是，这一结论需要付出额外的代价，因为我们现在必须认识到有两个不同语素都具有同一形式"自己"：作为语内传递语受长距离约束的"自己"和作为照应语受局部约束的"自己"。下面我们会看到，这一额外代价的确是需要付出的。②

9.2.2　语内传递性与照应性

9.2.2.1　"自己"的双重地位

如上所示，Kuno（1972）证明了后来被称为"语内传递性"的概念在分析（37a）的其中一个凸显义时的重要性，该凸显义用来直接报道主句主语的内在情感，重述如下：

---

① 至于数特征不对称自身的来源，参阅 J. Huang（2002），他主张将数特征的不对称归于语内传递语先行语的固有分布。

② 采用语内传递语的分析既可以解释阻断效应，也可以解释说话者取向这一属性；但它不能单独解释单语素的属性。下文将提出，语内传递语（logophor）是语内传递性（logophoricity）语义学中的一个算子；我们还提出，光杆反身代词是算子，而复合反身代词则不是。也可参看 446 页注①。

438

第九章 照应语

(43) John said that he saw Bill.
"约翰说他看见了比尔。"

在这一释义下，(43)被视为说话者报道一个事件，即：约翰口头上说"I saw Bill"（我看见了比尔）。但是，当(43)中 John 与 he 同指时，该句还可能出现在其他的场景下。设想一下，当约翰在看以前的录像时，说道："The little boy saw Bill"（那个小孩看见了比尔），而没有意识到录像中的那个小孩其实就是约翰本人。可是，说话者（二十年前制作录像的人）确实知道那个小孩实际就是约翰，因此，他可以报道说：约翰"事实上"的确说过他看见过比尔。这并非对主句主语直接情感的报道，而是陈述说话者自己对相关事件或某个事态的知识。

尽管在报道"说话者自己的知识"与"主语的直接情感"时，英语使用相同的代名词，但是 Hagège（1974）与 Clements（1975）报告说，在一些西非语言中，这种区分被语法化了。这些语言中有一套截然不同的语内传递代名词，其唯一功用在于指称一个先行语，该先行语所指的"话语、思想、情感或一般的意识状态都得以报道"。意大利语所有格反身代词 proprio 为这种语法化的区分提供了另一实例，proprio 跟代名词 suoi 形成对照，如下例所示（引自 Chierchia 1989：24）（译者按，为便于比较，这里附上英译文）：

(44) a. Pavarotti crede che i **proprio** pantaloni siano in fiamme.
 'Pavarotti believes that **self's** pants are on fire.'
 "帕瓦罗蒂认为自己的裤子着火了。"

439

b. Pavarotti crede che i **suoi** pantaloni siano in fiamme.

'Pavarotti believes that **his** pants are on fire.'

"帕瓦罗蒂认为他的裤子着火了。"

Chierchia（1989）采用 Lewis（1979）涉己（*de se*）与涉实（*de re*）信念的区分来解释（44a）与（44b）的差异，"涉己"与"涉实"大致对应于 Kuno（1972）"主句主语的直接情感"与"说话者的知识"之间的差别（这一差别的更多讨论见后面的 9.2.3 节）。（44a）与（44b）都断言"帕瓦罗蒂"与"裤子着火的那个人"是同一个人，但是，含有 proprio 的（44a）表达的是帕瓦罗蒂的"涉己"信念（倾向于说"我的裤子着火了！"并跑向灭火器），而含有 suoi 的（44b）表达的是"涉实"信念，其中的同指关系为说话者所知，它可以是帕瓦罗蒂自己的信念，也可以不是。换句话说，suoi 是一般的照应性代名词，而 proprio 是语内传递语。

在上面那些语言中，除了一般的同指代名词外，还存在语内传递性代名词，这就提出如下问题：为什么语内传递语似乎在有的语言（比如汉语）中没有出现？假如我们认为汉语确实有语内传递语，形式上就是长距离的"自己"，只不过跟局部照应语"自己"同音，问题就解决了。换句话说，承认"自己"有两种用途的"额外代价"从演绎上讲并非不合理。[1]

---

[1] 有一些语言，它们除了具有代名词外还使用一套截然不同的语内传递语，这些语言也可以有一套截然不同的（局部）照应语。在意大利语中，局部照应语有两种形式：附着语形式 si 和随适当的 phi-特征屈折变化的完整形式 se stesso。

9.2.2.2 语内传递语"自己":来源、自我与支点

Sells(1987)根据语内传递语的先行语所具有的三种初始角色,将语内传递现象进行了有效的分类:

(45) a. 来源(source):在交际中充当有意向的施事角色;
b. 自我(self):以命题描绘其心理状态或态度的角色;
c. 支点(pivot):命题内容据其(时空)位置作出评估的角色。

换句话说,语内传递语是指这样一个人:其(a)话语或思想,(b)态度或意识状态,和/或(c)视点,正被予以报道。这个人可以是说话者(外部的来源、自我或支点),或者是由句子的论元所指涉的内部参与者。对有些说汉语的人而言,三类语内传递现象都可以得到,如(46)所示;对另一些人来说,要得到(纯粹)支点先行语的情况,相当困难。

(46) a. 张三说[扒手偷了自己的皮包]。
b. [自己$_i$的小孩没得奖]的消息使李四$_i$很失望。
c. ??[张三来看自己$_i$]的时候,李四$_i$正在看书。

(46a)中,"张三"是"自己"的来源先行语;(46b)中,"李四"是内部自我,其心理状态正被报道;(46c)可以理解为从支点"李四"的视点来报道事件。Sells(1987)注意到,这三类语内传递先行语之间存在一种蕴涵关系:如果句子被解释为对内部来源先行语的话语或思想的报道,那么,这个先行语也必须是其心理状态被描述的自我(先行语),并且也必须是作

为进行报道或观察报道之视点的支点先行语。类似地，如果一个句子只报道其（自我）先行语的心理状态或意识，那么，这个句子也必定从（支点）先行语的视点得以评价。然而，反向（蕴涵）则不成立。因此，(46c)中，说话者只移情于"李四"，但并未声称是在报道他的心理状态（像(46b)那样），或者报道他的话语或信念（像(46a)那样）。Sells认为，这些角色表现出语言间的某些差异；他指出，语言的差异在于它们是允许一类、两类还是所有三类语内传递先行语。根据Huang & Liu (2001)的研究，我们假设这三类角色表达了语内传递短语中渐进的释放程度：来源为"核心"，自我为"扩展的核心"（就是"虚拟的来源"），而支点为进一步的扩展（就是"虚拟的自我"）。结果是，有些语言允许语内传递语仅指称来源，另一些语言允许指称来源或自我，还有一些语言则三类角色都允许。但是，我们不希望看到有些语言允许支点作为语内传递先行语而唯独排除来源作为语内传递先行语。如上所示，尽管有些说汉语的人感到(46c)难以接受，但就我们所知，没有人认为(46c)可以接受而(46a)与(46b)不可以接受。

有证据表明，"自己"受来源或自我的长距离约束，事实上就是"涉己态度"(attitude de se)语境下的约束。假定张三看见扒手拿着他的钱包逃跑，而没有意识到那是他自己的钱包，他可能好心地将此事报告给警察，但他不会说"A pickpocket stole my purse"（扒手偷了我的钱包）。在这种情况下，用(46a)来描绘张三的行为是不恰当的，而恰适的描绘需要将反身代词替换成代名词，如(47)：

第九章 照应语

（47）张三说［扒手偷了他的皮包］。

这样，长距离的"自己"跟意大利语的 proprio 一样，限于语内传递语用法，此处便是语内传递语的"自己"指称内部来源的一个实例。

（46b）是一种（"自己"）受内部自我（先行语）约束的情况，将（46b）跟不可接受的（48）比较一下，就可以体会到情况确实如此。

（48）*［李四$_i$的小孩没得奖］的消息使自己$_i$很失望。

（46b）与（48）之间的对比表明，反身代词向后指称可以接受，但向前指称不可以接受，根据我们所知的照应语的一般知识，这有点奇怪。比方说，在同样的语境中，代名词化在两个方向上都可以接受。

（49）a.［李四$_i$的小孩没得奖］的消息使他$_i$很失望。
b.［他$_i$的小孩没得奖］的消息使李四$_i$很失望。

原因在于，长距离的"自己"要求其先行语倾向于用"我"指称"他自己"，来描绘相关的事件或命题。（46b）是合语法的，因为先行语"李四"是历事，很可能会说或想"My child did not win the prize..."（我的小孩没得奖……）。但是，（48）中先行语"李四"不是历事，而且该句并不是用这些术语描绘一个声称"李四"可能会如何如何的事件。

因为涉己的解读预设由先行语指涉的参与者是有意识的，

所以，我们可望看到下列对比：

(50) a. 张三ᵢ夸奖了[[常常批评自己ᵢ的]那些人ⱼ]。
　　　b. ?? 张三ᵢ夸奖了[[后来杀死自己ᵢ的]那些人ⱼ]。

（50a）中，关系从句描绘了一个张三在夸奖他的批评者时可能知晓的事件。他的夸奖甚至可能基于如下事实：张三已经知道他得益于批评。（50b）中，假定关系从句描绘的事件仅为说话人所知，而不为张三所知。

如上面的（46c）所示，有些说话者容许长距离的"自己"受支点先行语的约束，这个支点先行语指涉一个参与者，从这个参与者的视角呈现一个特定的句子。对这些说话者来讲，只要说话人采取先行语的视角，那么，即使支点可能不含关于所报道的命题或事件的涉己态度，长距离"自己"受支点先行语的约束也是可能的。我们认为，支点约束（Pivot binding）在下列意义上是自我约束（Self binding）的扩展：由于说话者移情于支点，支点便取得了"虚拟的意识"。支点并非语内传递性的中心而是它的扩展，这一事实解释了为什么（46c）没有（46a，b）那样更容易被人接受。

9.2.2.3 照应语"自己"：局部约束

我们对长距离"自己"的语内传递性的分析暗含着受局部约束的"自己"通常不是一个语内传递语；这是必然的，因为受局部约束的反身代词不满足语内传递语的涉己要求。请看下面受局部约束的"自己"的实例：在（51）中，"自己"受同论元（co-argument）的约束；在（52）中，"自己"包含于一个

NP 之中，并且受该 NP 同论元的约束。在这两种情况下，"自己"在（5）界定的管辖域内都是受约束的。

（51）a. 张三批评了自己。
　　　b. 张三跟自己过不去。
　　　c. 张三寄了一本书给自己。
（52）a. 张三批评了自己的朋友。
　　　b. 张三跟自己的弟弟过不去。
　　　c. 张三寄了一本书给自己的儿子。

在这些句子中，即便语内传递条件不起作用，约束也是可能的。在这些句子中，局部约束者都不是或不必是来源、自我或支点（先行语）。比方说，由于这些句子都是在陈述张三的行为而非其话语或思想的报道，因此，"来源"的概念是不相干的。其次，这些句子不要求说话者或听话者站在张三的视角来说话或听话，而完全可以从说话者自己的视角出发。第三，我们视为语内传递性共同属性的意识性，在这里显然也不存在。这样，即使张三可能没有意识到他批评的人实际上是他自己或他自己的朋友，（51a）与（52a）也完全合语法。我们也容易想象一个场景，在此场景中，即使在张三死亡时仍未认识到他为何人所害，下列句子对张三来说也是真的。

（53）张三$_i$被自己$_i$（的朋友）害死了。

换句话说，"自己"在非语内传递性的语境中可以受局部约束，因此，不能被视为语内传递语。从这里，我们可以预见，局部的

"自己"也不应该呈现任何阻断效应，这一预期完全得到证实。在下面的例子中，第一、二人称代词的干预并没有导致阻断。

(54) 张三_i告诉我自己_i的分数。

(55) 他_i向你提到自己_i的缺点了吗？

(56) 他整天对着我吹捧自己。

(57) 张三把我带回自己的家里。

因此，我们得出结论：区分"自己"的照应语用法与语内传递语用法是很重要的，二者具有不同的属性。受长距离约束的"自己"，先行语处于其辖域之外，是语内传递语；作为语内传递语，"自己"呈现语内传递效应：涉己态度、意识性、远景视角和阻断效应。受局部约束的"自己"没有显示出任何语内传递效应，但根据原则A，它应受到局部约束的影响。①

9.2.3 语内传递性：句法与语义

尽管 Kuno（1972，1987）早先对照应语的话语/语用效果

---

① 当"自己"作为嵌套句的主语（或包含于嵌套句的主语之中）出现时，既可以被视为语内传递语，也可以被视为照应语：

(i) 张三以为 [自己最聪明]。

这个句子可以描述如下状况：张三心里想，"我是最聪明的。"这样，"自己"可以分析成语内传递语。另一方面，因为"张三"出现在"自己"的管辖域内，所以，(i) 也可以看作照应语约束。进一步的讨论表明，"自己"的局部约束应用管辖域来界定，而不是如 Reinhart & Reuland（1993）所主张的那样用谓词反身性来界定，或者像 Pollard & Xue（1998）那样用同论元之间的关系来界定。请参阅 Huang & Liu（2001）。

的观察与讨论为语内传递性的本质提供了有价值的见解，其方式在直觉上是令人满意的，但是，他依照直接话语表征式所作的解释跟复杂的语义学或句法-语义界面理论并不吻合。Sells（1987）在话语表征理论下从三个初始角色（来源、自我、支点）来处理语内传递性，而 Chierchia（1989）则认为，语内传递性可以通过那些已有的独立存在的概念整合到释义理论中，而不必重新引入新的初始角色来解释。

Chierchia 采纳 Lewis（1979）对涉实与涉己信念的区分，充分阐释了他的如下见解：表达态度的句子的涉实解读表示信念者与命题之间的关系，而涉己解读表示信念者与属性之间的关系。在涉实解读之下，信念者认为某一命题是真的；在涉己解读之下，信念者（心照不宣地）认为某一属性属于他/她自己。Chierchia 建议，这一区分可以用语义表征式来加以说明，即将补足语从句处理成命题论元（涉实解读），或者处理成次级谓语（涉己解读）。例如,（58）的涉实解读与涉己解读分别如（59）所示：

(58) Pavarotti believes that his pants are on fire.
"帕瓦罗蒂认为他的裤子着火了。"

(59) a. (λx (believe (x, x's pants are on fire))) (P)
b. believe (P, λx (x's pants are on fire))

假定次级谓语的某些其他已知结构也只允许涉己解释，那么,（59b）中的次级谓语结构很适合用涉己解读来解释，这些结构包括强制性的控制结构。请注意，涉己解读在（60a）是强制性的,但在(60b)不是。

(60) a. John claims [PRO to be innocent].

"约翰声称是无辜的。"

b. John claims that he is innocent.

"约翰声称他是无辜的。"

如果将强制性控制当作(次级)谓语(如 Williams 1980, Chierchia 1989,等等),则(60a)具有如下表达式:

(61) claims (John, λx (innocent (x)))

像(59b)或(61)这样的语义表达式如何跟语内传递性句子的句法结构联系起来,或者说由其句法结构推导出来?在我们看来,如果借鉴 Huang & Tang(1991)对受长距离约束的"自己"所采用的逻辑式附接分析的话,我们可以很容易地得到可能的答案。① 根据 Huang & Tang 的分析,受长距离约束的"自己"附接于紧跟在其先行语之下的 IP 上,这就产生(62)这样的逻辑表达式。

(62)[$_{IP}$ 张三以为 [$_{IP}$ 自己$_i$ [$_{IP}$ 李四常常批评 t$_i$]]]

换句话说,"自己"被看作一个算子,约束其本身作为变项的语迹。于是,这种处理就跟我们为长被动句所作的(显性)空算子移位假设是一致的(参见第四章 4.1.2)。如果将(62)的结

---

① 如果对算子的本质与中心语移位的一般移位条件作额外的假设,这个问题也可以运用中心语移位来分析。

构用 Chierchia 系统中的语义表达式来表示，可解读为（63a），或者是有点复杂的（63b）。

(63) a. (Zhangsan thinks λx (Lisi often criticizes x))
b. thinks (Zhangsan, λx (often criticizes (Lisi, x)))

（62）中附接于 IP 上的"自己"对应于（63）语义表达式中的 λ 算子。这样，在逻辑式层面附接的"自己"在地位上与空算子即本例中的照应语算子相当。文献中一般假设，空算子是 λ 算子的句法关联成分。这样，我们可以将"自己"在逻辑式层面的附接看作从补足语从句中产生算子-变项结构的过程；用语义学术语来说，"自己"在逻辑式层面的附接就是一个从论元产生谓词的过程，旨在直接翻译成其语义表达式。在逻辑式中，（62）里附接于 IP 上的"自己"正如空算子一样，需要受到"张三"的局部约束。这就是"强约束"的过程，或者是 Chomsky（1982，1986a）意义上的述谓（predication）。语义学中，每个（次一级的）λ 谓语必须对其主语进行述谓，这一结果很容易从强约束那里得到。因此，在逻辑式层面将"自己"附接到 IP 上，这为解释语内传递语的句子提供了句法-语义界面。

事实上，我们也可以将 IP 附接过程看作在话语与句法界面上操作的一个结构，该结构可以直接表达 Sells 的"来源"、"自我"或"支点"概念。根据"左边缘制图理论"（Cartography of the Left Periphery）的相关研究（Cinque 1999，2002，Rizzi 1997，2002，等等），我们可以假设，句法中存在某个功能语类，该功能语类为加工语用要素"打开一扇门"。具体说，我们可以假定，被"自己"附接的结构实际上就是一个来源短语（或者是自我短语，或者是支点短语，根据情况而定）。如果将这种分析运用到（62）中，"自己"应处在来源短语的指示语位置，我们则得到（64）：

（64）[$_{IP}$ 张三以为 [$_{SourceP}$ 自己$_i$ [$_{IP}$ 李四常常批评 t$_i$]]]

"自己"与"张三"同指，满足了强约束或者述谓的要求，所得出的表达式可以读作：张三将自己看作"来源"（"我"），李四常常批评这个"来源"。[①]

假如这一假说被证明为正确的话，那么，我们对于逻辑式移位假设就有了新的结论。尽管我们已经看到，逻辑式移位不可能正确解释阻断效应，但是，它却为句法-语义界面以及语法-语用界面提供了较为合理的表达式。并且，尽管出现了长距离约束，但是，算子"自己"及其语内传递性先行语之间的局部关系依然有效。[②]

[①] Nishigauchi（1999）使用视点（Point-of-View）短语提过类似主张。

[②] 如438页注②所示，尽管语内传递语解释说明了（a）长距离约束的阻断效应与（b）自由的"自己"的说话者取向，但是，它不能独立地解释单语素性的属性。这里，我们给出一个可能的答案：光杆形式的"自己"是一个算子，作为算子，它要经历逻辑式移位（跟量化 NP 与空算子一样）。另一方面，含有代名词前缀的复合反身代词是一个变项，与那些普通的受约束的没有经历移位的代名词相当。重要的是要记住：光杆形式的"自己"是一个 XP 语类，完全支配 X0 语类；作为算子，它要经历 XP 移位。也有证据表明，它可以作为 X0 语类移位。J. Huang（2002）认为，这发生在受局部约束的"自己"身上：X0"自己"附加到具有局部管辖力的动词之上，并与动词一起形成一个反身谓词（比较：self-criticizing（自我批评），self-inflicting（自我折腾）等），这样就产生了分配性的属性，这一属性在含有复合反身代词的句子中看不到。

9.3　受约束照应语与驴子照应语

本章开头提到，对名词性照应语的恰当描写离不开如下三个要素：(a) 名词性短语的本质；(b) 如果该名词性短语有先行语，那么它跟先行语之间的结构关系是什么；(c) 先行语自身的本质。我们看到，(a) 是重要的，因为有证据表明需要区分照应语、代名词和指称语；第二个要素 (b) 也是重要的，因为各种不同的名词性短语需要遵守合适的约束理论原则；至于第三个要素 (c)，受约束的可能性随着先行语的特性而变化，特别要看先行语是指称的还是量化的。

9.3.1　同指的或作为受约束变项的代名词

指称性的 NP 与量化性的 NP 之间的区分，在自然语言的句法和语义中，都起着重要作用。前者包括专有名词和有定的或殊指的名词短语（如"约翰"、"这/那个男孩"、"某个家伙"），后者由量化的 NP 组成——全称的（如"每个人"、"两个男人都"(both men)），或存在的（如"某人"、"两个女孩"、"一些苹果"以及"谁"、"哪只狗"这样的疑问词短语）。指称性的 NP 直接指涉一个或多个个体，而量化性的 NP 则涵盖由个体组成的一个或多个集合，但并不指涉集合中的任何具体成员。至于照应语，这一区分相当于同指与变项约束之间的差异。在 (65a) 与 (65b) 中，代名词 his 与其先行语的指称相同，都是指名字为 John 的个体，或者由语境建立指称的 the boy。

(65) a. John$_i$ loves his$_i$ mother.

"约翰爱他的妈妈。"

b. The boy$_i$ loves his$_i$ mother.

"那个男孩爱他的妈妈。"

在上述两例中,都有一个同指的代名词。但是,(66)中句子的其先行语都不指称任何一个特定的个体,而是确定一个集合{x},满足"x 是一个人"这个条件。

(66) a. Everyone$_i$ loves his$_i$ mother.

"每个人都爱他的妈妈。"

b. Someone$_i$ loves his$_i$ mother.

"某个人爱他的妈妈。"

c. Who$_i$ loves his$_i$ mother?

"谁爱他的妈妈?"

在原则与参数理论框架下,指称性的 NP 被看作句子的论元,而数量性的 NP(QNP)被看作算子,约束论元位置上的变项。当 QNP 通过非论元移位移至标句词短语的指示语位置(按照(66c)英语 wh-问句中的 wh-词那样的移位),或者在逻辑式层面附接到 IP 上(按照 May 1977 的量词提升(QR))时,就产生了这种"算子-变项"结构。(66)中的句子具有下面这样的逻辑表达式:

(67) a. [Everyone$_i$ [t$_i$ loves his$_i$ mother]]

b. [Someone$_i$ [t$_i$ loves his$_i$ mother]]

c. [Who$_i$ [t$_i$ loves his$_i$ mother]]

于是，这些表达式每个都能通过限制性的量化公式得到解释，它们具有如下的非正式形式描写：

（68） a. For all x: x a person, x loves x's mother.
"对于所有的 x 来说，x 是一个人，x 爱 x 的妈妈。"
b. For some x: x a person, x loves x's mother.
"对于某个 x 来说，x 是一个人，x 爱 x 的妈妈。"
c. For which x: x a person, x loves x's mother.
"对于哪个 x 来说，x 是一个人，x 爱 x 的妈妈。"

请注意，在（67）的每个逻辑表达式中，代名词 his 都以语迹 t$_i$ 作为其先行语。因为先行语自身是一个变项，所以，这个代名词的指称值随赋给其先行语的值的改变而改变，如（68）所示。在每种情况下，代名词都被看作受约束的变项。

9.3.2　变项约束：辖域、可及性与异指性

同指与变项约束之间的区分是约束理论未讨论的领域。尽管所有的代名词都受到原则 B 与原则 D 的管辖，但是，还有一些限制条件只对受约束变项代名词起作用，而不适用于同指性的代名词。这一点我们通过比较（69）与（70）就能看出，其中（69）带指称性先行语"张三"，(70)带量化先行语"每个人"。(69)中的代名词可以带一个位于其局部域之外的具有 C-统制力的先行语（请看（a，b）），或者带一个出现于局部域内

453

(即(c))或局部域外(如(d,e))的不具有 C-统制力的先行语。①

(69) a. 张三$_i$希望我们会喜欢他$_i$。
b. 张三$_i$很担心他$_i$的母亲。
c. 张三$_i$的母亲很担心他$_i$。
d. 我看到张三$_i$的时候,他$_i$正在吃饭。
e. 我看到他$_i$的时候,张三$_i$正在吃饭。

但是在(70)中,当先行语"每个人"C-统制代名词时(如(a,b)),量化约束是可能的;而(70c—e)的标引则是不可能的。

(70) a. 每个人$_i$都希望我们会喜欢他/她$_i$。
b. 每个人$_i$都很担心他/她$_i$的母亲。
c. ??每个人$_i$的母亲都很担心他/她$_i$。
d. *我看到每个人$_i$的时候,她/他$_i$正在吃饭。
e. *我看到他/她$_i$的时候,每个人$_i$都正在吃饭。

我们想讨论的问题是:(70c—e)中是什么使量化约束不可能。我们在(69)与(70)中看到:代名词只有在受先行语 C-统

---

① 事实上,约束理论根本不要求代名词有一个先行语。假设闭路摄像机抓拍到某个扒手偷东西的过程,我们或许可以用下面这句话来描述这个场景:

(i) 你看看,她/他拿了手表,就这么走了出去!

(69)各例中代名词的直指用法也是合法的,但是,在没有更多上下文的情况下,每个句子孤立地看都倾向于支持同指的解读。

第九章 照应语

制的条件下，才能带量化先行语；但是，C-统制的要求对于非量化先行语来说不适用。[①] 不过，有证据表明，这一要求过强。下面的例子明显允许将代名词"他"解读为受约束变项，这表明 C-统制自身对量化约束而言不是必要条件（译者按，为了便于理解汉语，这里附上英译文）：

(71) a. 每个人ᵢ收到的信上面都写着他/她ᵢ家的地址。
'For all x, the letter that x received has x's home address written on it.'
b. 每个人ᵢ喜欢的小说都让他ᵢ想起了童年往事。
'For all x, the novel that x likes causes x to remember x's childhood.'

在 (71a) 与 (71b) 中，先行语"每个人"都出现在修饰主语的关系从句中，因此并不 C-统制主句中的代名词，但代名词仍可解读为受约束的变项。[②]

[①] 请比较，Reinhart (1976) 对英语中量化约束受到 C-统制要求的讨论；也请比较 Reinhart (1983) 的讨论，其中亦区分变项约束和有定 NP 与其先行语的同指，因此，(69a, b) 被视为变项约束，跟 (70a, b) 相当；但是，(69c—e) 被视为同指。在后一种情况（同指）下，代名词并不被看作依赖于先行语获得指称。

[②] 英语中也有证据表明量化约束并不要求严格的 C-统制，下面的例子中，代名词明显可以用作受约束变项。

(i) The election of no presidenti will please any of hisi opponents.
"没有哪一个总统 i 的选举会取悦他的竞争对手 i。"
(ii) Applications from every studenti must each be accompanied by hisi or heri parents' signatures.
"每个学生 i 的申请必须都附上他/她 i 父母的签署。"

如果 C-统制不是必要条件，那么，如何解释不合语法的（70c—e）？我们利用 Chomsky（1976）、Higginbotham（1980a, 1980b）以及 Aoun & Li（1990）的研究，提出如下主张：这些实例阐明了 QNP 可约束代名词所需要的三个要求，即：

(72) 受约束的变项代名词（要满足）的条件：
  一个代名词可以有一个 QNP 作其先行语，只有当
  a. 该 QNP 的释义辖域宽于代名词，
  b. 该 QNP 对代名词来说是可及的，并且
  c. 代名词是局部非论元自由的（A'-free）（也可以是论元自由的（A-free））。

先来看（72a）中的辖域要求，这一要求可以从（71）与（73）的比较中看到。

(73) a. *每个人$_i$都收到的信上面写着他/她$_i$家的地址。
  b. *每个人$_i$都喜欢的小说让他/她$_i$想起了童年往事。

(71) 与（73）中"每个人"与代名词"他/她"之间的结构关系是相同的，量词是修饰主语的关系从句的组成成分，而代名词出现于主句中。两者的主要差异体现在副词"都"的位置上；"都"充当其左边全称量词的允准者和辖域标记。（71）中的两个句子中的"都"都出现在主句中，"每个人"的辖域是整个句子。这种情况下，全称的 QNP 被释义为分配性的，如翻译所示；结果可以理解为：每个人收到一封不同的信或者拥有他/她自己喜欢的小说，即可得到受约束的变项的解读。可是，

(73)中的两个句子中"都"都出现在修饰主语的关系从句中，QNP"每个人"的辖域在关系从句之内，在这种情况下，QNP 被释义为集合性的；这样，(73)可以理解为：每个人都收到同一封信或者喜欢相同的小说，于是，在这些句子中我们就得不到受约束变项的解读。

假定在量词提升（QR）的条件下，QNP 在逻辑式里附接到它们的辖域位置，那么，请注意，(72a)的辖域要求实际就等于声称 QNP 在逻辑式里必须对代名词进行非论元约束。下面以图示说明，在"每个人"提升到合适的辖域位置之后，(71a)与(73a)的逻辑表达式分别如(74)和(75)所示：

(74) [$_{IP}$ 每个人$_i$ [$_{IP}$ [$_{NP}$ t$_i$ 收到的信] …… 都写着他/她$_i$ 家的地址]]。

(75) * [$_{IP}$ [$_{DP}$ [$_{IP}$ 每个人$_i$ [$_{IP}$ t$_i$ 都收到]] 的信] …… 写着他/她$_i$ 家的地址]。

也就是说，尽管 C-统制这个要求对于显性句法来说有些过强，但是，在逻辑式里它的确是量化约束须满足的必要条件。除了可以解释(71)与(73)之间的差异外，这一要求还可以正确地排除(70d)的标引。如其英译文所示（译者按，原文的英译文为：When I saw everyone, s/he was having dinner.），(70d)中的"每个人"的辖域在时间状语句子之中，其相关的逻辑表达式如(76)所示：

(76) * [[$_{IP}$ 每个人$_i$ [$_{IP}$ 我看到 t$_i$]] 的时候]，他/她$_i$ 正

在吃饭。

这个代名词的受约束变项的解读被剔除。(76)与(71)—(73)的不同在于(76)的全称QNP出现在宾语位置,这在一定程度上阻止代名词以主句为辖域。在主语位置上,代名词能够以主句为辖域,如(77)所示,其逻辑表达式如(78)。

(77) 每个人$_i$经过这里的时候,我都跟他/她$_i$打招呼。

(78) [$_{CP}$ 每个人$_i$ [$_{CP}$ [t$_i$ 经过这里的时候],[$_{IP}$ 我都跟他/她$_i$打招呼]]]

换句话说,汉语中关系从句对宾语位置上的全称QNP来讲似乎是一个辖域岛,但对主语位置上的全称QNP来讲却不是。相较之下,条件从句即使对主语位置上的全称QNP来讲,也似乎完全是一个孤岛。

(79) *如果每个人$_i$经过这里,我都会跟他/她$_i$打招呼。

(80) *必须每个人$_i$经过这里,我才都会跟他/她$_i$打招呼。

以上解释可以说明(70d)为什么不可同标,受此启发,我们也可以解释全称QNP与疑问QNP之间的差异。例如,将(70d)中的"每个人"用"谁"来替换就产生可以接受的受约束解读。

(81) 你看到谁的时候,她/他正在吃饭呢?

以同样的方式,用疑问词短语wh-替换(79)与(80)条件句中的"每个人"将产生可以接受的标引。

（82）如果谁ᵢ经过这里，你就会跟他／她ᵢ打招呼呢？
（83）必须什么人ᵢ经过这里，你才会跟他／她ᵢ打招呼呢？

总之，只有当量化先行语的辖域大于代名词时，代名词的受约束变项的解读才是可能的。在（81）—（83）中，因为疑问词wh-短语的辖域是主句（这些句子是直接问句），所以，允许受约束变项的解读，但是（70d）与（79）—（80）不允许这样的解读，因为"每个人"不能以主句为辖域。

我们已经看到，（70d）不合语法可从（72a）的辖域要求推得。现在，我们来看（70e），重述如下：

（70e）*我看到他／她ᵢ的时候，每个人ᵢ都正在吃饭。

（70e）与（70d）不同，因为代名词与原来的先行语交换了位置。在（70e）中代名词出现在时间附接语中，而 QNP 作为主句主语出现。作为主句主语，QNP 可以以整个句子作为辖域。因此，（70e）中的标引满足了（72a）中的辖域要求。但是，约束在（70e）中与在（70d）中一样是不可能的。含有存在性 QNP 与疑问性 QNP 的句子具有类似的问题：

（84）*我看到他ᵢ的时候，（有）一个人ᵢ正在吃饭。
（85）*你看到他ᵢ的时候，谁ᵢ正在吃饭呢？

这些例子说明了（72b）可及性（accessibility）是不可少的。可及性这一术语首先由 Higginbotham（1980b）提出，但这一要求的经典表述是 Chomsky（1976）所谓的"左向条件"（Leftness

Condition)。

(86)左向条件
一个变项不能作为其左侧代名词的先行语。

左向条件是适用于逻辑表达式的一个条件,它不允许(量词提升下的)QNP跨越不具有C-统制力的代名词进行提升,也就是弱跨越结构(Weak Crossover Configurations)。(70e)与(84)—(85)所显示的同标被排除,因为它们的逻辑表达式违犯了左向条件(例如(70e)的逻辑表达式(87))。

(87)*[每个人$_i$[我看到他$_i$的时候, t$_i$都正在吃饭]]

Higginbotham主张,为了支持非线性的可及性观念,应该放弃左向条件;非线性的可及性观念关键是指C-统制的观念。为简化我们的讨论,QNP对一个代名词来说是可及的,当且仅当该QNP:(a)C-统制该代名词,或者,(b)包含于一个NP之中,该NP自身可及于该代名词。① 只有当QNP可及于代名词时,该代名词才能受到那个QNP的约束。鉴于其描写上的优越性,我们将采纳Higginbotham的观点;并且我们注意到,就以上我们所考察的例子而言,可及性条件能帮助我们得出正确的结果。比如,以(81)与(85)的对比为例:(81)中,wh-短语"谁"并不C-统制代名词,但是它却包含于以"时候"为中心语的NP中,该NP C-统制代名词。这样,疑问词短语"谁"可及

---

① 这里省却了一些重要的细节。对修正左向条件的各种解释的评述,可参阅J. Huang(1994a)。

于代名词。(85)中,wh-短语既不 C-统制代名词,也没有包含于 C-统制代名词的 NP 之中。因此,wh-短语无法约束作为变项的代名词。这种情况也适用于(70e)中全称量化的"每个人"和(84)中存在量化的"一个人"。

我们已经解释了不合语法的(70d)和(70e),并将其分别归因于辖域要求和可及性要求。接下来我们来解释(70c),重述如下:

(70c)?? 每个人$_i$的母亲都很担心他/她$_i$。

类似的含有存在量词或者疑问词 QNP 的句子,情形相同。

(88)?? 谁$_i$的母亲最担心他/她$_i$?
(89)?? 有个人$_i$的母亲很担心他/她$_i$。

这些句子都是有问题的,因为它们都满足辖域要求和可及性要求,但是,对有些人来说很难获得约束解读(尽管对其他人来说约束解读没有问题)。关于这一点,我们发现:当代名词进一步嵌套时,这些句子在一定程度上会好一些。

(90)每个人$_i$的母亲都很关心他/她$_i$的功课。
(91)谁$_i$的母亲说过他/她$_i$得了奖了?

前面我们指出,(71a)这样的句子允许量化约束(译者按,为了便于比较,这里附上英译文):

(71a)每个人$_i$收到的信上面都写着他/她$_i$家的地址。

'For all x, the letter that x received has x's home address written on it.'

这里代名词嵌套得相当深。如果代名词作为主句的宾语出现，受约束的解读更难得到。

(92) ?? 每个人ⱼ收到的信都批评他/她ⱼ。

如果这些对比正确的话，那么，它们表明：(70c) 与 (88) —(89) 的问题不在于 QNP，而在于代名词距离量化先行语 "太近"。这使我们想起 Aoun & Li (1989) 就某些说话人所作的类似观察，他们的概括是：受量化约束的代名词，除了在其管辖域内是论元自由的 (A-free) 之外 (约束原则 B)，还必须是局部非论元自由的 (A'-free)，也就是说，在最小的可能的非论元约束的辖域内没有任何非论元约束者 (A'-binder) (即：非论元异指性要求)。我们假定：DP 和 IP 各自构成一个可能的非论元约束辖域。于是，就得出如下结论，即 (70c) 和 (88) —(89) 之所以不可接受，是因为在各自的情况下，要求 QNP 以主句作为其辖域，而宾语代名词在同一辖域 (主句) 内对任何 QNP 来讲必须是非论元自由的，这就出现了矛盾。而在可接受的 (90) 与 (91) 中，代名词 "他/她" 在其局部非论元约束辖域 ((90) 中的 DP "他/她的功课" 和 (91) 中的嵌套句) 内是非论元自由的，这就使得代名词在主句内可以受量化约束。

总之，我们在本节中看到，对于用作受约束变项的代名词来讲，其量化先行语的辖域一定大于它的辖域，并且对它来说是可及的；或许，代名词自身必须是局部非论元自由的（与此同时，按照约束理论，代名词应是论元自由的）。研究表明，这些条件的大多数（尤其是在辖域和可及性方面）已从英语和其他语言那里获得支持。这些语言在类型上跟汉语很不相同，于是，这些条件适用于汉语的事实就支持了如下观点，即这些原则反映了普遍语法的属性。的确，假如我们所关心的本质上高度细微与抽象的解释是正确的，而这些解释在促发早期语言发展的原始语料中通常是得不到的，那么，如果汉语中管辖代名词受约束变项用法的条件在根本上不同于其他语言，那反而倒成了件怪事。

9.3.3 无定成分和驴子照应语

我们认为，量化约束受到的条件——辖域、可及性和可能的最小异指性，适用于所有的 QNP 类型，包括全称、存在和疑问 QNP。尽管这些条件对我们遇到的例子的确起作用，但是对于某些含有存在 QNP 的句子来说，依然存在一些问题，如下例（为方便比较,（93）—（94）的例句附上英译文）：

（93）我看到一个人$_i$的时候，她/他$_i$正在吃饭。

 'When I saw someone, he was having dinner.'

这跟（70d）形成对照，重述如（94）：

（94）*我看到每个人$_i$的时候，她/他$_i$正在吃饭。

 *'When I saw everyone s/he was having dinner.'

回想一下前面的内容,(94)中的同标之所以被排除,是因为"每个人"的辖域在时间从句之内,不满足辖域要求。不过,按照相同的内部辖域解读"一个人"时,会出现问题。(93)可以解读为(正如英译文那样):当有某个人 x,我看见 x 时,x 正在吃饭。在这种解读下,(93)显然也不满足辖域要求;但在此例中,"他"与"一个人"同指是允许的。①

(93)的同标能够成立,表明汉语有自己的"驴子代名词"形式,并存在与之相关的问题。"驴子句"如(95)所示,由 Peter Geach 首先提出。

(95) a. If a farmer owns a donkey, he beats it.
"如果一个农夫拥有一头驴子,他就打它。"
b. Every farmer who owns a donkey beats it.
"每个拥有一头驴子的农夫都打它。"

这些句子提出的问题是:传统将无定 NP 处理成存在量词(遵从勃兰特·罗素的做法),在这一处理下,a donkey "一头驴子"的辖域限于包含它的第一个从句或关系从句(如(95)中)。不过,这里的代名词明显可以在其辖域之外受到约束,这正是我们在(93)中看到的问题。下面给出更多的例子,它们不仅包括一般的无定成分如(96)—(97),还包括无定的 wh-成分(如(98))(参见第七章和 A. Li 1992b)以及 wh-疑问词

---

① (93)也允许如下解读:"一个人"占宽域,以整个主句为辖域,也就是,某人 x 是这样一个 x:当我看见 x 时,x 正在吃饭。这跟(81)的直接问句解读相同,在这种解读下,辖域原则得到充分满足。

(如(99))。所观察到的关键事实是:在这些句子中,代名词的无定先行语都不在代名词的辖域之内,但是,这些代名词显然受到先行语的约束。

(96)如果你找到一个新朋友,请把他/她介绍给我。
(97)十年前我教过一个好学生,最近她/他来找了我。
(98)要是谁喜欢这本书,我就买一本送给他/她。
(99)不管谁来找我,都别让他/她进来。

9.3.3.1 驴子照应语的两种分析方法

由驴子句引发的悖论成为近些年颇有意思和争议的话题,针对这一悖论,提出过两种比较有影响力的分析方法:一是 Evans(1980)的"E-类策略",一是 Heim(1982)与 Kamp(1981)的话语表征理论(Discourse Representation Theory, DRT)。

Evans(1980)接受传统的罗素式的观点,将无定成分看作存在量词,否认将这种代名词看成受约束的变项。根据 Evans(1980),这种代名词属于一个新的类(称作 E-类),指称"客体目标,如果有的话,用来确认存在含有先行语量词的句子"(340页)。按照这一分析,(95)中 it 的先行语并不是无定的 a donkey,而是某种跟有定描写同类的成分,如 the donkey that he (the farmer) owns。因此,(95)可以改述为:"If a farmer owns a donkey, he beats the donkey he owns."(如果一个农夫拥有一头驴子,他就打他拥有的那头驴子)。E-类代名词构成了第四类代名词,不同于(a)直指性代名词、(b)同指性代名词、

(c) 受约束变项代名词。[①] 由于这类代名词不是受约束变项,它不必出现在它所关联的无定量词的辖域之内。[②]

但是在 Kamp(1981)与 Heim(1982)的话语表征理论分析中,a donkey 或者 a farmer 这样的无定 NP,不是被视为量词,而是被视为变项,跟与之相关联的代名词同类。促发这一观点的一个重要观察是:无定 NP 似乎没有固有的量化力,在各类量化副词的作用下,其量化范围也随之改变(Lewis 1975)。因此,(95a)中的无定成分可以具有 all(全部)、most(大多数)、some(一些)的量化范围,取决于无定成分同哪个副词共现。

(100) a. Always, if a farmer owns a donkey, he beats it.

"如果一个农夫拥有一头驴子,他总是打它。"

= **All** farmers(x) and donkeys (y) are such that if x owns y, then x beats y.

所有的农夫 x 和所有的驴子 y,有如下属性:如果 x 拥有 y,那么,x 打 y。

b. Usually, if a farmer owns a donkey, he beats it.

"如果一个农夫拥有一头驴子,他通常打它。"

= **Most** farmers(x) and donkeys (y) are such that if x

[①] 某种意义上,我们可以将 E-类代名词视为"虚拟的"指示性代名词。一般的代名词可以直接指称那些我们可以用手指着确定的个体,而驴子代名词则指称由语境衍推出的而非由语境表达出的有定描写所确定的个体。

[②] 事实上,驴子代名词不可能被其无定先行语所 C-统制。像"Someone believes that he's innocent."(某人相信他是无辜的)这样的句子并不含有 E-类代名词的解释,这一点可从约束原则 C 以及如下假设推得,即:E-类代名词是有定描写,因而是约束原则 C 意义上的指称语。

owns y, then x beats y.

大多数农夫 x 和大多数驴子 y，有如下属性：如果 x 拥有 y，那么，x 打 y。

c. Sometimes, if a farmer owns a donkey, he beats it.

"如果一个农夫拥有一头驴子，他有时打它。"

= **Some** farmers(x) and donkeys (y) are such that if x owns y, then x beats y.

有些农夫 x 和有些驴子 y，有如下属性：如果 x 拥有 y，那么，x 打 y。

将各个无定 NP 及任何与之相关的代名词处理成受量化副词约束的变项，就能解释这些差异。在下面的表达式中，算子"无选择地"约束变项 a farmer, a donkey, he 以及 it。

（101） Always $_{i,j}$, if a farmer$_i$ owns a donkey$_j$, he$_i$ beats it$_j$.

"总是$_{ij}$如果一个农夫$_i$拥有一头驴子$_j$，他$_i$就打它$_j$。"

假如 always 具有全称量化能力，那么，（101）的解释如（102）所示：

（102） $\forall x \forall y ((x \text{ is a farmer} \& y \text{ is a donkey} \& x \text{ owns } y) \rightarrow (x \text{ beats } y))$

对于所有的 x，y，如果 x 是农夫，并且 y 是驴子，并且 x 拥有 y，那么，x 打 y。

在缺乏显性量化副词时，假定像（95）的条件句中隐含一个必然算子（也就是"必然地"），句子同样产生全称的解释。

话语表征理论的无选择约束分析，不仅将驴子代名词而且将无定成分都处理成出现于（副词）约束者辖域内的变项。对 E-类分析而言，无定成分是普通的量词，而驴子代名词则被确定为新的语类。对话语表征理论而言，驴子代名词是普通的受约束变项，除此之外，该理论还假定存在一种新的以无定 NP 形式出现的受约束变项。

关于英语驴子句的事实大部分对汉语也适用，所以，有关两类方法的争论也适用于汉语。在本章余下部分，我们将提出以下两点：一、基于普遍性考虑，应该采取 E-类策略来分析本章已经讨论过的驴子句；二、无选择约束策略也是需要的，以解释汉语中其他类型的驴子句。

9.3.3.2 两类驴子句

我们的第一个论点是，尽管无选择约束很好地解释了量化可变性现象，但是，用这一策略来解决跟量化先行语相关但在其辖域之外的代名词提出的难题，却缺乏普遍性。比较一下上面的（98）与（99）。（98）中有一个 wh-无定的"谁"和相关的驴子代名词"他/她"，这个句子可以按照受隐含的必然算子（NEC）的约束加以分析，如（103），表达的意义如（104）：

(103) NEC_i [[要是……谁$_i$……], [我就…他$_i$……]]

(104) $\forall x ((x 喜欢这本书) \rightarrow (我就买一本送给 x))$

可是，(99) 中驴子代名词"他/她"与疑问词"谁"相关。将

第九章 照应语

疑问词和代名词都视为受到占宽域的量化副词无选择约束的变项这一策略是不可用的,原因是:疑问词的解释要求"谁"(作为话语表征理论精神下的变项)受到疑问算子的约束,疑问算子使嵌套句的辖域在"不管"之下,"不管"选择嵌套问句作其补足语。

(105) 不管 [[Q_i [谁$_i$ 来找我]],都别让他/她$_i$进来]

变项"谁"的约束者 Q 依然没将代名词"他/她"置于其辖域之内,因此,辖域要求仍然没得到满足。当涉及全称 QNP 和复数无定成分时,这个问题依然存在。

(106) 如果每个人都到齐了,就叫他们一起进来。
(107) 要是太少人来,就请他们先回家等候通知。

在(106)中,"都"的位置表明:"每个人"的辖域在"如果-"从句之内。同样地,(107)中的"太少人"自然被释义为占窄域的存在量词。单数的无定成分在频率副词之下呈现量化可变性,跟单数无定成分不同,像 few people(太少人)、many students(很多学生)等复数无定成分以及全称量词则不会在频率副词下呈现量化可变性,而且在宽域量化副词之下的约束不能生成正确的语义。为了解释(105)—(107)中的代名词,或许需要 E-类策略。在这些例子中,代名词都可以使用包含其先行语的句子来将其转述为有定的描述:"来看我的那个人"、"所有到了的人"、"已经来了的少数人"。换句话说,无选择约束策略缺乏一般的可应用性,基于理论经济性的考虑,在其他条件相同的情况下,可以摒除这一策略。①

但是,其他条件并非完全相同。因此,我们的第二个论点是,无选择约束策略还是必要的。我们将证明,这一策略是独立引发的,这并不是为了解释以上我们讨论的那些句子,而是为了说明下面将要讨论的一类条件句。

(108) 谁先来,谁先吃。

(109) 谁先进来,我先打谁。

几十年前,就有人注意到这类句子了,Cheng & Huang(1996)首次注意到这类句子跟时下的论争有理论关联。这些句子具有条件句的句法和语义,这一点可由如下事实证明,即"就"可以出现在后一句子中。

(110) 谁先来,谁就先吃。

(想要表达的意思同(108))

(111) 谁先进来,我就先打谁。

(想要表达的意思同(109))

这些条件句在形式上跟(106)—(107)中一般的"如果……就"条件句的不同之处在于:它们的先行句中没有"如果"或"要是"这样的显性引导词。这些"光杆条件句"有好几个重要

---

① 来自量化可变性方面的论据对于单数无定成分的无选择约束分析,也不是完全令人信服的。尽管通过直接控制无定 NP 的量化力,无选择约束获得可变性;但是,在 E-类分析中,这种可变性可以通过让副词对包含无定成分的句子所描写的(最小)境况进行量化,从而间接推导出相关结果。

的属性不同于一般的"如果-"条件句。第一,每个句子出现两个相同的疑问词:一个在先行句中,一个在后续句中;这两个疑问词形式与指称都相同。第二,后续句中的疑问词不能被代名词或定指描写成分所代替(请看112a,b),或者完全从后续句中消失(请看112c)。

(112) a. *谁先进来,她/他先吃。
　　　b. *谁先进来,这个人先吃。
　　　c. *谁先进来,我会很高兴。

光杆条件句的先行句可以含有不止一个疑问词,但是,对每一个先行句中的疑问词来讲,后续句中都能找到一个相同的疑问词。结果是,每个光杆条件句可以包含两个、四个或六个疑问词,依此类推。

(113) a. 谁演谁,谁像谁。
　　　b. 谁喜欢什么,谁就买什么。

这些属性使光杆条件句有别于一般的"如果-"条件句。一般的"如果-"条件句并不要求后续句中存在照应性成分,如(114c);如果后续句中的确存在照应性成分,可以采取代名词或定指描写形式,如(114a,b)。

(114) a. 如果谁先进来,她/他就先吃。
　　　b. 要是谁先进来,那个人就先吃。
　　　c. 要是谁先进来,我会很高兴。

在这方面，一般的"如果-"条件句跟下面带"都"的句子（"都-"条件句）表现一致。

(115) a.（不管）谁先进来，她/他都可以先吃。
　　　b.（不管）谁先进来，那个人都可以先吃。
　　　c.（不管）谁先进来，我都会很高兴。

一般的"如果-"条件句和"都-"条件句都跟它们后续句中的疑问词不相配。

(116) ??如果谁先进来，就让谁先吃。①

(117) *（不管）谁先进来，我都让谁先吃。

按照 Cheng & Huang（1996）的思路，我们发现光杆条件句跟"如果-"条件句与"都-"条件句之间的系统性对立："如果-"条件句与"都-"条件句用 E-类策略可得到很好的处理，但是，光杆条件句却是无选择约束的最佳例示。按照 Heim（1982）的图式，无选择约束涉及一个三分结构，其中包括：算

---

① 对于"如果-"条件句合语法性判断的强度在说话者中有一定程度的差异。假如先行句中不含"如果"，而后续句的确有"就"，很多说话者允许代名词与疑问词短语之间的自由替换。

(i) 谁先进来，我就先打谁/他/她。

我们认为，这种"半光杆的"的条件句或具有"如果-"条件句的地位（当它们的后续句带代名词时），或具有光杆条件句的地位（当它们带疑问词时）。代名词与疑问词可以替换的条件有些复杂，部分取决于照应性的代名词或疑问词的位置。另外的讨论可参阅 Cheng & Huang（1996）与 J. Lin（1996）。撇开细节不论，这里需要指出的是，如果某一句类允许照应性的代名词，那么，它也允许后续句中出现定指描述成分；如果照应性代名词被禁止，那么，定指描述成分同样被禁止。

子（operator）、限定（restriction）、核心（nucleus）。在一个条件句中，量化副词充当算子，先行句映射为限定句，后续句映射为核心句；算子约束的是限定与核心中的变项。在三分图式下，(109) 被恰当地表示为 (118)。

(118) NEC$_i$ 谁$_i$ 先进来，我先打谁$_i$。
OP$_i$ (Restriction)(Nucleus)
算子（限定）（核心）

(113a) 可用多重无选择约束来描写，如 (119)。

(119) NEC$_{i,j}$ 谁$_i$ 演谁$_j$，谁$_i$ 像谁$_j$。
OP$_{i,j}$ (Restriction)(Nucleus)
算子（限定）（核心）

请注意，(118) 与 (119) 中，由于先行句和后续句的 wh-变项互不 C-统制，所以，算子直接且局部约束 wh-变项。换句话说，(118) 中的两个"谁"在地位上是相等的，彼此没有照应语与被照应语的关系。这就解释了为什么同一变项的两次出现都可以采取相同的 wh-短语形式。后续句中的 wh-短语不能被照应性的代名词或定指描写成分（蕴涵着"已知性"）所替换，因为其地位跟先行句中的 wh-短语相同，而不是它的照应语。三分表达式也解释了为什么 wh-变项必须在先行句和后续句中都出现。假定自然语言的量化既是限定的，又是非空的（non-vacuous），那么，下面的光杆条件句 (120) 是不合语法的，因为这些要求都没有得到满足。这些句子跟它们的英译文

一样,听起来"怪怪的"(译者按,为了便于比较,这里附上英译文):

(120) a. *谁先进来,我先打李四。
who first enter I first hit Lisi
(*'For all x such that x comes in first, I shall hit Lisi first.')

b. *李四先进来,我先打谁。
Lisi first enter I first hit who
(*'For all x such that Lisi comes in first, I hit x first.')

我们用无选择约束对光杆条件句属性所作的解释也意味着,"如果-"条件句和"都-"条件句不是无选择约束的句子,它们更适合用 E-类策略处理。因为 E-类策略将无定的疑问词短语处理成存在量词或疑问量词,其辖域在先行句之内,主句或后续句不需要(或容许)变项,这就解释了(114c)和(115c)的合语法性。如果从主句中指称先行句中的受约束变项,那么,这种指称在本质上必然是照应性的,所指称的是先行语变项所被赋予的任何值;它依赖于作为其先行语的变项,因此,采取照应性代名词或定指描述的形式,如(114a, b)和(115a, b)。要注意的是,代名词与定指描写成分的分布相同:它们都允许出现在"如果-"条件句和"都-"条件句中,都不允许出现在光杆条件句中。这就为 Evans 将驴子代名词和定指描述成分作出相同的处理提供了另外的证据。

总之，汉语中有两类驴子句：光杆条件句和"如果-"与"都-"条件句。光杆条件句为话语表征理论提出的无选择约束机制提供了强有力的证据。尽管话语表征理论最初是基于含有驴子代名词的"常规"条件句提出来的，但是，我们从光杆条件句得到的证据反倒再度肯定了 E-类策略对于处理这类驴子代名词的合理性。

9.4 总结与结语

本章查验了汉语句法的一个重要领域，而它跟语义诠释密切相关，即关于名词性短语的指称。我们已经看到，尽管汉语 NP 指称的一般模式符合一般的约束原则，可是，大量为汉语所独有的现象，其作为人类语言能力的一部分，有助于我们理解句法-语义界面以及语法-话语界面的形式本质。其中，代名词的非同指模式有助于证明原则 D 独立存在的必要性。关于光杆反身代词"自己"的双重地位的论证表明，有必要区分照应语和语内传递语：前者受句法原则管辖，后者受在语法-语用界面上起作用的句法原则与功能原则的共同管辖。定指的与量化的 NP 照应语的不同表现证明了辖域、可及性与局部性对于变项约束理论是相关的。各种条件句的模式显示，对于一个要解决自然语言中驴子句照应语的合理的理论来说，E-类策略和无选择约束策略都是必要的。

我们关注的问题大部分符合一般的原则，这一事实并不奇怪。假定这些问题从语言学习者的角度看其本质是抽象的，那么，它们自然就反映了心智的内部运作以及儿童习得语言的部分机制。另一方面，如果没有对个别语言的深入查验与分析，我们对这些内部运作的理解就不会全面，这也是很清楚的。

参考文献

文献中的缩略语：

CLS: Papers from the annual regional meeting of the Chicago Linguistic Society

NELS: Proceedings of the annual conference of the North East Linguistic Society

WCCFL: Proceedings of the West Coast Conference on Formal Linguistics

陈　平　1988　论现代汉语时间系统的三元结构，《中国语文》第 5 期，401—422。

邓守信　1985　汉语动词的时间结构，《语言教学与研究》第 4 期，7—17。

范继淹　1985　无定 NP 主语句，《中国语文》第 5 期，321—328。

冯胜利　1995　管约理论与汉语的被动句，《中国语言学论丛》第 1 期，1—28。

　　2000　《汉语韵律句法学》，上海：上海教育出版社。

冯胜利、蔡维天　说"们"的位置：从句法-韵律的界面谈起，《语言学论丛》第三十二辑，46—63，北京：商务印书馆。

黄正德　1988a　说"是"和"有"，《史语所集刊》第 1 期，43—64。

　　1988b　汉语正反问句的模组语法，《中国语文》第 4 期，247—264。

　　2008　从"他的老师当得好"谈起，《语言科学》第 3 期，225—241。

李临定　1980　动补的句式，《中国语文》第 2 期，93—103。

李艳惠　2005　省略和成分缺失,《语言科学》第4期,3—19。
　　　　2007　空语类理论和汉语空语类的辨识与指称研究,《语言科学》第6期,37—47。
梁东汉　1958　论"把"字句,载《语言学论丛》第二辑,100—119,上海:新知识出版社。
吕叔湘　1955　把字用法的研究,载《汉语语法论文集》,176—199,北京:科学出版社。
　　　　1980/1984　《现代汉语八百词》,北京:商务印书馆。
梅祖麟　1978　现代汉语选择问句法的来源,《史语所集刊》第1期,15—36。
桥本万太郎　1987　汉语被动式的历史、区域发展,《中国语文》第1期,36—49。
邵敬敏、赵春利　2005　"致使把字句"和"省隐被字句"及其语用解释,《汉语学习》第4期,11—18。
沈家煊　2004　动结式"追累"的语法和语义,《语言科学》第6期,3—15。
王　还　1984　《"把"字句和"被"字句》,上海:上海教育出版社。
王嘉龄、Justine T. Stillings　1984　Chinese reflexives,见《哈尔滨生成语法讨论会论文集》,100—109,哈尔滨:黑龙江大学。
王　力　1954　《中国语法理论》,北京:中华书局。
魏培泉　1994　古汉语被动式的发展与演变机制,《中国境内语言暨语言学》第2期,293—319。
吴　蒙　1982　"把"字用法二例,《中国语文》第6期,434。
邢公畹、马庆株(编)　1992　《现代汉语教程》,天津:南开大学出版社。
杨　柳　2006　"把"字句与"被"字句,《现代语文(语言研究版)》第5期,64—65。
张　敏　1990　汉语方言反复问句的类型学研究:共时分布及其历时蕴

含,北京大学博士学位论文。

张旺熹 2001 "把"字句的位移图式,《语言教学与研究》第3期,1—10。

朱德熙 1982 《语法讲义》,北京:商务印书馆。

—— 1991 "V-neg-VO"与"VO-neg-V"两种反复问句在汉语方言里的分布——为纪念季羡林先生八十寿辰作,《中国语文》第5期,321—332。

Abney, Steven. 1987. The English noun phrase in its sentential aspect. Doctoral dissertation, MIT, Cambridge, Mass.

Åfarli, Tor A. 1994. A promotion analysis of restrictive relative clauses. *The Linguistic Review* 11: 81–100.

Alexiadou, Artemis. 1997. *Adverb Placement: A Case Study in Antisymmetric Syntax*. Amsterdam: John Benjamins.

Alexiadou, Artemis, Paul Law, Andre Meinunger & Chris Wilder. 2000. Introduction. In *The Syntax of Relative Clauses*, ed. Artemis Alexiadou, Paul Law, Andre Meinunger & Chris Wilder, 1–52. Amsterdam: John Benjamins.

Anderson, Stephen. 1972. How to get even. *Language* 48: 893–906.

—— 1992. *A-morphous Morphology*. Cambridge: Cambridge University Press.

Aoun, Joseph, Norbert Hornstein, David Lightfoot & Amy Weinberg. 1987. Two Types of Locality. *Linguistic Inquiry* 18: 537–577.

Aoun, Joseph and Y.-H. Audrey Li. 1989. Constituency and scope. *Linguistic Inquiry* 20:141–172.

—— 1990. Minimal Disjointness. *Linguistics* 28: 189–204.

—— 1993a. *Syntax of Scope*. Cambridge, Mass.: MIT Press.

—— 1993b. *Wh*-elements in-situ: syntax or LF? *Linguistic Inquiry* 24: 199–238.

—— 1993c. On some differences between Chinese and Japanese. *Linguistic*

Inquiry 24:365–372.

2003. *Essays on the Representational and Derivational Nature of Grammar: The Diversity of wh-constructions.* Cambridge, Mass.: MIT Press.

Authier, J.-Marc & Lisa Reed. 1992. On the syntactic status of French affected datives. *The Linguistic Review* 9: 295–311.

Baker, Mark. 1988. *Incorporation: A Theory of Grammatical Function Changing.* Chicago: University of Chicago Press.

1996. *The Polysynthesis Parameter.* New York: Oxford University Press.

2002. Building and merging, not checking. *Linguistic Inquiry* 33: 321–328.

Baker, Mark, Kyle Johnson & Ian Roberts. 1989. Passive arguments raised. *Linguistic Inquiry* 20: 219–251.

Barss, Andrew. 1986. Chains and anaphoric dependencies. Doctoral dissertation, MIT, Cambridge, Mass.

Barss, Andrew, Ken Hale, Ellavina Tsosie Perkins & Margaret Speas. 1991. Logical form and barriers in Navajo. In *Logical Structure and Linguistic Structure*, ed. by C.-T. James Huang & Robert May, 25–48. Dordrecht: Kluwer.

Battistella, Edwin. 1989. Chinese reflexivization: a movement to INFL approach. *Linguistics* 27: 987–1012.

Bender, Emily. 2000. The syntax of Mandarin *ba*: Reconsidering the verbal analysis. *Journal of East Asian Linguistics* 9: 105–145.

Bennett, Paul A. 1981. The evolution of passive and disposal sentences. *Journal of Chinese Linguistics* 9: 61–89.

Bianchi, Valentina. 1999. *Consequences of Antisymmetry: Headed Relative Clauses.* New York: Mouton de Gruyter.

Borer, Hagit. 1984. Restrictive relatives in modern Hebrew. *Natural Language and Linguistic Theory* 2: 219–260.

2005. *Structuring Sense*. (Vol. 1: *In Name Only*; Vol. 2: *The Normal Course of Events*.) New York: Oxford University Press.

Bowers, John. 1993. The syntax of predication. *Linguistic Inquiry* 24: 591–656.

Bresnan, Joan. 1982. The passive in lexical theory. In *The Mental Representation of Grammatical Relations*, ed. Joan Bresnan, 3–86. Cambridge, Mass.: MIT Press.

Browning, Marguerite A. 1987. Null operator constructions. Doctoral dissertation, MIT, Cambridge, Mass.

Carlson, Greg N. 1977. Amount relatives. *Language* 53: 520–542.

Carstens, Vicky. 1991. The morphology and syntax of determiner phrases in Kiswahili. Doctoral dissertation, University of California, Los Angeles.

Chao, Yuen-Ren (赵元任). 1968. *A Grammar of Spoken Chinese*. Berkeley: University of California Press.

Cheng, Lisa L.-S. (郑礼姗) 1986. Clause structures in Mandarin Chinese. Master's thesis, University of Toronto.

1991/1997. On the typology of *wh*-questions. Doctoral dissertation, MIT, published by Garland, New York, 1997.

1995. On *dou*-quantification. *Journal of East Asian Linguistics* 4: 197–234.

Cheng, Lisa L.-S. (郑礼姗) & C.-T. James Huang (黄正德). 1994. On the argument structure of resultative compounds. In *In honor of William Wang*, ed. Matthew Chen & Ovid T.-L. Tzeng, 187–221. Taipei: Pyramid Press.

1996. Two types of donkey sentences. *Natural Language Semantics* 4: 121–163.

Cheng, Lisa L.-S. (郑礼姗), C.-T. James Huang (黄正德) & C.-C. Jane Tang (汤志真). 1996. Negative particle questions: a dialectal comparison.

In *Microparametric Syntax and Dialect Variation*, ed. James R. Black & Virginia Motapanyane, 41–78. Amsterdam: John Benjamins.

Cheng, Lisa L.-S.（郑礼姗）, C.-T. James Huang（黄正德）, Y.-H. Audrey Li（李艳惠）& C.-C. Jane Tang（汤志真）. 1993. Three ways to get passive. Ms., University of California, Irvine; USC; and Academia Sinica.

—— 1996. *Hoo, hoo, hoo*: the causative, passive, and dative in Taiwanese. In *Contemporary Studies on the Min Dialects, Journal of Chinese Linguistics Monograph* 14, ed. Pang-Hsin, 146–203.

Cheng, Lisa L.-S.（郑礼姗）& Rint Sybesma（司马翎）. 1999. Bare and not-so-bare nouns and the structure of NP. *Linguistic Inquiry* 30: 509–542.

Cheng, Lisa L.-S.（郑礼姗）& Yafei Li（李亚非）. 1991. Multiple projections and double negation in Mandarin Chinese. Paper presented at North American Conference on Chinese Linguistics, Cornell University.

Cheung, Hung-Nin Samuel（张洪年）. 1973. A comparative study in Chinese grammars: The *ba*-construction. *Journal of Chinese Linguistics* 1 (3) : 343–382.

Chierchia, Gennaro. 1984. Topics in the syntax and semantics of infinitives and gerunds. Doctoral dissertation, University of Massachusetts, Amherst.

—— 1989. Anaphora and attitudes *de se*. In *Semantics and Contextual Expression*, ed. R. Bartsch, J. van Benthem & P. van Emde Boas, 1–31. Dordrecht: Foris.

—— 1998. Reference to kinds across languages. *Natural Language Semantics* 6: 339–405.

Chiu, Bonnie. 1995. An object clitic projection in Mandarin Chinese. *Journal of East Asian Linguistics* 4: 77–117.

参考文献

Chomsky, Noam. 1970. Remarks on nominalization. In *Readings in English Transformational Grammar*, ed. Roderick Jacobs & Peter S. Rosenbaum, 184–221. Waltham, Mass.: Ginn & Company.

1973. Conditions on transformations. In *A Festschrift for Morris Halle*, ed. Steven Anderson & Paul Kiparsky, 232–286. New York: Holt, Rinehart and Winston.

1976. Conditions on rules of grammar. *Linguistic Analysis* 2: 303–351.

1977. On *wh*-movement. In *Formal Syntax*, ed. Peter Culicover, Thomas Wasow & Adrian Akmajian, 71–132. New York: Academic Press.

1981. *Lectures on Government and Binding*. Dordrecht: Foris.

1982. *Some Concepts and Consequences of the Theory of Government and Binding*. Cambridge, Mass.: MIT Press.

1986a. *Knowledge of Language*. New York: Praeger.

1986b. *Barriers*. Cambridge, Mass.: MIT Press.

1995. *The Minimalist Program*. Cambridge, Mass.: MIT Press.

2000. Minimalist inquiries: The framework. In *Step by Step*, ed. Roger Martin, David Michaels & Juan Uriagereka, 89–156. Cambridge, Mass.: MIT Press.

2001. Derivation by phrase. In *Ken Hale: A Life in Language*, ed. Michael Kenstowicz, 1–52. Cambridge, Mass.: MIT Press.

Cinque, Guglielmo. 1990. *Types of A'-dependencies*. Cambridge, Mass.: MIT Press.

1999. *Adverbs and Functional Heads: A Cross-linguistic Perspective*. New York: Oxford University Press.

2002. *Functional Structure in DP and IP: The Cartography of Syntactic Structures*, vol. 1, Oxford Studies in Comparative Syntax. New York: Oxford University Press.

Clements, George N. 1975. The logophoric pronoun in Ewe: Its role in discourse. *Journal of West African Languages* 2: 141–177.

Cole, Peter & Chengchi Wang. 1996. Antecedents and blockers of long-distance reflexives: The case of Chinese *ziji*. *Linguistic Inquiry* 27: 357–390.

Cole, Peter & Cher Leng Lee. 1997. Locality constraints on yes-no questions in Singapore Teochew. *Journal of East Asian Linguistics* 6: 189–211.

Cole, Peter & Gabriella Hermon. 1994. Is there LF *wh*-movement? *Linguistic Inquiry* 25:239–262.

Cole, Peter, Gabriella Hermon & Cher Leng Lee. 2001. Grammatical and discourse conditions on long-distance reflexives in two Chinese dialects. In *Long Distance Reflexives*, *Syntax and Semantics* 33, ed. Peter Cole et al., 141–195. New York: Academic Press.

Cole, Peter, Gabriella Hermon & Li-May Sung. 1990. Principles and parameters of long distance reflexives. *Linguistic Inquiry* 21: 1–22.

Cole, Peter & Li-May Sung. 1994. Head movement and long-distance reflexives. *Linguistic Inquiry* 25: 355–406.

Contreras, Heles. 1987. Small clauses in Spanish and English. *Natural Language and Linguistic Theory* 5: 225–244.

Dahl, Östen. 1981. On the definition of the telic-atelic (bounded-nonbounded) distinction. In *Tense and Aspect,* Syntax and semantics 14, ed. Philip Tedeschi & Annie Zaenen, 79–90. New York: Academic Press.

Del Gobbo, Francesca. 2003. Appositives at the interface. Doctoral dissertation, University of California, Irvine.

Demirdache, Hamida. 1991. Resumptive chains in restrictive relatives, appositives and dislocation structures. Doctoral dissertation, MIT.

Di Sciullo, Anna Maria & Edwin Williams. 1987. *On the Definition of Word*.

Cambridge, Mass.: MIT Press.

Diesing, Molly. 1992. *Indefinites*. Cambridge, Mass.: MIT Press.

Dowty, David. 1979. *Word Meaning and Montague Grammar*. Dordrecht: Reidel.

— 1991. Thematic proto-roles and argument selection. *Language* 67: 547–619.

Emonds, Joseph. 1978. The verbal complex V′-V″ in French. *Linguistic Inquiry* 9: 151–175.

Ernst, Thomas. 1988. Chinese postpositions? – Again. *Journal of Chinese Linguistics* 16: 219–245.

— 1994. Conditions on Chinese A-not-A questions. *Journal of East Asian Linguistics* 3: 241–264.

— 2002. *The Syntax of Adjuncts*. Cambridge: Cambridge University Press.

Ernst, Thomas & Chengchi Wang. 1995. Object preposing in Mandarin Chinese. *Journal of East Asian Linguistics* 4: 235–260.

Evans, Gareth. 1980. Pronouns. *Linguistic Inquiry* 11: 337–362.

Feng, Shengli (冯胜利). 1994. Prosodic structure and compound words in Classical Chinese. In *New Approaches to Chinese Word Formation*, ed. Jerome Packard, 197–260. Berlin: Mouton de Gruyter.

— 1998. Short passive in Modern and Classical Chinese. Ms., University of Kansas.

— 2000. *Prosodic syntax in Chinese*. Shanghai: Shanghai Jiaoyu Chubanshe.

Fiengo, Robert. 1977. On trace theory. *Linguistic Inquiry* 8: 35–62.

Fiengo, Robert, C.-T. James Huang, Howard Lasnik & Tanya Reinhart. 1988. The syntax of wh-in-situ. *WCCFL* 7: 81–98.

Fiengo, Robert & Robert May. 1994. *Indices and Identity*. Cambridge, Mass.: MIT Press.

Frei, Henri. 1956. The ergative construction in Chinese: theory of Pekinese pa. *Gengo Kenkyu* 31: 22–50.

Freidin, Robert. 1991. *Foundations of Generative Syntax*. Cambridge, Mass.: MIT Press.

Fu, Jingqi (傅京起). 1994. On deriving Chinese derived nominals: evidence for V-to-N raising. Doctoral dissertation, University of Massachusetts, Amherst.

Fukui, Naoki. 1991. Strong and weak barriers. In *Current English Linguistics in Japan*, ed. H. Nakajima, 77–93. Berlin: Mouton de Gruyter.

1995. The principles-and-parameters approach: a comparative syntax of English and Japanese. In *Approaches to Language Typology*, ed. Masayoshi Shibatani & Theodora Bynon, 327–371. Oxford: Oxford University Press.

Fukui, Naoki & Margaret Speas. 1986. Specifiers and projections. *MIT Working Papers in Linguistics* 18: 128–172.

Gasde, Horst-Dieter. 2004. Yes/no questions and A-not-A questions in Chinese revisited. *Linguistics* 42: 293–326.

Giannakidou, Anastasia. 1999. Affective dependencies. *Linguistics and Philosophy* 22: 367–421.

Givón, Tom. 1984. *Syntax: A functional-typological Introduction*. Amsterdam: John Benjamins.

Goldberg, Lotus. 2005. Verb-stranding VP ellipsis: A cross-linguistic study. Doctoral dissertation, McGill University, Montreal, Quebec.

Goodall, Grant. 1987. On argument structure and L-marking with Mandarin Chinese *ba*. *NELS* 17 (1) : 232–242.

1990. X′-internal word order in Mandarin Chinese and Universal Grammar. *Linguistics* 28: 241–261.

Greenberg, Joseph. 1963. Universals of language. Cambridge, Mass.: MIT

Press.

Grimshaw, Jane. 1990. *Argument Structure*. Cambridge, Mass.: MIT Press.

—— 1991. Extended projection. Ms., Rutgers University.

—— 2000. Extended projection and locality. In *Lexical Specification and Insertion*, ed. Peter Coopmans, Martin Everaert & Jane Grimshaw, 115–133. Amsterdam: John Benjamins.

Gruber, Jeffrey. 1965. Studies in lexical relations. Doctoral dissertation, MIT.

Gu, Yang (顾阳). 1992. The syntax of resultative and causative compounds in Chinese. Doctoral dissertation, Cornell University.

Hagège, C. 1974. Les pronoms logophoriques. *Belletin de la Societe de Linguistique de Paris* 69: 287–310.

Hagstrom, Paul. 2006. A-not-A questions. In *The Blackwell Companion to Syntax*, ed. Martin Everaet & Henk van Riemsdijk. Vol. 1, 173–214. Malden, Mass.: Blackwell.

Hale, Kenneth & Samuel Jay Keyser. 1987. A view from the middle. *Lexicon Project Working Papers* 10, Center for Cognitive Science, MIT.

—— 1993. On argument structure and the lexical expression of syntactic relations. In *The View from Building* 20, ed. Kenneth Hale & Samuel Jay Keyser, 53–109. Cambridge, Mass.: MIT Press.

—— 2002. *Prolegomenon to a Theory of Argument Structure*. Cambridge, Mass.: MIT Press.

Hashimoto, Anne Yue. 1971. Mandarin syntactic structures. *Unicorn* 8: 1–149.

Hashimoto, Mantaro. 1969. Observations on the passive construction. *Chi-Lin* 5: 59–71. [Project on Chinese Linguistics, Princeton University.]

Haspelmath, Martin. 1997. *From Space to Time: Temporal Adverbials in the world's Languages*. Munchen: Lincom Europa.

Hawkins, John. 1983. *Word Order Universals*. New York: Academic Press.

Heim, Irene. 1982. The semantics of definite and indefinite noun phrases. Doctoral dissertation, University of Massachusetts, Amherst.

Her, One-Soon. 2007. Argument-function mismatches in Mandarin Chinese: a lexical mapping account. *Lingua* 117: 221–246.

Higginbotham, James. 1980a. Pronouns and bound variables. *Linguistics Inquiry* 11: 679–708.

1980b. Anaphora and GB: some preliminary remarks. *NELS* 10: 223–236.

1985. On semantics. *Linguistic Inquiry* 16: 547–593.

1996. Semantic computation. Ms., Oxford University.

Hoekstra, Teun. 1988. Small clause results. *Lingua* 74: 101–139.

Hoekstra, Teun & Ian Roberts. 1993. Middle constructions in Dutch and English. In *Knowledge and Language*, vol. 2, ed. Eric Reuland & Werner Abraham, 183–220. Dordrecht: Kluwer.

Hoji, Hajime. 1985. Logical form constraints and configurational structures in Japanese. Doctoral dissertation, University of Washington, Seattle.

Homma, Shinsuke. 1995. Syntax of possessive passive in Japanese. *Tsukuba English Studies* 14: 1–40.

Hornstein, Norbert & Amy Weinberg. 1981. Case theory and preposition stranding. *Linguistic Inquiry* 12: 55–91.

Hoshi, Hiroto. 1991. The generalized projection principle and the subject position of passive constructions. *Journal of Japanese Linguistics* 13: 53–89.

1994a. Passive, causative, and light verbs: A study on theta role assignment. Doctoral dissertation, University of Connecticut.

1994b. Theta-role assignment, passivization, and excorporation. *Journal of East Asian Linguistics* 3: 147–173.

Hsieh, Miao-Ling (谢妙玲). 2001. Form and meaning: negation and question in

Chinese. Doctoral dissertation, University of Southern California.

2004. *Wh*-phrase and word order in nominal phrases. Paper presented at the 16th NACCL, University of Iowa, May 2004.

Huang, C.-T. James (黄正德). 1974. Constraints on transformations. Master's thesis, National Taiwan Normal University.

1982a. Move *wh* in a language without *wh*-movement. *The Linguistic Review* 1: 369–416.

1982b/1998. Logical relations in Chinese and the theory of grammar. Doctoral dissertation, MIT; edited version published by Garland, New York, 1998.

1983. A note on the binding theory. *Linguistic Inquiry* 14: 554–561.

1984a. On the distribution and reference of empty pronouns. *Linguistic Inquiry* 15: 531–574.

1984b. Phrase structure, lexical integrity, and Chinese compounds. *Journal of Chinese Language Teachers Association* 19: 53–78.

1988. *Wo pao de kuai* and Chinese phrase structure. *Language* 64: 274–311.

1989. Pro drop in Chinese: a generalized control approach. In *The Null Subject Parameter*, ed. Osvaldo Jaeggli & Ken Safir, 185–214. Dordrecht: D. Reidel.

1991. Modularity and Chinese A-not-A questions. In *Interdisciplinary Approaches to Language*, ed. Carol Georgopolous & Robert Ishihara, 305–322. Dordrect: Kluwer.

1992. Complex predicates in control. In *Control and Grammar*, ed. Richard K. Larson, Sabine Iatridou, Utpal Lahiri & James Higginbotham, 109–147. Dordrecht: Kluwer.

1993. Reconstruction and the structure of VP: Some theoretical consequences. *Linguistic Inquiry* 24: 103–138.

1994a. Logical Form. In *Government and Binding Theory and the*

Minimalist Program, ed. Gert Webelhuth, 127–173. Oxford: Blackwell.

1994b. Verb movement and some syntax-semantics mismatches in Chinese. *Chinese Languages and Linguistics* 2: 587–613.

1994c. More on Chinese word order and parametric theory. In *Syntactic Theory and Language Acquisition: Crosslinguistic Perspectives*, vol. 1, ed. Barbara Lust et al., 15–35. Mahwah, New Jersey: Lawrence Erlbaum.

1997. On lexical structure and syntactic projection. *Chinese Languages and Linguistics* 3: 45–89.

1999. Chinese passives in comparative perspective. *Tsing Hua Journal of Chinese Studies* 29 (4) : 423–509.

2002. Distributivity and reflexivity. In *On the Formal Way to Chinese Languages*, ed. Sze-Wing Tang & Luther Liu, 21–44. Stanford: Center for the Study of Language and Information; distributed by Cambridge University Press; also in *Proceedings of the Center of Excellence International Symposium*, ed. Nobuko Hasegawa, Kanda University, Japan, 2001.

2005. On syntactic analyticity and the other end of the parameter. Lecture notes from LSA 2005 Linguistic Institute course. Ms., Harvard University.

2006. Resultatives and unaccusatives: a parametric view. *Bulletin of the Chinese Linguistic Society of Japan* 253: 1–43.

Huang, C.-T. James（黄正德）& C.-C. Jane Tang（汤志真）. 1991. The local nature of the long-distance reflexives in Chinese. In *Long-distance Anaphora*, ed. Jan Koster & Eric Reuland, 263–282. Cambridge University Press. Also in *NELS* 19, 1989.

Huang, C.-T. James（黄正德）& C.-S. Luther Liu（刘辰生）. 2001. Logophoricity, attitudes and *ziji* at the interface. In *Long Distance*

Reflexives, *Syntax and Semantics* 33, ed. Peter Cole et al., 141–195. New York: Academic Press.

Huang, C.-T. James (黄正德) & Masao Ochi. 2004. Syntax of *the hell*: Two types of dependencies. *NELS* 34: 279–293.

Huang, C.-T. James (黄正德), Yun-Hua Huang (黄运骅), Te-Hsiang Teng (邓德祥) & Robyne Tiedeman. 1984. Reflexives in Chinese and the teaching of Chinese. *Proceedings of the first World Conference on Chinese Languages*, 205–215. Taipei: World Chinese Language Association.

Huang, Shizhe (黄师哲). 1996. Quantification and predication in Mandarin Chinese: A case study of *dou*. Doctoral dissertation, University of Pennsylvania, Philadelphia.

Huang, Yun-Hua (黄运骅). 1984. Chinese reflexives. *Studies in English Literature and Linguistics* 10: 163–188.

Iljic, Robert. 1994. Quantification in Mandarin Chinese: Two markers of plurality. *Linguistics* 32: 91–116.

Ishii, Yasuo. 1991. Operators and empty categories in Japanese. Doctoral dissertation, University of Connecticut, Storrs.

Ito, Junko. 1986. Head-movement at PF and LF: the syntax of head internal relatives. *University of Massachusetts Occasional Papers in Linguistics* 11: 109–138.

Jackendoff, Ray. 1972. *Semantic Interpretation in Generative Grammar*. Cambridge, Mass.: MIT Press.

2002. *Foundations of Language*. New York: Oxford University Press.

Jaeggli, Osvaldo. 1981. *Topics in Romance Syntax*. Dordrecht: Foris.

Jiang, Zixin. 1990. Some aspects of the syntax of topic and subject in Chinese. Doctoral dissertation, University of Chicago.

Kamp, Hans. 1981. A theory of truth and semantic representation. In *Formal*

Methods in the Study of Language, ed. J. A. G. Groenendijk, T. M. V. Janssen & M. B. J. Stokhof, 277–321. Amsterdam: Mathematical Centre.

Kayne, Richard S. 1975. *French Syntax and the Transformational Cycle.* Cambridge, Mass.: MIT Press.

———. 1994. *The Antisymmetry of Syntax.* Cambridge, Mass.: MIT Press.

Kim, Soowon. 1989. *Wh*-phrases in Korean and Japanese are QPs. In *MIT Working Papers in Linguistics* 11: 119–138.

———. 1991. Chain scope and quantification structure. Doctoral dissertation, Brandeis University.

Kitagawa, Yoshihisa. 1986. Subjects in Japanese and English. Doctoral dissertation, University of Massachusetts, Amherst.

Kitagawa, Yoshihisa & S.-Y. Kuroda. 1992. Passive in Japanese. Ms., University of Rochester and University of California, San Diego.

Klavans, Judith. 1980. *Some Problems in a Theory of Clitics.* Bloomington, Indiana: Indiana University Linguistics Club.

Koopman, Hilda. 1984. *The Syntax of Verbs.* Dordrecht: Foris.

Koster, Jan. 1978. *Locality Principles in Syntax.* Dordrecht: Foris.

Kratzer, Angelika. 1989. Stage-level and individual-level predicates. In *Papers on Quantification*, 42–45. GLSA, University of Massachusetts, Amherst.

———. 1996. Severing the external argument from the verb. In *Phrase Structure and the Lexicon*, ed. Johan Rooryck & Laurie Zaring, 109–137. Dordrecht: Kluwer.

Krifka, Manfred. 1995. Common nouns: a contrastive analysis of English and Chinese. In *The Generic Book*, ed. Gregory Carlson & Francis Jeffry Pelletier, 398–411. Chicago: University of Chicago Press.

Kung, Hui-I. 1993. The mapping hypothesis and postverbal structures in Mandarin Chinese. Doctoral dissertation, University of Wisconsin,

参考文献

Madison.

Kuno, Susumu. 1972. Pronominalization, reflexivization, and direct discourse. *Linguistic Inquiry* 3: 161–195.

——— 1973. *The Structure of the Japanese Language*. Cambridge, Mass.: MIT Press.

——— 1976. Subject raising. In *Japanese Generative Grammar, Syntax and Semantics* 5, ed. by Masayoshi Shibatani, 17–49. New York: Academic Press.

——— 1987. *Functional syntax*. Chicago: University of Chicago Press.

Kuo, Chin-Man. 1996. The interaction between *daodi* and *wh*-phrases in Mandarin Chinese. Ms., University of Southern California.

Kuroda, S.-Y. 1965. Generative grammatical studies in the Japanese language. Doctoral dissertation, MIT.

——— 1969. English relativization and certain related problems. In *Modern Studies in English*, ed. David A. Reibel & Sanford Schane, 264–287. Englewood Cliffs, N. J.: Prentice-Hall.

——— 1988. Whether we agree or not. *Lingvisticae Investigationes* 12: 1–47.

——— 1992. *Japanese Syntax and Semantics: Collected Papers*. Dordrecht: Kluwer.

Laenzlinger, Christopher. 1998. *Comparative Studies in Word Order Variation: Adverbs, Pronouns, and Clause Structure in Romance and Germanic*. Amsterdam: John Benjamins.

Laka Mugarza, Miren Itziar. 1990. Negation in syntax: On the nature of functional categories and projections. Doctoral dissertation, MIT.

Larson, Richard. 1988. On the double object construction. *Linguistic Inquiry* 19: 335–392.

——— 1991. The Projection of DP (and DegP). Ms., State University of New York, Stony Brook. [To appear in *Essays on shell structure*, ed. Richard Larson. London: Routledge.]

Lasnik, Howard. 1976. Remarks on coreference. *Linguistic Analysis* 2:1–22. [Reprinted in Lasnik 1989.]

1989. *Essays on anaphora*. Dordrecht: Kluwer.

1991. On the necessity of binding conditions. In *Principles and Parameters in Comparative Grammar*, ed. Robert Freidin, 7–28. Cambridge, Mass.: MIT Press.

1999. *Minimalist Analysis*. Malden, Mass.: Blackwell.

2001. When can you save a structure by destroying it? *NELS* 31: 301–320.

Lasnik, Howard & Mamoru Saito. 1993. *Move α: Conditions on Its Application and Output*. Cambridge, Mass.: MIT Press.

Lasnik, Howard & Robert Fiengo. 1974. Complement object deletion. *Linguistic Inquiry* 5: 535–571.

Law, Paul. 2006. Adverbs in A-not-A questions in Mandarin Chinese. *Journal of East Asian Linguistics* 15: 97–136.

Lebeaux, David. 1983. A distributional difference between reciprocals and reflexives. *Linguistic Inquiry* 14: 723–730.

Lee, H.-T. Thomas (李行德). 1986. Studies on quantification in Chinese. Doctoral dissertation, University of California, Los Angeles.

Lewis, David. 1975. Adverbs of quantification. In *Formal semantics of natural language*, ed. Edward L. Keenan, 3–15. Cambridge: Cambridge University Press.

1979. Attitudes *de dicto* and *de se*. *The Philosophical Review* 88: 513–543.

Li, Charles N. (李讷) & Sandra A. Thompson. 1974. Co-verbs in Mandarin Chinese: Verbs or prepositions? *Journal of Chinese Linguistics* 23: 257–278.

1976. Subject and topic: A new typology of language. In *Subject and Topic*, ed. Charles N. Li, 457–489. New York: Academic Press.

1979. The pragmatics of two types of yes-no questions in Mandarin and its universal implications. *CLS* 15: 197–206.

1981. *Mandarin Chinese: A Functional Reference Grammar*. Berkeley: University of California Press.

Li, Fengxiang. 1997. Cross-linguistic lexicalization patterns: diachronic evidence from verb-complement compounds in Chinese. *Sprachtypologie und Universalienforschung* 50 (3) : 229–252.

Li, Jen-I Jelina. 1997. The *ba* construction in Mandarin Chinese: a serial verb analysis. In *Current Issues in Linguistic Theory*, 140: Clitics, pronouns and movement, ed. James R. Black & Virginia Motapanyane, 175–216. Amsterdam: John Benjamins.

Li, Xiaoguang (李晓光). 1997. Deriving distributivity in Mandarin Chinese. Doctoral dissertation, University of California, Irvine.

Li, Yafei (李亚非). 1983. Existential sentences and the category of the locative words. Paper presented at the First Harbin Conference on Generative Grammar, Harbin.

1985. Empty categories and the ECP. Master's thesis, Shandong University, Jinan, China.

1990. On V-V compounds in Chinese. *Natural Language and Linguistic Theory* 8:177–207.

1993a. Structural head and aspectuality. *Language* 69: 480–504.

1993b. What makes long distance reflexives possible? *Journal of East Asian Linguistics* 2: 135–166.

1995. The thematic hierarchy and causativity. *Natural Language and Linguistic Theory* 13: 255–282.

1997a. Remarks on Chinese word order. *Zhongguo Yuyanxue Luncong [Studies in Chinese Linguistics]* 1 (1) : 29–33.

1997b. Chinese resultative constructions and the UTAH. In *New approaches to word formation in Chinese*, ed. Jerome Packard, 285–310. Berlin: Mouton de Gruyter.

1997c. Head-government and X'-theory. *The Linguistic Review* 14: 139–180.

1997d. An optimized UG and biological redundancies. *Linguistic Inquiry* 28: 170–178.

1999. Cross-componential causativity. *Natural Language and Linguistic Theory* 17: 445–497.

2003. Localizers in Chinese and the cost of computation. Ms., University of Wisconsin, Madison.

2005. *X: A Theory of the Morphology-syntax Interface*. Cambridge, Mass.: MIT Press. In progress. Fathoming the depth of UG. Ms., University of Wisconsin, Madison.

2022. *Universal Grammar and Iconicity*. Cambridge: Cambridge University Press.

Li, Yafei (李亚非), Vivian Lin & Rebecca Shields. 2005. Adverb types and the nature of minimality. Ms., University of Wisconsin, Madison.

Li, Y.-H. Audrey (李艳惠). 1985. Abstract case in Mandarin Chinese. Doctoral dissertation, University of Southern California, Los Angeles.

1987. Duration phrases: distributions and interpretation. *Journal of Chinese Language Teachers Association* 22.3: 27–65.

1990. *Order and constituency in Mandarin Chinese*. Dordrecht: Kluwer.

1992a. DOU: Syntax or LF. Paper presented at the fourth North American Conference on Linguistics, University of Michigan, Ann Arbor.

1992b. Indefinite *wh* in Mandarin Chinese. *Journal of East Asian Linguistics* 1: 125–155.

1996. Definite and indefinite existential constructions. *Studies in the Linguistic Sciences* 26: 175–191.

1998. Argument determiner and number phrases. *Linguistic Inquiry* 29: 693–702.

1999. Plurality in a classifier language. *Journal of East Asian Linguistics* 8: 75–99.

2006. Chinese *ba*. In *The Blackwell Companion to Syntax*, ed. Martin Everaert & Henk van Riemsdijk, vol. 1, 374–468. Malden, Mass.: Blackwell.

Li, Ying-Che (李英哲). 1974. What does "disposal" mean? Features of the verb and noun in Chinese. *Journal of Chinese Linguistics* 2: 200–218.

Lieber, Rochelle. 1983. Argument linking and compounds in English. *Linguistic Inquiry* 14: 251–285.

Lin, Jowang (林若望). 1992. The syntax of *zenmeyang* 'how' and *weishenme* 'why' in Mandarin Chinese. *Journal of East Asian Linguistics* 1: 293–332.

1994. Object expletives, definiteness effect and scope interpretation. *NELS* 24: 287–301.

1996. Polarity licensing and *wh*-phrase quantification in Chinese. Doctoral dissertation, University of Massachusetts, Amherst.

1997. Restrictive vs. nonrestrictive relative clauses in Chinese. Paper presented at the 7th International Conference on Chinese Linguistics. Leiden University, June 1997.

1998. On existential polarity *wh*-phrases in Chinese. *Journal of East Asian Linguistics* 7: 219–255.

2003. Temporal reference in Mandarin Chinese. *Journal of East Asian Linguistics* 12: 259–311.

2006. Time in a language without tense: the case of Chinese. *Journal of*

Semantics 23: 1–53.

Lin, Jowang (林若望) & Jane Tang (汤志真). 1995. Modals as verbs in Chinese: a GB perspective. *Bulletin of the Institute of History and Philology, Academia Sinica* 66: 53–105.

Lin, Shuang-Fu. 1974. Locative construction and *ba* construction in Mandarin. *Journal of the Chinese Language Teachers Association* 9 (2) : 66–83.

Lin, T.-H. Jonah. 2001. Light verb syntax and the theory of phrase structure. Doctoral dissertation, University of California, Irvine.

Liu, Feng-Hsii (刘凤樨). 1990. *Scope Dependency in English and Chinese*. Doctoral dissertation, University of California, Los Angeles.

——1997. An aspectual analysis of *ba*. *Journal of East Asian Linguistics* 6: 51–99.

——1998. A clitic analysis of locative particles. *Journal of Chinese Linguistics* 16: 48–70.

Longobardi, Giuseppe. 1994. Reference and proper names. *Linguistic Inquiry* 25: 609–666.

——2001. The structure of DPs: some principles, parameters, and problems. In *The Handbook of Contemporary Syntactic Theory*, ed. Mark Baltin & Chris Collins, 562–603. Malden, Mass.: Blackwell.

Lu, Bingfu (陆丙甫). 1998. Left-right asymmetries of word order variation: a functional explanation. Doctoral dissertation, University of Southern California.

Lu, Hui-Chuan (卢慧娟). 1994. Second preverbal NP's in Chinese. Paper presented at NACCL-6, University of Southern California, May 1994.

Manzini, Rita & Kenneth Wexler. 1987. Parameters, binding and learnability. *Linguistic Inquiry* 18: 413–444.

Marantz, Alec. 1984. *On the Nature of Grammatical Relations*. Cambridge, Mass.: MIT Press.

May, Robert. 1977. The grammar of quantification. Doctoral dissertation, MIT.

McCawley, James D. 1994. Remarks on the syntax of Mandarin *yes-no* questions. *Journal of East Asian Linguistics* 3: 179–194.

McConnell-Ginet, Sally. 1982. Adverbs and logical form: a linguistically realistic theory. *Language* 58: 144–184.

Mei, Kuang (梅广). 1978a. Is Chinese an SOV language? Ms., National Taiwan University.

1978b.The *ba* construction. *Bulletin of the College of Arts, National Taiwan University*, 145–180.

Munn, Alan B. 1993. Topics in the syntax and semantics of coordinate structures. Doctoral dissertation, University of Maryland, College Park.

1998. ATB movement without identity. In *Proceedings of the 14th Eastern States Conference on Linguistics (ESCOL-97)*, 150–160. Cornell Linguistics Club Publications, Cornell University, Ithaca, NY.

Murasugi, Keiko. 1991. Noun phrases in Japanese and English: A study in syntax, learnability, and acquisition. Doctoral dissertation, University of Connecticut, Storrs.

2000a. An antisymmetry analysis of Japanese relative clauses. In *The Syntax of Relative Clauses*, ed. Artemis Alexiadou, Paul Law, Andre Meinunger & Chris Wilder, 167–188. Amsterdam: John Benjamins.

2000b. Japanese complex noun phrases and the antisymmetry theory. In *Step by Step: Essays on Minimalist Syntax in Honor of Howard Lasnik*, ed. Roger Martin, David Michaels & Juan Uriagereka, 211–234. Cambridge, Mass.: MIT Press.

Ning, Chunyan (宁春岩). 1993. The overt syntax of topicalization and relativization in Chinese. Doctoral dissertation, University of California, Irvine.

Nishigauchi, Taisuke. 1986. Quantification in syntax. Doctoral dissertation, University of Massachusetts, Amherst.
    1991. Construing *wh*. In *Logical Structure and Linguistic Structure,* ed. C.-T. James Huang & Robert May, 197–232. Dordrecht: Kluwer.
    1999. Point of view and phrase structure. *Theoretical and Applied Linguistics at Kobe Shoin* 2: 49–60.
Noguchi, Tohru. 1997. Two types of pronouns and variable binding. *Language* 73: 770–797.
Norman, Jerry. 1988. *Chinese.* Cambridge: Cambridge University Press.
Ogle, Richard. 1974. Natural order and dislocated syntax. Doctoral dissertation, University of California, Los Angeles.
Pan, Haihua (潘海华). 1997. Constraints on reflexivization in Chinese. New York: Garland.
    2001. Why the blocking effect. In *Long distance reflexives*, *Syntax and Semantics* 33, ed. Peter Cole et al., 279–316. New York: Academic Press.
Paris, Marie-Claude. 1979. *Nominalization in Mandarin Chinese.* Paris: University Paris VII.
Pesetsky, David. 1987. *Wh*-in-situ: movement and unselective binding. In *The Representation of (In) definiteness*, ed. Eric Reuland & Alice ter Meulen, 98–129. Cambridge, Mass.: MIT Press.
    1995. Zero Syntax. Cambridge, Mass.: MIT Press.
Peyraube, Alain. 1980. *Les Constructions Locatives en Chinois Moderne.* Paris: Edition Langages Croises.
    1996. Recent issues in Chinese historical syntax. In *New Horizons in Chinese Linguistics*, ed. C.-T. James Huang & Y.-H. Audrey Li, 161–213. Dordrecht: Kluwer.
Pica, Pierre. 1987. On the nature of the reflexivization cycle. *NELS* 17: 483–

499.

Pollard, Carl J. & Ping Xue. 1998. Chinese reflexive *ziji*: Syntactic reflexives vs. nonsyntactic reflexives. *Journal of East Asian Linguistics* 7: 287–318.

Pollock, Jean-Yve. 1989. Verb movement, Universal Grammar, and the structure of IP. *Linguistic Inquiry* 20: 365–425.

Postal, Paul. 1969. On so-called 'pronouns' in English. In *Modern Studies in English*, ed. David Reibel & Sanford Schane, 201–244. Englewoods Cliffs, N. J.: Prentice Hall.

Qu, Yanfeng. 1994. Object noun phrase dislocation in Mandarin Chinese. Doctoral dissertation, University of British Columbia, Vancouver.

Reinhart, Tanya. 1976. The syntactic domain of anaphora. Doctoral dissertation, MIT.

1983. *Anaphora and Semantic Interpretation*. Chicago: University of Chicago Press.

Reinhart, Tanya & Eric Reuland. 1993. Reflexivity. *Linguistic Inquiry* 24: 657–720.

Ritter, Elizabeth. 1991. Two functional categories in noun phrases: Evidence from modern Hebrew. In *Perspectives on Phrase Structure: Heads and Licensing, Syntax and Semantics* 25, ed. Susan Rothstein, 37–62. New York: Academic Press.

1995. On the syntactic category of pronouns and agreement. *Natural Language and Linguistic Theory* 13: 405–443.

Rizzi, Luigi. 1990. *Relativized Minimality*. Cambridge, Mass.: MIT Press.

1997. The fine structure of the left periphery. In *Elements of grammar*, ed. Liliane Haegeman, 281–338. Dordrecht: Kluwer.

2001. Relativized minimality effects. In *The Handbook of Contemporary Syntactic Theory*, ed. Mark Baltin & Christopher Collins, 89–110.

Oxford: Blackwell.

2002. *Functional Structure in DP and IP: The Cartography of Syntactic Structures*, vol. 2, Oxford Studies in Comparative Syntax. Oxford: Oxford University Press.

Rooth, Mats. 1985. Association with focus. Doctoral dissertation, University of Massachusetts, Amherst.

Rosenbaum, Peter S. 1970. A principle governing complement subject deletion. In *Readings in English Transformational Grammar*, ed. Roderick A. Jacobs & Peter S. Rosenbaum. Waltham, Mass.: Ginn & Company.

Ross, John R. 1967. Constraints on variables in syntax. Doctoral dissertation, MIT. 1983. Inner islands. Ms., MIT.

Rygaloff, Alexis. 1973. *Grammaire Élémentaire du Chinois*. Paris: PUF.

Safir, Ken. 1986. Relative clauses in a theory of binding and levels. *Linguistic Inquiry* 17: 663–689.

Sag, Ivan & Carl Pollard. 1991. An integrated theory of complement control. *Language* 67: 63–113.

Saito, Mamoru. 1985. Some asymmetries in Japanese and their theoretical implications. Doctoral dissertation, MIT.

Saito, Mamoru & Keiko Murasugi. 1989. N' deletion in Japanese and the DP hypothesis. Paper presented at the 1989 Annual Meeting, Linguistic Society of America, Washington DC.

Sanders, Gerald & James H.-Y. Tai. 1972. Immediate dominance and identity deletion. *Foundations of Language* 8: 161–198.

Sauerland, Uli. 2000. Two structures for English restrictive relative clauses. In *Proceedings of the Nanzan GLOW*, ed. Mamoru Saito, 351–366. Nanzan University, Nagoya, Japan.

参考文献

2003. Unpronounced heads in relative clauses. In *The Interfaces: Deriving and Interpreting Omitted Structures*, ed. Kerstin Schwabe & Susanne Winkler, 205–226. Amsterdam: John Benjamins.

Schachter, Paul. 1973. Focus and relativization. *Language* 49: 19–46.

Schlyter, Suzanne. 1974. Une hiérarchie d'adverbes et leur distribution – par quelle transformation? In *Actes du Colloque Franco-Allemand de Grammaire Transformationnelle*, vol. 2, ed. Christian Rohrer & Nicolas Ruwet, 76–84. Tübingen:Niemeyer.

Sells, Peter. 1985. Restrictive and non-restrictive modification. CSLI Report No. CSLI-85–28, Stanford University.

1987. Aspects of logophoricity. *Linguistic Inquiry* 18: 445–479.

Shen, Li (沈力). 1992. On the passive *bei* in Mandarin Chinese. Ms., Kyoto University.

Shi, Dingxu (石定栩). 1992. The nature of topic comment constructions and topic chains. Doctoral dissertation, University of Southern California, Los Angeles, California.

2000. Topic and topic-comment constructions in Mandarin Chinese. *Language* 76: 383–408.

Shyu, Shu-Ing. 1995. The syntax of focus and topic in Mandarin Chinese. Doctoral dissertation, University of Southern California.

Simpson, Andrew & Zoe Wu. 2002. From D to T – Determiner incorporation and the creation of tense. *Journal of East Asian Linguistics* 11: 169–209.

Smith, Carlota. 1964. Determiners and relative clauses in generative grammar. *Language* 40: 37–52.

1991. *The Parameters of Aspect*. Dordrecht: Kluwer.

Soh, Hooi Ling. 1998. Object scrambling in Chinese: A close look at post-duration/frequency phrase positions. *NELS* 28.2: 197–211.

Sportiche, Dominique. 1988. A theory of floating quantifiers and its corollaries for constituent structure. *Linguistic Inquiry* 19: 425–451.

von Stechow, Arnim. 1996. Against LF Pied-Piping. *Natural Language Semantics* 4: 57–110.

Stowell, Tim. 1981. Origins of phrase structure. Doctoral dissertation, MIT.

Sun, Chaofen (孙朝奋). 1996. *Word Order Change and Grammaticalization in the History of Chinese*. Stanford, Calif.: Stanford University Press.

Svorou, Soteria. 1994. *The Grammar of Space*. Amsterdam: John Benjamins.

Sybesma, Rint (司马翎). 1992. Causatives and accomplishments: the case of the Chinese *ba*. Doctoral dissertation, Leiden University.

1999. *The Mandarin VP*. Dordrecht: Kluwer.

Tai, James H.-Y. (戴浩一) 1973. Chinese as an SOV language. *CLS* 9: 659–671.

1984. Verbs and time in Chinese: Vendler's four categories. *CLS* 20: *Parasession on Lexical Semantics*, 289–296.

Tancredi, Chris. 1990. Syntactic association with focus. In *Proceedings from the First Meeting of the Formal Linguistic Society of Mid-America*, 289–303. University of Wisconsin-Madison.

Tang, C.-C. Jane (汤志真). 1989. Chinese reflexives. *Natural Language and Linguistic Theory* 7: 93–122.

1990. Chinese phrase structure and the extended X'-theory. Doctoral dissertation, Cornell University.

Tang, Sze-Wing (邓思颖). 1998. Parametrization of features in syntax. Doctoral dissertation, University of California, Irvine.

1999. The passive constructions in Cantonese and their agent argument. Ms., Hong Kong Polytechnic University.

Tang, Ting-Chi (汤廷池). 1977. *Studies in Transformational Grammar of*

Chinese, vol. 1: *Movement Transformations*. Taipei: Student Books.

1979. *Studies in Chinese Syntax*. Taipei: Student Books.

Teng, Shou-Hsin (邓守信). 1975. *A Semantic Study of Transitivity Relations in Chinese*. Berkeley: University of California Press.

Teng, Te-Hsiang (邓德祥). 1985. On pronominal reference in Chinese. Master's thesis, National Taiwan Normal University, Taipei.

Tenny, Carol. 1994. *Aspectual Roles and the Syntax-semantics Interface*. Dordrecht: Kluwer.

Thompson, Sandra. 1973. Transitivity and the *ba* construction in Mandarin Chinese. *Journal of Chinese Linguistics* 1: 208–221.

Tiee, Henry Hung-Yeh. 1986. *A Reference Grammar of Chinese Sentences with Exercises*. Arizona: The University of Arizona Press.

Ting, Jen (丁仁). 1995. A non-uniform analysis of the passive construction in Mandarin Chinese. Doctoral dissertation, University of Rochester.

1996. A non-uniform analysis of the passive construction in Mandarin Chinese. Paper presented at the 8th North American Conference on Chinese Linguistics, University of Illinois, May 1996.

1998. Deriving the *bei*-construction in Mandarin Chinese. *Journal of East Asian Linguistics* 7, 319–354.

2003. The nature of the particle *suo* in Mandarin Chinese. *Journal of East Asian Linguistics* 12: 121–139.

Ting, Jen (丁仁) & Yafei Li (李亚非). 1997. Manner -*de* and resultative -*de*. Paper presented at the 6th Conference of the International Association of Chinese Linguistics, University of Leiden, June 1997.

Travis, Lisa. 1984. Parameters and effects of word order variation. Doctoral dissertation, MIT.

1988. The syntax of adverbs. *McGill Working Papers in Linguistics/Cahiers*

Linguistiques de McGill, Special Issue (May) : 280–310.

Tsai, W.-T. Dylan (蔡维天). 1994a. On economizing A-bar dependencies. Doctoral dissertation, MIT.

―― 1994b. On nominal islands and LF extraction in Chinese. *Natural Language and Linguistic Theory* 12: 121–175.

―― 1996. Subject specificity, raising modals and extended mapping hypothesis. Paper presented at the Symposium on the Referential Properties of Noun Phrases, City University of Hong Kong, June 1996.

Tsao, Feng-Fu (曹逢甫). 1977. A functional study of topic in Chinese. Doctoral dissertation, University of Southern California.

Ura, Hiroyuki. 1996. Multiple feature-checking: a theory of grammatical function splitting. Doctoral dissertation, MIT.

Valois, Daniel. 1991. The internal syntax of DP. Doctoral dissertation, University of California, Los Angeles.

van Voorst, Jan. 1988. *Event Structure*. Amsterdam: John Benjamins.

Vendler, Zeno. 1967. *Linguistics in Philosophy*. Ithaca, New York: Cornell University Press.

Vergnaud, Jean-Roger. 1974. French relative clauses. Doctoral dissertation, MIT.

Wang, Mingquan. 1987. Transitivity and the *ba*-construction in Mandarin. Doctoral dissertation, Boston University.

Wang, Peter C. T. 1970. A transformational approach to Chinese *ba* and *bei*. Doctoral dissertation, University of Texas, Austin.

Wang, William S.-Y. (王士元) 1967. Conjoining and deletion in Mandarin syntax. *Monumenta Serica* 26: 224–236.

Washio, Ryuichi. 1993. When causatives mean passive. *Journal of East Asian Linguistics* 2: 45–90.

Watanabe, Akira. 1992. Subjacency and S-Structure movement of wh-in-situ. *Journal of East Asian Linguistics* 1: 255–292.

Williams, Edwin. 1980. Predication. *Linguistic Inquiry* 11: 203–238.

Winkler, Susanne and Kerstin Schwabe. 2003. Exploring the interfaces from the perspective of omitted structures. In *The Interfaces: Deriving and Interpreting Omitted Structures*, ed. Kerstin Schwabe & Susanne Winkler, 1–26. Amsterdam: John Benjamins.

Wu, Jianxin. 1997. More on A-not-A questions: a model-theoretic approach. *WCCFL* 16: 463–477.

1999. Syntax and semantics of quantification in Chinese. Doctoral dissertation, University of Maryland, College Park.

Xiao, Z. Richard, Anthony McEnery & Yufang Qian. 2006. Passive constructions in English and Chinese: a corpus-based contrastive study. *Languages in Contrast* 6: 109–149.

Xu, Liejiong (徐烈炯). 1986. Free empty category. *Linguistic Inquiry* 17: 75–94.

1993. The long-distance binding of *ziji*. *Journal of Chinese Linguistics* 21: 123–141.

1995. Definiteness effects on Chinese word order. *Cahiers de Linguistique Asie Orientale* 24: 29–48.

1996. Limitations on subjecthood of numerically quantified noun phrases: a pragmatic approach. Paper presented at Symposium on Referential Properties of Chinese Noun Phrases, City University of Hong Kong, June 1996.

Xu, Liejiong (徐烈炯) & Terence Langendoen. 1985. Topic structures in Chinese. *Language* 61: 1–27.

Xue, Ping, Carl J. Pollard & Ivan A. Sag. 1994. A new perspective on Chinese reflexive *ziji*. *WCCFL* 13: 432–447.

Yang, Suying (杨素英). 1995. *Ba* and *bei* constructions in Chinese. *Journal of the Chinese Language Teachers Association* 30: 1–36.

Yong, Shin. 1993. The aspectual phenomena of the *ba* construction. Doctoral dissertation, University of Wisconsin, Madison.

Yorifuji, Atsushi. 1976. *Men* ni tsuite [A study on the suffix *-men*]. *Areal and Cultural Studies* 26: 73–88.

Yu, X.-F. William. 1992. Challenging Chinese reflexive data. *The Linguistic Review* 9: 285–294.

Zhang, Jie (张洁). 2004. Contour tone licensing and contour tone representation. *Language and Linguistics* 5: 925–968.

Zhang, Ning (张宁). 1997. Syntactic dependencies in Mandarin Chinese. Doctoral dissertation, University of Toronto.

Zhu, Xiaonong (朱晓农). 1988. Hypothesis-induction in grammatical studies. *Journal of East China Normal University (Philosophy and Social Sciences)* 4: 59–66.

Zoerner, Cyril Edward. 1995. Coordination: the syntax of & P. Doctoral dissertation, University of California, Irvine.

Zou, Ke. 1995. The syntax of the Chinese *ba*-construction and verb compounds: A morpho-syntactic analysis. Doctoral dissertation, University of Southern California.

Zwicky, Arnold. 1985. Clitics and particles. *Language* 61: 283–305.

索 引

说明：以原术语英文首字母排序，中文术语置于括号内。斜线之前的数字为英文原著术语的页码，斜线之后的数字为相应中文译著术语的页码。

A

accessibility（可及性），variable binding（变项约束）354，357，360—362，371 / 453，455，459—461，475

analytic（解析的），analyticity（解析性）276，277 / 355

A-not-A question（正反问句）

  V-不-VP 类型 245—256，259 / 310—325，328

  VP-不-V 类型 245—259 / 310—328

Affected（受影响的）49—50，114—140，143，147—151，153，159，172—174，183，186—189，191—192 / 58—59，145—179，182—183，188—194，196，202—203，218—221，232—233，236—241，244

Affectee（受影响者）142—143，145，154—160 / 181—183，185，198—204

Affectee（受影响者），Indirect（间接的）148，150，151 / 189，192，194

Anaphoric Ellipsis，AE（照应删略）251，254，260 / 316—317，320，328—329

argument（论元）38，54，57，61，76 / 41，65，69—70，75，96—97

B

ba（"把"）28，42 / 27，47 也见于第五章

bare conditional（光杆条件句）367—370 / 470—475

Binding Theory（约束理论）

  BPA（原则 A）204—206，329—332，336—339，350 / 259—263，418—421，426—431，445—446

  BPB（原则 B）329—332，361 / 418—421，461—462

  BPC（原则 C）204—206，329—

509

332，334—336，364 / 259—263，418—421，422—425，465—466

D′（原则 D）334—336，371 / 422—425，475

Blocking Effects（阻断效应）337—344，349—353 / 427—438，445—450

boundedness（有界性）190，192—194 / 242，245—247

C

c-command（C-统制）44，50 / 50，58

Case filter（格过滤）31，42，68 / 31，46—47，86—87

category（语类）
　categorical features（语类特征）12，25，29 / 5—6，23，28
　derivation（推导）16，17 / 12，13
　functional（功能的）32—36，106 / 32—37，137
　lexical（词汇的）10，32 / 2，32
　proto—（元-）12 / 5

CAUSE（致使）166—168，190—191 / 210—214，243—244

Complex NP Constraint, CNPC（复杂名词短语限制）141，142，208 / 180，181，264

Conjunction Deletion（连接删略），Reduction（减缩）（CR）245，251—252，254—257 / 310，316—318，320—325

Conditions on Bound Variable Pronouns（受约束变项代词条件）357 / 456

Conditions on Extraction Domain, CED（提取域条件）51，54，87，198，208，267—271 / 61，64，111，253，265，339—346

conjunction（连接）228—233 / 289—297

D

daodi（"到底"）237—241，259 / 301—306，327

de se（涉己）与 de re（涉实）beliefs（信念）345，347—351 / 440，442—448

Directionality Constraint, DC（方向性约束）251，260 / 316—317，329

Discourse Representation Theory, DRT（话语表征理论）350，364—370 / 446，465—475

donkey anaphora（驴子照应语），donkey pronoun（驴子代词）362—364，371 / 463—468，475

dou（"都"）180—183，274，277 / 229—233，351，355

dou-conditional（"都-"条件句）368—369 / 472

dui（"对"）（介词作为格指派者）12，21—24 / 5，18—22

E

Empty Category Principle, ECP（空

索引

语类原则)256,264—267,272 /
323,335—340,346
E-type Strategy(E-类策略),E-type pronoun(E-类代词)364—371 / 465—476

F

free empty category,FEC(自由的空语类)206—207 / 262—263
Full Interpretation,FI(充分解释原则)52 / 63

G

Generalized Control Theory(广义控制理论)142,209—211 / 181,266—268
Governing Category,GC(管辖域)331—336,349,350 / 418—425,445,446

H

haishi("还是")242—248,250,256,260 / 306—313,315,323,328—329
head(中心语)
-final(-在后的)13,15—17,19,43,44 / 7,9—13,15,48,50
in compounds(在复合词中的)15,19 / 9,15
in phrases(在短语中的)13,77,106 / 7,98,137
-initial(-在前的)44 / 50

I

island(孤岛)
island constraints(孤岛限制)51,86,198,203,207—209,211,219,221,267—271 / 61,110,252—253,259,264—266,268—269,278—279,281,338—349
island sensitivity(孤岛敏感性)282 / 361
也见于 CNPC(复杂名词短语限制),LBC(左分枝条件)

K

ka construction(ka-结构)
vs. ba construction("把"字结构)183—184 / 233—234
theta-role(论旨角色)184—185 / 234—236

L

Left Branch Condition,LBC(左分支条件)141,142,208 / 180,182,265
Leftness Condition(左向条件)360 / 460
Lexical Parameterization Hypothesis(词汇参数化假说)277 / 355
light verb(轻动词)49—50,52—53,56—57,60,62—63,65—67 / 57—58,62—63,68—70,73,77—85 也见于轻动词 v 和轻动词短语 vP
Logical Form,LF(逻辑形式)104,254—272,277—278,353—360 / 134—135,321—349,355—357,450—460

511

logophor(语内传递语), logophoricity(语内传递性)341—353, 371 / 433—450, 475

long-distance passivization(长距离被动化)124—125 / 160

M

Minimal Binding Requirement(最小约束要求)223 / 284

Minimal Distance Principle, MDP(最短距离原则)123, 143 / 157, 183

minimality(最简约性)223 / 284

modification(修饰)218 / 277

movement(移位)27, 28, 49, 80, 83, 86, 102, 104—105, 109 / 26, 27, 58, 103, 107, 111, 132, 134—136, 140
  A-(论元移位)197, 202 / 251, 257
  A′-(非论元移位)161—162, 197—199, 202 / 205—206, 251—253, 257

N

nandao("难道")237—240, 259 / 301—305, 327

nominal phrase(名词性短语)
  bare noun(光杆名词)283 / 362
  DP(限定词短语)284 / 363
    见 individual-denoting(指称个体的)
  generic(类指的)325—328 / 411—415

individual-denoting(指称个体的)285—287, 291—292 / 365—368, 372—374

modification(修饰)233 / 296
  见 modification(修饰)

NumP(数目短语)287—289, 291—292, 311—315 / 368—370, 373—374, 395—400

property-denoting(指称属性的)285—286 / 365—367

quantity-denoting(指称数量的)287, 289—291 / 368, 370—372
  见 NumP(数目短语)

relative clauses(关系从句)214—218, 224—227, 233 / 271—277, 285—288, 296—297

structure(结构)214, 229, 285, 295—300 / 271, 291—292, 364, 378—383

O

object(宾语)
  inner(内层的)142, 149, 152, 172—174, 184 / 182, 190, 195, 218—221, 234
  outer(外层的)133, 141—147, 149, 172—174, 184 / 170, 181—187, 190, 218—221, 234
  outermost(最外层的)147—151, 183—185 / 188—194, 232—236

P

passives(被动句), adversative(不如意的)见 passives(被动句), indirect(间接的), exclusive(排除式的)

passives(被动句), *get* 被动句和 *be* 被动句 134, 138 / 170—171, 176—177

passives(被动句), indirect(间接的)139, 151 / 177—178, 194

vs. direct passive(直接的被动句)139, 151 / 177—178, 194

inclusive(包括式的)140, 145 / 178—179, 186

exclusive(排除式的), adversative(不如意的)139—140, 149—150 / 178—179, 190—192

passives(被动句), long(长的)112—129 / 144—165

as complementation(作为补足语)118 / 151

passives(被动句), possessive(领属的)见 passives(被动句), indirect(间接的), inclusive(包括式的)

passives(被动句), short(短的)129—137 / 165—176

as A-movement and control(作为论元移位与控制)135—138 / 172—177

bei as a bound morpheme("被"作为黏着语素)136 / 173

with *jian*(与"见")136 / 174

Perspective, point-of-view(视角/视点)342—346, 352 / 435—442, 450

pied-piping(并移/连带移位)267—272 / 341—349

Pivot(支点)346—352 / 441—450

Predicate Internal Subject Hypothesis(主语衍生于谓语内部假说)135, 148 / 172, 188

Principle of Lexical Association, PLA(词汇关联性原则)274, 280 / 350, 359

Principle of Lexical Integrity, PLI(词汇完整性原则)248, 249, 260, 282 / 313, 314, 329, 361

Preposition-Stranding(介词悬空), prohibition(禁止)248—250, 252, 282 / 313—315, 318, 361

Pro(代语)45—46, 55, 84, 110, 209—211 / 52—53, 66, 109, 142, 266—269

Q

Quantifier Raising, QR(量词提升)270—272, 354, 357, 360 / 344—348, 452, 457, 460

R

reconstruction(重构)206, 220 / 262, 279—280

relativization(关系化)86—88, 212—235 / 111—113, 269—299

reflexive（反身代词）
  ziji（"自己"）336—353, 371 / 426—450, 475
  taziji（"他自己"）330, 333, 337 / 418, 421, 427
  long-distance reflexive, LDR（长距离反身代词）330—332, 336—344, 353 / 417—421, 426—438, 450

resultative（表结果的）
  compound（复合词）40—43, 59, 61, 66, 71, 90 / 44—48, 72—73, 75—76, 84, 90, 116
  in English（英语中）62 / 76—77
  in Japanese（日语中）43 / 48
  V-*de*（"动词-得"）"动词-得" 59, 61, 71, 84—91 / 72—73, 75—76, 91, 108—117
  也见于 V-*de*（"动词-得"）, manner（方式）

resumptive pronoun（复述代名词）221 / 280—281

root √（词根）47, 49—51, 56—58, 60—76 / 54, 57—60, 68—71, 73—97

ruguo-conditional（"如果"条件句）见 *if*-conditional（*if*-条件句）

S

Self（自我）346—352 / 441—450
subjacency（邻接性）见 island（孤岛）

subject-orientation（主语取向）337 / 427
Source（来源/源点）346—352 / 441—450
suo（"所"）126, 132—135, 161—162, 218—219 / 161—162, 169—172, 205—206, 277—278
synthetic（综合的）, synthesis（综合性）276, 277 / 354, 355

T

theta, θ（论旨）
  -identification（论旨同用）40—43, 76 / 45—48, 97
  reverse assignment of theta-roles（论旨角色的颠倒指派）71 / 90
  -role（论旨角色）39, 40, 46, 57, 60, 62—66, 68, 76, 83, 98 / 42—43, 44, 53, 70, 74, 77—83, 86, 96—97, 106—107, 126—127
  也见于 argument（论元）

theta-criterion（论旨准则）40, 42, 63, 66, 68, 70, 71, 84, 110 / 43—44, 46, 78, 83, 86, 89, 91, 109, 142

topicalization（话题化）86—88, 90, 199—211 / 111—113, 115, 254—269

U

unselective binding（无择约束）268, 273—280 / 341, 349—360

索引

V

v（轻动词）和 *v*P（轻动词短语）83—84, 86, 89, 93, 102, 104 / 106—108, 112, 115, 119—120, 132, 135

V-*de*（"动词-得"）, manner（方式）87, 88, 90 / 112, 113, 116 也见于 resultative V-*de*（表结果的"动词-得"）

W

wh-phrases（*wh*-短语）221, 292—293 / 281, 374—375

X

X′-theory（X-中阶理论）44, 77, 83 / 49, 98—99, 106—107

adjunct（附接语）44, 51, 69, 78—81, 86, 92, 100 / 49, 61, 87—88, 99—104, 110—111, 119, 130

complement（补足语）44, 78—81, 83, 86, 87, 89, 91, 109 / 49, 99—104, 106—107, 111, 112, 114—115, 117

specifier, Spec（指示语）44—46, 48, 53, 57, 58, 84, 91, 94, 96 / 49—52, 55, 63, 69—70, 71, 108, 118, 120—121, 123

再版后记

由 C.-T. James Huang（黄正德）、Y.-H. Audrey Li（李艳惠）和 Yafei Li（李亚非）三位学者合著的 The Syntax of Chinese 一书的中译本《汉语句法学》（修订版）终于与读者见面了。此修订版历经四年，获商务印书馆大力支持并出版。这部书的三位原作者姓氏一度被连在一起，被学界诙谐地称为"黄莉莉"。"黄莉莉"的这部大著由剑桥大学出版社 2009 年出版，迄今已过十余年，很多读者仍盼望此书再版，足见其影响力之大。

The Syntax of Chinese 自面世以来，国外生成语言学理论迭出，用新的理论来研究汉语的尝试不断出现，比如运用制图理论（Cartographic Theory）及分布式形态学（Distributed Morphology）理论对汉语的研究已取得丰硕成果。但是，这部书的影响力并没有因这些迭出的理论而减弱。一个重要的原因是该书依据的是 20 世纪 80 年代诞生的"原则与参数"理论（Principle and Parameter Theory），这是一种成熟的生成语法理论模型。更可贵的是，作者将西方理论运用于汉语研究时，也十分重视汉语的个性化特征，理论的科学性以及语言事实的个体性贯穿始终。三位作者通过对汉语事实的分析反哺理论，通过汉语研究对理论作出了重要贡献。

再版后记

《汉语句法学》中译本初版十年前由世界图书出版公司北京公司出版以来，一直颇受汉语学界关注，让我没想到的是英语学界的朋友对中译本也非常欢迎，甚至境外也有读者对中译本感兴趣。这让我很受鼓舞。

《汉语句法学》此次在商务印书馆修订再版，得到前总编辑周洪波编审和副总编辑余桂林编审的鼎力支持。责任编辑王飙编审细致入微的校对和修改建议，使译本得到完善。对他们的工作，我和初版校订顾阳教授表示由衷的感谢。

陆俭明教授和宁春岩教授的初版序言，继续为中译本增色。朋友蔡维天教授为译著再版惠赐序言，多有美言，权当鼓励。诸位学者的支持，一并致谢。

我的博士生王浩铭和硕士生林鼎帆参与核校和中文索引编码工作，这里也表示谢意。

修订版还根据读者反馈订正了初版的一些疏漏和舛误，并作了局部重译。此外，还有两个明显改进：一是将原著征引的中文文献按照中文著录格式还原；二是增加了中文索引页码，附在原著页码之后，便于读者检索。我们力求后出转精，为语言学界提供一个更加完美、更值得信赖的译本。

最后说几句话，为本书铭刻一点时代印痕：修订版的后期校订工作是在疫情最严峻的时候进行的，责任编辑、我和我的学生都受到病毒的侵袭，尚未康复，为了使修订本早点出版，都一直努力做事。这个版本中出现的任何不足和错漏，期盼读者指正。

译者

2023 年元旦于京师园寓所

图书在版编目(CIP)数据

汉语句法学/(美)黄正德,(美)李艳惠,(美)李亚非著;张和友译.—北京:商务印书馆,2023(2024.4重印)
(国外语言学译丛.经典教材)
ISBN 978-7-100-21982-2

Ⅰ.①汉… Ⅱ.①黄… ②李… ③李… ④张… Ⅲ.①汉语—句法—研究 Ⅳ.①H146.3

中国国家版本馆 CIP 数据核字(2023)第 042173 号

权利保留,侵权必究。

国外语言学译丛·经典教材

汉语句法学

〔美〕黄正德 李艳惠 李亚非 著

张和友 译

顾阳 校订

商 务 印 书 馆 出 版
(北京王府井大街36号 邮政编码100710)
商 务 印 书 馆 发 行
北京虎彩文化传播有限公司印刷
ISBN 978-7-100-21982-2

2023年5月第1版　　开本 880×1230　1/32
2024年4月北京第2次印刷　印张 17⅝

定价:95.00元